一阴一阳之谓道：易传精讲

张其成 — 著

天地出版社 | TIANDI PRESS

图书在版编目（CIP）数据

一阴一阳之谓道：易传精讲 / 张其成著 . 一成都：
天地出版社，2023.10
ISBN 978-7-5455-7876-8

Ⅰ.①一… Ⅱ.①张… Ⅲ.①《周易》—研究
Ⅳ.①B221.5

中国国家版本馆CIP数据核字（2023）第158473号

YI YIN YI YANG ZHI WEI DAO：YIZHUAN JINGJIANG
一阴一阳之谓道：易传精讲

出 品 人	陈小雨　　杨　政
作　　者	张其成
责任编辑	王业云
责任校对	马志侠
装帧设计	今亮后声
责任印制	王学锋

出版发行	天地出版社
	（成都市锦江区三色路238号　邮政编码：610023）
	（北京市方庄芳群园3区3号　邮政编码：100078）
网　　址	http://www.tiandiph.com
电子邮箱	tianditg@163.com
经　　销	新华文轩出版传媒股份有限公司

印　　刷	北京文昌阁彩色印刷有限责任公司
版　　次	2023年10月第1版
印　　次	2024年11月第3次印刷
开　　本	710mm×1000mm　1/16
印　　张	24
字　　数	340千字
定　　价	78.00元
书　　号	ISBN 978-7-5455-7876-8

版权所有◆违者必究

咨询电话：（028）86361282（总编室）
购书热线：（010）67693207（营销中心）

如有印装错误，请与本社联系调换

目录

导言 《易传》的作者和内容

一 《易传》为《易经》插上哲学的翅膀 - 3
二 《易传》真的是孔子写的吗？ - 7
三 《易传》的分篇与内涵 - 11
    《彖传》：解释卦名卦辞的意义 - 11
    《象传》：卦象与爻象的人生启示 - 14
    《文言传》：说透乾卦和坤卦 - 17
    《系辞传》：站在先秦哲学巅峰的宣言书 - 21
    《说卦传》：全方位解说八卦的奥义 - 24
    《序卦传》：六十四卦的排列次序之谜 - 26
    《杂卦传》：简练解释六十四卦的卦义和错杂关系 - 28

系辞传上

第一章 - 003
    天尊地卑：天在高处尊贵，地在低处不贱 - 003
    动静有常：万事万物恒常不变的规律 - 007
    以类聚分：谁才是你的灵魂伴侣？ - 010
    刚柔相摩：舌头和牙齿怎么分工合作？ - 013
    乾道和坤道：获得美好爱情的绿色通道在哪里？ - 015

乾坤易简：为什么生活简单就是享受？ - 019

成位乎其中：怎么才能达到内圣外王、德业双修的境界？ - 022

第二章 - 026

设卦观象：怎么度过顺境和逆境交替而行的一生？ - 026

玩辞玩占：怎么像小孩玩玩具一样去玩转《易经》？ - 029

第三章 - 034

吉凶悔吝：怎么面对人生那么多的不如意？ - 034

辞有险易：卦爻辞是趋吉避凶的人生指南 - 037

第四章 - 041

《易》与天地准：易道昭示做人之道 - 041

原始反终：易道揭示生死的秘密 - 044

道济天下：易道带给世界和平与发展 - 047

乐天知命：学《易》之后的快乐人生与大爱胸怀 - 051

神无方而易无体：易道告诫我们成功没有捷径 - 054

第五章 - 058

一阴一阳之谓道（上）：强调和谐的中华智慧 - 058

一阴一阳之谓道（下）：怎么改变我们的命运？ - 062

继善成性：怎么继承一切美好而抵达至善境界？ - 064

百姓日用而不知：怎么才能将易道发扬光大？ - 067

生生之谓易：怎么用创新实现生生不息的发展？ - 071

第六章 - 075

广矣大矣：易道离我们是远还是近？ - 075

乾坤动静：天地间最基本的力量是什么？ - 078

第七章 - 082

效天法地：为什么婚礼中要先拜天地？ - 082

成性存存：我们如何永保本性之真？ - 085

第八章 - 089

天下之赜与天下之动：怎么在复杂的表象中把握本质规律 - 089

拟议以成其变化："囍"字告诉夫妻要怎么做？ - 093

言行，君子之枢机：良言一句三冬暖，恶语伤人六月寒 - 097

二人同心，其利断金：两个人相处怎么才能长长久久？ - 100

慎斯术：如何做到不犯错误持身若璧？ - 103

致恭以存其位：如何做到功成身退而善始善终？ - 106

贵而无位：如何在人生的巅峰成为过去时善保晚节？ - 109

君子慎密：怎么才能防止泄密带来的灾祸发生？ - 112

诲淫诲盗：为什么有的人就是会招盗贼惦记？ - 115

第九章 - 119

天地之数：五行为什么是管理的第一大法？ - 119

大衍之数：一种用草起卦的最古老算卦方法 - 122

卦爻策数：为什么万可以代表天地人间的所有事物？ - 125

第十章 - 129

《易》之四道：走哪四条路可以成为一个高尚的人？ - 129

错综其数：怎么通过数字预知天下事物的变化？ - 133

易无思无为：在动荡不安的时代怎么做到心灵寂然不动？ - 136

极深研几：怎么从细微的先兆中把握稍纵即逝的时机？ - 139

第十一章 - 144

开物成务：怎么才能通晓万物之理，实现不断创新？ - 144

洗心退藏：怎么应对现代社会的心理压力？ - 148

知来藏往：能不能用《周易》预测未来？ - 150

一阖一辟谓之变：怎么打开《周易》宝库的大门？ - 152

太易和太极：盘古开天地和宇宙大爆炸 - 155

崇高莫大乎富贵：如何成为一个又富有又高贵的人？ - 158

河图洛书：中华民族的文化图腾 - 161

第十二章 - 165

自天佑之：要得到老天保佑有什么前提条件？ - 165

形而上与形而下：怎么才能领会大道理成就大事业？ - 169

象其物宜：怎么才能在不声不响中造福于人？ - 172

系辞传下

第一章 - 179

天地贞观：李世民贞观之治有什么奥秘？ - 179

天地之大德曰生：怎么才能得体地聚财、理财、用财？ - 183

第二章 - 187

离卦：伏羲氏是怎么发明渔网的？ - 187

益卦和噬嗑卦：神农氏怎么发明耕田农具和集市贸易？ - 191

乾坤涣随豫小过睽卦：黄帝尧舜发明了什么？ - 194

大壮卦大过卦夬卦：后世圣人发明了什么？ - 198

第三章 - 201

易者象也："易"究竟是马还是象？ - 201

第四章 - 206

阳卦多阴，阴卦多阳：女人为什么阳多？男人为什么阴多？ - 206

第五章 - 210

咸卦：少男少女是怎样感应的？ - 210

困卦解卦：人处在困境中应该如何突围？ - 215

噬嗑卦：一犯小错就用重刑严惩对还是不对？ - 218

否卦豫卦：人在顺境时有哪三件事不能忘？ - 221

鼎卦：人生有哪三大忌讳千万不可违犯？ - 225

复卦：孔子是怎么称赞颜回的？ - 228

损卦益卦：做好哪三种修为可以抵达完美境界？ - 231

第六章 - 236

乾坤其《易》之门：怎么才能打开《周易》宝库的大门？ - 236

第七章 - 240

履为德之基：哪九种品德可以用来战胜困难？ - 240

履和而至：怎么踩老虎尾巴老虎才不会咬人？ - 244

第八章 - 248

周流六虚：易道为什么能帮我们逢凶化吉？ - 248

第九章 - 252

存亡吉凶居可知：人坐在家里怎么才能知道存亡祸福？ - 252

第十章 - 257

兼三才而两之：什么人才有顶天立地、内圣外王的境界？ - 257

第十一章 - 261

危者使平：周文王给周武王的遗嘱是什么？ - 261

第十二章 - 265

　　恒易恒简：怎么才能得到精神、思想和能力的巨大提升？ - 265

说卦传

第一章 - 273

　　幽赞于神明：什么样的神奇数字决定了事物的发展？ - 273

第二章 - 278

　　性命之理：如何掌握"性"和"命"的密码？ - 278

第三章 - 282

　　天地定位：如何理解天地万物的有序性？ - 282

第四章（含第六章、第七章）- 286

　　乾健坤顺：古人是怎么用取象比类思维观察天地的？ - 286

第五章 - 291

　　帝出乎震：中国古人有什么独特的时空模型？ - 291

　　二十八宿：天文思想如何影响中国的建筑观和人体观？ - 294

第八章（含第九章）- 297

　　乾马坤牛：中国古人对动物和人体有什么样的归类法？ - 297

第十章 - 301

　　三索而得："三"在中国哲学中有什么特殊内涵？ - 301

第十一章 - 305

　　乾坤取象：为什么啬是重要的养生方法？ - 305

　　　　震巽取象：属木的人格具有什么特征？ - 307
　　　　坎离取象：属火的人是什么性格？ - 311
　　　　艮兑取象：为什么修行中静的功夫很重要？ - 313

序卦传

　　上经三十卦 - 319
　　　　乾坤屯蒙：为什么事物开始时总是艰难的？ - 319
　　　　需讼到谦豫：为什么谦卦的判词句句是"吉"？ - 320
　　　　随蛊到坎离：怎样把握盛衰消长的时机？ - 324

　　下经三十四卦 - 330
　　　　咸恒到夬姤：从恋爱到结婚是怎样的历程？ - 330
　　　　萃升到既济未济：为什么成功还不是最终的圆满？ - 333

杂卦传

　　　　乾刚坤柔：为什么影响事物发展的因素错综复杂？ - 341
　　　　咸速恒久：为什么君子之道最终一定会胜出？ - 343

导言

《易传》的作者和内容

一 《易传》为《易经》插上哲学的翅膀

《易经》是中华民族的经典。作为一个中国人，是一定要读《易经》的，因为它是我们中国人的精神故乡。为什么《易经》对中华民族有这么重要的影响力呢？这里其实有一个秘密，那就是因为有了《易传》。

《易传》是对《易经》所作的解释。古代"经"和"传"并称时，"传"就是对"经"的解释，比如《左传》就是左丘明对《春秋经》的解释，所以全称叫《春秋左氏传》。《易传》传说是孔子对《易经》所作的解释，《易经》和《易传》合起来就叫《周易》。也就是说，你读了几遍《易经》，其实还只是读了半部《周易》。只有加上《易传》，才算是读完了整部《周易》。《易传》一共有十篇，又被称为"十翼"。"翼"就是翅膀，也就是说《易传》给《易经》插上了十个翅膀，《易经》一下子就飞起来了。这一飞可了不得，就飞到了中国先秦哲学的巅峰。如果没有《易传》，那么《易经》还只是一部占卜算命的书；而有了《易传》，经传一合璧，就成为了中华民族文化经典。打个比喻，《易经》是中华文明史的第一道闪电，《易传》将它化为中华文明永恒的光芒！

当然，《易经》和《易传》毕竟是两本书，时间相差五六百年，它们的思想内容区别还是很大的。总的来说，《易经》是蕴含哲理的占卜书，《易传》是超越占卜的哲学书。

说起《易传》这本书，大家可能会有点陌生，其实它的很多内容大家都挺熟悉的。比如，我们平常挂在嘴上的一些成语——自强不息、厚德载物、穷则思变、见几而作、殊途同归、洗心革面、乐天知命、革故鼎新，等等，其实都出自《易传》。

好多人问我怎么学《周易》，我总是说，最好先学《易传》，再学《易经》。尤其是少年儿童，不要太早接触六十四卦，要早学《易传》，尤其是《系辞传》。记得20世纪90年代，我去台湾参加学术交流，在一个小学，学生们集体背诵《系辞传》，当时我听得热血沸腾，感受到两岸同文同种的力量。我现在给我的研究生和我的企业家私塾班讲课，都是先讲《易传》后讲《易经》。

《易传》究竟有什么了不起的地方呢？第一，它第一次讲了八卦。你可能纳闷了，八卦不是《易经》讲的吗？其实《易经》讲的是六十四卦，不是八卦。《易传》中专门有一篇《说卦传》，第一次对八卦进行了系统解释，你搞懂了八卦，再看六十四卦，那就太容易了。第二，《易传》第一次提出"阴阳"。你又纳闷了，《易经》不是讲"阴阳"了吗？其实《易经》只有"阴阳"这两个符号，还没有"阴阳"这个词。虽然其他书，比如《诗经》有"阴阳"这个词，但还不是一个哲学概念，是《易传》第一次提出"阴阳"哲学："一阴一阳之谓道。"所以我经常说，中国哲学从根本上说就是阴阳哲学，孔子开创的儒家偏于阳，老子开创的道家偏于阴。第三，也是最重要的一点，《易经》偏于术，《易传》偏于道。《易经》告诉我们对一件事情怎么预测，结果是吉还是凶，《易传》则告诉我们事物发展的总规律，不需要去算卦就能知道事物未来发展的结果，还告诉我们只要符合易道，事物发展的结果是可以改变的。《易传》告诉我们这个世界如此简单、"简易"，但又充满了"变易"、变化，我们只要找到"不易"、不变的东西，就能元亨利贞、趋吉避凶、快乐圆满！

我很小的时候就沉湎于《周易》，有一次在读到《系辞传》"变动不居，周流六虚"时，一下子被"六虚"迷住了，明明一个卦六个爻位是实的，为什么是"虚"呢？我们都知道秦始皇统一六合，六合是上下四方，是天地宇宙，是实的，而《系辞传》却说是"六虚"，《象传》又说是"六位时成"，天地万物都可以分成六个时空，这和现代科学"六度空间"理论有没有内在的关联？真是奥妙无穷！因为痴迷于"六虚"，所以我大学毕业工作时就把分配给我的一间宿舍命名为"六虚居"，我自命为"六虚居主人"，还刻了一方闲章叫"六虚居主"。

1994年我带着对《易传》无尽的困惑考取了北大博士，跟随易学大家朱伯崑先生学《易》。当时围绕《易传》的作者有一场论争，台湾大学教授陈鼓应先生大胆提出，《易传》是道家系统之作。通过仔细研读《易传》，我发现《易传》这本书既有儒家思想，又有道家思想，甚至还有法家、墨家、阴阳家的思想。可以说，《易传》这本书是先秦思想的集大成，是先秦哲学的巅峰之作。

于是在20世纪90年代末，我大胆提出了"易道主干"的观点，也就是说中华民族的精神支柱是易道——大易之道。中华传统文化是儒释道互补的，只有易道才能融合儒释道，贯通天地人；只有易道，才能让中华文化阴阳中和、刚柔并济，不搞对抗，不走极端；只有易道才能带来人生的和美、家庭的和睦、社会的和谐，才能促进世界的和平与发展。我认为《易经》是中华文化源头的一泓清泉，从这里流出诸子百家的多条支流，到了《易传》又把多条支流汇聚成一条名叫"易道"的波涛汹涌的大河，从此浇灌养育了中华民族的伟大文化和灿烂文明。

所以，作为一个中国人，一定要读《周易》，除了读《易经》，还要读《易传》。我在《张其成讲易经》里，已经附带讲了《易传》中的《彖传》《象传》《文言传》，因为这三种五篇是直接解释卦爻辞的，还有四种五篇没有讲，那就是《系辞传》上下、《说卦传》、《序卦传》、《杂卦传》，这五篇是独立的哲学著作。前五篇因为要解释经文，不能破坏卦爻符号文字的神圣性，不能脱离卦爻辞和卦爻象；而后五篇因为不是逐句解释卦爻辞，所以是独立的，不受卦爻辞的束缚，可以自由阐发哲学思想。也正是这后五篇，才建立了易道这一思想体系，在本书中，我就要一句一句给你讲解这后五篇。如果你看过《张其成讲易经》，再看了这本《一阴一阳之谓道：易传精讲》，你就把一整部《周易》系统学完了。

我不知道你看过《张其成讲易经》之后有什么收获，也许你更加困惑更加糊涂了，也许你豁然开朗了。但有一点是共同的，那就是当你真的沉下心来静静地读、静静地想，你一定会有点恍惚，在恍恍惚惚中，你会有一点发自内心的喜悦，哪怕是困惑，也是一种喜悦。这就是《易传》说的"悦心"，因为在恍恍惚惚中，你已经得"道"了。

你可能得到的是"天道"——宇宙自然的终极真理、万物变化的根本规律、生命存在的总体依据……

你可能得到的是"人道"——"见微知著""见几而作"的觉知功夫，"知往察来""观象玩占"的判断本领，"广矣大矣""无思无为"的博大胸怀、大爱精神……

你可能得到的是中华"大道"——中华文化的核心思想，中华民族的思维方式，还有中国人的精神信仰、文化自觉……

如果你愿意，请和我一起展开"十翼"翅膀，遨游"六虚"世界吧！

二 《易传》真的是孔子写的吗？

根据史书的记载，《易经》是周文王姬昌写的，《易传》是孔子写的。那究竟是不是他们写的呢？其实《易经》很有可能是周文王姬昌和周公姬旦一起写的，在西周早期汇编成书，距今已有3000年的历史了。这一点学术界基本认同。那么《易传》是不是孔子写的呢？这本来不是个问题，因为历史书比如《史记·孔子世家》，还有《汉书·儒林传》《汉书·艺文志》都说是孔子作《易传》。最重要的是孔子自己就说过："加我数年，五十以学《易》，可以无大过矣。"孔子50岁才学懂了《易经》，从此以后就再也没有犯大错了。

其实孔子的一生是很悲催的：他幼年丧父，少年丧母，3岁的时候父亲就去世了，17岁母亲又去世了；他55岁开始周游列国时和夫人分离，67岁时夫人去世；他老年丧子，69岁时唯一的儿子孔鲤去世。接下来几个得意弟子也相继而去，70岁时颜回去世，72岁时子路被害。73岁时，孔子离开人世。

孔子的一生是悲催的，可是孔子的一生又是幸福的。孔子周游列国的时候，四处碰壁，有一次在郑国的都城，他和弟子们走散了，他的弟子子贡就去找。找到时，子贡告诉孔子，别人嘲笑他为"累累若丧家之狗"，又颓废又憔悴，像一条找不到家的狗。孔子欣然接受，笑着说："然哉，然哉！"为什么孔子能这么旷达、乐观？这大概与他50岁读懂了《易经》有关系，他从《易经》里读出了天地的大道、做人的大道，所以才能"乐天知命"，才能做事"无大过"。他读懂了《易经》，然后把自己的感悟写下来，就是《易传》。

这本来没什么争议，可是到了北宋时期，大名鼎鼎的欧阳修第一个提出质疑。他写了一本书叫《易童子问》，以一个学童的身份，大胆提出《易传》中除了《彖辞传》《象辞传》外，其余都不是孔子所作。《易传》中的"子曰"，并不是孔子说，而是很多讲师所说。欧阳修的这一大胆否定影响很大。到了清代，崔述则提出《彖辞传》《象辞传》也不是孔子所作。《易传》不是孔子所作这一观点，在20世纪70年代以前几乎成为学术界一致的声音。

直到1973年湖南长沙马王堆帛书《周易》的出土，破解这个谜才有了一点线索。马王堆帛书《易传》有六篇，其中《要》篇中记载："夫子老而好《易》，居则在席，行则在橐。"孔子到老年的时候尤其喜好《易经》，在家的时候，把《易经》放在席子上，随手翻阅。那时没有桌椅，不用床榻，一切活动、工作、休息、饮食等，都在席上，席地而坐，席地而卧。"行则在橐"，橐就是口袋。据《说文解字》及段注可知：小而有底曰橐，大而无底曰囊。孔子外出的时候，把《易经》放在口袋里，随时阅读。可见孔子读《易经》已经到了形影不离、废寝忘食的地步。孔子如此痴迷于《易经》，必然有很深的体悟，要说《易传》跟孔子一点关系都没有，那是说不过去的。《论语》中就有记载——

　　子曰："南人有言曰：'人而无恒，不可以作巫医。'善夫！"
　　（《易》曰：）"不恒其德，或承之羞。"子曰："不占而已矣。"

孔子的意思是不要陷到占卜当中，而要学习《易经》的义理。

对于欧阳修提出的"子曰"不一定就是"孔子曰"这一说法，马王堆帛书《易传·二三子问》直接说"孔子曰"——

　　《易》曰："抗（亢）龙有□（悔）。"孔子曰："此言为上而骄下。"

《二三子问》这一篇是帛书《易传》六篇中的第一篇，成文时代最早，应在战国早中期，比现在通行本的《易传》还要早。再比如帛书《易传》之《要》

篇记载孔子对门人谈论"损益之道"——

> 孔子繇（籀）《易》，至于损益一卦，未尚不废书而叹，戒门弟子曰："二三子！夫损益之道，不可不审察也，吉凶之［门］也。"

此外在《缪和》篇中虽然没有说"孔子曰"，但说了"子曰"，"子曰"的内容在《荀子》和《孔子家语》的记载中都是孔子说的。由此可以认定这一篇"子曰"的内容就是孔子说的话。

但是孔子说的并不一定就是孔子写的，就像《论语》通篇言"子曰"，但那是孔子的弟子和再传弟子整理出来的。从《易传》的行文风格和思想内容看，《易传》应该是战国时期成书，而且不是一个作者，内容以儒家思想为主，兼容道家、阴阳家等多家的思想，应该是孔子后世弟子所整理撰写。是哪一个弟子呢？

在孔子那么多弟子中有两个人对《易经》很有研究，一个叫子夏，一个叫商瞿。子夏就是卜商，名气很大，比孔子小四十四岁。历史记载子夏解释过《易经》，还有一本著作叫《子夏易传》，不过早已失传了。再说商瞿，字子木，他比孔子小二十九岁，他的名气没有子夏大，但易学成就却比子夏高。商瞿喜好《易经》，孔子就把《易经》传授给他。可以说商瞿在孔子弟子中是研究《易经》第一人。按照这个线索推测，《易传》的作者很可能是子夏和商瞿的弟子或再传弟子。

子夏和商瞿的弟子是谁呢？《史记·仲尼弟子列传》和《汉书·儒林传》的说法并不一致，但都提到一个人，就是楚国人馯（hán）臂子弓。所以很可能《易传》就是子弓整理撰写的。《易传》的成书年代是在战国时期。当然《易传》各篇产生的时代是不同的，我的导师朱伯崑先生认为：《易传》为战国后期的著述，依据形成先后次序排列是：彖、象、系辞、文言、说卦、序卦、杂卦。（朱伯崑《易学哲学史》第一卷，华夏出版社，1994年）朱先生的观点比较符合历史事实。

不过在20世纪90年代，台湾大学陈鼓应教授提出，《易传》的作者不是儒家而是道家，他经过研究明确提出《易传》是道家的作品。他为此专门写了一本书，题目就是《易传与道家思想》。陈鼓应先生列举了十三个重要概念说明《易传》反映了道家思想。比如《易传》的"天动地静"说等同于庄子的天道观，"刚柔相推"说是老子"以柔克刚"说的进一步发展，"易知简能"即老子的简易之道，"原始反终"说是老庄自然观的特点。《易传》"道""德"的哲学含义与老庄同义。陈鼓应的结论是，《易传》与老子的关系比与孔子的关系更为密切。后来他进一步提出《易传》的《系辞传》是稷下道家的作品。这一观点好比一声惊雷，一下子引起学术界极大反响，反对声不断。

我曾经和陈鼓应先生交谈过几次，了解陈先生的观点。其实陈先生的观点还是有一定道理的。虽然我不同意将《易传》就看成是道家的书，但《易传》里有很多道家思想，这一点是毋庸置疑的。

我的基本观点是，《易传》是孔子的弟子和再传弟子所作，最终成书于战国中晚期。《易传》以孔子儒家思想为主，但吸收了老子思想，还融入阴阳家、稷下黄老学派等各家思想，是先秦哲学集大成的巅峰之作。

三 《易传》的分篇与内涵

《彖传》：解释卦名卦辞的意义

《易传》一共有十篇，所以称为"十翼"。哪十篇呢？就是《彖传》《象传》《文言传》《系辞传》《说卦传》《序卦传》《杂卦传》，一共十篇。你会说，不对啊，不是七篇吗？其实《彖传》分上、下篇，《象传》分上、下篇，《系辞传》分上、下篇，一共是十篇，准确地说是七种十篇。

原本《易传》和《易经》是分开的，直到西汉易学家田何时还是分开的两本书。后来传文和经文逐渐合在了一起，现在《周易》的通行版本是魏晋时期王弼、韩康伯注本，就是经传合在一起的。这个通行本将《彖传》《象传》《文言传》附于六十四卦每个卦的卦爻辞之后，《系辞传》《说卦传》《序卦传》《杂卦传》独立成篇附于全部经文之后。这样我们就清楚了，《易传》的解释有两种形式，一种是直接解释经文卦爻辞的，一种是独立成篇的。我在《张其成讲易经》里，顺便讲解了前三种传：《彖传》《象传》《文言传》。本书重点讲解后四种传：《系辞传》《说卦传》《序卦传》《杂卦传》。合起来就完整了，也就是说，你学了这后面的四种五篇传文，才算把整部《周易》学完了。

前面三种传，我简单总结一下。第一种是《彖传》。

《彖传》又称《彖辞传》，是解释卦名卦辞的，不解释爻辞。六十四卦有六十四条卦辞，就有六十四条《象传》。六十四卦分上下经，所以《象传》也随之分为上、下两篇。"彖"这个字是什么意思呢？"彖"就是"断"，是判断的意思，就是判定、解释卦名卦辞的意义。

《彖传》里有很多金句，比如——

对乾卦的解释："大哉乾元，万物资始，乃统天。"一下子就把"元"提升为万物的初始和本原，上升为哲学问题了。

对蒙卦的解释："蒙以养正，圣功也。"启蒙教育的目的就是要培养孩子的纯正品质，要养正气、养正道、养正德。

对泰卦的解释："天地交而万物通也，上下交而其志同也。"于是就有了"交通"这个词。

对贲卦的解释："[刚柔交错，]天文也。文明以止，人文也。观乎天文以察时变，观乎人文以化成天下。"这是"文明""文化"这两个词的最早来源。

对家人卦的解释："家道正。正家而天下定矣。"家道正是天下安宁的前提条件。

对革卦的解释："汤武革命，顺乎天而应乎人。"这是"革命"这个词的来源。"革命"要顺应天道、顺应人道。

这些金句对后世的影响都非常大。那么《彖传》对卦名卦辞进行解释，有没有规律呢？有，总结一下主要有两种方式。

第一种方式是从卦出发解释卦名卦辞。有时用上下两个卦的功能属性来解释，比如刚才说的贲卦，《彖传》解释："文明以止，人文也。"贲卦是山火贲，也就是上面是艮卦，下面是离卦。离卦为火，为文明，艮卦为止，停止。再比如屯卦，《彖传》解释："动乎险中，大亨贞。"在危险中行动是亨通的，为什么？屯卦是水雷屯，也就是上面是坎卦，下面是震卦，震卦的功能是动，坎卦的功能是险，所以说"动乎险中"。有时用上下卦所象征的事物来解释，比如上面提到的泰卦，《彖传》解释："天地交而万物通也。"天地交合，万物通畅，为什么？因为泰卦是地天泰，上面是坤卦，是大地，下面是乾卦，是天，地气要下降，天气要上升，于是两者沟通了、交合了，所以就通畅。有时候直接从整个卦的形象来解释，比如噬嗑卦，《象传》解释："颐中有物，曰噬嗑。"因为这个卦上下是阳爻，好像一张嘴，第四爻是阳爻，好像口中咬了一个东西。再比如鼎卦，《象传》解释："鼎，象也。以木巽火，亨（烹）饪也。"鼎卦形象就像三足两耳的"鼎"，鼎的作用是烹饪，而鼎卦下面的巽卦像木材，上面的离卦是火，就像木材在烧火，煮东西。这是《象传》解释卦义的第一种方式，从卦的涵义、功能、形象出发解释卦名卦辞。

第二种方式是从爻出发解释卦名卦辞。有时用爻的特性来解释卦名卦辞，有时用爻的位置来解释卦名卦辞。如临卦《象传》："临，刚浸而长，说而顺，刚中而应，大亨以正，天之道也。""浸"是渐渐的意思，"刚浸而长"是说临卦第二爻是刚爻，刚的属性渐渐地成长。"刚中而应"是说这根阳爻处在下卦中间的位置，又和上卦第五爻相呼应、应和。因为第五爻是阴爻，阴阳相和。又按照正道、天道而行，所以是吉的，用来解释卦辞的"元亨利贞"。

《象传》特别重视用爻位来解释卦义，采用"中""正""当位""应"等术语。什么是"中"？一个卦有六个爻位，"中"就是指一个卦的第二位和第五位。因为第二位刚好处在下卦的中间，第五位刚好处在上卦的中间，所以叫中位。无论中位是一根阳爻还是一根阴爻，往往都是好的。如果中位是阳爻就是"刚中"，如果中位是阴爻就是"柔中"。《易传》又把阴爻、阳爻叫柔爻刚爻。什么是"正"呢？正就是位置刚好摆正了，阳爻处在阳位上，阴爻处在阴位上。在一个卦六个爻位中，从下往上数第一三五奇数位置为阳位，二四六偶数位置为阴位。好比一个人，他的德才适合当正处长，你就让他当正处长，就是"正"，也叫"当位"。反之，如果阳爻处在阴位上，阴爻处在阳位上，就是"不正""不当位"，比如一个人只适合当副处长，你让他当正处长就是不正。什么是"应"呢？应就是呼应，就是在上下卦象对应的位置如果是一根阳爻和一根阴爻，就是阴阳相呼应、应和。什么是相对应的位置呢？就是第一和第四，第二和第五，第三和第六，如果一个是阴一个是阳，就是应和。如果相对应的位置都是阳爻或者都是阴爻，那就是不应、不和，这个道理很好懂，就是同性相斥，异性相吸。一般来说，相应和往往就是好的，不相应和往往就是不好的。

如讼卦《彖传》："中吉，刚来而得中也。……利见大人，尚中正也。"讼卦的第二位和第五位都是刚爻，所以是吉的。而第五爻又是阳爻处在阳位上，所以又是"正"的。合起来叫"中正"。

再看刚才讲到的临卦《彖传》："刚中而应。"刚中就是第二爻是刚爻处在中位，又和上卦的第五根阴爻相呼应、应和，所以是吉的。

《彖传》在解释卦义时，除了重视"位"以外，还特别重视"时"。所谓"时"，指时机，即一卦所处的环境、背景和特定条件。《彖传》多次赞叹"时大矣哉"。相比较而言，"时"比"位"更重要。

总之，《彖传》在世界观、自然观、人生观、生命观方面都有丰富的哲学思想。

《象传》：卦象与爻象的人生启示

《象传》也叫《象辞传》，随六十四卦上下经也分为上、下两篇。《彖传》只解释卦不解释爻，而《象传》既解释卦又解释爻。对卦的解释叫《大象传》，对爻的解释叫《小象传》。

我们先看《大象传》，通过卦象来解释卦名卦义，但不解释卦辞。每卦一条，共六十四条。用的是取象法，也就是从这个卦所象征的事物来解释这个卦名的意义。

《大象传》里有很多金句，最著名的当然就是乾卦和坤卦的《大象传》——
《乾·象传》："天行健，君子以自强不息。"
《坤·象传》："地势坤，君子以厚德载物。"

这两句大家都耳熟能详，字面意思是：天的运行是刚健的，所以君子要按照天道来"自强不息"；大地的趋势构成了坤卦，所以君子要按照地道来"厚德载物"。

我们先看一下《大象传》的格式。《大象传》的每一条都是两句，前一句是分析卦象、解释卦名，是从上下两个八卦所象征的事物进行解释的。因为乾卦上下两个八卦都是乾卦，乾象征天，好比两个天重合，天的性质是刚健的，是双倍的刚健，所以说"天行健"，天的运行刚健，永远不停止；坤卦上下两个八卦都是坤卦，坤象征地，大地的性质是和顺的，所以说"地势坤"，大地的气势宽广和顺。后一句句式大多是"君子以……"，表示君子按照这个卦象要怎么做。六十四条《大象传》，都是这种格式。

我们再来看一看什么是"自强不息"。"自强不息"当然是在说"强"，怎么才能永远强下去而不停止？最关键的一个字是"自"，一定要自己强，别人让你强是不能永远强下去的。就像天是自己在那里运行，所以永不停止。什么是"厚德载物"？"厚"是个使动词，使美德加厚，"载物"就是承载包容万事万物。就是要像大地一样宽厚、博大、包容、和顺。"自强不息，厚德载物"是中华民族的两大精神，是君子的两大品德，也是做人做事的两大基本法则——一刚一柔，一儒一道，刚柔并济，儒道互补。清华大学以此为校训，是要学生们做君子，努力按这两大品德修养自己。

除了乾坤两卦的《大象传》以外，其余六十二卦也是每卦有一条《大象传》。比如——

《屯·象传》："云雷，屯。君子以经纶。"屯卦上卦是坎卦，下卦是震卦，坎卦为水、为云，震卦为雷，所以说云雷屯，当然为了好记，一般都说是水雷屯。后一句是"君子以经纶"，君子要按照屯卦来治理国家。经纶，就是经纬天地，经纬国家。因为打雷下雨是春天惊蛰时节的场景，象征万物创生，所以有利于君子建功立业。还可以从下雨和打雷这个意象中获得治国理政的启发，要刚柔并济，恩威并施，德治与法治相结合。

《蒙·象传》："山下出泉，蒙。君子以果行育德。"蒙卦上面是艮卦，是一座山，下面是坎卦，是水，就像从山里流出泉水，君子要按照这个卦象来"果行育德"。"果"是果断，在这里作使动词，使行为果断，"育德"是培育出纯正的品德。这一卦《象传》说"蒙以养正"，这里说"果行育德"，是我们做启蒙教育的目的，要立德树人。启蒙教育不是要教孩子多少知识，而是要教他确立正道，要有品德，然后他的行为就会果断，做事情就会坚韧不拔。

《谦·象传》："地中有山，谦。君子以裒（póu）多益寡，称物平施。""地中有山"就是"地下有山"，山在地下面，这就是"谦"。君子按照这个卦来"裒多益寡"，减少那些多的，资助那些少的。"称"是衡量，衡量事物，然后公平地去施与，达到平衡，社会就和谐了。所以谦卦告诉我们要有公平的原则，要公平、公正地去做事。

我们现在清楚《大象传》的这种格式了吧？《大象传》由两句构成，前一句是从卦象上解释卦名，后一句句式基本上是"君子以……"。但有七句是"先王以……"，还有两句是"后以……"。比如——

《观·象传》："风行地上，观。先王以省方观民设教。"观卦的上卦为风，下卦为地，大地上刮着和煦的风，其特征是无所不至。"先王以省方观民设教"，先王看到这样的卦象就要观察四方的民情并且设立教化。这种教化的力量是很大的，当然这种教化要像地上吹的和风一样，使人民接受时感觉非常舒适。

《泰·象传》："天地交，泰。后以财成天地之道，辅相天地之宜，以左右民。"因为泰卦上面是地，下面是天，地气下降，天气上升，两者交合、沟通，天地交合，所以就通泰。"后"是君主的意思，不是以后的"后"（"後"）。"后"最早是指帝王自己，后来帝王的夫人也叫"后"。"财"通"裁"，裁定、裁断。"以左右民"，以此来指导、管理老百姓。这句话的意思是，君主要效法泰卦的天地沟通之道，来制定天地、社会、人际交流沟通的法则，来辅佐天地沟通之道，统领老百姓。

《大象传》的文字很整齐、规范，两句话表达两层意思：第一层意思指出这个卦上、下两个八卦所象征的事物之间的关系，以此来解释卦名；第二层意思是从这个卦象中受到启发，在道德品质、行为规范上要按照这个卦来做。

也就是说前句是讲天道，后句是讲人道。人道从天道而来，天道与人道有同一性。这六十四条《大象传》正是一个君子立身处世的六十四种道德准则。现代易学家李镜池指出《大象传》"阐发儒家的政治哲学和人生哲学"。我同意这种说法，不过这种从天道推出人道的思维方式、论证方式又主要是道家的。

再看《小象传》。《小象传》是对爻辞的解释，每爻一条，一共三百八十六条。你可能会问了，六十四卦每卦六根爻，六十四乘以六不应该是三百八十四条吗？怎么会是三百八十六条呢？是不是错了？没有错。因为乾卦和坤卦各有七条爻辞，所以有三百八十六条爻辞，也就有三百八十六条《小象传》。《小象传》与《大象传》在解释方法上是不相同的。《大象传》主要采用取象法，而《小象传》则主要采用爻位法和取义法，以解释爻辞。如《小象传》对乾卦六爻的解释，从下爻到上爻依次为"阳在下也""德施普也""反复道也""进无咎也""大人造也""盈不可久也"，对用九的解释为"天德不可为首也"。其中对初九爻解释为"阳在下也"，是从爻位上解说，初九爻居最下位，故谓"潜龙勿用"，其他则从义理入手进行解释。

《小象传》对其他卦爻辞的解释，比较重视爻位的当与不当，中与不中，还有爻位之间的比应关系，常常用中、正、应、乘、承等术语进行解释。

《文言传》：说透乾卦和坤卦

《文言传》和《彖传》《象传》一样都是随文解释的，都是解释卦爻辞的，但不同的是，《彖传》和《象传》是解释六十四卦的卦爻辞，而《文言传》只解释乾卦和坤卦的卦爻辞，不解释其他六十二卦的卦爻辞。也就是说，其他六十二卦里面没有《文言传》。

我记得小时候，我父亲给我出了一个对子，上联就是：周易六四卦，唯乾坤有文言。让我对出下联。这里我先不说答案，请思考一下，到后面我再公布答案。

　　《文言传》的"文言"是什么意思呢？"文"是文饰的意思，就是文辞上的修饰；"文言"就是文饰之言，也就是用语言来修饰、解释、发挥。

　　为什么只有乾坤二卦有《文言传》，其他六十二卦没有《文言传》呢？因为乾坤两卦分别是纯阳卦和纯阴卦，在《周易》中的地位特别重要，是《周易》的两扇大门，打开这两扇大门，就进入了《周易》这座殿堂，整部《周易》就一目了然，不在话下了。清代康熙年间有一个文华殿大学士、礼部尚书叫张英，他是我家乡安徽桐城人，他写了一本解《易》的书叫《易经衷论》说："乾坤有《文言》，而他卦则间见于《系辞传》上下。盖圣人举乾坤两卦，示人以读《易》之法应如何扩充体会耳。所谓拟之而后言、议之而后动、拟议以成其变化者，此也。明乎此，则三百八十四爻皆有无穷之蕴，不独乾坤两卦及圣人已发挥诸爻也。"他认为《文言传》是圣人为后人读《易》做了个示范，是让大家体会扩充，让大家模拟模仿，并照此来说话、行动。

　　我们先来看一下《文言传》对乾卦的解释。《文言传》对乾卦作了四遍解释，说明乾卦是多么特殊，多么重要！第一遍解释乾卦卦辞"元亨利贞"说："元者，善之长也。亨者，嘉之会也。利者，义之和也。贞者，事之干也。""元"是众善之首，"亨"是美好的汇集，"利"是道义的聚合，"贞"是正事的根本。把卦辞"元亨利贞"解释为四德，就是仁、礼、义、事，和孟子说的四德，即仁、礼、义、智基本相同。这种解释完全是一种创新性发展，创造性转化。尤其是把"元"解释为"仁"，"元者，善之长也""君子体仁足以长人"。"元"是众善之首，就是"仁"，"仁"是第一位的德，这就把孔子的"仁"提升为最高本体，是人生道德的本原，也是人性的本原。这是非常了不起的，为宋明理学开创了先河。宋明理学最大的贡献就是把儒家伦理本体化，把仁义伦理提升为"天理"。

　　然后是对六条爻辞进行解释，有很多精彩词句，比如"乐则行之，忧则违之""庸言之信，庸行之谨""知至至之……知终终之"，尤其是解释第五爻辞

"飞龙在天，利见大人"时说："同声相应，同气相求"，这就是中国人的一种典型思维方式——取象比类的思维方式。"飞龙"、"天"、最大的"利"、最大的"大人"，这些都是同类的东西，放在一起，就叫"同声相应，同气相求"。"水流湿，火就燥。云从龙，风从虎"，水流向湿的地方，火是燥的，"云"和"龙"是同类，"风"和"虎"是同类，放在一起比较，跟"近朱者赤，近墨者黑"是一个道理。因此人在交友的时候要慎重，要和同类、同等志向的人在一起，才能在正向能量上有所提升。

《文言传》对乾卦的第二遍解释，比较简练，往往用一个词或词组进行解释。比如解初九爻"潜龙勿用"，曰"下也"，第一爻处在最下面，所以不要乱动。解第二爻"见龙在田"，曰"时舍也"，这时有了转机，因此可以停留在这个时机。解第三爻"终日乾乾"，曰"行事也"，就是要去做事了。解第四爻"或跃在渊"，曰"自试也"，自己要试一试。解第五爻"飞龙在天"，曰"上治也"，这是最佳之爻，"治"就是平安，天下大治。解第六爻"亢龙有悔"，曰"穷之灾也"，"穷"就是到头了，因此就有灾祸了。用九"见群龙无首，吉"，解释为"天下治也"。

《文言传》在对乾卦的第三遍解释中，有一个词很重要，就是"与时偕行"，是对九三爻"君子终日乾乾，夕惕若"的解释，意思就是要与时俱进，所以说"与时俱进"这个词其实出自《易传》。

《文言传》在对乾卦的第四遍解释中，最精彩的是对九五爻"飞龙在天，利见大人"的解释："夫大人者，与天地合其德，与日月合其明，与四时合其序，与鬼神合其吉凶。"意思是只有达到四个"合"才能称为"大人"。第一个"与天地合其德"，是从伦理学角度来说，是要天人合一（德），人不能违背天命；第二个"与日月合其明"，是从认知学角度来说，是要像日月那样光明，符合日月运行的规律；第三个"与四时合其序"，是从行为学角度来说，做事一定要符合春夏秋冬四时的次序规律；第四个"与鬼神合其吉凶"，是从神学角度来说，达到前面三个"合"之后就可以拥有超常的智慧，能像鬼神一样预知未来、把握吉凶，这样才能成为一个"大人"。

再看《文言传》对坤卦的解释，只有一遍，开头是："坤至柔而动也刚，至静而德方。"因为坤卦六根爻都是阴爻，所以虽然是柔弱到极点，但是动起来却最为刚强；虽然是安静到极点，但是品德却是极为方正的。这就是物极必反。内心越稳重越安静的人，表现出来的外在行为就越方正。"方正"就是正直、正派，不偏不歪。后面有句非常有名的话："积善之家，必有余庆；积不善之家，必有余殃。"意思是积累善行的人家必定会有福报，而积累恶行的人家必定会留下灾祸。古人是很少说"必"的，"必"就是一定，就是因果报应，这种因果观念就是从《易经》开始建立的。这句大家都很熟悉，但要思考为什么是"积善之家"而不是"积善之人"？为什么是"积善"而不是"行善"？这里其实是强调了整个家庭，还有积累的重要性。这是说坤卦讲的就是顺应的过程，任何事物都是从小到大、从少到多，善行和福报是慢慢积累的，恶行和恶报也是慢慢积累的。

然后《文言传》对六条爻辞进行解释，其中对六五爻的解释是："君子黄中通理，正位居体，美在其中，而畅于四支，发于事业，美之至也。"把六五爻辞的"黄裳，元吉"解释为君子的美好品德。"黄中"，就是黄色居于中位，君子要行中道；"通理"就是通达文理。"正位居体，美在其中"，身居正确的位置，美德才能蕴藏于内心，然后要把美德"畅于四支"，顺畅地流布在人的四肢，引申为四面八方。"发于事业"，再进一步推广到事业上，就会"美之至也"，也就是美到极点。

从中可以看出，《文言传》通过对乾坤二卦的卦爻辞进行逐字逐句的解释，发挥了卦爻辞的大义，将卦爻辞经文的意思大大提升了，提升到人生哲学、政治哲学的高度，成为为人处世的行动教科书。

最后公布一下我的下联。我父亲出的上联是：周易六四卦，唯乾坤有文言；我对的下联是：论语二十篇，独乡党无子曰。《论语》二十篇中第十篇《乡党》没有"子曰",另外第十九篇《子张》也没有"子曰",但有孔子弟子们的"曰"。你有没有不同的下联?

《系辞传》: 站在先秦哲学巅峰的宣言书

我在前面分别介绍了《彖传》《象传》《文言传》,这三种传的共同特点是都一句一句地附于《易经》每卦卦爻辞之后,其中《彖传》只解释卦辞卦名,《象传》既解释卦象又解释爻辞,《文言传》则是对乾坤两卦的卦爻辞进行解释。

接下来讲《易传》的其他四种,那就是《系辞传》《说卦传》《序卦传》《杂卦传》。这四种传文不是一句一句附于卦爻辞之后,而是独立成篇的,在通行版本《周易》中,它们被放在六十四卦卦爻辞之后。相比较而言,前面三种随文解释的传文,由于解经的需要,还受到卦爻辞经文的限制,不能自由发挥自己的思想。后面这四种传文就不同了,它们可以不受卦爻辞的束缚,自由自在地发挥自己的思想,所以它们的哲学成就更高。

《系辞传》简称《系辞》,通行版本的《系辞传》分上、下两篇,各为十二章,共二十四章,是对《易经》的通论,阐发《易经》的基本原理,将《易经》由一部占筮著作提升为哲学著作,是《易传》哲学思想的代表。在整个《易传》七种十篇中,《系辞传》思想最丰富,理论最深邃,学术成就也最高。

《系辞传》的最大贡献是将"易"提升到"道"的高度,"易"不仅仅是"术",更是"道";《易经》一书是不仅讲"占",而且讲圣人之"道"的经典。《系辞传》对"易"作了哲理发挥,这是很了不起的。这个道就是易道,也就是大易之道,按照《系辞传》的说法就是"一阴一阳之谓道"。我在前面介绍《易传》的作者之谜时已经说过,《易传》虽然不是孔子亲自写的,但反映了孔子的思想。《系辞传》中引用了不少孔子的论述,应该经过孔子后世弟子的整理。它同时也吸收了老子的思想,以及阴阳家、稷下道家等诸子百家的思想精髓,是先秦哲学的集大成之作,达到了先秦哲学的最高峰。

"一阴一阳之谓道"是孔子阳刚精神和老子阴柔精神的有机融合，是孔子崇阳思想和老子崇阴思想的有机融合。我还做过一个比喻，如果说《易经》是中华文化的源头，那么先秦诸子百家就是从这个源头流出来的各条支流，而到了战国后期，《易传》又把诸子百家各条河流汇聚在一起，从此形成中华文化波涛汹涌、波澜壮阔的大河，灌溉孕育了汉代及以后中华民族的文化沃土。如同先秦诸子百家受到《易经》思想的影响，汉代及以后各派思想家也都受到了《易经》和《易传》思想的影响，所以后世有儒家易、道家易甚至佛家易。汉代儒家把包含《易经》和《易传》的《周易》奉为五经（《周易》《尚书》《诗经》《礼记》《春秋》）之首，魏晋玄学新道家将《周易》奉为三玄（《周易》《老子》《庄子》）之一。

这一切与《系辞传》将"易"提升为"道"的贡献是分不开的。《系辞传》第一次提出"一阴一阳之谓道"这一命题，第一次提出乾坤是《周易》的大门，是涵盖天地人的"三极之道""三才之道"。我们来看一些《系辞传》描述"易"的金句：

"《易》与天地准，故能弥纶天地之道。"《周易》以天地为准则，是对天地自然的模拟，所以它涵盖天地万物的大规律、大道理。

"夫易广矣大矣，以言乎远则不御，以言乎迩则静而正，以言乎天地之间则备矣。"易的道理广泛啊博大啊！用它来比拟遥远的事物是没有止境的，用它来比拟近处的事物是宁静而正确的，用它来比拟天地之间的事物是十分完备的。

"《易》之为书也，广大悉备，有天道焉，有人道焉，有地道焉。"《周易》这本书的道理十分广大，无所不备，含有天的道理、地的道理、人的道理，含有远近、大小、显微等一切事理、物理。

这说明《易》概括了天下万物的规律，具体地说包括了天地人三极之道。这个"易"不仅是《周易》这本书，而且是大易之道，所以清代礼部尚书、大学士，大名鼎鼎的纪晓岚在总纂《四库全书总目提要》时就赞叹"易道广大，无所不包"，说明易道的外延已经无限大，所以它的内涵就趋于无限小，这个内涵就是中华文明的精神内核。

关于易道的内涵，《系辞传》说："易，无思也，无为也，寂然不动，感而遂通天下之故。""易"是没有思虑的，是自然无为的，寂静不动的，它不是苦思冥想出来的，是出自于本性，出自于自然本能而得到的。只有在与天下万物相感应的时候，才能通晓天下的道理。说明"易"就是"无"，是天地万物的本性、本质。这一命题其实就是老子"道"思想的体现。

"易有太极，是生两仪，两仪生四象，四象生八卦。"注意是"易有太极"不是"易生太极"，这个"易"就是"无"，好比是"无极"，但这个"无"并不是什么都没有，而是包含有太极以及两仪、四象、八卦。

"易"就是阴阳之道、乾坤之道。"一阴一阳之谓道。""乾，阳物也。坤，阴物也。""易"是天地万物运动变化的大规律，这个大规律可以简单归纳为一阴一阳、一乾一坤。"乾知大始，坤作成物。乾以易知，坤以简能。"乾主管创始，坤主管生成。乾卦因为容易而被人知晓，坤卦因为简单而发挥功能。

易道有什么功能？有什么作用呢？《系辞传》说："生生之谓易。""易"最大的作用就是使万事万物生而又生，生生不息。

"夫易，圣人所以崇德而广业也。""易"是圣人用来提升自己的道德，扩大自己的事业的。

"夫《易》开物成务，冒天下之道，如斯而已者也。""易"是开创万物而成就事业，涵盖天下事物的一切道理，就是如此这般罢了。

"夫《易》，圣人之所以极深而研几也。""易"是圣人用来穷尽隐藏的道理，发现微妙的时机的。

"夫《易》，彰往而察来，而微显阐幽。""易"可以彰知往事而察知未来，可以显现出细微之事而阐发幽深的道理。

经过《系辞传》的阐释，《易》已经远远超出了占卜吉凶的原始功能，而成为探讨宇宙万物变化规律，教化人们修养道德、成就事业、兴旺发达的著作，性质发生根本性转变，由一本占筮书变成了哲学书，由巫术书变成了理性书。

《系辞传》说《易》有四种圣人之道——辞、变、象、占。作为一部解经的著作,《系辞传》对《易经》占筮原则也作了阐发,但这种阐发已经不是简单地为讲占筮而讲占筮,而是赋予了占筮哲学含义。比如通行本《系辞传》记载了"大衍之数"的揲蓍起卦的具体操作过程,用揲蓍法不仅可以确定一卦六爻的爻象,而且可以"遂定天下之象"。

《系辞传》还以"太极—两仪—四象—八卦"序列说明揲蓍画卦的过程:"是故易有太极,是生两仪,两仪生四象,四象生八卦。"《易》六十四卦的根源是"太极",即大衍筮法中四十九根蓍草混而未分之状态。也有一种说法,说"太极"指大衍五十之数中抽出的"一",但真正含义是指万事万物混沌未分的原始状态;"分而为二以象两",即四十九根蓍草任意分为两份,则为"两仪",又指天和地;"揲之以四以象四时",是指四根蓍草,表示四时——春、夏、秋、冬为"四象"。所以已经不再是纯粹的占筮算卦了,而是提升到哲学高度了。

《系辞传》对卦爻辞、卦爻象的占筮意义也作了一些论述,但没有逐卦解释,而是提出一些原则性问题,如认为爻位有贵贱之分:"列贵贱者存乎位。"还总结了一些规律,如"三多凶,五多功""二多誉,四多惧"等,意思是居中位之爻一般为吉。

总之,《系辞传》内容丰富,思想深刻。

《说卦传》:全方位解说八卦的奥义

《说卦传》简称《说卦》,它解说八卦的性质、功能、方位、取象特征及所取的物象。《说卦传》对八卦的性质功能作了归纳:

> 乾,健也;坤,顺也;震,动也;巽,入也;坎,陷也;离,丽也;艮,止也;兑,说也。

八卦的性质,《象传》已有论及,唯"坎,陷也"是《说卦传》首次总结的。

《说卦传》还对八卦的各种取象作了分类总结,认为八卦的基本取象是:乾为天,坤为地,震为雷,巽为风,坎为水,离为火,艮为山,兑为泽。在此基础上,还归纳出八卦所象征的动物之象:

乾为马,坤为牛,震为龙,巽为鸡,坎为豕,离为雉,艮为狗,兑为羊。

八卦所象征的人身之象:

乾为首,坤为腹,震为足,巽为股,坎为耳,离为目,艮为手,兑为口。

八卦所象征的人伦之象:

乾,天也,故称乎父;坤,地也,故称乎母;震一索而得男,故谓之长男;巽一索而得女,故谓之长女;坎再索而得男,故谓之中男;离再索而得女,故谓之中女;艮三索而得男,故谓之少男;兑三索而得女,故谓之少女。

《说卦传》以乾坤为父母,其他六卦为子女,建立起八卦之间的人伦关系。

此外《说卦传》还归纳出乾卦十四象、坤卦十二象、震卦十五象、巽卦十六象、坎卦二十象、离卦十四象、艮卦十一象、兑卦九象。

《说卦传》对八卦的时间序列、空间方位作了创造性的说明,认为万物的出生、生长、繁盛、养育、成熟、交接、劳倦、终结的运行次序是:

震→巽→离→坤→兑→乾→坎→艮

它们又分别代表了八方，依次为：

东方→东南→南方→西南→西方→西北→北方→东北

《说卦传》赋予了八卦时空统一的因素，创立了万物的生成模式，对后世影响重大。

《说卦传》还对《易》的性质、特征、功用作了说明，认为：

昔者圣人之作《易》也，幽赞于神明而生蓍，参天两地而倚数，观变于阴阳而立卦，发挥于刚柔而生爻，和顺于道德而理于义，穷理尽性以至于命。

《易》是由揲蓍而成，《易》卦爻不仅占断吉凶、逆推未来，而且还包含了天地人三才之道。通过卦爻的变化规则反映出天地人统一的变化规律，其目的是提供一种人所必须遵循的道德行为规范，从而提高人的道德境界，让人们找到安身立命的依据。

《序卦传》：六十四卦的排列次序之谜

我曾经说过当年周文王在羑里台上演算《周易》六十四卦，从八卦推出六十四卦是很容易的，但六十四卦哪一卦排第一位，哪一卦排第二位，也就是六十四卦的次序应该怎么排，那可是个大难题。六十四卦的排列次序有多少种呢？这是个天文数字。我们不妨先看一下八卦的排列次序有多少种。有40320种，也就是8的阶乘。那么六十四卦的排列就是64的阶乘，那太多太多了，约为1.27×10^{89}。为什么《周易》只选了从乾卦开始到未济卦结束这样一种次序呢？这其中大有奥秘，有深刻的含义。从六十四卦的符号上看，这个秘密只破解了一半，还有一半到今天也没能解开。这一半秘密是谁解开的呢？是老子。老子是暗解《周易》，他用一个字就解开了这一半的秘密，这个字就是"反"。老子说："反者道之动。"反复是道运动的规律，也就是说天地万物都是周而复始反向运动的。六十四卦就是天地之道，就是反向运动的。当然，明确解开这一秘密的是孔子的后代、唐代的大经学家孔颖达。孔颖达《周易正义》用八个字解释了这个秘密，那就是"二二相耦，非覆即变"。也就是说六十四卦每两个卦组成一组，每一组的两个卦之间是反覆也就是颠倒的关系，如果不能反覆、不能颠倒了，那就要变卦，阳爻要变成阴爻，阴爻要变成阳爻。只有这两种关系——"反"和"变"。"反"就是相反、反覆、颠倒，后面一卦是前面一卦颠倒之后的卦。"变"就是变化，阳爻变阴爻，阴爻变阳爻，构成相对的关系。比如乾卦和坤卦，乾卦是六根阳爻，坤卦是六根阴爻，恰好相对，所以称为对卦。而屯卦和蒙卦，那叫相反。从符号上看，屯和蒙刚好是颠个个儿，这叫"反"，因此这样的两卦，就称为反卦，又称覆卦。六十四卦中有些卦是不能颠倒的，因为颠倒过来还是它本身，比如乾卦倒过来还是乾卦，这样的卦有八个：乾、坤、坎、离、颐、大过、中孚、小过。所以它们只能构成相对的四组对卦。这样六十四卦三十二组中有二十八组是反卦，有四组是对卦。邵雍有一句诗"天根月窟闲往来，三十六宫都是春"，有人问我，为什么是"三十六宫"呢？这里三十六宫讲的就是对卦和反卦，对卦八个，反卦五十六个，也就是二十八对，二十八对反卦加上八个对卦就是三十六宫。还有一种说法，就是先天八卦之数全部加在一起等于三十六。

　　孔颖达解开的只是同一组中前后两个卦排列次序的秘密，那么组与组之间是怎么排列的呢？这个秘密到今天也没有解开，也就是说组与组之间符号排列的规律还没有找到。不过，值得高兴的是虽然从符号上还没有完全解开六十四卦排列次序的秘密，但从文字义理上来解是全部解开了。谁解开的？可能就是孔子，传说孔子作《序卦传》就是解释六十四卦排列次序秘密的。

《杂卦传》:简练解释六十四卦的卦义和错杂关系

《杂卦传》简单地说就是错杂解释六十四卦,也就是不按照《易经》六十四卦从乾坤开始到未济结束的次序,而是按照一种重新排列的次序,解释每个卦的意思。它把六十四卦重新分成三十二对、三十二组,然后用一两个字或极短的一句话来解释卦的意思。解释非常简练但非常到位。整篇《杂卦传》语言优美,像一首散文诗,朗朗上口,富有韵律之美,多读几遍就可以背诵下来。

《杂卦传》分出的三十二组卦,基本上是反卦和对卦,也叫错卦和综卦。我们都听说过"错综复杂"这个词,就卦象来说,每一组中的前卦跟后卦构成了两种关系,一种关系叫错,一种关系叫综。错卦就是阴阳属性相对,比如说乾卦,它的错卦就是坤卦,可见错卦就是对卦。另一种关系就叫综,综就是反卦、覆卦,也就是前后两个卦是颠倒关系。从卦的形式上构成了错和综的关系,卦义也都是反的,刚好相对的。这就表明了事物发生发展错综复杂的特点。《杂卦传》前五十六卦二十八组都是错卦和综卦的关系,最后八个卦也就是从大过卦往下的八个卦四个组,却不是这种关系,既不是相对的卦,也不是相反的卦,这也说明了这种卦序排列的错综复杂。

从总体上说,《杂卦传》在排列上还是有一定规律的。比如说《杂卦传》的前一部分开始于乾卦和坤卦,后一部分开始于咸卦和恒卦,前一部分三十卦,后一部分三十四卦,这种排列跟《序卦传》的排列是吻合的。

系辞传上

第一章

天尊地卑：天在高处尊贵，地在低处不贱

《系辞传》在《易传》七种十篇中学术成就最高，哲理性最强，它是对《易经》的通论，也就是整体论述。

历史上有一个奇妙的时代，那就是公元前500年左右，尼连禅河边一位王子在菩提树下打坐，当他睁开眼睛仰望星空，顿然开悟，于是就成为释迦牟尼佛。爱琴海边，一位商人走在旷野之间，抬头仰望天空，看着满天星斗，一不小心摔到坑里，他向无尽苍穹发出了一声呐喊，于是他成为古希腊第一位哲学家，他的名字叫泰勒斯。而在黄河岸边，一位老者带着弟子，行囊中装着沉重的《易经》简书，他抬头凝望着高高的天空，很久很久，突然大声说出一句话："天尊地卑，乾坤定矣。"他就是孔子。孔子的后世弟子把他论《易经》的话记录下来，就叫《系辞传》。

《系辞传》的"系"是什么意思呢？"系"为系属、隶属、归属的意思，"系辞"就是把文辞归属在爻卦的后面，《系辞传》就是把文辞放在六十四卦后面，对六十四卦来一个总论述。

《系辞传》分为上、下两篇。我们先来学习《系辞传上》的第一章——

天尊地卑，乾坤定矣。卑高以陈，贵贱位矣。动静有常，刚

柔断矣。方以类聚，物以群分，吉凶生矣。在天成象，在地成形，变化见矣。是故刚柔相摩，八卦相荡。鼓之以雷霆，润之以风雨。日月运行，一寒一暑。乾道成男，坤道成女。乾知大始，坤作成物。乾以易知，坤以简能。易则易知，简则易从。易知则有亲，易从则有功。有亲则可久，有功则可大。可久则贤人之德，可大则贤人之业。易简而天下之理得矣，天下之理得，而成位乎其中矣。

这一章很重要，开门见山，一开头就讲乾坤是怎么确定的。乾坤是《易经》的核心，知道乾坤的来龙去脉，也就知道了《易经》的来源。乾坤是怎么确定的呢？一开头八个字就交代清楚了："天尊地卑，乾坤定矣。"这一句很简单，很多人是这么理解的：天是尊贵的，地是卑贱的，乾卦和坤卦的位置就确定了。这么理解就错了！因为这里的"尊卑"不是尊贵和卑贱，而是客观的描述，是不带感情色彩的，"尊卑"是"高低"的意思。

我们看后一句就明白了，后一句说"卑高以陈，贵贱位矣"，这里"卑"和"高"相对，说明"卑"就是低。我曾经说：我最大的优点就是自卑。这不是开玩笑，是真的。"自卑"出自于《中庸》。《中庸》里有一句名言叫"君子之道，辟如行远必自迩，辟如登高必自卑"，可见这里的"卑"就是低。《系辞传》开头说的"天尊地卑"也是这个意思，天高地低，是一种客观的自然存在，是客观描述，并没有贵贱之分。

"天尊地卑，乾坤定矣。"天是高的，地是低的，乾和坤就确定了。天地-乾坤的定位非常重要，"位"就是空间，乾坤的确立源于空间定位，这一定位其实就奠定了中国文化的特性，也奠定了中国人的思维方式和行为方式。西方有一个哲人说"人是被抛入世界的"，人从母亲子宫这个空间被抛入另一个大的空间，人离不开空间，所以始终都是被包围的、被束缚的。但我们的先哲却说人出生在天地之间，天地一高一低，脚踩大地我们会感觉踏实、亲切，仰望天空我们会感觉温暖、光明。天地两种能量护佑着我们的生命，从天高地低演化出乾坤文化。

中国文化就是乾坤文化，也就是阴阳文化。乾为天，为阳；坤为地，为阴。正如《周易·象传》所说："天行健，君子以自强不息。"又说："地势坤，君子以厚德载物。"这两句的意思是：天的运行是刚健的，所以君子要按照天道来自强不息；大地的气势宽大和顺，所以君子要按照地道来厚德载物。

乾卦的"自强不息"和坤卦的"厚德载物"是中华民族的两大精神，也是做人做事的两大基本法则，那就是一刚一柔，一儒一道，要刚柔并济，儒道互补。从空间的高低引申出来的两大精神：自强不息，是让我们刚健、奋发、向上；厚德载物，是让我们包容宽厚、居下不争、自然无为、谦虚谨慎。自强不息是儒家的基本精神，厚德载物是道家的基本精神。所以，一乾一坤，一刚一柔，一儒一道，一个自强不息，一个厚德载物，两者都做到了，至少可以成为君子。

接着我们再来看第二句："卑高以陈，贵贱位矣。"高和低一经排列，贵和贱就定位了，就有了贵贱的区别了。"卑高以陈"的"以"通"已"，"陈"就是陈列、排列。慢慢地，就有了我们今天都知道的两个词"高贵""低贱"。

天是高的，地是低的，原本是一种客观的自然存在。为什么会演变出高低贵贱的不同呢？我们揣摩一下人的心理就不难理解了。

我们人站在大地上，大地在我们的脚下，距离我们很近；天空在我们头上，高高在上，距离我们很遥远。高低远近，本来是客观的自然存在，无所谓贵贱，但我们都有一种心理，越是远的东西越珍贵。为什么？因为越是远的东西越得不到，比如男女在恋爱的时候，越难以求到就越珍惜，距离产生美。《诗经·蒹葭》就描述了这种意境："蒹葭苍苍，白露为霜。所谓伊人，在水一方。"河边芦苇苍苍，深秋的露水结成霜。我所寻找的那个人，就在河水那一方。在水那一方的那位美人，"宛在水中央"，仿佛就在那水的中央，因为看不见或者看不清，就会让人产生无限的遐想，从而产生一种尊重和敬畏的心理。

从天和地的高与低，到事物的远与近，再到虚空与实在，可以推测出乾坤——天地宇宙的道理。

我们再从天与地的功能看，是天主宰大地还是大地主宰天呢？当然是天主宰大地，天上的太阳给了大地光明，天上的雨露滋润着大地万物，地球绕着太阳公转，地上才有了春夏秋冬。天给了大地以无私的爱，同时天也会给大地以惩罚，比如：天持续下雨，大地就会发洪水；天不下雨，大地就会有旱灾；天打惊雷、刮狂风，大地就会有受灾。

从这个角度说，天是尊贵的，地是卑微的。所以大地要尊崇天，大地上的人也要尊崇天。我们一定要把自己放在谦卑的地位，人人都要有感恩心，感恩天对我们无私的爱；人人都要有敬畏心，敬畏天对我们的惩罚。举头三尺有神明。一个人有了敬畏心，就不会做伤天害理的事。一个敬畏天道的人，就会顺应天道，按天道来做人做事，就会懂得怎样爱他人，品德就会高尚起来，自然就会受到大家的尊重，慢慢地就会成为一个高贵的人。反之，不按照天道来做，不敬天爱人，躺在地上等别人的施舍，自私自利，自然就会成为大家讨厌的人、憎恶的人；哪怕这个人腰缠万贯，有权有势，在大家眼里，他仍然是一个卑贱的人。所以叫"卑高以陈，贵贱位矣"。

因此，尊崇天道也就成为中国人的最高信仰，人立于天地之间，要常怀敬畏之心。孔子说"君子有三畏"，其中第一就是要敬畏天道，老子说："天网恢恢，疏而不失"。中国文化敬畏天道，敬天法祖，敬天爱人，顺应天道，顺应自然。我们做人做事第一就是要衡量一下是否符合天道。中国人的这一信仰使得中华民族生生不息，历数千年而不衰。

这里我还要再说明一下，大家仔细琢磨一下这句话："卑高以陈，贵贱位矣。"原文是"卑高"（低高）排列，而不是"高低"，按照古汉语前后呼应的语言习惯，"低高"对应"贵贱"，是不是在说低的反而尊贵，高的反而卑贱？是的，道家就是这么理解的。老子就崇尚低处，老子说"上善若水"，水往低处流，不要争高，越是低的地方反而越高贵，人如果低姿态了，他就是高境界了。

所以决定一个人的贵贱，不是按照出身地位决定的，而是按照灵魂来决定的。有的人出身很卑微，但品德高尚，他照样是一个灵魂高贵的人。比如浙江宁波白鹤派出所，有一天忽然走进来一个拾垃圾的人，他二话不说就拿出一大袋钱，交到民警手里。他一边掏钱，一边说："我在报纸上看到了'雪莲花'助学计划，我也想捐点钱。"考虑到自己的身份，他又补充说："钱是正规途径来的，请放心交给贫困学生。"而有的人开豪车，穿名牌，目中无人，趾高气扬，甚至横冲直撞，蛮不讲理，没有素质，没有道德，那就是一个灵魂卑贱的人。

看到一篇文章，是某大学一位教授，为了争一个学会的副会长给另一位教授写的绝交信。看了之后，特别感慨。我想，如果好好领悟《系辞传》开头这两句话，就不会为了一个学术头衔争得这么难看了。看来对高低和贵贱，要彻底搞清楚并不是一件容易的事。有的人以地位高低为贵贱，有的人以灵魂高低为贵贱，这是价值观的不同；有的人要做人上人，有的人要做平常人，这是人生观的不同；有的人敬畏天道，有的人害怕权威，这是世界观的不同。希望我们能慢慢领悟"卑高以陈，贵贱位矣"这句话的真谛。

动静有常：万事万物恒常不变的规律

下面接着讲解第三句："动静有常，刚柔断矣。"字面意思很简单，就是动和静是恒常的，刚和柔就由此确立了。运动和静止是有规律的，是符合"道"的。在老子《道德经》中"常"就是道："道可道，非常道。"又说："知常曰明，不知常，妄作，凶。"按照动静的常道就可以区分出刚强和柔弱。

从天地、高低、尊卑、贵贱，得出了动和静，刚和柔，这里并没有明说天和地谁是动的谁是静的，谁是刚的谁是柔的。但根据古汉语前后呼应的规则，我们知道：天是动的，是刚的；地是静的，是柔的。我们只要抬头望天，就会看到天上的云彩在随风飘散，天上的太阳、月亮每天都在升起、落下，而我们却感觉不到大地在动。再看天是刚强的，地是柔弱的，这是为什么呢？因为在我们的感觉中，运动的东西总是主动的一方，静止的东西都是被动的一方，天是运动的，所以是刚强的，地是静止的，所以是柔弱的。

这就是类比思维，我们要学会这种思维。中国人用的就是这种取象比类的思维，取相关的一串象，从八卦来联想，联想到任何东西，都是可以的，因为它涵盖了万事万物。

这里提到了四个点："动""静""刚""柔"。这一动一静，一刚一柔，正是天地阴阳的四个特征。其实从天地运行的绝对规律来说，天和地都是运动的。但从天地运行的相对规律来说，天是动的，地是静的。我们人站在大地上看到天上太阳和月亮的东升西降，看到天上云彩的流动，相比较而言，天就是动的，地就是不动的。天地的动静是有一定的法度的，所以我们可以分别断定刚柔的规律。相比较而言，天的运动主宰大地的静止，运动是刚强的，静止是柔弱的。

讲一下孔颖达对"动、静、刚、柔"的解释。孔颖达是唐代一位了不起的经学家，是孔子的三十一代孙，他奉唐太宗李世民之命编纂《五经正义》，汇集了两汉魏晋南北朝以来很多经学家的观点，完成了五经内容上的统一。《五经正义》在唐高宗时颁行，并作为科举考试的标准教科书。其中第一部就是《周易正义》，用的是魏王弼、晋韩康伯注，然后加以疏通解释。孔颖达在《周易正义》中说："天阳为动，地阴为静，各有常度，则刚柔断定矣。动而有常则成刚，静而有常则成柔，所以刚柔可断定矣。若动而无常，则刚道不成；静而无常，则柔道不立。是刚柔杂乱，动静无常，则刚柔不可断定也。"这里强调了"动静有常"的"常"字，要从"常"上来判断动静刚柔，"常"就是万事万物恒常不变的规律。

从六十四卦卦爻来说也是如此，《易传》将卦分为阴阳，爻分为刚柔。朱熹《周易本义·系辞上传》："动者阳之常，静者阴之常，刚柔者，《易》中卦爻阴阳之称也。"天运转不已，阳常动也；地填岳不移，阴常静也。所以动静刚柔就成为推衍易道的法则。动是阳，静是阴，卦与爻有了阴阳，便可表现出刚与柔来。

我们再从日常生活中看，任何一件事物都可以分动静、刚柔，比如一张桌子，它的零散部件摆在地上，是静；我们将它逐一组装起来，是动。就木料和铁钉而言，铁钉是刚的，木料是柔的。就一个人而言，牙齿是硬的，舌头是软的；牙齿和舌头不动的时候是静的，咀嚼的时候是动的。动静必须配合，人在吃东西的时候，下颌是动的，上颌是静的。这就是六十四卦中的颐卦，下卦是震卦，为动，上卦是艮卦，为静，动静结合才能吃东西。再比如人体构造，肉体是柔软的，骨头是刚硬的。不仅如此，人的性格、情感、思想都可以分出动静、刚柔，怎么区分？从这个人的外貌、说话、行为，就可以判断这个人的刚柔——阴阳性格。一般来说，一个人好动，思维快，动作快，脾气急，爱发火，处理事情很果断，说话干脆利落，不拖泥带水，这个人的性格就是偏阳的、偏刚的；反过来，如果一个人好静，思维慢，动作慢，脾气好，处理事情慎重，说话柔和委婉，这个人的性格就是偏阴的、偏柔的。可见好动往往和刚强连在一起，好静往往和柔弱连在一起。

还要说一点，刚和柔是可以互相转化的。这一点我认为周敦颐说得最好。周敦颐也许有的人不太熟悉，但有一篇优美散文大家可能都知道，那就是《爱莲说》。"予独爱莲之出淤泥而不染，濯清涟而不妖，中通外直，不蔓不枝，香远益清，亭亭净植，可远观而不可亵玩焉。"这篇美文就是周敦颐写的，所以人称他为"爱莲君子"。他的伟大贡献不是写了《爱莲说》，而是创立了理学，他是宋明理学的开山祖师。他是今湖南道县人，生于1017年的端午节，位居北宋理学"五子"之首。他的理学代表作是一篇短短249个字的《太极图说》，开头几句："自无极而太极。太极动而生阳，动极而静，静而生阴，静极复动。一动一静，互为其根。分阴分阳，两仪立焉。"动静变化，物极必反。

就一个人的性格而言，也是可以变的。人的性格什么时候会发生改变呢？往往是在遭受人生重大变故的重大打击时。

以类聚分：谁才是你的灵魂伴侣？

《系辞传上》第一章，我们已经学过了前三句："天尊地卑，乾坤定矣。卑高以陈，贵贱位矣。动静有常，刚柔断矣。"这一节我们来学习第四句："方以类聚，物以群分，吉凶生矣。"我们大家都知道，有一句俗语叫"人以类聚，物以群分"，或者是"物以类聚，人以群分"，其实意思都是一样的，就是说，无论是人还是物，都是按照类群相区分、相聚合的。也就是，同类的东西常常聚在一起，志同道合的人常常相聚成群，不是同类的东西，不是志同道合的人，自然就会分开。这个俗语中的"类"和"群"意思相同，"群"就是"类"，就像我们现在建的微信群、朋友圈，总是同类的人在一个群里，在一个圈子，群有群主，有群规，最重要的是群里的人必须在某方面具有一致性，这样才算是同类人。群里的人发言可以观点不同，但总的价值观是相同的，否则是不受欢迎的，严重者会被踢出群。这就是"物以类聚，人以群分"。

这一俗语就出自《系辞传上》："方以类聚，物以群分，吉凶生矣。"这句话是什么意思呢？天下万事万物都是按照不同的类群而相聚、相分的，吉和凶就由此产生了。"方以类聚"的"方"可以指方位，也可以指观念、意识，属抽象的范畴。"物"指具体的事物。这句话是讲天下各种观念按照门类而聚合，各种动植物按照群体而区分。吉凶正是不同门类事物相互作用的必然结果，不同门类的事物相互作用有的导致吉的结果，有的导致凶的结果。

说到"方以类聚，物以群分"，我想起《战国策》里的一个故事。顾名思义，《战国策》记载战国时期策士也就是游说诸侯的纵横之士的策略、谋略，包括这些策士游说各国的活动和说辞，还有权谋、智变、斗争的故事。这本书的作者不止一个人，最后是由西汉刘向编定的。《战国策》是分不同国家写的，所以被称为国别体史书。这里面记载的很多故事都相当精彩，有很强的文学性，所以又是一部优秀的散文集。

其中《齐策》记载，齐国有一个人叫淳于髡，长得很矮，身长不满七尺，但博学多才，能言善辩，被任命为齐国的大夫。他经常利用寓言故事、民间传说、山野逸闻来劝谏齐王。当时的齐宣王喜欢招贤纳士，于是让淳于髡举荐人才。淳于髡一天之内接连向齐宣王推荐了七位贤能之士。

齐宣王很惊讶，就问淳于髡："寡人听说，人才是很难得的，如果一千里之内能找到一位贤人，那贤人就多得像肩并肩站着一样；如果百世之久（一世三十年）能出现一个圣人，那圣人就像脚跟挨着脚跟来到一样。现在你一天之内就推荐了七个贤士，贤士是不是太多了？"

淳于髡回答："不能这样说。要知道，同类的鸟儿总聚在一起飞翔，同类的野兽总聚在一起行动。人们要寻找柴胡、桔梗这类药材，如果到水泽洼地去找，恐怕永远也找不到；要是到梁父山的背阴面去找，那就可以成车地找到。这是因为天下同类的事物，总是相聚在一起的。我淳于髡大概也算个贤士，所以让我举荐贤士，就如同在黄河里取水，在燧石中取火一样容易，我还要给您再推荐一些贤士，何止这七个！"淳于髡说他自己是贤士，所以他的周围就聚集着很多贤士，这就是"方以类聚，物以群分"。

"方以类聚，物以群分"还是一种分类方法，也就是按照类群进行归类、类比的方法。这和西方分析的方法不一样。分析的方法可以说是从大到小，从整体到局部，越分越细，要的是一种细分的、局部的结果。而类比的方法是把复杂的问题简单化，宇宙万事万物纷纭复杂，但可以简单分成几大类，从小到大，从局部到整体，是一种整体思维。

这就是《周易·文言传》说的"同声相应，同气相求""各从其类"，这实际上是中国人的一种思维方式，就是类比思维，也就是现在学术界常说的"象"思维。"象"其实就是一种"类"，"象"思维就是取象比类思维。《文言传》的"各从其类"是解释乾卦九五爻"飞龙在天，利见大人"，因为九五是乾卦的最佳时位，九五至尊，又中又正，"飞龙"、"天"、最大的"利"、最大的"大人"，这些都是同类的东西，放在一起，就叫"同声相应，同气相求"。魏晋时期一位大臣，也是一位著名的思想家傅玄提出："近朱者赤，近墨者黑。"靠着朱砂的会变红，靠着墨汁的会变黑。比喻接近好人可以使人变好，接近坏人可以使人变坏。指客观环境对人有很大影响。

因此人在交友的时候要慎重，多和同类、同等志向的人在一起，才能在正向能量上有所提升。

其实万物是有同频共振效应的。同频共振这个概念，最先出现在物理学中，指的是物体达到相同频率就会产生共振现象。心理学家又赋予了它新的意思，指两个人在思想、意识、言行、精神、观念等方面的共鸣和协同状态。当两个人在很多方面有相同点和共鸣点时，证明彼此之间有"共通性"。

我们每个人都想找到自己的灵魂伴侣，在茫茫人海中，多少人遇见了又告别了，谁才是自己的灵魂伴侣？怎么才能判断两个人是不是灵魂伴侣？可以用同频共振效应来检验。首先，三观是否一致？三观相合，则会生出万千趣味；三观不合，生活只能越来越乏味，矛盾也会越来越多。其次，是否在精神层面上产生了共鸣，是否能做到心意相通？就是即使对方不说，也明白他（她）的想法，也就是"心有灵犀一点通"。再高一层就是，是否会常常放电放光？这放出来的电与光，也就是徐志摩在《偶然》中所说"在这交会时互放的光亮"。这就像是一种镜像反射，彼此都能够感觉到，从没有一个人能够这样懂我、理解我，到了自己都意想不到的程度。一见如故，一见如我，好像就是自己的另一半。情趣相投、灵魂共鸣的人聚在一起，不仅是舒适自在的，而且能量会互相加持，不断放大。

"方以类聚，物以群分，吉凶生矣。"为什么说能生吉凶呢？这其实就是因果报应。它告诉我们：善良一类的事物聚合，一定会带来福报，会有吉祥；邪恶一类的事物聚合，一定会带来恶报，会有凶险。实际上，善良、福报、吉祥就是同类，邪恶、恶报、凶险也是同类。

刚柔相摩：舌头和牙齿怎么分工合作？

你有过牙齿咬了舌头的遭遇吗？那种感觉真是糟糕透了。但那毕竟是反常现象。正常情况下，牙齿和舌头是分工合作的模范。一大块美味的肉放进嘴里，牙齿用它的锋利刚硬把肉咬碎，舌头用它的柔软搅拌品尝味道，它们只有相拥相助才能充分咀嚼食物，以优美的姿态把食物送进胃里。牙齿和舌头的分工合作，在《系辞传》中被提升到哲学层次，叫"刚柔相摩"。

我们来学习《系辞传上》第一章的第五句："在天成象，在地成形，变化见矣。"意思就是：在天上的成为象，在地上的成为形，变化就出现了。"变化见矣"的"见"应该读作xiàn。"书读百遍，其义自见""天苍苍，野茫茫，风吹草低见牛羊"的"见"都通"现"。

"在天成象，在地成形"，涉及"形"和"象"两个概念。我们现在说的"形象"这个词，形和象是连用的，形象就是能看到的、能感受到的具体事物。但分开来说，"形"和"象"又是有区别的。在天上的叫"象"，天上有什么？有日月星辰、风云雷电等，这些东西我们能见到、感觉到，但是不能触摸、不能接触，这叫作"象"。地上的叫"形"，比如山川、草木，这些都是有形体的，实实在在的，可以见到，可以摸到，可以实际接触。

20世纪90年代，我在北京大学读哲学博士，写的博士论文就是《象数哲学研究》，后来出版了一本书叫《象数易学》。我认为中国人的思维偏向于"象思维"，当然准确地说应该叫"象数思维"，西方人的思维偏向于"形思维"。

"象"和"形"比较，"形"是有形、实在的，"象"偏于无形、虚幻。古人要了解天上的事物只有靠仰望、观察，并不能真实接触到。"象"偏于动态，"形"偏于静态。老子说"大象无形"。老子说的"大象"就是"道"，道是无形的。中国人说的"气"，就是一种"象"，虽然无形，但能感觉到。还有中医讲的脏象、脉象、舌象，虽然不是具体的可以测量的形体，但却能通过望闻问切感觉到。

《系辞传》说："在天成象，在地成形，变化见矣。"这是在强调事物的变化，无论是天上的象还是地上的形，都是变化的。天上太阳月亮东升西降，一年四季温热凉寒，还有天气风雨阴晴等，始终都是运动变化的。大地上的山川、草木，也是变化的。从这些形、象中显现出事物变化的道理，隐藏着事物变化的自然规律。比如天上的日月运行、大地万物生长的过程都是周而复始的，这就是事物发展循环变化的规律。《易经》就是用卦爻符号展现事物发展变化大规律的，所以卦爻符号就叫卦象爻象。

我们现代人所处的时代，所遇到的无论是有形的东西还是无形的东西，其实都是变化的。比如年轻人会遇到工作变迁、职场竞争、职位升降，还有情感的变化，这都是常态。《周易》告诉我们万事万物都是变化的，变化是一种常态。那么有没有不变的呢？当然有。《周易》了不起的地方就是告诉我们万事万物都是变化的，但也有不变的。"元"是不变的，"元"是终极的东西。请大家好好思考一下，人生什么东西是不变的。其实我们学习《周易》就是要找到不变，随机应变，最后回归至简至易。变易、不易，再加上简易，合称为"三易"。

《系辞传上》第一章的前五句都以"矣"字结尾："天尊地卑，乾坤定矣。卑高以陈，贵贱位矣。动静有常，刚柔断矣。方以类聚，物以群分，吉凶生矣。在天成象，在地成形，变化见矣。"这五句话构成一组排比句。在这五句之后，《系辞传》做了一个总结："是故刚柔相摩，八卦相荡，鼓之以雷霆，润之以风雨。"意思就是：所以阳刚和阴柔相互摩擦交流，八卦相互激荡，以雷霆鼓动世界，以风雨滋润万物。

"刚柔相摩，八卦相荡"，这里"刚柔"特指阳爻和阴爻。阳爻和阴爻是《易经》最基本的符号，阳爻是一长线，阴爻是两短线。《易传》称呼这两个符号不叫阳爻和阴爻，而叫刚爻和柔爻。刚爻和柔爻的三次组合（$2^3=8$）就是八卦，刚爻和柔爻的六次组合（$2^6=64$）就是六十四卦。刚爻和柔爻的相互摩擦交流构成八卦，八卦其实就是四对阴阳相互激荡、相反相成构成的。从阴阳推出八卦，再从八卦推出万事万物，可以发现万事万物都是相对的。相对的事物都是有反向作用的，正是这种对立的反向作用，激发出新的更大的能量。这里描述的是天象的摩擦激荡：天空乌云翻腾，电闪雷鸣，世界为之鼓动；天空风雨交加，雨洒大地，万物得以滋润。"鼓之以雷霆"是阳刚，"润之以风雨"是阴柔。有刚就有柔，刚柔相随，阴阳相摩、相荡、相推、相感，就产生了万事万物的各种变化。

讲到这里让我想起取名字。我遇到不少人都说对自己的名字不满意，想让我给他们改个名字，我就对他们说：改名不如改心。一个人的名字对人的一生固然有影响，但最重要是改变自己的心理、心智、心灵，一个人的命运就取决于这个人的心。再说一个成年人是很难改身份证名字的，对那些名字实在不好的，有一个办法，就是取一个字，也就是"表字"。古代婴儿出生以后由父母取一个名；只有成年以后才取字。古人起名取字方式有很多种，但最常见的有两种：一种是取和名的含义相同相近的字，比如诸葛亮，字孔明，"亮"与"明"的字义十分相近。另一种就是取和名的含义相反相对的字，比如唐代大文学家韩愈，字退之，"愈"是不断进取的意思，取"退之"为字，表示要有进有退，不能只进不退。我有一个弟子叫贺维，"维"本义是捆东西的大绳子，有把人捆住之意，为此要我给他改个名，我就给他取了一个字，字解之，意思是把绳子解开来。

总之，《易经》就是讲"一阴一阳之谓道"，阴阳要平衡，刚柔要中和。阴阳的相摩、相荡，是事物变化的普遍规律，也是万物化生的根源。"鼓之以雷霆，润之以风雨"，就可以使万事万物生生不息。

乾道和坤道：获得美好爱情的绿色通道在哪里？

有一首客家山歌唱道："入山看见藤缠树，出山看见树缠藤；藤生树死缠到死,树生藤死死也缠。"这里"藤缠树"是比喻夫妻恩爱至死不渝。如果你也向往这种男女相爱的美好境界,那么你就得先弄清楚"乾道成男,坤道成女"的道理。

《系辞传上》第一章前五句后面是两句总结:"是故刚柔相摩,八卦相荡。鼓之以雷霆,润之以风雨。"再后面的一句是:"日月运行,一寒一暑。"字面意思很简单,就是太阳和月亮不停运行,寒冷和暑热交相更替。

日月是天空中能看到的最大的象,《系辞传》后面说"县象著明莫大乎日月",悬挂的物象中没有比日月更大的了。日就是太阳,月就是月亮。月亮还被称为太阴。《周易》两个基本符号阴爻和阳爻相传是伏羲氏观察了天地人之后画出来的,其中天上最明显的物象就是太阳和月亮,太阳就是一长线的阳爻,月亮就是两短线的阴爻。为什么要这样画呢?因为太阳虽然东升西降,但每一天都那么大,大小是不变的,所以画一长线;而月亮在一个月中有阴晴圆缺,但月缺并不是没有,所以画两短线表示月亮。

日月对人类是多么重要,日月给我们光明。王阳明57岁那一年,生命已走到尽头,他对弟子说:"吾去矣!"弟子泪流满面,问先生还有什么遗言。王阳明微微一笑说:"此心光明,亦复何言!"王阳明最后留给人间的是光明之心。弘一大师李叔同留给人间最后一首诗最后两句是"华枝春满,天心月圆",在开满花的枝头,春意盎然;在天空正中央,一轮圆月高高悬挂。人生如果像日月一样光明,就是幸福、圆满的。反之,很多人觉得人生是痛苦的,佛教讲人生八苦的第一个原因就是"无明",不明白宇宙的真理,不明白人生的真相。一个人如果心地光明,就可以解除痛苦,幸福美满。

日月构字,左右结构就是"明",东汉时期炼丹家魏伯阳又说"日月为易",日月就是阴阳,"易"就是阴阳哲学。日月也可以看成是离坎二卦,日就是离,月就是坎。把离坎看成是日月,在道教的书里特别多,比如魏伯阳写的《周易参同契》被奉为"万古丹经王"。炼丹的药物主要是铅和汞,其中铅是坎,汞(水银)是离,汞和铅也称为日和月、乌和兔。乌是金乌,就是太阳,兔是玉兔,就是月亮。离卦为太阳，坎卦为月亮。

"日月运行，一寒一暑"，日月运行，日复一日，月复一月，年复一年，带来一年寒暑的变化。寒暑是一年中自然界气候的最大交替变化。一年有春夏秋冬四季变化，四季的气候特征就是春温、夏热、秋凉、冬寒，春夏的温热为阳，秋冬的凉寒为阴，一年四季不断变化，暑热和寒冷交替轮换，周而复始，永不停止。同样，寒暑也可以看成是坎离二卦：坎卦为水，在北方，为寒冷，因为水要结冰；离卦为火，在南方，为暑热。如同日月，日往则月来，月往则日来，寒暑也是寒往则暑来，暑往则寒来。一个人的一生也是如此，有时候像夏天一样事业生活红红火火，有时候又像严冬一样寒冷，事业受挫，生活不顺。我们要有一颗平常心。一寒一暑，寒往暑来，起伏反复，才是生活的常态。正如宋代一首著名禅诗所说："春有百花秋有月，夏有凉风冬有雪。若无闲事挂心头，便是人间好时节。"

"日月运行，一寒一暑"后面一句是"乾道成男，坤道成女"，意思就是：乾道化成男人，坤道化成女人。这个"成"可以是化成，也可以是生成、构成。"乾道成男，坤道成女"这一句，一下子从天地自然拉回到人间男女。前面所说的雷霆、风雨、日月、寒暑都是天地自然的阴阳变化，其实也都属于乾卦和坤卦。相比较而言，雷霆属于乾，风雨属于坤；日属于乾，月属于坤；暑属于乾，寒属于坤。乾道可以化成雷霆、太阳、暑热，坤卦可以化成风雨、月亮、寒冷。这里只指出乾道可以成男，坤道可以成女，虽然只是举了男人和女人这一个例子，但其实是说明乾道可以化生一切阳性事物，坤道可以化生一切阴性事物。反过来，一切阳性事物从属于乾道，一切阴性事物从属于坤道。

从天地自然回归到人间男女，正是《易传》的目的。《易传》讲天道是为了明人事。从《系辞传》提出"乾道成男，坤道成女"以后，乾卦就用来称呼男人，坤卦用来称呼女人。如过去写婚书，男方的八字称"乾造"，女方的八字称"坤造"。还有在道教道士中，"乾道"就是男道士，"坤道"就是女道士。

男人属于乾卦，为阳性，女人属于坤卦，为阴性，这一点大家都好理解，但做起来并不容易。从男人和女人的本性来说，男人阳刚，女人柔弱；男人如山，女人如水。比如男人力气大一些，女人力气小一些；男人跑得快一些，女人跑得慢一些。就人体长相来说，男人粗壮高大一些，女人瘦弱矮小一些。就身体构造来说，男女最大的区别是生殖区别，男人雄壮，女人包容。从性格来说，男人性格一般偏于刚强外向，女人性格一般偏于柔弱内向。所以，无论是男人还是女人，都要发挥自己的天性，一般来说，男人要阳刚一些，女人要温柔一些。有的女孩子不明白这一点，以为自己温柔一点就处于下风了，就会被男的欺负。其实不然，温柔是可以作为武器的，这就是老子说的："柔弱胜刚强。"比如你在商场里看到一串项链，你很想要你的男朋友买，如果你太强势地说："今天是考验你的时候，如果你不给我买，我们就拜拜。"那我告诉你，基本上男人都会说："那拜拜就拜拜。"但如果你十分温柔地撒娇："我就是想要嘛！"那你如愿的把握就大多了。所以，天性不仅是人的本能，在特定场合也可以是一种优势。

当然这是指一般情况，也有例外。我有一个弟子曾经跟我抱怨说："我的妻子太强势了，无论是在家里还是在公司里都是她说了算，我真受不了。"我就问他："现在孩子怎么样？企业发展怎么样？"他说："很好啊。我两个孩子学习很好，很活泼，也很孝顺，企业业绩年年增长。"我听了哈哈一笑："那就很好啊！在你的家里你妻子就是阳，你就要做阴。你们只要阴阳能互补，这种搭配就是最好的了。"其实"乾道成男，坤道成女"，只是从人体构造、办事风格、性别特征的一般情况说的，一般情况下男人是阳，女人是阴，但不能简单看成男人就一定是阳，女人一定是阴。比如性格上，有的女人性格强势、刚硬一些，那就是阳性性格，有的男人性格弱势一些、柔和一些，那就是阴性性格；在能力上，有的男人能力不如女人，那么男人就是阴，女人就是阳。只要互补就好，千万不能两个都是阳，或者两个都是阴，那就麻烦了。再仔细分析一下，其实男人和女人大都是阴中有阳，阳中有阴的。一个完美的人，无论是男人还是女人，都是阴阳合体，有阴有阳的。那么究竟男人是阳多还是阴多？女人是阴多还是阳多呢？这一点《周易》有一套非常有意思的辨别方法，我将会在后面的《说卦传》中再和大家详细分享。

乾坤易简：为什么生活简单就是享受？

十几年前有一本书特别畅销，叫作《生活简单就是享受》。这本书教给读者对生活全方位进行简化处理的小窍门。比如"用快速清理法打扫房间""把逛食品杂货店的时间减少一半""简化你的饮食习惯""不喜欢的节日就别勉强过""停止做杂事""留出属于自己的时间"，诸如此类的简化小窍门有100来种。这本书是美国人写的，但却引起了全世界的共鸣，为什么呢？因为它暗合了"简易"这样一个人类共同追求的天道。《系辞传》就将乾坤的最大特性归纳为"简""易"二字。

前面我们学到《系辞传上》第一章的"日月运行，一寒一暑。乾道成男，坤道成女"，讲男人和女人的乾道和坤道、阴阳属性，不少朋友觉得很有意思，明白了乾坤阴阳的区分不是一成不变的，在不同的场合，会得出不同的结论。再后面的一句是："乾知大始，坤作成物。"意思就是：乾卦主管创始开始，坤卦主管生成万物。"知"在这里不是知道的意思，而是主管的意思。比如古代所说的知县、知府中的"知"就是主管的意思，知县、知府就是一个县、一个府的最高行政长官。"乾知大始"的"大"读作"太"，这两个字是相通的，"大始"就是"太始"；"坤作成物"的"作"也是主管的意思，和前面这个"知"构成互文。这里强调的是乾主管创始，坤主管生成。大文豪苏东坡解释这一句说："至虚极于无，至实极于有。无为大始，有为成物。""大始"是事物至虚、无形的阶段，"成物"是事物至实、有形的阶段。这说明在万物生成的过程中，乾是第一阶段，坤是第二阶段。万物总是从无形开始，然后到有形。

其实乾卦和坤卦各自的作用，在《象传》里已经讲得很清楚了："大哉乾元，万物资始，乃统天""至哉坤元，万物资生，乃顺承天"。我在《张其成讲易经》这本书中解释过这两句话，大家可以翻开看一下，这里不再重复。我要说明的是，这两句话同样强调了乾是"始"，"万物资始"即万物靠乾卦而开始；坤是"生"，"万物资生"即万物靠坤卦而生成。"始"是什么？《说文解字》说："始，女之初也。"就是女人刚刚生下来，就是童女。这是说，乾卦好比童女、少女；而坤卦主宰生育，好比母亲、少妇。我们看"母"这个字，甲骨文和篆书都是女字加上两点，这两点表示女人的两个乳房，代表成熟的女人。那这个童女和这个母亲是一个人还是两个人？当然是一个人，是一个人的两个阶段。也就是说，乾卦是第一阶段，坤卦是第二阶段，先有"始"后有"生"。乾卦完成创始的任务，到了坤卦才能完成生成万物的任务，只有成熟的女人才可以生孩子，所以"乾知大始，坤作成物"，乾卦主管创始，坤卦主管生成。

当然生成万物是乾和坤也就是阳和阴共同的作用，缺一不可。男人能不能生孩子？不能。女人能不能生孩子？不能。如果不交合怎么生孩子？《周易》特别强调乾坤的和合作用，所以《彖传》说："云行雨施，品物流形。"意思是要云雨交合之后，才能生成万物。

所以，做事情必须男女分工合作才能成功。俗话说：男女搭配，干活不累。当然不是说做任何事情都必须是男人和女人一起参加，而是说做任何事情都必须要阴阳结合、刚柔并济，或者软硬兼施，才能成功。

我们再来看"乾知大始，坤作成物"，乾在前，坤在后。坤卦的最大功能就是要顺，看坤卦的六条爻辞就可以看出是一个顺应的过程。天道是第一位的，大地要顺应天道。我们做人做事也一定要按照天道来做，这样才会圆满成功。

为什么按照乾坤之道来做可以圆满成功呢？《系辞传》接着说："乾以易知，坤以简能。易则易知，简则易从。"这两句话机械地从字面理解是说，乾卦因为容易而被人知晓，坤卦因为简单而发挥功能；容易则便于为人所知，简单则便于被人遵从。不过"乾以易知，坤以简能"这句话，不能机械地割裂开来，看乾怎么样、坤怎么样，要合起来讲，这种修辞方法叫互文。"乾以易知，坤以简能"是说，乾和坤都是以易知、以简能，就像唐代王昌龄的诗句"秦时明月汉时关",不能说就是秦代的明月和汉代的关隘,而应该是秦汉时代的明月和关隘。

"乾以易知,坤以简能"中的"以"是因为或者凭借的意思,乾卦和坤卦因为容易、平易才被人知晓、为人了解,因为简单才能发挥功用。分开来说,乾,指天上日月运行、气候变化的自然规律;坤,指地上的万物变化以及人类行为变化的规律。这句话承接着上一句"乾知大始,坤作成物",说明了天的创始纯发于自然,日月运行、气候变化的自然规律一点也不难了解;大地生成万物只要顺从乾阳天道就行了,非常简单,不必费力劳神,这样就能发挥它生成万物的巨大功能。

乾坤是《周易》最重要、最基本的两个卦,这里讲乾坤其实就是讲整部《周易》的基本原理,"乾以易知,坤以简能"就是说《周易》的原理是至易至简的,非常容易,非常简单。正因为容易和简单,所以就便于了解、便于遵从了。

按照东汉经学大师郑玄的说法,"易"有三义:变易,不易,易简(也就是简易)。现在有不少学者在这个基础上提出"四易""五易""六易"说,但在我看来都逃不出这"三易"。"三易"是从三个层面揭示出宇宙万物的本质,已经非常完备了。所以我反复说,学《周易》的目的就是找到不易,随时变易,回归简易。

一个平易简单的人,是幸福快乐的!人生最高的境界其实就是简单快乐。人心简单才快乐,你看一个小孩子想哭就哭,想笑就笑,想吃就吃,想睡就睡,不会想太多,活得就这么简单,所以小孩子活得很快乐。一个人如果想得太复杂,活得也会很复杂:复杂的人际关系,复杂的人生追求,复杂的生活状态,还怎么能快乐起来?再看那些高寿的老人,也活成了老小孩,不会想那么多事,也不会管那么多事。我遇到一个将近100岁的老太太,身体很好,就是耳朵有点背,当小辈跟她说事的时候,她就:"啊啊?说什么?听不见。"可有一次赴宴,当服务员轻轻地说:"老太太岁数大了,就不点红烧肉了。"老太太马上说:"我就要吃红烧肉。"大家都哈哈大笑。你看,老太太是装的。装聋作哑是一种智慧,不要管儿孙那么多事,活得简单,就会长寿,就会快乐。

成位乎其中：怎么才能达到内圣外王、德业双修的境界？

如果让大家评选出一句最广为人知，又最让人心甘情愿去做的生活行为规范用语，我估计"红灯停，绿灯行"这句话大概能被评成第一名。这么简单的一句交通用语，却赢得了最广泛的接受和执行，就因为它非常简单、非常容易理解，正因为非常简单、非常容易理解，所以就让人感觉很亲近，很容易做到。这就是《系辞传》说的"易知则有亲，易从则有功"。

《系辞传上》第一章，"乾以易知，坤以简能。易则易知，简则易从"后面几句是："易知则有亲，易从则有功。有亲则可久，有功则可大。可久则贤人之德，可大则贤人之业。"是不是感觉到语气连贯、一气呵成？对了，这是巧用了修辞，是对顶真的特殊运用。顶真也叫联珠、蝉联，就是上句的结尾与下句的开头使用相同的字词，这样读起来上下衔接，一气呵成，很有趣味，也容易记住。

前面说了，乾卦、坤卦最大的特点是易、简："易则易知，简则易从。"这里接着上一句说："易知则有亲，易从则有功。"是说，因为容易了解，所以让人感觉亲近；因为容易遵从，所以就有功效。就像一个东西如果很高深，你无论如何也不容易亲近它。如果规则太复杂，不容易操作，就很难取得成功。紧接着说："有亲则可久，有功则可大。"是说，容易亲近才能长久，有了功效才能弘大。这是就功德和事业说的，只有容易亲近，大家才会去做，只有看到效果，大家才会去做。如果太高深、太孤僻，拒人于千里之外，又看不到有什么效果，这种事情大家怎么可能去做呢？只有既亲近又有实效的事，大家才会长久地去做，才会做大做强！紧接着又说："可久则贤人之德，可大则贤人之业。"因为可以长久，所以是贤人的功德；因为可以扩大，所以是贤人的事业。也就是说，圣贤的功德和事业是可以永恒、可以广大的。《易经》是干什么的？是让人"崇德广业"的。《系辞传》说："夫易，圣人所以崇德而广业也。"《易经》不纯粹讲一种品德，它还讲了一种事业。"德"和"业"相比较而言，"德"是一种主体的、内在的品德、道德，而"业"是客观的、外在的事业。"德"是内在的，"业"是外在的。"德"是内圣，"业"是外王。内圣外王是做一个圣贤之人、做一个君子的两大要求。内圣，就是要加强自我修养，追求圣贤气象，做一个有德性的人；外王，就是要治国理政，为民造福，做一个有事功的人。按照乾坤两卦，也就是天地之道来做，就可以达到德业双修，内圣外王。《易经》不光说内在的"德"，它还要成就外在的事业，这个"业"就相当于"事功"。

这一点对我们现代人是有指导意义的。我们很多人的人生价值就是要追求事业，追求金钱利益，这在孔子看来是"小人"行为。《论语》记载了孔子一句名言："君子喻于义，小人喻于利。"就是说，"君子"懂得的是道义，"小人"懂得的是利益，或者说"君子"看重道义，"小人"看重利益，将义和利对立起来，只追求利益就是"小人"行为。可是在现代社会，如果只讲道义不讲利益，恐怕是行不通的。这一点《系辞传》就说得很好，"可久则贤人之德，可大则贤人之业"，既讲贤人之德，又讲贤人之业，德就是义，业就是利。德和业、义和利是不矛盾的，是可以兼顾的。《乾·文言传》还说："利者，义之和也。"要想取得利益，必须用道义，也就是君子爱财，取之有道。《周易》叫我们要德业双修，以义取利。只有用道义、讲仁义，才能取得大利，才能完成大的事业。

最后一句："易简而天下之理得矣，天下之理得，而成位乎其中矣。"前面讲过"易简"："乾以易知，坤以简能。"乾易坤简，以乾坤为基础的《易经》是至易至简的，"易简而天下之理得矣"，因为《易经》的原理非常平易、非常简单，所以天下的道理也就在掌握之中了。我们掌握了乾坤易简的基本原理，然后加以引申，加以推广，触类旁通，那么天下所有事物的道理都可以明白掌握了。这就是告诉我们，天下所有事物发生发展的大道理、大规律都是简单的、容易掌握的。"天下之理得，而成位乎其中矣"，掌握了天下所有事物的大道理、大规律，就能在天地之间找到合适的位置而身处其中。"成位乎其中"的"其"可以代表天地宇宙，也可以代表六十四卦。"位"不纯粹是一个空间概念，它还包括时间的因素。其实六十四卦的时空规律就是天地宇宙的时空规律。个人一旦掌握了天地变化的大道理、大规律，就能确定自己在天地之间合适的位置。这个"中"不仅指天地之中，而且指天地之间最合适的那个位置。对于我们每一个人，最困难的往往就是了解自我，找到自己合适的、正确的位置，所以老子说："知人者智，自知者明。"了解自己比了解别人更困难，也更高明。古希腊哲学家苏格拉底也以德尔菲神庙的铭言"认识你自己"作为自己的座右铭。可以说，一旦找到自己在天地之间的位置，就不是个普通人，而是圣人、贤人了。注意，这一章的开头讲到定位："天尊地卑，乾坤定矣。卑高以陈，贵贱位矣。"最后又讲到成位："天下之理得，而成位乎其中矣。"可见"位"是多么重要。从某种意义上说，人到这个世上就是来走一遭的，走得是不是符合定位呢？如何才能找到自己正确的位置呢？《系辞传》告诉我们：只要按照天地定位、天地大道来做就可以了，而天地大道本来就是易简的。

我在前面已经说过，《周易》的"易"有三层意思：变易、不易、简易。简易就是易简。你看《周易》的基本符号就两个，一阴一阳，最重要的卦也就两个，乾卦和坤卦，多么容易，多么简单。但正因为如此，才反映了宇宙万物的真相，因为越简单才越接近事物的本质。

我常说，把复杂的问题简单化叫智慧，反过来把简单的问题复杂化叫什么？叫知识。当你用简单的眼睛去看待世界，这个世界就简单了。当你用复杂的眼睛去看待这个世界，这个世界也就变得复杂起来。正如一句老话所说："世上本无事，庸人自扰之。"《周易》要我们像天地乾坤一样活得易简——平易简单。怎样活得易简？简单地说就是三个字：断舍离，即断绝贪婪的欲望，舍弃思想上、生活上的包袱，脱离对外物的执念。不要一味外求，而要懂得内求，达到内心的简单、平易。人心简单才干净，生活简单才快乐，人生简单才美好。

到这里，第一章我们就学完了。第一章开宗明义，讲了《周易》的大道理就是天地乾坤，而这个大道理是非常简单的，是容易遵从的。正因为简单，才易知易从。而这个规律，我们是可以找到的。只要按照天地大道来做，我们就能在天地之间找到自己合适的位置，在漫漫人生路上找到自己的定位，从而达到至简至易的人生最高境界。

第二章

设卦观象：怎么度过顺境和逆境交替而行的一生？

我们现在坐的高铁的车头好像子弹头，那它是不是根据子弹头设计的呢？不是。它是根据动物形象设计的。什么动物？可能你没想到，最早的设计灵感来源于翠鸟的喙。翠鸟是大家都熟知的一种鸟类，它羽毛很漂亮，长着一张又尖又长的嘴，身手十分敏捷，常常来无踪去无影。根据翠鸟嘴的形状设计的车头可以降低高速行驶中的空气阻力，大大降低噪声，提高车速。这就是仿生学。其实仿生学的最早运用就是《易经》的卦爻符号，《易传》称它为"设卦观象"。

我们来学习《系辞传上》第二章——

> 圣人设卦观象，系辞焉而明吉凶，刚柔相推而生变化。是故吉凶者，失得之象也。悔吝者，忧虞之象也。变化者，进退之象也。刚柔者，昼夜之象也。六爻之动，三极之道也。是故君子所居而安者，《易》之序也。所乐而玩者，爻之辞也。是故君子居则观其象而玩其辞，动则观其变而玩其占，是以自天佑之，吉无不利。

这一章主要讲卦爻象和卦爻辞的作用。"圣人设卦观象，系辞焉而明吉凶，刚柔相推而生变化。"简单翻译：圣人设立六十四卦是为了观察万物的现象，写出卦辞和爻辞来预测吉凶，阴爻和阳爻相互推移就产生各种变化。

这三句介绍了《易经》的创作过程。"圣人设卦观象"的"圣人"是指谁？是指创立卦象的人。古籍记载伏羲作八卦，周文王推演出六十四卦，所以这里说的圣人就是指伏羲、周文王。设立八卦、六十四卦的目的是什么？是为了观象，就是观察万事万物的现象。观象至少有两大用处，一是从万事万物中归纳整理出有限的几个卦象符号，二是从这有限的几个卦象符号推测出万事万物的情况。八卦就好比八个框子，万事万物都可以分门别类地从这八个框子里拿出来，同时万事万物又可以分门别类地装入这八个框子。这样就把复杂的问题简单化了。但光有符号是不行的，后来人肯定看不懂，理解起来肯定不会统一，怎么办？

周文王就给这些符号加了文字："系辞焉而明吉凶。"这里的系辞就是给卦象符号附上文字。注意这里的"系辞"不是指《系辞传》，而是指卦辞和爻辞，卦辞是解释卦象符号的，爻辞是解释爻象符号的。在解释中往往会说出结果，是吉还是凶。六十四卦每一个卦有一条解释的卦辞，共六十四条卦辞；每个爻有一条解释的爻辞，共三百八十六条爻辞。为什么不是三百八十四条爻辞？因为乾卦和坤卦分别多出一条爻辞，所以是三百八十六条爻辞。

"系辞焉而明吉凶"，这些卦爻辞的体例，一般是前面一句话，后面再说吉或者凶，吉凶是判断语。我们一般看卦爻辞前面这句话往往看不懂，但后面的吉凶谁都看得懂。可我要告诉你，《易经》的精华就在前面你看不懂的地方。你可能会说：你是不是在故弄玄虚？我问你：前面这句话和后面的吉或者凶是什么关系？因果关系。一般来说，《易经》的每一条爻辞告诉我们三件事：第一，这根爻所处的时空点好还是不好；第二，你应该怎么做；第三，结果怎么样。当然这个结果不仅仅是吉凶，实际上更多的不是吉凶，而是悔、吝、无咎等。所以看到吉的时候不要得意忘形，这里是说如何如何才吉，言外之意，你要不如何如何，那就凶；当然看到凶的时候也不要紧张害怕，这里是说如何如何才凶，那你不如何如何，不就吉了吗？所以说这些文字——系辞，不仅表明吉凶，更是表示如何趋吉避凶。这就是"系辞焉而明吉凶"。

再看"刚柔相推而生变化"，这里的刚柔特指刚爻和柔爻，也就是阳爻和阴爻，相互推移以产生无穷的变化。在六十四卦中，除了乾卦和坤卦分别为纯阳爻和纯阴爻以外，其他六十二卦都是有阴爻也有阳爻，这六十二卦都可以看成是乾卦和坤卦的相互摩擦交流，也就是相互作用的结果，是由乾卦和坤卦变化而来的。就像宇宙中的万事万物都是由阴阳二气——阴阳两种力量相互作用演变出来的。换句话来说，阴阳二气相互作用，可以变化出万事万物。所以，我们看到事物发生变化时，应该从阴阳二气，或者阴阳两个方面去寻找变化的原因。

在讲完《易经》的创作过程及其卦爻辞的作用以后，《系辞传》接着把《易经》的"象"做了总结，归纳出《易经》的四种"象"："是故吉凶者，失得之象也。悔吝者，忧虞之象也。变化者，进退之象也。刚柔者，昼夜之象也。"

我们先来分析前两种象。"吉凶者，失得之象也。悔吝者，忧虞之象也"，意思是说，"吉"和"凶"是事物失去或得到的象征，"悔"和"吝"是忧愁、思虑的象征。

"吉凶悔吝"是人生的四种常态，这四种常态只有"吉"是好事，是好运，只占四分之一，而占四分之三的是"凶""悔""吝"。这是天道，无论高低贵贱，都逃不脱人生这四种常态，只不过每个人的"吉凶悔吝"四种常态出现的时间与空间不同。我们来分析一下这四种常态。宋代大儒朱熹说："吉凶是两头，悔吝在中间。悔自凶而趋吉，吝自吉而趋凶。"也就是说，悔吝是人生最常见的中间态。悔是悔恨，是做得太过了，所以要后悔、反悔、忏悔，这样才能从凶走向吉。吝当然不是吝啬的意思，而是羞辱、羞耻，做可耻之事的人会走向灾祸。从因果角度看，吉，是顺应天道所得到的结果；凶，是违背天道所得到的果；悔，是事情做过头了所得到的果；吝，是事情做得不足所得到的果。

吉、凶、悔、吝这四种人生状态中，吉占四分之一，凶、悔、吝占四分之三，当然这个比例只是个模糊数字。其实《周易》用了很多判断语，对人生常态进行了细分，按照吉凶好坏程度，吉又分为元吉、大吉、吉；中间状态除了悔、吝，还有无咎、厉，其中无咎就是没有遗憾、没有灾祸，比悔、吝要好一些，而厉就是危险，比悔、吝还要坏一些。

说到这里，我想大家对自己的生活状态有所理解了吧。很多人对自己的生活状态不满意，觉得不如别人，没有达到大吉大利的程度，其实大可不必。俗话说，人生不如意事常八九。怎么造成的？是心造成的。生活本来就是起起落落、坎坷不平的，因为计较得失，因为过度思虑忧愁，而产生烦恼、悔恨、羞耻，这就叫相由心生、境由心造。

我们再看后面两种"象"："变化者，进退之象也。刚柔者，昼夜之象也。"意思是卦爻的变化是处事权衡进退的象征，刚爻和柔爻是白昼和黑夜的象征。卦爻"变化"，阳爻变阴爻，阴爻变阳爻，爻变了，卦就变了，所以叫变卦，卦爻的变化表明事物的"进退"——事物有前进也有倒退。进退是相对的，阳进则阴退，阴进则阳退。

"刚柔者，昼夜之象也"，刚柔是指阳爻和阴爻，阴爻和阳爻来源于天地人。其中天上就是太阳和月亮，太阳每一天都那么大，所以用一长线表示阳爻；月亮一个月里有晦朔弦望、阴晴圆缺，所以就用两短线表示阴爻。阳爻和阴爻的变化，表示日月运行，昼夜交替。当阳爻推走阴爻，表示光明推走黑暗，白昼来临；当阴爻推走阳爻，表示黑夜推走光明，黑夜来临了。

就人事而言，同样如此，人无千日好，花无百日红。人生总是有起有落，顺境和逆境也会交替而行，这正是人生的常态。

玩辞玩占：怎么像小孩玩玩具一样去玩转《易经》？

我们知道小孩子最喜欢的就是玩玩具。我有一个孙子，今年五岁了，他从很小的时候就喜欢搭积木，搭成各种各样的形状，玩的时候全神贯注，有时候嘴里念念有词，有时候又一言不发，玩得不亦乐乎。他搭出来的形状常常超出大人的想象。其实小孩子在玩中也是在学习，是在创造；在玩中可以自由想象，自由发挥，无拘无束。其实我们学《易经》也要这样，要有一种"玩"的心态，这就是《系辞传》说的"观象玩辞""观变玩占"。

前面我们学习了《系辞传上》第二章卦爻象和卦爻辞的作用，重点学习了"易"的四种象，接下来我们要学习君子怎么运用卦爻象和卦爻辞。原文："六爻之动，三极之道也。是故君子所居而安者，《易》之序也。所乐而玩者，爻之辞也。"

我先简单解释一下：六爻的变动，代表天地人三极的道理。所以君子静处的时候能够心理安稳，因为符合了《易经》的时序；快乐的时候善于玩赏探究，因为符合了卦爻文辞。

先看第一句："六爻之动，三极之道也。"《易经》六十四卦每一卦各是六根爻，六根爻代表天地人三才之道，其中上面两根爻代表天道，下面两根爻代表地道，中间两根爻代表人道。当然这是一般说法，其实不能这么机械地对应。天地人三才之道是统一的、相应的。每一卦都反映天地人的规律和法则。

再看第二句："是故君子所居而安者，《易》之序也。""是故"是个连接词，连接上一句开启下一句。上一句是说六十四卦可以代表天地人三才之道，而这句则是指学习《易经》之后有什么效果。"君子"可以是普通人或贤人，可以是君主、圣人，总之是学了《易经》的人。"所居而安者"中"居"本义是居住，这里指静处、不动。意思是说，一个学习《易经》的人在静处、独处时会安心安身。也可以理解为，一个学习《易经》的人无论处于什么地位、居于什么环境，都会安分守己，安于现状，忠于本职。为什么？是因为懂得《易经》次序的道理。《易经》的次序分两种，一种是每一卦六根爻的排列次序，一种是六十四卦的排列次序，两种次序反映的都是宇宙万事万物发展变化的规律。这个次序不仅是时间次序，而且也是空间的次序，前者叫时序，后者叫位序，时和位是合一的。如处于某卦某一爻位，在现实生活中处于某一地位，就要安于这个地位。这就是孔子说的"思不出其位也""不在其位，不谋其政"，在其位就要谋其政，要忠于本位，忠于职守。不要嫉妒别人，更不能越位，要做好自己的本职工作。如处于六十四卦的某一卦，则要联系前后卦象，把握自己所处的现状，往前回顾自己的过去，往后推测未来的发展。六十四卦反映了宇宙万物发展变化的大规律，我们自己不必去妄动，只要安心安身地去遵循这个规律就可以了。

再看第三句："所乐而玩者，爻之辞也。"君子所喜爱并且玩味的就是《易经》卦爻辞。这一句是前一句的递进，前一句偏于静处、身安，这一句偏于动态、心乐。前一句是观卦爻的位序，这一句是玩卦爻的文字。"玩"这个字很有意思，一般解释为仔细研究、深入研读，这种解释没有把"玩"字的味道说出来，玩是玩耍，是好玩，不辛苦，不执着，而一般读书是越深入越辛苦，所以读书往往和辛苦连在一起，比如"书山有路勤为径，学海无涯苦作舟""宝剑锋从磨砺出，梅花香自苦寒来"，而这里用了一个"玩"字，就一扫这种苦寒之气，变得开心快乐起来。玩耍是人人都喜欢的，会越玩越开心。所以君子读《易经》越读越开心，越读越有乐趣。也正因为如此，才能比一般人读得更细心、更深入。

"《易》之序"，可以让人"居而安"；"爻之辞"，可以让人"乐而玩"。一个人静处时能"居而安"，工作时能"乐而玩"，这个人就一定是一个无忧君子了。

这一章最后总结君子怎样学《易》用《易》："是故君子居则观其象而玩其辞，动则观其变而玩其占，是以自天佑之，吉无不利。"这一句意思是：所以君子平时居处的时候就观察《易经》的卦象，玩味它的文辞，行动的时候就观察《易经》的变化，而玩味它的占卜；做到这一点，就能够得到上天的保佑，吉祥而无所不利。

这一句是承接着上两句"君子所居而安者，《易》之序也。所乐而玩者，爻之辞也"而来的，但不同的是，君子学《易》无论安静还是行动，都有一个

"玩"字，安静的时候要"观象玩辞"，行动的时候要"观变玩占"。当年孔子就是这样，根据长沙马王堆汉墓出土帛书《周易·要》篇的记载，"夫子老而好《易》，居则在席，行则在囊"，说的是孔子到了老年的时候特别喜欢《易经》，在家的时候，把《易经》放在席边，行走在外面的时候，把《易经》放在袋子里，这样可以随时阅读，说明孔子读《易经》已经达到痴迷的程度。如果不好玩，不会达到这种程度。正因为如此，孔子读出了别人没有发现的东西。孔子发现，一般人只把它当作卜筮之书来读，而孔子与史巫不同，他发现《易经》里原来有"古之遗言"，有更深刻的"德义"。他提出"后其祝卜，观其德义"，要把占卜放在后面，要从中看出德义——深刻的思想义理，这八个字彻底改变了人们对《易经》这本书的传统认识。根据《史记》记载，孔子"读《易》，韦编三绝。曰：'加我数年，若是，我于《易》则彬彬矣。'"他反复翻读，连编书的牛皮绳都断掉了多次。孔子曾慨叹说："加我数年，五十以学《易》，可以无大过矣。"说明学懂《易经》不会犯人生大错。

这里说"居则观其象而玩其辞，动则观其变而玩其占"，要观察卦爻象符号、玩味卦爻辞文字，要观察卦爻象的变化、玩味卦爻占卜，不能执着，不能拘泥。一个"玩"字奥妙无穷。

我想起王阳明，他三十四岁被太监刘瑾诬陷，被贬到贵州龙场，当时心灰意冷，万念俱灰，一般人肯定受不了，甚至会自杀。可王阳明不仅没自杀，反而悟出心学。为什么？因为学《易经》，他把自己住的地方叫作"玩易窝"，有了这种玩耍的心态，还会自杀吗？他从《易经》玩出了什么？玩出了心学。他写过一首《读易》诗，其中有一句："瞑坐玩羲《易》，洗心见微奥。"闭目静坐，潜下心来慢慢玩味伏羲《易经》，心被洗得干干净净，于是发现了微妙奥秘。所以看《易经》卦爻辞，千万不能太执着，要以轻松、忘我的态度去玩味其中的奥妙。王阳明通过"瞑坐玩羲《易》"，发现"易"就是心，就是良知，他说"良知即是易，其为道也屡迁""此道至简至易的，亦至精至微的"。他还发现乾卦《文言传》"知至至之……知终终之"其实就是"知行合一"。

总结一下,《系辞传上》第二章首先追溯了《易经》的创作过程,然后说明《易经》卦爻象和卦爻辞所象征的四种意义,接着强调了君子学习《易经》的方法以及功效。我们应该观象玩辞,观变玩占,只有这样才能判断吉凶,趋吉避凶,得到天道的保佑——"自天佑之,吉无不利"。

第三章

吉凶悔吝：怎么面对人生那么多的不如意？

我们来学习《系辞传上》第三章。先请思考一个问题：我们一生当中是满意的时候多，还是不满意的时候多？可能你会马上回答：当然是不满意的时候多啊！再请思考一下：你觉得什么样的情况才是令人满意的？能不能将不满意变成满意？

我们来看一下孔子。孔子周游列国，四处碰壁，"累累若丧家之狗"，狼狈不堪的样子就像一条找不到家的狗！孔子欣然笑道："形状，末也。而谓似丧家之狗，然哉！然哉！"面对不如意，孔子为什么能欣然而笑？孔子在《易传》中有什么高明的见解？

我们来看第三章，这也可以看作孔子的见解——

> 彖者，言乎象者也；爻者，言乎变者也；吉凶者，言乎其失得也；悔吝者，言乎其小疵也；无咎者，善补过也。是故列贵贱者存乎位，齐小大者存乎卦，辩吉凶者存乎辞，忧悔吝者存乎介，震无咎者存乎悔。是故卦有小大，辞有险易。辞也者，各指其所之。

这一章分为三个部分：第一部分用了五个"……者，……也"判断句，解释了卦爻辞的意义；第二部分用了五个"存乎"排比句，说明卦爻辞对人生的指导作用；第三部分是总结。

我们先看五个"……者，……也"判断句："彖者，言乎象者也；爻者，言乎变者也；吉凶者，言乎其失得也；悔吝者，言乎其小疵也；无咎者，善补过也。"这五句分别对彖、爻、吉凶、悔吝、无咎五个词语进行界定。

第一句："彖者，言乎象者也。"意思是：彖辞是解说一个卦的象征意义的。"彖"究竟是什么意思？很多人说就是《彖传》。《彖传》上下是《易传》十篇中最早成书的两篇，是对卦辞意义的解释，只解释卦辞，不解释爻辞。"彖"，意思就是断明卦辞的意义。但这里的"彖"，我认为不是指《彖传》而是指卦辞。卦辞传说是周文王作的，距今逾三千年，而《彖传》只是对卦辞的解释，大约形成于战国中期，距今两千三百多年。我们看后一句的"爻"是指爻辞，还有后面列举的"吉凶、悔吝、无咎"都是卦辞爻辞中的用语。所以，这里的"彖"应该是指卦辞，卦辞是对整个卦象意义的判断、解释。

再看第二句："爻者，言乎变者也。"这里的"爻"是指爻辞。爻辞是说明六爻变化的，既说明事物的变化，又说明人生的变化。《周易》六十四卦，每卦都由六根爻组成，组成六个时位——六个时空点，从下往上，表明事物发展变化的过程。这六根爻的爻辞，是对事物发展变化过程的说明，也是对人的一生发展变化过程的说明，所以说"爻者，言乎变者也"。

接下来是对卦爻辞中三个常见的占卜判断语——吉凶、悔吝、无咎——进行解释："吉凶者，言乎其失得也；悔吝者，言乎其小疵也；无咎者，善补过也。"字面意思是："吉凶"说的是得失的结果，"悔吝"说的是小过错，"无咎"说的是要善于弥补过错。"吉凶""悔吝""无咎"是卦爻辞中常见的三个占卜术语，细分一下其实是五个判断语："吉""凶""悔""吝""无咎"，这正是人生的五种生活常态。其中"吉"和"凶"是人生的两个极端，可现实中大吉、大凶还是比较少见的，更多的是"悔""吝""无咎"这样的中间状态，这三个中间状态又是有区别的。在前面我讲过，"吉""凶""悔""吝"是人生的四种常态,这四种常态只有吉祥的"吉"是好事,是好运,是我们满意的,只占四分之一,而"凶""悔""吝"都是不好或不太好,是我们不满意或不太满意的,却占四分之三。这里多了一个判断语"无咎",这又是一种什么状态呢?下面我逐个来详细分析一下。

"吉凶者,言乎其失得也",吉凶是告诉人们处事行为得或者失的结果,"得"指行为合适,"失"指行为失当、不合适。当然,如果行为合适,那么结果就是吉的;如果行为不合适,那么结果就是凶的。上一章说:"吉凶者,失得之象也。"意思是说"吉"和"凶"是事物失去或得到的象征,和这里说的意思完全相同。所以看卦爻辞不是仅仅看结果吉凶,而是还要看前面的文字,前面是因,后面是果。有因必有果。要想有善果,必须有善因。要想改变不善的果,必须先改变不善的因。我们应该反过来思考,如果是凶险的结果,那一定是起心动念或者以前所做的事情不正当、不合天道;如果是好的结果,那就是行为正当,符合天道。所以这一句的失得,是指道德行事上的正当和不正当。如果引申一下,"吉凶者,言乎其失得也"还告诉我们,对吉凶的结果不要患得患失,对个人得失不要斤斤计较,一切吉凶的结果都是由自己的起心动念、所作所为决定的。

再看下一句:"悔吝者,言乎其小疵也。""悔"和"吝"这两个判断词,说的就是小过错。"疵"字本来是指毛病、病痛,"小疵"就是小毛病,引申为小过失、瑕疵。"悔"和"吝"就是说行事上、德行上有小过失,就会导致悔恨和羞耻。"悔"和"吝"的区别,"悔"因为悔过,所以可以由凶而趋吉;"吝"因为做了令人羞耻之事,所以会由吉而趋凶。"悔"和"吝"这两个判断词是要告诫人们,发心和行事要注意细节,在还是小过错的时候就要防微杜渐,坚决改正,千万不要有小毛病而不自知,更不能不把小毛病当回事。有小错而不改,一定会铸成大错,到那时,再想改已经太难了,太迟了。上一章说:"悔吝者,忧虞之象也。""悔"和"吝"是忧愁、思虑的象征,就是要我们在犯小错时就要担忧,要想着怎么改正。

这一章还多出一个判断语"无咎"："无咎者，善补过也。"意思是，"无咎"是告诉人们做事情要善于弥补过错。"咎"本来指罪过、过错，"无咎"本义是没有过错。作为一个判断语，"无咎"就是没有遗憾、没有灾祸，也是中间状态。卦爻辞中只要是"无咎"，就意味着有咎。好比我们现在说的"还不错"，其实暗含了下面的意思：不大好、马马虎虎、暗中有保留，只是有的部分好，还有的部分其实不太好，还有小过失、小过错。这个时候就要警惕了，只有提高警惕，找出小过失，然后改正它，才能"无咎"，最终把有过失变成无过失。比如乾卦九三爻辞所说："君子终日乾乾，夕惕若，厉无咎。""无咎"和"悔吝"相比较要好一些，因为已经从"有咎"的状态改正了，达到"无咎"的好状态了。

最后，我把这五句总结一下。前两句是在解释卦辞和爻辞，后三句是对卦爻辞中的判断语"吉凶""悔吝""无咎"进行解释，表明人生不如意事常八九。

辞有险易：卦爻辞是趋吉避凶的人生指南

人生不如意事常八九，人生有吉、凶、悔、吝、无咎五种常态，其中"吉"才占五分之一。可我们每个人都在追求"吉"，尤其是看到别人"吉"的时候，都不甘心。

在我小的时候，都是看露天电影。一开始人们都坐着看，后来有人站起来看，然后越来越多的人都站起来看，最后所有人都站起来看，再后来有人踮着脚尖儿看，于是所有人都踮起脚尖儿来看。结果大家发现，站着看和坐着看的效果是一样的，个子矮的人还是被前面个子高的人挡住，站着看比坐着看累多了，到后来大家慢慢都坐下来看了。坐在后面，个子矮的就和前面个子高的商量换一下位置，好商量的时候还是不多，大多数时候前面的人都不愿意到后面去，后面的人只好伸着脖子把电影看完，看完电影以后倒也美滋滋的。后来我就想到了一个办法，每一次总能美美地看完一场电影。什么办法呢？我后面再说。

我讲这个故事是要告诉大家，吉凶、悔吝、无咎组成的这种运气的分配，对所有人都是平等的，不会有人多吃多占。当然，大多时候还是悔吝、无咎这种中间态，这已经是不错的状态了，要知足。还有一点很重要，就是通过努力是可以由不好的"凶"逐渐向好的"吉"转变的。怎么努力呢？

《系辞传上》第三章告诉了我们方法："是故列贵贱者存乎位，齐小大者存乎卦，辩吉凶者存乎辞，忧悔吝者存乎介，震无咎者存乎悔。"这里一下子用了五个"存乎"，构成一组排比句。

先看第一句："是故列贵贱者存乎位。"意思是，所以辨别高贵或者卑贱体现在一个卦的爻位上。就如同我们人生不同阶段就会处在不同的位置，有的好一点，有的坏一点，都是很正常的。一个卦是六个爻位、六个位置，分别为三个阳位，三个阴位，从下往上数，一三五就是阳位，二四六就是阴位，相比较而言，阳位就显得高贵一些，阴位就显得卑贱一些。当然也不是绝对的，要看是不是当位，当位就是位置适当，阳爻处在阳位，阴爻处在阴位，这就是当位。反之，阳爻处在阴位，阴爻处在阳位，就是不当位，位置没摆正。好比一个人，如果你这时候的能力只适合于当副处长，结果当了副处长，这就是当位；如果当了处长，那反而是不当位。如果从贵贱角度看，当位就是贵，不当位就是贱。

第二句："齐小大者存乎卦。"是说，等齐小或者大，就体现在卦象上。"齐"就是等齐、平等，"齐小大"就是说大小是平等的。毫无疑问，万事万物是有大有小的，"齐小大"是一种超常智慧，就像庄子说的"天地与我并生，而万物与我为一"，一切事物归根到底都是相同的，没有什么差别。庄子提出"齐物论"，认为万物都是浑然一体的，并且在不断向其对立面转化，因而没有区别。可以说庄子看出了六十四卦的秘密。六十四卦有大卦小卦，比如乾坤就是两个最大的卦，其他六十二卦都是小卦，都是由乾坤两个大卦变出来的。卦象其实就是万事万物的现象，从客观上看，万事万物是有大小区别的，但从本质上看又是平等的。按庄子的说法，"通天下一气耳"，全天下所有的事物都是由气构成的。六十四卦不管大小卦都是卦，都是由阴爻和阳爻构成的，阴爻和阳爻就是二气。我们人生更是如此，人虽然有贫富、高矮、美丑的区别，但从人格上来说是平等的，没有高低贵贱之分。

第三句："辩吉凶者存乎辞。"辨别吉或者凶，存在于卦爻辞中。"辩"通"辨"，卦爻辞中直接说出了吉或凶这样的判断词，其实是告诫我们要注意行为是否合适、是否正当，吉凶是由不同的发心、不同的行为导致的不同结果。

第四句："忧悔吝者存乎介。"担忧悔吝的发生，存在于细节当中。"介"通"芥"，细小、细节。也就是说，悔和吝——悔恨和羞耻这两者比起凶的程度要小一些，说明发心和行为的过错不大，但要时时担忧，每一个细节都不能大意，细节决定成败。从小处做起，这样才能趋吉避凶。

第五句："震无咎者存乎悔。"警惕有没有过错，就要心存悔过。"震"比"忧"要更进一步，指要时时警惕，每时每刻都不能放松警惕，行动要没有过错、没有灾祸。怎样才能做到这一点呢？就要"悔"，后悔、反悔、忏悔。《周易》特别强调这个"悔"字，比如乾卦上九"亢龙有悔"，龙飞得太高了、太过了，就要反悔。爻辞里面没有说结果是吉还是凶，大家想一想是吉还是凶？有悔当然是吉，如果无悔，太过了还不反悔，那就死定了。

最后一句是个总结："是故卦有小大，辞有险易。辞也者，各指其所之。"所以卦是分小和大的，卦有小卦和大卦，卦爻辞也是有凶险和平易的。卦爻辞，是用来指示吉凶方向的。前面我讲了六十四卦有大卦小卦，乾坤就是两个最大的卦，其他六十二卦都是小卦。这是客观事实，就像万事万物的现象，也是有大小区别的。比如天地就是最大的象，再比如天上的日月就比地上的事物大。同样地上的不同事物也有大有小，高山就比树木大。同一个事物也有大有小，比如大树和小树，大江和小河。就人来说，既有高矮、胖瘦的区别，又有聪明愚笨、富贵贫穷的区别，这是客观事实，是不可否定的，只是从本质上看是平等的，从人格上来说是平等的。所以不能厚此薄彼，不能有分别心。

"辞有险易"，是说卦爻辞是有凶险和平易的，也就是说卦爻辞是有吉和凶的。卦爻辞中直接说出了吉或凶这样的判断语，其实是告诫我们要注意行为是否合适、是否正当，吉凶是由不同的发心、不同的行为导致的必然结果。当然除了吉凶以外，还有"悔吝""无咎"等判断语。"辞有险易""吉凶"，告诉我们事情是凶险还是平易。

最后一句："辞也者，各指其所之。"是说，卦爻辞是用来指示吉凶方向的。这里的"之"是一个动词，原意是到、去的意思，这里表示去的方向。知道了未来吉凶的方向、结果，就要采取措施，提前预防，才能趋吉避凶。所以我经常说，《易经》是教我们怎么改命的。当你看到卦爻辞中有"凶"的时候，不要紧张害怕，要注意看前面那句话，那是说如何如何才会凶，那我不如何如何，不就吉了吗？当然看到"吉"的时候，也不要得意忘形，那是说如何如何才会吉，那言外之意，要不如何如何，那就凶了！所以，学习《易经》不是看那个结果，而是要看因果："辞也者，各指其所之。"卦爻辞不仅指明吉凶的方向，而且指明导致吉凶的原因，以及趋吉避凶的方法。所以，这个"之"字，含义是非常丰富的。

总结一下，这一章前五句用了五个"……者，……也"判断句，说明卦爻辞对人生的意义；后五句用了五个"存乎"排比句，说明卦爻辞对人生的指导作用。总的来说，卦爻辞就是我们来世上这一生，怎样趋吉避凶的行动指南。

最后，我再来回答开头的问题。在看露天电影时，我想出了一个什么办法？很简单，就是到背面去看。后来我学习了《周易》才知道，这就是卦爻辞指导我们的"反复其道"，要反向思维、反向做事，往往能趋吉避凶。

第四章

《易》与天地准：易道昭示做人之道

我们都知道，在现代战争中，士兵往往要穿迷彩服，目的是隐藏自己，不让敌人发现。大家知道吗？美国科学家已经研制出了一种新军服，这种军服可随环境的变化瞬间改变颜色，使士兵与环境的颜色融为一体：在草地上变成草绿色，在沙漠地区变成黄褐色，白天是绿色，晚上变黑色，当受到核爆炸的光辐射时，能瞬间变成白色，从而大大减轻光辐射的危害。其实这是一种可以随着光照和温度不同而改变颜色的涂料，把它涂在衣服和各种武器上，可以瞬间变换颜色，从而和周围的环境融为一体。

科学家是受到什么东西的启发呢？就是"易"，"易"这个字的本义就是蜥蜴、变色龙。《说文解字》说："易，蜥易，蝘蜓，守宫也，象形。"因为蜥蜴是随环境而变化的，所以"易"又专指变易、变化，于是"蜥易"的"易"就加了一个虫字旁，成为"蜴"。"易"字还有一个说法，"日月为易"，象征阴阳变化。

科学家是模仿了变色龙而发明了变色隐形材料。而《易经》与《易传》模仿的则是天地之道，是一种更宏大的模仿。

我们来学习《系辞传上》第四章——

《易》与天地准，故能弥纶天地之道。仰以观于天文，俯以察于地理，是故知幽明之故。原始反终，故知死生之说。精气为物，游魂为变，是故知鬼神之情状。与天地相似，故不违。知周乎万物而道济天下，故不过。旁行而不流，乐天知命，故不忧。安土敦乎仁，故能爱。范围天地之化而不过，曲成万物而不遗，通乎昼夜之道而知，故神无方而易无体。

这一章第一次提到什么是"易"，一开头就提出一个令人震撼的命题："《易》与天地准，故能弥纶天地之道。"什么意思？就是说，"易"是以天地为准则的，也就是对天地的模拟，所以它能涵盖天地万物的大规律、大道理。前面三章是在讲乾坤和卦爻辞，第四章第一次对"易"做出界定，这个"易"既是指《易经》这本书，更是指大易之道。这也是《系辞传》第一次将"易"提升为"道"，"易"不再是"术"。

"《易》与天地准"，这句话揭示了《易经》的性质，《易经》不是一部纯粹讲占卜的书，而是一部讲天地之道的书。《易经》经文分卦爻象符号和卦爻辞文字两个系统，这两个系统是互补的、互动的。这些符号和文字是对天地道理、天地规律的一种模拟，是以天地的道理为准则的，是尊天法地的，所以能够将天地间的一切道理都包含在内。

天地是什么？当然是客观存在的天和地，就是第一章开头说的"天尊地卑"——天高地低，也就是头顶的天和脚下的地；除此之外，还包括"在天成象，在地成形，变化见矣"，也就是天地万事万物的变化情况。

"《易》与天地准"与老子所说的"道法自然"本质上是相同的。"易"就是"道"，是天地之道、自然之道。注意"道法自然"的"自然"不是指大自然，而是本然的意思，也就是天地本来的样子。

"《易》与天地准，故能弥纶天地之道"告诉我们，学习《易经》的目的，就是认识这个天地之道，而不是去占卜算命。当然，掌握这个天地之道，按照这个天地之道来做，自然就有好运。这是对《易经》的定性，明确指出"易"能涵盖天地之道。这一句是统领，接下来八句就是进一步说明，为什么"易"能涵盖天地之道，我们学了《易》对人生有什么作用。

首先是："仰以观于天文，俯以察于地理，是故知幽明之故。"这句话的意思是：因为仰观天文，俯察地理，所以才知道黑暗和光明的道理。这是指当年伏羲氏怎么发明了阴爻阳爻，怎么发明了八卦。不是凭空想象，而是仰观天文，俯察地理，才创造出来的。我们都知道《易经》有两个基本符号，阳爻是一长线，阴爻是两短线。当然一开始的时候，阴爻还有其他写法，有时像个八字，有时八字上面又连在一起。这就是"仰以观于天文，俯以察于地理"而创造出来的。天文就是天象，天上最大的象就是太阳和月亮；地理，就是地象，地上最大的象就是山和水。太阳就是阳爻，月亮就是阴爻；山是阳爻，水是阴爻。观察天上的太阳和月亮的运行，观察地上山水的变化、草木的荣枯，就知道了黑暗和光明的道理。

"仰以观于天文，俯以察于地理，是故知幽明之故"，幽明，就是黑暗和光明。"幽明之故"的"故"就是缘故、原因。观察了天文、地理的各种现象，所以才知道了黑暗和光明交替变化的缘故，进而也就知道了阴阳变化的道理。从幽与明推广到阴与阳。阴、阳这两个字都是左耳旁。请大家注意，无论是左耳旁还是右耳旁，都和耳朵没有丝毫关系。左耳旁其实是个"阜（fù）"字，阜是个象形字，甲骨文字形就像山崖边的石磴，所以"阜"字旁的字多与山有关。阴阳的本义当然和山有关：阴就是山的北边，晒不到太阳的那一边；阳是山的南边，能晒到太阳的那一边。当然这是指北半球。阴因为晒不到太阳，所以就有黑暗的意思；阳因为能晒到太阳，所以就有光明的意思。这就是"仰以观于天文，俯以察于地理，是故知幽明之故"。日月为明，日月为易，"易"是教我们怎样洗掉心中的黑暗、心中的杂念，怎样保留一颗光明之心的。《系辞传》后面就说"圣人以此洗心"，圣人是用"易"来洗心的，把心中的私欲、杂念洗干净，心中就有光明了。《易经》讲天地之道的目的是阐明为人之道。

正因为《易经》是观察天文地理而来的，所以《易经》才能弥纶天地之道，才能涵盖万物之道，才能昭示做人之道。

总的来说，《系辞传上》第四章第一句"《易》与天地准，故能弥纶天地之道"，把"易"提升为模拟并涵盖天地万物的大道。从第二句"仰以观于天文，俯以察于地理，是故知幽明之故"开始，其实是在讲易道对于我们人生的作用，一共列出了八大作用，又用了八个"故"字。

原始反终：易道揭示生死的秘密

"话说天下大势，分久必合，合久必分"，这是大家耳熟能详的《三国演义》开篇语。虽然今天距离三国时代已经一千七百多年了，但地球上国家之间各种关系依然在"分久必合，合久必分"的轨道上运行。国家之间如此，人与人之间也如此，人与人之间关系好好坏坏，不断交替，反反复复，从来没有一种关系是停止在一个状态永远不改变的。"三十年河东，三十年河西"，世间事物和人的命运总是处在不断变化之中，有兴有衰，荣辱更替，看似没有定数，实则存在规律，这个规律将万事万物一网打尽，谁都逃不掉。这究竟是一种什么规律呢？《系辞传上》第四章用四个字总结了这个规律。

前面我们学习了第四章开头一句"《易》与天地准，故能弥纶天地之道"，第一次将"易"等同于天地之道。然后讲了"易"给我们人生带来的第一个作用："仰以观于天文，俯以察于地理，是故知幽明之故。"下面我们学习后面两句："原始反终，故知死生之说。精气为物，游魂为变，是故知鬼神之情状。"这是"易"给我们带来的第二、第三个作用。

先看"原始反终，故知死生之说"，这句话的意思是：探究事物的开始，复归事物的终结，所以能知道人和万物的生死规律。"原始反终"的"原"是动词，是探究本原的意思；"反"就是回复，通"返"，返回。"原始反终"就是探究事物发展的始终，追根溯源。我认为"原始反终"还可以理解为"原于始反于终",从始点出发返回到终点,这个终点就是始点,就这样周而复始,循环往复。从开始回归终了,一个周期的终了标志下一个周期的开始。正如《易经》第二十四卦复卦的卦辞所说:"反复其道,七日来复。"反复走在路上,七天就会回复。《彖传》解释说:"复,其见天地之心乎。"复卦,大概体现着天地生育万物的用心吧!也就是说,循环往复大概就是天地生育万物的核心秘密吧。这一句"原始反终,故知死生之说",是说从循环往复的大规律,可以知道人和万物生死轮回的秘密。

所以我开头讲的"分久必合,合久必分"也好,"三十年河东,三十年河西"也好,其实是有定数的,有规律的,这个规律就叫"原始反终"。

我常说,发现事物的变化并不难,但发现事物的周期变化规律可就太难了。大家都能看到万事万物每时每刻都在变化,但却很难看到变化是有规律的,是循环往复、周而复始的,尤其是不同事物各自的变化周期究竟是什么,这一点是很难被发现的。《易经》了不起的地方就是讲了周期变化规律。《周易》告诉我们,万事万物都呈现出从初始到终结的周期变化规律。比如每一天太阳都是东升西降,每个月月亮都是晦朔弦望——月缺月圆,每一年都是春夏秋冬。再看天上云卷云舒,地上花开花落,大海潮起潮落。那么人呢?也是生生死死,佛家称为轮回——六道轮回,道家称为复归——老子说三复归:复归于婴儿、复归于朴、复归于无极。《易经》六十四卦就是一个循环往复的过程,从乾坤开始,到既济、未济结束。既济是已经渡过河流,表明第一个周期已经结束;未济是没有渡过河流,没有结束,为什么?因为下一个周期又开始了。于是周期变化,循环往复。老子就看出了这个规律,他说:"万物并作,吾以观复。夫物芸芸,各复归其根。"万物总是一齐生长,我们要观察它的生死往复。万物纷纷芸芸,总是各自返回它的本根。这是一种大智慧,万物从生到死,从死到生,新生就是走向死亡,死亡又将获得下一次新生。我们一旦明白这个大道理,又何必计较寿命的长短?所以,学习《周易》可以了脱生死,断灭烦恼。

我们接着看"易"给我们带来的第三个作用:"精气为物,游魂为变,是故知鬼神之情状。"这句话的意思是说,精气变成物体,游魂形成变化,所以就知道鬼神的情况。其实这一句就是对"原始反终,故知死生之说"的进一步展开。精气凝聚而成为有形之物就是"生""始";灵魂游走了之后造成了变化就是"死""终"。生变为死,聚变为散,始走向终,通过这种变化可以知道鬼神的状况。

这一句中提出了三个非常重要的概念:"精气""游魂""鬼神"。

我们先看"精气"。"精气"分开来是"精"和"气"。老子提出"精"的概念,《道德经》第二十一章说:"窈兮冥兮,其中有精。其精甚真,其中有信。"这是对"道"的解释,道是幽暗、深不可测的,但其中有"精",这个"精"是真真切切的,是包含真气的。"精"是什么?这个字是米字旁,原本是挑选过的上好的细米,这里是指精微的物质,是构成宇宙的最基本物质。"气"这个字的繁体字写作"氣",下面也有一个"米"字。什么是气?本义也是一种无形的物质,也包括这种无形物质发出的能量。再看"精气"这个词,在战国时,齐国稷下学派有学者托名管子写了《管子·内业》,提出了一个重要命题:"精也者,气之精者也。"是说,"精"就是气中特别精粹的部分,也就是说"精"是一种更高级的气。他们认为这种"精气"是宇宙的本原,产生了天地万物。

《系辞传》提出"精气为物"的精气和《管子·内业》所说的精气是否相同?有同又有不同。相同点是,都认为"精气"是产生天地万物的基本物质;不同点是,对精和气间关系的论述有差别。《管子·内业》认为,气是低一个层次,精是高一个层次的;但是在《系辞传》看来,精和气是两种不同的物质能量,精属于阴,气属于阳,精气就是阴阳两气,精和气处在同一层次。到了汉代,道家、道教则明确提出"精气神"的学说,精是第一层次,是最基础的,气是第二层次,神是第三层次,是最高的。可以看出《系辞传》的"精气"学说起到了关键作用。《系辞传》说"精气为物",宋代大儒朱熹认为,"精"是阴精,"气"是阳气,阴精和阳气的结合变成万物,其中最高级的变化就是神。

再看第二个"游魂"。"游魂"就是魂散失掉、离开自己的身体了。"游"字是游荡，即是离开原来的地方，"游魂"就是魂离开身体。"游魂为变"，魂离开自己的身体就变为鬼。当然魂和魄还是有区别的。据《左传·昭公七年》记载，郑国掌权者子产（相当于宰相）在回答闹鬼的问题时说："人生始化曰魄，既生魄，阳曰魂。"当一个人刚刚出生，那时他只有魄。等到魄产生后，才能思考，就叫作"魂"。"阳曰魂"，魄就是"阴"了，所以是"阴魄阳魂"。《黄帝内经》说得很清楚，魂和魄都是随着"神"而往来出入的，是"神"的阴阳两面不同的表现，魂为阳神，魄为阴神。

连起来看"精气为物，游魂为变，是故知鬼神之情状"，阴精和阳气的结合变成万物，游魂包括阳魂和阴魄，离开了人体就形成变化，所以就知道鬼神的情况。为什么？因为精和气的结合变成万物，万物包括天地、人类、动植物、鬼神在内。万物最高级的变化就是神，最低级的变化就是鬼。

最后来看第三个"鬼神"。注意，这里的"鬼神"已从一般的鬼神概念变成了哲学概念，是指阴阳二气变化所表现出来的不同功能的事物。这一点朱熹讲得很好，他在《周易本义》中说："阴精阳气，聚而成物，神之申也。魂游魄散，散而为变，鬼之归也。"这一句强调了整个宇宙万物生成变化的根本原因，就是精气阴阳的聚合与分散、往来与屈伸。

这是告诉我们，掌握了"易"，可以知道事物发展，尤其是自我最后归宿的高低境界。这是易的第三个作用。

道济天下：易道带给世界和平与发展

上一节我们讲到小说《三国演义》的开篇语，这一节我们欣赏一下电视剧《三国演义》的主题曲——明代文学家杨慎的词《临江仙》："滚滚长江东逝水，浪花淘尽英雄。是非成败转头空。青山依旧在，几度夕阳红。白发渔樵江渚上，惯看秋月春风。一壶浊酒喜相逢。古今多少事，都付笑谈中。"这首词告诉我们，但凡天下人与天下事，都和天地之道一脉相承，无论英雄豪杰，还是凡夫俗子，只要顺应天道尽力去做，顺其自然就好，着急上火、焦虑抱怨都没用，青山依旧在那里一动不动，太阳该升的时候升，该落的时候落。每个人都在自然界的亘古悠长中循环往复，在人类社会的兴亡盛衰中生老病死。是非成败，转眼成空，沦为闲谈的话题，而山河自在，风月无边，故唯有看淡功名成败，才是顺应天道。

这就是《系辞传上》第四章说的"与天地相似，故不违"，《易经》是与天地相似的，所以它和天地之道是不相违背的。我们也要顺应天道，千万不能违背天道。"与天地相似，故不违"其实说了两层意思，第一是说《易经》之道与天地之道是不违的，第二是说做人做事与《易经》之道、天地之道也应该不违。

第四章的开头已经说过，"《易》与天地准，故能弥纶天地之道"，《易经》就是对天地之道的模拟——阳爻阴爻是对日月、山水、男女的模拟，每卦六爻是对日月运行、万物变化、六个时空节律的模拟，六十四卦是对万事万物发生发展、开始结束变化大周期的模拟——所以它和天地、万物不仅结构是相似的，而且运动变化的规律也是相似的，是不相违背的。对一个人来说，明白了《易经》的道理，就等于明白了天地的道理，要按照《易经》的道理来做，这样人的行为也就不违背天地的道理。这就是我们学《易》的第四个作用。

"不违"是一种底线思维。我们今天常说不违法、不违章、不违背道德底线，就是这个意思。"不违"看起来简单，甚至还有点愚钝，但实际上是一种高明的做人智慧。我想起《论语》记载颜回对孔子的话从来都是"不违"的，子曰："吾与回言终日，不违，如愚。退而省其私，亦足以发，回也不愚。"孔子说："我整天给颜回讲学，他从来不提反对意见，像个愚蠢的人。等他退下之后，我考察他私下的言论，发现他对我所讲授的内容有所发挥，可见颜回其实并不愚蠢。"孔子的后代、西汉的经学家孔安国说："不违者，无所怪问，于孔子之言，默而识之，如愚。"不违就是不提奇怪的问题，对孔子的话，总是默默地记住，好像愚钝。言外之意，其实是大智若愚。

真正的"不违"是不违本心，不违大道。什么大道？当然就是天地大道，但天地大道是虚幻的、无形无相的，正如老子所说："视之不见名曰夷，听之不闻名曰希，抟之不得名曰微。"看不见、听不到、抓不住，怎么办？有一个办法，就是遵循《易经》大道。《易经》有一套符号系统和一套文字系统，是看得见、摸得着的，好比是一把钥匙，拿着这把钥匙就容易打开宇宙万物之道这扇大门。《易经》原理连通宇宙万物的大道法则，按照这个法则来做就不会发生差错。也就是说，只要不违背易之道，就不会违背天地之道。

不违天地之道是做人的基本要求，在这个基础之上，还要"知周乎万物而道济天下，故不过"。这是掌握"易"的第五个作用。这句话的意思是，学《易》使人真知广及万物而以道来救助天下，所以就不会有过错。"知"有两个意思，第一个是知道，是真知，也就是从内心真正明白《易经》的原理，明白宇宙万物的原理；第二个是智慧，"知"通"智"，真正明白了《易经》的原理、宇宙万物的原理，那一定是有大智慧。"知周乎万物"也可以理解为"周知万物"。"周"是周普、普及、普遍，"万物"当然包括了天、地、人。《易经》认为凡是伟大的圣人都能够周知万物，只有周知才是真知，才有智慧。想一想我们今天的教育更多是强调专才教育，中学就分为文理科了，这是不利于人才成长的。当然专才是需要的，但必须以通识、周知为基础。古人说："一物不知，儒者之耻。"只有周知万物，然后道济天下，才能成为儒者，成为真正的人才。

其实"道济天下"不仅仅是儒家的要求，而且也是道家、佛家修行的目的。大家听说过"道济和尚"吗？可能你没有听说过，可我要说"济公活佛"，你一定听说过。济公，法号道济，是南宋高僧。他鞋儿破帽儿破身上的袈裟破，行为举止疯疯癫癫。他起初在天台山国清寺出家，后到杭州灵隐寺、净慈寺居住。他不受戒律拘束，嗜好酒肉，看上去似痴若狂，却是一位学问渊博、行善积德的得道高僧。他扶危济困，除暴安良，彰善瘅恶，喜好打抱不平，息人之诤，救人之命。他还精通中医医术，为百姓治愈了不少疑难杂症。他是"道济天下"的模范。

"道济天下"是以道济天下。什么道？虽然有儒家之道、道家之道、佛家之道的不同，但归根结底是《易经》之道，是天地之道，因为《易经》"弥纶天地之道"。光是周知万物是不够的，还要道济天下。周知万物是知，道济天下是行，一定要知行合一。"道济天下"是对一个君子的要求。就现代人来说，无论做什么职业都可以以《易经》之道、以仁义之道，去资助天下、救助天下或者治理天下。

这里说"道济天下"，不说"道济天地"，是有深意的，因为：天地包括天地万物，范围广；天下则指天之下，范围小，是人为主，万物为从。所以"道济天下"重点是指要解决人类的问题、人生的问题，让人类过上幸福、安乐的生活。要把周知天下万物的智慧付诸行动，要身体力行，加以实践。你可能会说，怎么可能人人都有本事"道济天下"？其实不在人的能力大小，也不在做的事情的大小，而在人的发心，只要发心去救济天下，哪怕再小的能力、再小的事情，都对人类是一种善举、一种贡献。比如你和周边的人和睦相处，你尊重自然，尊重万物，和天地自然和谐相处，你的行为言语会影响别人，其实这也是在"道济天下"，也是在救世救人。"道济天下"的结果是"故不过"，"过"本义是超过，凡事超过了就不好，就有过错了。《易经》有小过卦、大过卦，就是教人怎么改变小过错、大过错的。改过就是要适中，不超过就是"中"。无论儒家还是道家都要求做人要"中"。所以按照易道来做，为人处世的行动不偏激，结果不会有差错。

最后总结一下，《周易》之道就是天地之道，只有"道济天下"——以易道来救济天下，才能带来个人的和乐、家庭的和睦、社会的和谐、世界的和平与发展。

乐天知命：学《易》之后的快乐人生与大爱胸怀

我们在初中的时候都学过北宋大文豪、一代名臣范仲淹的《岳阳楼记》，那里面一句"先天下之忧而忧，后天下之乐而乐"传颂至今。此外还有一句千古名句"不以物喜，不以己悲"，是说不因外物好坏和自己的得失而悲喜。也许你当时年纪小，还不太了解这是一种宠辱不惊的生活态度，要能真正明白这句话的用意，非得有点起伏跌宕的人生阅历才行，正如那一句歌词："初闻不知曲中意，再听已是曲中人。"如今我们有了阅历，那么怎么才能做到"不以物喜，不以己悲"呢？这就是我要和大家分享的《系辞传》中的生存智慧。

我们继续学习《系辞传上》第四章。前面我们学过了："《易》与天地准，故能弥纶天地之道。仰以观于天文，俯以察于地理，是故知幽明之故。原始反终，故知死生之说。精气为物，游魂为变，是故知鬼神之情状。与天地相似，故不违。知周乎万物而道济天下，故不过。"

这是讲了"易"的性质，"易"就是天地之道，然后讲了"易"的五大作用。跟在后面的一句是："旁行而不流，乐天知命，故不忧。"这是"易"的第六大作用。这一句意思是说，学《易》使人广泛推行易道而不会滥用，乐其天然，知其命数，所以就不会有忧愁。"旁"不是旁边的意思。《说文解字》："旁，溥（pǔ）也。"就是说"旁"有普遍、广泛的意思，比如旁征博引。"旁行"指普遍推行。"不流"义为不违、不过、不滥用。是什么"旁行而不流"呢？当然是推行易道。掌握了易道，可以触类旁通、广泛推行，而又不会滥用，不会有过错，并且能够"乐天知命"，乐其天然、天数，知其命数、命理，知天命而乐天命，"故不忧"，所以就不会有忧愁。

怎么才能做到范仲淹说的"不以物喜，不以己悲"？方法是"乐天知命"，外物也好，自己也罢，其实都得服从天命。"乐天知命"中"天"和"命"合起来就是"天命"。"天命"就是"天道"，"命"是"道"的必然反映，"道"是终极真理,"命"是天道的安排。一个人如果"乐天知命",必然就能做到"不以物喜,不以己悲"。乐天知命,既要顺应天道的安排,顺应自然规律,顺应命运变化,又要安于自己的处境,以乐观的心态面对困境,做到在任何时候都积极乐观,不计较得失,通达人生。这样就必然会看淡自己的喜怒悲忧,对世间一切事情都有一种平常心。

孔子曾说过:"不怨天,不尤人。"不埋怨天,也不责备人。孔子不仅这么说,而且也这么做。这句话表明了他对自己人生境遇的一种态度,一般人是绝对做不到的。孔子的一生是悲催的。六十三岁时,孔子与弟子在陈蔡之间被困,绝粮七日,有的弟子因饿而病,有的连发怨言,但孔子却仍然诵诗、弹琴、唱歌。"不怨天,不尤人""乐天知命,故不忧",这是孔子一生的真实写照。

我们再看《易经》六十四卦中表示困难的困卦的经文,泽水困,是指沼泽中没有水了。六条爻辞每一条都有"困",陷于各种困境,但最后还是"曰动悔,有悔,征吉",认识到了困难来自于自己并有所悔改,最终可以摆脱困境,获得吉的结果。

为什么身处困境还能"乐天知命,故不忧"?显然是明白了天地之大道,明白了《易经》之大道。正如朱熹所说:"既乐天理,而又知天命,故能无忧,而其知益深。"可见圣人创《易》、传《易》,已达炉火纯青、出神入化、触类旁通的境地,后人学《易》、用《易》,也要做到"旁行而不流",既触类旁通、广泛推行,而又不滥用。无论是圣人创《易》,还是今人学《易》,目的都是要"乐天知命",与天道相融,与天命相应,成为一个不忧的仁者。

"乐天知命,故不忧"是学《易》的第六个大作用。学《易》不仅可以不忧,而且还能有爱,这就是后面一句:"安土敦乎仁,故能爱。"这是学《易》的第七大作用。简单地说就是学《易》能让人安处在自己的环境当中,忠厚地去推广仁义,所以能泛爱天下。

"安土敦乎仁"实际上就是"安乎土敦乎仁",也可以简述为"安土敦仁"。为什么要强调"安土"?"土"本义是指土地。自从人类步入农业社会,人们便依靠土地而定居下来。土地与我们的生活息息相关，大地给我们房屋，大地给我们粮食，大地给我们生命。我们的先民一旦在一个地方住下来，一般情况下都不肯搬迁，都很热爱家乡，对故土都很留恋。这就形成了"安土重迁"的观念。还有大地是最宽厚的、最仁爱的、最无私的，我们在大地上不仅建高楼、开山挖洞，而且还制造各种垃圾，但大地总是默默地承载一切而从无怨言。

我们的古圣先贤早就创立了五行学说，木火土金水，其中土居中央，是最重要的方位，土不占四方而统领四方，不占四时而统领四时。我们为什么崇尚黄帝，尊奉黄帝为我们的人文始祖？因为黄帝属土，居中位。黄色为土。在中国文化中，崇尚土德处处可见。比如中医讲脾为土，居中，是后天之本，起到运化的作用。一是运化水谷精微，脾把水谷（饮食物）化为精微，并将精微物质转输到全身；二是运化水液，脾对水液有吸收、转输和布散的作用。所以脾胃强健可以协调各脏器的功能顺畅，而这一思想就来源于《易经》。其实从商朝开始就有了崇尚中位的观念，到了《易经》这一观念更加深入、系统，《易经》坤卦六五爻辞说："黄裳，元吉。"黄色中位是最大的吉——元吉。在《易经》六十四卦中居中位的爻往往都是吉的。

所以"安土"意义是很深刻的。一是要人们像大地那样宽厚爱人，敦厚诚信，奉献自己，没有私心。二是要像大地那样安居中位，遵守中道。除此之外，"安土"还有随遇而安的意思，就是安心地处在自己的环境当中，不要见异思迁。

所以"安土敦乎仁"这句话中，"安土"是个前提，只有安于土，像大地那样，才能"敦乎仁"——温柔敦厚地施行仁义。"安土敦乎仁，故能爱"，因为创立《易》的圣人和善于用《易》的后人能够懂得天地之理，能够像大地那样宽厚无私，安处于自身的环境，敦厚地施行仁义，所以才能做到真正的"爱"，这个爱就是仁爱，就是博爱，就是泛爱天下。

总结一下，因为"《易》与天地准"，"易"就是天地之道，所以学《易》、知《易》、按《易》来做，对我们人生就有七大作用：知幽明之故，知死生之说，知鬼神之情状，不违，不过，不忧，能爱。学《易》还有一大作用，我后面再讲。

神无方而易无体：易道告诫我们成功没有捷径

通过《系辞传上》第四章的学习，我们知道"《易》与天地准，故能弥纶天地之道"，"易"是对天地的模拟，这种模拟有什么特征呢？第四章最后说了七个字："神无方而易无体。"这是什么意思呢？

我们都看过《西游记》，你看《西游记》印象最深的是什么？可能大多数人会回答，孙悟空的七十二变。尤其是孙悟空在和二郎神大战中，七十二变更是被淋漓尽致地展现出来了。他可以变麻雀，变鸬鹚，变鱼儿，变飞禽，变水蛇，变土地庙，真是千变万化。可惜变土地庙时尾巴没处安放，只好变作旗杆，结果露馅儿了。孙悟空的这种变化被很多人质疑。有人说孙悟空的七十二变不是七十二种变化，而是七十二种法术。两者的区别在于，七十二变指的是能变成七十二种别的东西，比方说麻雀、老鹰、刺猬；而七十二种法术原名是地煞七十二术，是接地气的障眼法。我认为孙悟空七十二变和猪八戒三十六变之中，七十二和三十六并不是实指，而是表示数量多。这里用的是中国人的数字思维，因为《易经》八卦每一卦都是三根爻，老子《道德经》说"三生万物"，所以中国人崇尚"三"，以三表示多，比如孔子读《易》"韦编三绝"，其实是指牛皮绳多次断掉。同样，三的倍数也表示多，比如"九牛一毛""九死一生""十二分勇气"，九、十二都是三的倍数。同样，三十六、七十二也都是三的倍数，并不是说孙悟空只能变成七十二样东西，猪八戒只能变成三十六样东西，而是说孙悟空能变化的数量比猪八戒要多得多。

我要说的是这种变化是"神无方而易无体"的，是千变万化，没有定型的。当然孙悟空的变化比起"易"的变化那就是小巫见大巫了。

我们来看《系辞传上》第四章最后："范围天地之化而不过，曲成万物而不遗，通乎昼夜之道而知，故神无方而易无体。"这句话的意思是说：易道的广大，可以涵盖包容天地的变化而没有差错，可以间接曲折地去成就万物而没有遗漏，可以通晓昼夜的变化而无所不知，所以易道是神妙的，没有固定的方位，没有固定的形体。

"范围天地之化而不过"，"范围"这个词在这里是动词，是包含、涵盖的意思。"天地之化"是指天地以及天地间万事万物的变化，包括宇宙、自然、社会、人生的变化。"不过"是指没有过错，没有遗漏。谁能"范围天地之化而不过"呢？谁有这么大的能量呢？当然是"易"，"易"能涵盖天地万物的变化，没有遗漏，没有过错。因为天地万物的变化是无穷无尽的，如果要一个事物一个事物去研究，对每一个事物穷尽式分析，显然是很困难的，是很难穷尽、很难全面把握的。怎么办？《易经》为我们发明了一种办法，就是取象比类的方法，《易经》创作了卦爻符号，用这些有限的符号将万事万物进行分类，万事万物被分成有限的几类。这样我们就可以从这有限的符号去推测这一类中的所有事物，用这种方法就可以知道天地万物的变化道理。这就是这一章开头说的："《易》与天地准，故能弥纶天地之道。"《易经》是以天地为准则的，是对天地的模拟，所以能涵盖天地之道，能涵盖天地万物的变化而没有过错、没有遗漏。正因为如此，只要读懂《易经》，掌握易之道，就能准确把握天地万物的变化情况。

再看"曲成万物而不遗"。什么是"曲成"？就是曲折而成、委婉而成。"曲成万物"就是多方设法成就万物、使万物成功。这个"曲"字用得很妙，说明任何事物的发展都不是一条直线，而是迂回往复、坎坷曲折的，所以成就万物也不可能是直线的、有捷径的。唐代经学家孔颖达说："言圣人随变而应，屈曲委细，成就万物。"这个圣人指创作《易经》的圣人，因为能够随时而变、随机而动，顺应变化，不僵化，知道拐弯，知道变通，所以能取得成功，能成就万物。这就告诉我们，要懂得做任何事情都不可能一蹴而就，要通过学习《易经》掌握"曲成"之道，《易经》六十四卦每一卦都是曲折、委婉的，六根爻总是有吉凶悔吝等不同情况。大家都说六十四卦中只有一个卦是全吉的，就是第十五卦谦卦，这种说法值得分析。虽然谦卦的卦辞和六条爻辞中都有"吉""亨""利""无不利"等说法，但并不是直接形成的，同样也是因为各种谦虚、谦卑、退让的做法才获得的。现在很多年轻人总想一夜暴富、一战成名，那都是违背易道的。还有我们不要一条道走到黑，要学会拐弯，学会循序渐进，否则只能是四处碰壁，不会成功。另外"曲"这个字还有涵盖全面的意思，和前一句"范围"的意思差不多。正因为如此，才没有一件事物可以遗漏。

再看"通乎昼夜之道而知"，指通晓昼夜变化的道理而无所不知。前面讲的是天地万物，这里从万物中重点提出了昼夜——白天和黑夜。昼夜是日月运行的结果，"县象著明莫大乎日月"，日月是万物中最大的象，日月运行形成的白天和黑夜，又代表了时间的变化。"通乎昼夜之道而知"的"知"既有知道的意思，又有智慧的意思。通晓昼夜之道便可知世间万事万物之道，当然也就有了通达万物的智慧。为什么通晓昼夜之道就能通晓万物之道呢？其实昼夜之道就是日月之道，日月之道就是阴阳之道，阴阳之道就是万事万物之道。所以学《易》，关键在于掌握阴阳之道，掌握了阴阳之道，也就掌握了通晓万事万物的一把钥匙。

最后是总结："故神无方而易无体。"这是对"易"的特征和作用所作的一句大总结，这里说的"神"不是宗教所说的神，而是宇宙生命的主宰，也就是"易"，就是"道"，合起来就是易道。"神无方"的"方"就是方位，无方就是没有位置，无所在又无处不在。"易无体"是说易道无形体；"易"的思维不是形思维，而是象思维，在"象"的背后蕴藏着大道，所以老子说"大象无形"。"神无方而易无体"是说，"易"是神妙的、神奇的、变化无常的，没有固定的方位，没有固定的形体。同样这里也说明了学《易》的第八大作用，学了《易》可以明白无形无体的神妙作用，其实就是得了"道"之后的神奇功能。

现在，我把第四章总结一下。这一章指出了"易"的神妙性质以及学《易》

的神奇作用。一共用了九个"故",从"《易》与天地准"开始到"神无方而易无体"结束,遥相呼应。其中第一句"《易》与天地准,故能弥纶天地之道"是一个总纲,将"易"提升、等同为"天地之道",然后介绍了易道的八大作用,也是学《易》对我们人生的八大作用:"知幽明之故""知死生之说""知鬼神之情状""不违""不过""不忧""能爱""神无方而易无体"。

第五章

一阴一阳之谓道（上）：强调和谐的中华智慧

从本节开始我们学习《系辞传上》第五章——

> 一阴一阳之谓道。继之者善也，成之者性也。仁者见之谓之仁，知者见之谓之知，百姓日用而不知，故君子之道鲜矣。显诸仁，藏诸用，鼓万物而不与圣人同忧，盛德大业至矣哉。富有之谓大业，日新之谓盛德，生生之谓易，成象之谓乾，效法之谓坤，极数知来之谓占，通变之谓事，阴阳不测之谓神。

第五章一开头提出一个非常重要的命题："一阴一阳之谓道。"这个命题很多人都听说过，这一章就是在讲阴阳之道。一提到阴阳，我们中国人几乎没有不知道的，可能你会说，这多么简单，多么粗浅，不就是男的是阳，女的是阴吗？

那么阴阳究竟是什么呢？阴阳是夫妻吗？先别急，我后面会告诉你。

"一阴一阳之谓道"看起来很简单，很粗浅，实际上一点也不粗浅。这是一种非常深刻的东方哲学智慧，也是中华文化的基本内核。可以说"一阴一阳之谓道"是《易传》最重要的哲学命题。那为什么不在第一章提出来，要到第五章才提出来呢？这就是《易传》的高明之处。《系辞传上》第一章讲乾坤是怎么来的，有什么作用，因为《易经》第一卦是乾卦，第二卦是坤卦，所以《系辞传上》一上来就解释乾坤；第二章和第三章讲卦爻象和卦爻辞，因为《易经》由卦爻象符号系统和卦爻辞文字系统构成；第四章就将"易"提升为"道"，讲易道的性质和作用，"《易》与天地准，故能弥纶天地之道"，但并没有说易道是什么。所以这一章一开头就说"一阴一阳之谓道"，就把易道、天地之道的内涵揭示出来了，从第一章到第五章，内容循序渐进，环环紧扣。

现在我就来分析一下"一阴一阳之谓道"的深层含义。"之谓"是古汉语一个固定结构，这个"之"字意义已完全虚化，"谓"就是叫作，"谓"后面是个名词，前面是对这个名词作的界定。这一句是对"道"作的界定，这个"道"就是易道。也就是说，一阴一阳就是易道。那么问题来了，《易经》第一卦是乾卦，是阳，第二卦是坤卦，是阴，应该是一阳一阴，可为什么是一阴一阳呢？我年轻的时候也很困惑，后来读了老子《道德经》第四十二章"万物负阴而抱阳，冲气以为和"，才明白阴在前、阳在后是老子的思想。老子是崇尚阴柔的。从这一点看，"一阴一阳之谓道"这个命题有道家的味道。当然撇开阴阳的次序先后，"一阴一阳之谓道"同样也反映了儒家思想。所以我猜测《易传》的作者是孔子的后传弟子，而这位后传弟子又吸收了老子思想，当然还有阴阳家、法家、稷下黄老学派、兵家、医家等诸子思想。

西周早期成书的《易经》，也就是诸子百家的源头《易经》，有没有提出"阴阳"的概念呢？没有！请注意《周易》的卦爻辞文字，也就是《易经》经文中并没有出现"阴阳"这个词，没有出现"阳"这个字，只出现了一次"阴"字，但这个"阴"并不是阴阳的阴。这个"阴"字出现在中孚卦九二爻辞："鸣鹤在阴，其子和之。"意思是鹤在荫蔽的地方鸣叫，小鹤跟着应和。这里的"阴"是指幽暗的地方，并不是哲学意义上阴阳的阴。

那么能不能说《易经》就没有阴阳的思想呢？不能这么说。《易经》是用阴爻和阳爻两个符号表示了阴阳思想，八卦是四对阴阳，是阴爻和阳爻的三次方组合，六十四卦是三十二对阴阳，是阴爻和阳爻的六次方组合。不过《易经》还没有阴爻和阳爻的称呼，而是称"六"和"九"，阴爻称为"六"，阳爻称为"九"。虽然《易经》没有阴爻和阳爻的称谓，也没有出现"阴阳"一词，但不能否定《易经》的阴阳思维、阴阳观念。《易经》不仅用两种符号表明阴阳思维，而且在卦名及卦爻辞中出现大量的阴阳观念，比如六十四卦分三十二组，一组的两个卦很多是相对或相反的卦名，如乾与坤，泰与否，坎与离，损与益，等等。正因为一阴一阳的属性相反相对，所以构成了事物的运动变化，或者说，事物运动变化的根本原因就在于阴阳对立、对待的相互作用，这就是易道。

《易传》则是阴阳思维的集大成，是阴阳哲学的最高峰。《系辞传上》第五章第一次提出"一阴一阳之谓道"，这是说阴阳不仅是万物发展的根本原因，是宇宙构成的根本原理，而且是宇宙万物变化的根本规律。《黄帝内经》很好地继承了《易传》的阴阳思想，《黄帝内经·素问·阴阳应象大论》说："阴阳者，天地之道也，万物之纲纪，变化之父母，生杀之本始，神明之府也。治病必求于本。"这里一连用了五个判断语，说明阴阳是天地的大道，是万物的总纲领，是变化的起源，是生死的根本，是神明所藏之处。最后说治病一定要从阴阳这个根本上去寻求，其实是说，阴阳是治病的根本。

阴阳是中国文化的基因。中国人几乎把阴阳用到了所有方面，上至天文，下至地理，中至人事。雅到文学艺术，俗到吃喝玩乐，阴阳融进中国人日常生活的各个方面。比如饮食、围棋、国画、书法、诗歌、历法等，还有中国传统的命理、术数等都是以阴阳为基础的。

好多人把阴阳看成矛盾，把阴阳关系看成是矛盾关系，是对立关系。这是不对的，实际上阴阳不是矛盾。我来打一个比喻，矛盾像敌人，是对立的，要斗争，要战斗，要打出个输赢，要想方设法消灭对方。而阴阳不是敌人，倒更像夫妻。夫妻是相对的，分工不同，各自功能作用不同；虽然夫妻之间也会吵架，经常会有意见不一致的地方，但他们绝不是你死我活的关系，他们之间是互补的。更重要的是夫妻要和谐、要相合，才能生孩子，才能使家庭兴旺发达。如果夫妻本来的阴阳关系变成了矛盾关系，那就过不下去了，就只能离婚。我在《张其成讲黄帝内经》里将经络的三阴三阳比喻成三对夫妻，有的是老夫少妻，有的是老妻少夫，怎么组合都没关系，只要能和谐互动就可以。

我们中国人的传统重视阴阳，而西方人的传统强调矛盾。古希腊哲学家亚里士多德逻辑学提出矛盾律、排中律。矛盾是对立的、对抗的，排斥中间的。其实"矛盾"这个词出自《韩非子》这本书里的一个寓言。楚国有一个人卖长矛和盾牌，他拿起盾牌说："吾盾之坚，物莫能陷也。"他拿起长矛说："吾矛之利，于物无不陷也。"有一个人就问他："以子之矛陷子之盾，何如？"这个人哑口无言，没办法回答了。所以，什么都不能刺穿的盾与什么都能刺穿的矛，是不可能同时存在于这个世界上的。这就是矛盾。矛盾强调的是对立的事物，是一种斗争、分离、排斥的关系，你中没有我，我中没有你，没有中间情况。就像一张黑白对半分的圆图，中间一道直线，一半白一半黑，没有中间，就是亚里士多德形式逻辑说的要么A，要么非A。

《易传》说的阴阳虽然和矛盾一样都有对立、对待的意思，但阴阳强调和谐。简单地说，矛盾偏于"斗"，而阴阳偏于"和"，阴阳思维强调的是对立的事物之间是一种和谐、转化、统一的关系。你中有我，我中有你，是有中间的，阴阳之间是彼此消长、互相转化的。就像一张太极图，黑白两条鱼儿是纠缠在一起的。西方偏于矛盾思维，中国人偏于阴阳思维。这是两种思维方式，两种文化。

所以说"一阴一阳之谓道"，这个道也就是中华大道。儒家为阳，道家为阴，儒道互补。

儒家和道家，一阳一阴，一白一黑，一马一牛，两者虽有不同，但绝不是势不两立的，你死我活的，而是和而不同的，互补融合的。后来从古印度传来了佛家，于是儒释道三家和谐地组成中华文化的鼎立三足。

一阴一阳之谓道（下）：怎么改变我们的命运？

"阴阳"究竟是什么意思？我上一节讲了阴阳的符号早在西周早期的《易经》中就已经有了，虽然《易经》中没有出现"阴阳"的文字，但已经正式形成了阴阳观念，有了阴阳思维。"阴""阳"这两个字，早在殷墟甲骨文中已经出现。这两个字都是左耳旁，准确地说应该叫阜字旁。"阴"指山的北边，背阴的地方；"阳"指山的南边，朝阳的地方。阴阳作为哲学概念是在西周末年出现的，到了战国时期的《易传》则对阴阳哲学做了最系统、最丰富的阐发，代表了阴阳哲学的最高峰。

怎么判断阴阳呢？其实分两个方面：第一是不同的事物可以分为阴阳，第二是同一个事物也可以分为阴阳。凡是存在对立、统一关系的就构成阴阳。比如在自然现象中有天地、日月、昼夜、寒暑、阴晴、水火等对立现象，在社会生活中有君臣、男女、贫富、贵贱、治乱、兴衰等对立现象，这些都构成阴阳关系，可以分出阴阳。当然阴阳分类法是有前提的，就是必须用于有关联的事物或方面。如日和月，都是天体星球，日为阳，月为阴。而日和人、月与鸟就没有什么内在关联性，因而无法分阴阳。

同一个事物也可以分为阴阳两个方面，比如人可分为男人（阳）、女人（阴）。男人也可以分阴阳，比如刚强的男人就是阳，温顺的男人就是阴。你可能会说，我有时候刚强，有时候软弱，那就要看哪一个占主导，刚强占主导为阳，软弱占主导为阴。再从人的身体构造上看，人分前胸（阴）与后背（阳）、上肢（阳）与下肢（阴）、体表（阳）与内脏（阴）、五脏（阴）与六腑（阳）……

所以说，首先，阴阳是对立关系或者叫对待关系，比如天与地、上与下、动与静、升与降等，其中：上属阳，下属阴；天为阳，地为阴；动为阳，静为阴；升属阳，降属阴。其次，阴阳又是互相依存的关系，任何一方都不能脱离另一方而单独存在。如上为阳，下为阴，而没有上也就无所谓下；热为阳，冷为阴，而没有冷同样就无所谓热。再次，阴阳是交感的关系，是可以互换的，如天之阳气下降，地之阴气上升，阴阳二气交感，形成云雾、雷电、雨露、阳光、空气，生命才得以产生。

后来阴阳就成为从功能属性上对万物所作的两大分类。阳代表光明、正向、运动、刚强、外在、俯下、实际、生成、开放这一类的功能属性；阴代表阴暗、反向、安静、柔和、内在、仰上、空虚、刑杀、关闭这一类的功能属性。

现在流行一句话叫"性格决定命运"，这句话说得有点绝对，但也是有道理的。人的性格对命运的影响是巨大的。人最想了解的就是自己的性格，可是最难了解的恰恰也是自己的性格。怎么判断一个人性格的阴阳呢？注意千万不能从好坏来判断，不是说好的都是阳，不好的都是阴，而要从性格偏向上判断。按照现代心理学的研究，人的性格由四部分组成，那就是态度特征、意志特征、情绪特征和理智特征。

从态度特征上看，不是说好的态度，比如大公无私、正直诚实就是阳，不好的态度，比如自私自利、损人利己就是阴，这是道德问题，我们不作为性格判断的依据。我们只考虑做事态度上的阴阳区分，有的人做事偏于认真，甚至于较真，认死理，不会拐弯，不会变通，就是阴；有的人做事大大咧咧，不较真，不认死理，会拐弯，会变通，就是阳。

从意志特征上看，勇敢、刚强、果断为阳，胆小、柔弱、犹豫为阴。这也是不分好坏的。比如勇敢、刚强、果断是好的，但过度了就是刚愎自用、武断、听不进别人的意见，不管好坏，这种人就是阳性的人；看上去胆小、柔弱、犹豫是不好，但这种人遇事慎重、心细、小心，考虑问题全面周到，能以柔克刚，这又是好的，不管好坏，这种人就是阴性的人。

从情绪特征上看，热情、开朗、外向为阳，冷静、内敛、内向为阴。

从理智特征上看，独立性强、主动性强为阳，独立性弱、主动性弱为阴。独立性强、有主见是好的，但过度了则爱钻牛角尖、刚愎自用、喜欢控制别人，就不好了；独立性弱、主动性弱看起来是不好的，但要看什么场合，比如对强势的领导，你就不要太独立、太主动。

当然我要强调一下，性格是一个人在生活中慢慢形成的，一般不容易改变。但也不是绝对不能改变的。什么时候会改变呢？一般是在人生遇到重大变故，或遭受重大打击以后，往往会从阳性性格变成阴性性格，或者从阴性性格变成阳性性格。但这毕竟是极个别的，不是普遍的。多数情况是，同样是阳性性格或者阴性性格，太偏激的能不能变得中和一些？比如阳性性格太过了，做事反复无常，刚愎自用，主观武断，过分开放，过度热情，喜欢控制别人，独立性太强，能不能变成平和一些的阳性性格呢？再比如阴性性格太过了，做事认死理，胆小怕事，犹犹豫豫，不敢拿主意，过于内向，悲观消极，独立性太差，能不能变成平和一些的阴性性格呢？我告诉你，是完全可以的。这就是学国学、学《易传》的目标。通过学国学、学《易传》，可以修心、改心，修炼我们的心灵。改心就可以改变性格，就可以改变命运，这叫作命随心转。

继善成性：怎么继承一切美好而抵达至善境界？

我先问大家一个问题：假设在一个炎热的夏天，酷暑难当，你特别渴，到处找水，好不容易找到了半杯水，这个时候你是怎么想的？可能你会特别高兴：有这半杯水，太好了，可以解一时之渴了！可能你会高兴中又有忧愁：半杯水只能解一时之渴，喝完了还渴怎么办？也可能你会很沮丧：怎么只有半杯水，喝完了就再也没有了！这是一个什么原理呢？我下面就来说一说。

我在前面用两节来解读《系辞传上》第五章开篇命题"一阴一阳之谓道"，因为这个命题太重要了。阴阳不仅是《周易》的大道，是万事万物的大道，而且也是中华文化的大道，是我们中华文化区别于西方文化的价值观念和思维方式。这种价值观念和思维方式必须一代一代继承下去，所以第五章接着说："继之者善也，成之者性也。"

"继之者善也，成之者性也"，什么意思呢？"继"就是继承，就是延续，

"之"是个代词，当然就是指"一阴一阳之谓道"，也就是阴阳之道。有人理解为"万物"，是不对的。"继之者善也，成之者性也"简单地说就是：继承阴阳之道是美善的，成就阴阳之道是本性。

其实，怎么继承先辈好的东西、优良传统，使之不中断，这是历代古圣先贤所关心和担忧的。《论语·尧曰》："兴灭国，继绝世。"恢复被灭亡了的国家，接续已经断绝了的家族。北宋大儒张载说："为天地立心，为生民立命，为往圣继绝学，为万世开太平。"这就是著名的横渠四句。其中"为往圣继绝学"就是沿用《论语》的"继绝世"和《系辞传》的"继之者善也"。继承《易经》的阴阳之道是善的。什么是"善"？"善"，指善良美好。要说起来，天地自然本来的样子、本来的规律是无所谓善恶的，善和恶是后人的价值判断，但天地生养万物、爱护万物、推动万物生生不息，有成住坏空，有生老病死，有优胜劣汰，这些都是阴阳消长的结果，是一阴一阳大道的体现，所以遵循这个大道本身就是大善，就是至善。正如《大学》所说："大学之道，在明明德，在亲民，在止于至善。"三纲领最后是"止于至善"，就是达到最完善的境界，继承大易之道达到这个境界。

再看"成之者性也"，"成之"就是成就阴阳之道，其实是阴阳之道能够成就万事万物，这是阴阳之道的本性。"性"指道的本质属性，也是事物固有的性质特点。阴阳之道本来就是天地自然、万事万物的本性，更应该是人的一种本质属性。所以，成就阴阳之道实际上就是成就天地的自然本性，成就事物的自然本性，成就人的自然本性。

"成"还可以进一步引申为确立为政之道，安定人民生活。"成"出自《逸周书·谥法解》："安民立政曰成。"这里说的是周成王的故事。周成王是周武王的儿子，周朝的第二位君主，名字叫姬诵，他去世以后给他取的谥号为"成王"。为什么后人要给他取"成王"这个谥号呢？周成王继位之初，年纪很小，由他的叔叔周公摄政，平定三监之乱。后来周成王亲政后，营造新都成周——现在的洛阳，统治中国，大封诸侯，派兵东征，制礼作乐，巩固了西周王朝的统治。就是因为他在统治期间，社会安定，百姓和睦，所以给他取"成王"这个谥号。历史上称成王和他的儿子康王的统治时期为"成康之治"。

所以"成之者性也"，应用到治国理政，就是以阴阳之道成就人的本性，使人民生活安定。这是治国理政的本质属性，因为对美好生活的向往也是人的本性。

由此可见，继承阴阳之道、成就阴阳之道是多么重要。但问题来了？究竟什么是阴阳之道？各人理解并不相同，所以第五章接着说："仁者见之谓之仁，知者见之谓之知。"就是说，仁者见了它就说是仁，智者见了它就说是智。这一句"见之"的"之"同样是指一阴一阳之道。有仁德的人看见阴阳之道，就能体会出仁爱的含义；有智慧的人看见阴阳之道，就能体会出智慧的含义。这句话后来被简化为成语"见仁见智"。

我开头讲的，同样对待半杯水，不同的人看法是不一样的，心情也是不一样的。这就说明对同一个问题，不同的人从不同的立场、不同的角度去看，就会有不同的结论。仁者从仁爱的角度去看易道，就会发现易道仁爱的一面；智者从智慧的角度去看易道，就会发现易道智慧的一面。

西方有一句名言："一千个人眼中有一千个哈姆雷特。"是说看莎士比亚的《哈姆雷特》这部作品，每一个人都有不同的感觉，每一个人看的角度都是不同的，所以不同的人看到的是哈姆雷特不同的侧面，一千个人能看出一千个哈姆雷特。对《易经》这本书也同样是如此，每个人看的角度不同，得出的结论就不同。从占卜的角度看，《易经》就是一部占卜书；历史学家从历史的角度看，《易经》就是一部历史书；哲学家从哲学的角度看，《易经》就是一部哲学书；科学家从科学的角度看，《易经》就是一部科学书；管理者看《易经》，就是一部管理书。

当年孔子看《易经》就是一部讲"德义"的书。据马王堆帛书《周易》记载，孔子看《易经》，"观其德义"，将《易经》由卜筮之书转变为德义之书。在孔子眼里《易经》就是一部讲"德义"的书。什么是"德义"？简单地说就是道德义理。那么《易经》究竟是本什么书呢？其实上面说的这些内容都有，内涵博大，所以可以做不同的解读。战国以后解释《易经》成为一门高深的学问，称为"易学"。我的博士生导师朱伯崑先生一辈子的主要精力就用在研究易学哲学上，写了一部巨著《易学哲学史》，共四卷。他说："易学哲学，既讲天道，又讲人道……影响了整个中国哲学文化的发展。"他曾对我说："中国古代著名思想家的哲学思想大多是从《周易》中来的，是对易理的发挥和创新。"这句话对我震动很大，加深了我对易理的认识、对整个中国哲学脉络的认识。

比如魏晋时期有一个人叫王弼，他才活了二十四岁，可他在短短的一生中却做出了不朽的功绩，他注解了《周易》和《道德经》，他注解的这两个版本后来成为《周易》和《道德经》的通行版本，一直用到今天。多么了不起！可以说如果没有王弼，我们看到的《周易》和《道德经》这两本书就不是现在这个样子了。他注解《周易》一改汉代人象数解《易》的方法，他用老子思想解《易》，他从《周易》看出易之道原来就是虚无之道，就是玄学。

再比如我们大家知道的程朱理学，程是北宋程颢、程颐兄弟俩，朱是南宋的朱熹，他们是怎样创立道学、理学的呢？其实与《周易》有密切关系，在程颐看来《周易》讲的天道-乾道就是天理，于是开创了理学体系，朱熹加以继承。

再说王阳明，在王阳明看来"易"就是心，就是良知。他说"良知即是易"，他从《周易》中提炼出心学……

所以说"仁者见之谓之仁，知者见之谓之知"。这恰恰说明《周易》之道的永恒魅力。

百姓日用而不知：怎么才能将易道发扬光大？

最熟悉的恰恰是最陌生的，你发现这么一种现象没有？现实中很多人是这样，很多事也是这样。比如我们中国人为什么用筷子？筷子的构造有什么特点？

筷子的使用有什么讲究？还有我们住的房子应该怎么布局？我们的饮食搭配有什么哲理？……其实这些都隐含有易道。这就涉及接下来我们要学习的句子："百姓日用而不知，故君子之道鲜矣。"这句话是说：老百姓每天都在用易道但却不知道，所以君子之道就衰减了。"鲜"是少的意思。

这里说的"百姓日用而不知"，是说老百姓天天都在用却不知道。用的是什么呢？其实是易道，也就是阴阳之道，即本章开头说的"一阴一阳之谓道。继之者善也，成之者性也。仁者见之谓之仁，知者见之谓之知"。"一阴一阳"的易道，要世代传承下去，要用易道来成就人生大业。但一阴一阳的易道却是见仁见智的，其实就蕴藏在老百姓的日常生活中。为什么这么说呢？因为一阴一阳的易道就是从天地万物、从老百姓的日常生活中提炼出来的，当然可以反归于百姓日常生活，也就是说，百姓的日常生活中处处体现了一阴一阳的易道。

我来举几个例子，比如一呼一吸，呼气为阳，吸气为阴，有了一呼一吸的阴阳运动，才有了生命的活力。再比如人走路，都是左右交替，左脚和右手配合一起向前，右脚和左手配合一起向前，左和右就是阴阳，前进和后退也是阴阳，阴阳必须配合，否则就是左脚和左手、右脚和右手一起动，那就是顺拐了。还有，我们人的作息是白天工作，晚上睡觉，这是阴阳的节律表现；还有，男女相亲相爱是阴阳交合的表现。再看我们中国人的饮食，追求荤素搭配、粗细搭配，这一点《黄帝内经》讲得很好："五谷为养，五果为助，五畜为益，五菜为充。"就是说食物要阴阳五行搭配。比如螃蟹是寒性的，属于阴性食物，所以一定要配生姜丝，生姜是热性的，属于阳性食物。再比如说南方偏湿热，所以人要吃阳性的辣椒。我是安徽徽州（今黄山市）人，小时候很能吃辣的，可是后来我到了北京，现在我吃一点辣椒就会上火。

我这里重点讲一讲我们中国人最典型的一个阴阳结合的例子——筷子。中国人用筷子，西方人用刀叉，印度人用手，体现了文化的差异。筷子是两根，但我们很少说给我两根筷子或两支筷子，总是说一双筷子，表明阴阳是合一的。中国人总喜欢说"一对"：一对狮子，一对夫妻，树上的鸟儿成双对……也是阴阳合一观念的反映。我们先看筷子的构造，筷子的一头是圆形的，另一头却是方形的，为什么这样设计？表示"天圆地方"的意思。筷子有多长？我们现代使用的筷子有长有短，比较随意，但是古代是有严格规定的，古人用的筷子长度都必须是七寸六分，为什么？表示七情六欲。七情六欲有不同的说法，中医说的七情是喜、怒、忧、思、悲、恐、惊。六欲一般指与眼耳鼻舌身意六根对应的六种欲望：见欲、听欲、香欲、味欲、触欲、意欲。两根筷子分别代表"福"和"禄"，期盼福禄双全。

我们再来看怎么用筷子？正确使用筷子，都是拇指、食指在上，无名指、小指在下，中指在中间，蕴含着天地人三才。拿筷子必须虚实结合、动静结合，接触筷子要实，但手掌要虚。

两根筷子外面一根要动，里面一根要静。就像我们张嘴吃东西，也必须是动静结合，下颌要动，上颌不能动，《周易》的颐卦就说了这个秘密：山雷颐，上面的山表示静止，下面的雷表示运动。必须一动一静、动静配合才能吃东西。

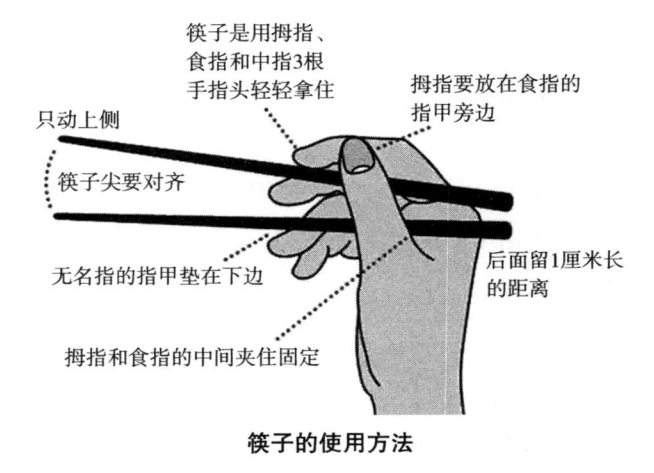

筷子的使用方法

所以一双筷子必须方圆结合、上下结合、动静结合、虚实结合，这不就是一阴一阳的易道吗？

为什么说"百姓日用而不知，故君子之道鲜矣"？其实这就告诉我们，百姓日用之道就是君子为人处世之道，两者是统一关系，千万不要在百姓日用之道之外去找君子之道。就像六祖惠能说的："佛法在世间，不离世间觉。离世觅菩提，恰如求兔角。"所以我一再说阴阳中和的大易之道，就是中华大道，也是百姓日用之道，是君子之道。我们要真正去感知它、有意去使用它，否则理性上不知道，行为上又不去做，那么"君子之道鲜矣"，大易之道、君子之道就会越来越衰微，中华文化就面临衰亡的危机了。

《系辞传上》第五章接着说这个一阴一阳的大易之道、君子之道是"显诸仁，藏诸用，鼓万物而不与圣人同忧，盛德大业至矣哉"。简单地说就是，易道显现为仁德，潜藏于日用，鼓动万物但不与圣人同忧患，盛德大业到达极致了。"显诸仁，藏诸用"的"诸"是"之于"的合音字，"之于"两字快读就是"诸"，意思就是显之于仁，藏之于用。是什么显之于仁，藏之于用？主语是谁？当然是阴阳之道、天地之道。有人说是指推行天地阴阳之道的圣人，是不对的。为什么？因为后面讲了不与圣人同忧，前后连起来看，不可能是说圣人不与圣人同忧。为什么说天地阴阳之道是外显为仁德、内藏于日用呢？我在前面说过，天地生成我们，又养育我们，日月给我们光明，雨露给我们滋养，大地给我们居住之所，给我们粮食，给我们水源，所以天地展现了最大的仁德，我们天天承受天地的大爱却不知，天地的这些仁德被潜藏于日常生活当中不被我们察觉。天地除了显示大爱的仁德，还显示运行变化的规律和法则，这些规律和法则同样存在于我们的日常生活中而不为我们所知道。《史记》上有一句赞美大将军李广的话叫"桃李不言，下自成蹊"，意思是说桃树、李树不会说话，但因其花朵美艳，果实可口，人们纷纷去摘取，于是便在树下踩出一条路来。比喻为人真诚笃实，有奉献精神，就会感召人心。桃李如此，天地更是如此，都是彰显而不言，我们人类难道不应该向它们学习吗？

"鼓万物而不与圣人同忧"，天道推动万物的生长化育，这一点好理解。为什么又"不与圣人同忧"呢？圣人为什么而忧？孔颖达《周易正义》解释这个"忧"是"经营之忧"："圣人化物不能全无以为体，犹有经营之忧；道……不与圣人同用有经营之忧也。"天地之道本体是虚无的、自然无为的，也就不可能有忧愁；可是圣人却要有意去推行这个"道"、经营这个"道"，在推行、经营的过程中看到"百姓日用而不知"，看到"君子之道鲜矣"，未免忧愁，未免忧患。"鼓万物而不与圣人同忧"，也就是说天地阴阳之道能够鼓动、推动万物的生长化育，但是却与圣人那种忧患之心有所不同。因为阴阳之道是本然之道、无为之道，是无事无为的，自然而然去鼓动、推动万物的生长化育，任万物生长而没有忧没有乐，而圣人之道是有为之道，是有事有为的，努力鼓动、推动万物的生长化育，所以会担忧是否能鼓动、推动事物变化，会担忧后果的吉凶。但圣人的"忧"并不是坏事，这里并不是否定圣人的忧患，反而是赞美，正如《系辞传》后面说的"作《易》者，其有忧患乎"，圣人创作《易经》大概就是因为有忧患意识吧？

所以后一句称赞说"盛德大业至矣哉"。圣人这种美好的品德和宏大的功业已经达到极致了，达到最高境界了。

生生之谓易：怎么用创新实现生生不息的发展？

近年来，我常常感觉到，年轻人嘴里冒出的话都听不懂了。比如，最近在我耳边嗡嗡响的这些词：内卷，躺平，绝绝子，干饭人，凡尔赛，爷青回，芭比Q，破防，拍砖，流口水，恐龙，青蛙，果酱……如果弄不清这些时尚潮语，真的都不敢说话了。在语言三要素——语音、词汇、语法中，词汇的变化是最快的。词汇的变化反映社会的变化，我们现在面临的是百年未有之大变局，比任何时代发展都要快，变化都要大。当然词汇的变化只是表象，深层次的变化是什么呢？有什么意义呢？《系辞传上》第五章为我们揭示了这个答案。

这一章一开头提出"一阴一阳之谓道"的重要命题，然后讲到易道的作用"盛德大业至矣哉"，什么是盛德？什么是大业呢？后面做了解答。第五章后一部分一共八句，一连用了八个"之谓"："富有之谓大业，日新之谓盛德，生生之谓易，成象之谓乾，效法之谓坤，极数知来之谓占，通变之谓事，阴阳不测之谓神。"这八句话对八个名词概念下了定义，其实是提出了八个重要命题。

我们先看前两句"富有之谓大业，日新之谓盛德"，简单翻译就是：富有叫作大业，天天创新叫作盛德。这是对"大业""盛德"这两个概念所下的定义，对前一句"盛德大业至矣哉"做的解释。"富有"是什么富有？是物质富有，还是精神富有？其实是指两者都富有，能创造巨大的物质财富和精神财富叫作宏大功业。"日新"就是每一天都在创新，能持续保持天天创新叫作盛美德行。按照阴阳之道就能使物质和精神都富有，这就是宏大的事业、宏大的功业，而每一天都在创新，不断地创新，就叫美好的德性。

历代对"大业"和"盛德"的解释有所不同。唐代大儒孔颖达解释为："广大悉备，万事富有，所以谓之大业。""圣人以能变通体化，合变其德，日日增新，是德之盛极，故谓之盛德也。""富有"是"万事富有"，偏于物质层面；"日新"是"日日增新"，强调每一天的创新。北宋思想家张载的解释与孔颖达有很大不同。他说："富有，广大不御之盛与！日新，悠久无疆之道与！富有者，大而无外也；日新者，久而无穷也。"张载将"富有"解释为"广大不御""大而无外"，更偏重于精神层面；将"日新"解释为"悠久无疆""久而无穷"，强调了日新的长久性、持续性。我认为真正的"富有"并不只是物质财富的积累，而应该是物质财富和精神财富的总和。从这一句可以看出，《周易》并不排斥物质财富，做一个君子应该物质和精神双重富有。同时既要每一天创新，又要长长久久、永不停止。《大学》引用《尚书·盘铭》："苟日新，日日新，又日新。"天天有变化、不断生新出奇是人类生存发展的天道。所以我刚才说词汇的变化只是社会变化的表象，深层次的变化叫创新，包括思想的创新、精神的创新、物质的创新。对个人而言，要敢于挑战自己，敢于改变自己，只有创新才能带来富有，才会有远大前程和美好愿景，这就是"富有之谓大业，日新之谓盛德"。

我们再来看第三句"生生之谓易"，这又是中国哲学史上一个重要的命题。生生不息就是易道。"生生之谓易"这个命题与"一阴一阳之谓道"是相辅相成的，"一阴一阳之谓道"的"道"就是指易道，易道就是"生生"。所以这两个命题应该合起来，我认为易道就是"阴阳生生之道"。什么是"生生"呢？"生生"就是生而又生，生生不息。还有一种理解是不断创新生命。都可以。为什么按照易道来做就能生生不息？因为易道的一阴一阳是和谐的关系、交合的关系。这和矛盾不同，前面讲过矛盾是讲对立、对抗的，而阴阳是讲对待、和谐的，万事万物因为和谐交合才能有生命力。宇宙万物就是因为和谐、和合，才能生而又生，生生不息。生生不息还包含不断变革、不断创新。中华文明为什么是世界上唯一传承到现在而没有衰亡的文明？就是因为和谐交合、创新发展。其他文明古国的文明为什么早就中断了？就是因为对立、对抗、斗争，所以消失了。我们要继承中华文明传统，最核心的就是要继承和谐和合、生生不息、不断创新的易道。对"生生之谓易"这个命题，我们要好好领悟，发扬光大。

接下来两句是"成象之谓乾，效法之谓坤"，首先画成的卦象就是乾，效法乾卦画出的卦象叫作坤。这里说乾坤，其实是对"易"的展开。"易"就是由乾坤构成的，乾坤是《易》最重要的两个卦象，乾为天，坤为地。先有天，后有地，所以先画成天的卦象乾，这就是传说中的伏羲氏一画开天，接着效法乾卦画出大地的卦象坤。这样一乾一坤、天地和谐、天地交合就是"易"，就产生了万事万物，并且生而又生，生生不息。

再看第六句"极数知来之谓占"，穷尽数理预知未来就叫作占。"极"就是穷尽，"数"指数字。这个"数"在这里就是大衍之数，孔颖达认为"极数"就是"穷极蓍策之数"，也就是《系辞传》后面会提到的五十根蓍草演算数字。朱熹《周易本义》说："极数知来所以通事之变。"就是把数理推演到极点，可以知道未来，说明占筮能够通晓事物的变化趋势，数字象征事物变化的规律。这里的"占"是指占筮，占是用龟甲占卜预测，筮是用蓍草演算预测。

再看第七句"通变之谓事"，能够通晓万物的变化，就叫事。"事"就是事业。能通晓阴阳变化的规律，当然就能干出一番大事业。一个不知变通、不会拐弯、钻牛角尖的人，在不断变化的现实面前，一定会四处碰壁，做事情不会成功，也就不可能干出大事业。所以，你看"通变"有多么重要，《易经》就是教我们怎么通变的。

我们看最后一句"阴阳不测之谓神"，这也是一个很重要的哲学命题，意思是阴阳的变化是不可预测的，这就叫作神。这既说明阴阳之道是神秘莫测的，又说明阴阳的变化是不可预测的。《易经》是可以用来预测的，它揭示了宇宙周期变化的大规律，掌握了这个大规律不就可以预测了吗？为什么这里却说"阴阳不测"呢？因为阴阳虽然是按照大规律变化的，但事物是复杂的，不同事物有各种不同的变化，各种各样的变化是微妙的、神奇的，是测不准的。这让我想到当代的量子力学中有一条很重要的定律，那就是"测不准定律"，从哲学的角度来看，这个测不准就是由于宇宙间万事万物都处在阴阳对立的变动当中。虽然测不准但仍然要测，所以测与不测、准与不准，看似一对矛盾，其实它们两者有着密切的关系，大规律是可以测的，具体细微的变化是不可测的，但是如果真正把握了阴阳变化的规律，它又是可以测的，所以可测、不可测本身就是相对而言的。

总结一下，第五章从"一阴一阳之谓道"开始，到"阴阳不测之谓神"结束，揭示了易道的内涵、神妙作用。易道就体现在阴阳的对待关系、阴阳的和谐共生、阴阳的相互转化、阴阳的微妙变化、阴阳的神秘不测上。如果我们掌握了这种阴阳之道，就能成就大事业，成就大功德，就能物质和精神大丰收、大富有，就能生生不息，健康长寿。

第六章

广矣大矣：易道离我们是远还是近？

在20世纪80年代有一首看上去特别简单的朦胧诗，题目叫《远和近》，是朦胧派诗人顾城写的，其实就是只有24个字的大白话："你，一会看我，一会看云。我觉得，你看我时很远，你看云时很近。"这首诗通过视觉变换表达对远近"距离"的不同感受。它以最直白、最简单的文字表达了最复杂、最深刻的道理，充满着哲理性的思考。谁也没办法说明白它到底在讲什么，至今仍然莫衷一是，成为诗坛之谜。但是，我后来尝试用易道去解读，颇有些找到门道的感觉。

这里我们就来学习《系辞传上》第六章——

> 夫易广矣大矣，以言乎远则不御，以言乎迩则静而正，以言乎天地之间则备矣。夫乾，其静也专，其动也直，是以大生焉。夫坤，其静也翕，其动也辟，是以广生焉。广大配天地，变通配四时，阴阳之义配日月，易简之善配至德。

我们先看开头："夫易广矣大矣，以言乎远则不御，以言乎迩则静而正，以言乎天地之间则备矣。"意思是说：易的道理十分广大，用它来比拟遥远的事物是没有止境的，用它来比拟近处的事物是宁静而正确的，用它来比拟天地之间的事物是十分完备的。这里面讲了远与近的辩证关系，"迩"是近的意思，与远相对。有一个成语叫"遐迩闻名"，遐是远，迩是近，就是远近闻名。

"夫易广矣大矣"是一个非常重要的命题，这个命题简单地说就是"易道广大"。由纪晓岚总纂的《四库全书总目提要》说："易道广大，无所不包。"如果你看过电视剧《铁齿铜牙纪晓岚》，你一定会立马成为纪晓岚的铁粉，剧中纪晓岚风流倜傥，伶牙俐齿，知识渊博，关键还是一位大帅哥，不少美女为之倾倒。可是正史上的纪晓岚其貌不扬，又近视，说话还结巴，并不受乾隆赏识，而且还有很多怪癖。这些都不说，但有一点是不错的，那就是纪晓岚的确是知识渊博，才华横溢，他对中国文化史做出的最伟大贡献就是主修了《四库全书》。在清高宗乾隆帝的主持下，纪晓岚率领360多位高官、学者编撰，3800多人抄写，耗时13年编成《四库全书》。之所以称为"四库"，是这套书分经、史、子、集四部。其中经部主要是《周易》《尚书》《诗经》《礼记》《春秋》五经著作，注意《周易》是排在第一位的。《四库全书》共收录约3500种图书，36000多册，约8亿字，是中国古代规模最大的丛书。

编完《四库全书》，纪晓岚接着又主持编写了《四库全书总目提要》，其中对"易类"的介绍就是："易道广大，无所不包，旁及天文、地理、乐律、兵法、韵学、算学，以逮方外之炉火，皆可援《易》以为说。""易道广大，无所不包"就来自《系辞传》的"夫易广矣大矣"。为什么易道能无所不包？就是因为易道来源于宇宙自然、万事万物，所以能反推到宇宙自然、万事万物。接下来，《系辞传》从三个方面论证了"易道广大"："以言乎远则不御，以言乎迩则静而正，以言乎天地之间则备矣。"一个是从远处说，一个是从近处说，一个是从天地之间说，构成递进关系。

先说远处，"以言乎远则不御"，也就是说，用易道来说远处的事物，是没有止境的。"以"是个介词，用的意思，后面省略了宾语"之"，也就是易道。"御"本义是抵挡、抵御的意思，"不御"，是没有东西能抵挡它。"御"引申为中止,"不御"就是不止,没有边界,没有它涵盖不到的地方。

再说近处,"以言乎迩则静而正",用易道来说近处的事物,是宁静而正确的。"静而正"字面意思很简单,宁静又正确。"静"是针对上一句的"不御"而言的,不御就是动,就乾坤两卦而言,乾卦偏于动,坤卦偏于静,乾卦偏于远,坤卦偏于近。"正",可理解为端正、正确,"正"可通"证",又可理解为验证。所以这一句的意思也可以说,从近处来说,它是静止并且可以验证的。这两句从远近、动静不同角度说明易道广大,无所不包。

说完易道远近,我们再来看顾城的《远与近》。顾城这首诗通过"你""我""云"三者之间的距离变化,表现了心理距离与物理距离的不和谐。在物理距离上"你"和"我"的距离近,"你"和"云"的距离远,但在"我"的感觉中,在心理距离上恰好相反,"你看我时很远,你看云时很近","你"和"我"的距离很远,"你"和"云"的距离很近。对诗中的"我"和"你"的关系,有人说是恋人,有人说是普通人,有人说反映了人心本性。这就是这首诗留下的神秘性,也是它的魅力所在。有一天,我在读这首诗的时候,突发奇想,我把这首诗稍微改动一下,主语"你"不变,把"我"和"云"都替换成"易道":"你看易道时很远,你看易道时很近。"其实无论你怎么看,易道就在那里,它远到无边又近到无间。所以,你看易道时,如果觉得它远,那它就远在天边;如果觉得它近,那它又近在眼前。其实这一切只跟"你""我"有关,而跟易道无关。

这又让我想起那首传说是六世达赖喇嘛仓央嘉措写的诗《见与不见》。其实这首诗不是仓央嘉措写的,但因为它的语言风格、它所表达的那种佛理禅意太像仓央嘉措了,所以人们愿意认为是仓央嘉措写的。诗是这样的:"你见,或者不见我,我就在那里,不悲不喜;你念,或者不念我,情就在那里,不来不去;你爱,或者不爱我,爱就在那里,不增不减;你跟,或者不跟我,我的手就在你手里,不舍不弃;来我的怀里,或者,让我住进你的心里。默然,相爱;寂静,欢喜。"我经常问我的研究生、我的私塾班弟子:这是什么诗?大家总是回答"情诗",我就会大喝一声:"什么情诗!这就是中观!"这首诗的原作者扎西拉姆·多多说,诗的灵感来自莲花生大士非常著名的一句话:"'我从未离弃信仰我的人,或甚至不信我的人,虽然他们看不见我,我的孩子们,将会永远永远受到我慈悲心的护卫。'……我想要通过这首诗表达的是上师对弟子不离不弃的关爱,真的跟爱情、跟风月没有什么关系。"莲花生大士是藏传佛教的主要奠基者,他继承的是龙树菩萨的"八不"中观思想,八不就是"不生不灭,不常不断,不一不异,不来不去",这和《心经》说的六不"不生不灭,不垢不净,不增不减"是相同的。八不也好,六不也好,其实都是在说般若空义,是在说佛法的缘起性空。

易道同样也是如此,无论你见或者不见,易道就在那里,不生不灭,不常不断,不一不异,不来不去,不垢不净,不增不减,当然也不远不近,不动不静,同时又可远可近,可动可静。

《系辞传上》第六章说完了"以言乎远则不御,以言乎迩则静而正",接着说了一个更大的空间——天地之间。"以言乎天地之间则备矣",用易道来说天地之间的事物,是完备的。这说明易道无所不备,无处不有,无时不在,万理具存,万法具足。

乾坤动静:天地间最基本的力量是什么?

上一节我们学到《系辞传上》第六章的开头:"夫易广矣大矣,以言乎远则不御,以言乎迩则静而正,以言乎天地之间则备矣。"易道是至广至大的,其大无外,又其小无内。远到无边又近到无间,它是无处不在的,是无时不有的。易道的这一性质是通过什么实现的呢?就是乾坤动静。我们来看接下来的两句:"夫乾,其静也专,其动也直,是以大生焉。夫坤,其静也翕,其动也辟,是以广生焉。"这两句话的意思是:乾(阳),安静的时候是团在一起的,运动的时候是笔直的,所以可以大生万物。坤(阴),安静的时候是合在一起的,运动的时候是张开的，所以可以广生万物。

先看第一句："夫乾，其静也专，其动也直。""专"通"抟"，就是"团"的意思。大家听说过五代道教陈抟老祖吗？陈抟，也叫陈希夷。其实这个名字取自于《道德经》第十四章："视之不见名曰夷，听之不闻名曰希，抟之不得名曰微。此三者不可致诘，故混而为一。""抟之不得"不少版本写成"搏之不得"，是错的，"抟"本义是个动词，把东西捏聚成团，有聚集的意思。《庄子·逍遥游》说："鹏之徙于南冥也，水击三千里，抟扶摇而上者九万里。"这里的"抟"是聚集风力而乘风往上飞。"夫乾，其静也专"，就是指静态的时候是团在一起、集聚在一起的；但它动的时候是笔直的、挺直不曲的，"其动也直"，所以能生出刚大的气魄，能够大生万物。"大生"是一种创生、创始，从无到有的生成。

再看第二句："夫坤，其静也翕，其动也辟。""翕"这个字上面是个"合"字，下面是羽毛，表示羽毛合起来。翕，就是合拢。"辟"这个字做动词的时候有两种读音：读bì的时候，同"避"，避开，比如辟邪；读pì的时候，意思是开辟、开发、张开。这里应该读pì，是张开、打开的意思。坤（阴）安静时是闭合的，动的时候是张开的。正因为如此，所以坤能生出宽柔的气质，能够广生万物。广生，广大地、范围很广地生成。可以广到整个大地，甚至整个太空。

这两句话也可以这样理解：乾卦和坤卦实际上象征着男女生殖器。乾卦好比是男根，当它静的时候是团在一起的，而动的时候就是直的；坤卦就好比是女阴，静态时是闭着的，动态时是张开的。从男女来说，男的要能屈能伸，女的要能开能合。所以乾卦的卦象是三根阳爻，坤卦是三根阴爻，从乾卦的卦象当中可以看出刚直、刚大的气派，从坤卦的卦象当中可以看出宽柔的气质。所以一个大，一个广；一个是大生，一个是广生。当然独阳不生，孤阴不长。天地必须交合，才能生万物；男女必须交合，才能生孩子。所以大生和广生是互文，意思是乾卦和坤卦交合才能大生、广生。其实阳爻阴爻、乾卦坤卦本来就来源于天上的太阳月亮、地上的山和水、人身上的男根和女阴。正因为如此，它们可以涵盖万事万物。

这两句话还可以理解为：乾卦代表一切阳性能量，当它安静、不发挥作用的时候，就蓄势待发，团聚在一起；当它运动、发挥作用的时候，就无比刚健，势不可当，发挥伟大的创生功能。坤卦代表一切阴性能量，当它安静、不发挥作用的时候，就含苞待放，是合拢的；当它运动、发挥作用的时候，就会努力绽放，自在开放，发挥广大的生成功能。

易道乾坤的作用太大了，第六章最后用四个"配"做了总结："广大配天地，变通配四时，阴阳之义配日月，易简之善配至德。""配"是配合、匹配的意思。

先看第一个"配"，"广大配天地"，是说易道宽广、博大，可与天地相匹配。易道广大，无所不包，这是从易道的应用范围来说的。第二个"配"，"变通配四时"，阴阳的变化流通配合了四季的变化规律，这是从易道所反映的时间变化规律来说的，易道变通规律与时间变化规律相配相合。第三个"配"，"阴阳之义配日月"，阴阳的意义可以配合太阳、月亮的运动变化规律，可与日月往来相匹配，这是从易道所反映的日月变化规律来说的。第四个"配"，"易简之善配至德"，乾坤阴阳是至简至易的，是最易知、最简单的，它至善的道理可以与天地创造万物的至高美德、至高道德相匹配，这是从易道所反映的人伦道德来说的。所以可以看出来，乾坤二卦取的是天地人三才之象，就是把天地人万事万物最终抽象成了两个卦爻符号。四个"配"从四个方面反映了易道，也就是乾坤之道、天地之道是至广至大、无所不包的，这是对开头"夫易广矣大矣"的呼应，也是对"夫易广矣大矣"的证明。

这四个"配"，前三个是从天地、四时、日月来说的，都是自然事物，最后一个"配"一下拉回到人世间，这是落脚处。其实易道说天地之道是为了讲人生之道，讲人的善德、美德。善德表现为易简，"易简之善配至德"。也就是《系辞传》开头说的"乾以易知，坤以简能。易则易知，简则易从。"乾卦因为容易而被人知晓，坤卦因为简单而发挥功能。容易则便于为人所知，简单则便于被人遵从。就为人之道而言，要至简至易，比如减少欲望，减少俗事，要求少，不要求多，就像老子说的"少则得，多则惑"，也就是佛家说的要灭掉"贪嗔痴"三毒。清心寡欲，返璞归真，回归光明、清净的本性，就是至简至易，这就是至德。这是可以做到的，做到了，人就能达到幸福的最高境界。

说到"四配"，让我想起了孔庙。大家去过曲阜孔庙没有？曲阜孔庙的第一进院落的东西两侧，各有一架牌坊，东牌坊上面写"德侔天地"，西牌坊上面写"道冠古今"。其他孔庙大多写成"道冠古今，德配天地"。这八个字最早出自明代陈凤梧所作《孔子赞》，原文就是："道冠古今，德配天地。"显然，陈凤梧是受到这一章的启发。另外，孔庙的核心是大成殿，正中是"大成至圣先师"孔子，两侧就是"四配"：东配是"复圣"颜子（颜回，孔子的学生）和"述圣"子思子（子思，即孔伋，孔子之孙，曾子的学生），西配是"宗圣"曾子（曾参，孔子的学生）和"亚圣"孟子（孟轲，子思门人的学生）。大成殿的东西两面是十二先哲。

我们得感谢这些古圣先贤，易道"四配"正是由他们一代一代不断传承，才影响到今天。

第七章

效天法地：为什么婚礼中要先拜天地？

凡是参加过中式婚礼的人都知道，新人有一个拜天地的仪式，是先拜天地，再拜高堂，最后是夫妻对拜。为什么要先拜天地呢？结婚不是两个人的事吗？跟天地有什么关系呢？在西式婚礼上，当新娘父亲将新娘交到新郎手中之后，就是新娘、新郎交换戒指并宣誓，跟父母就没有什么关系了，不会拜父母，更不用说拜天地了。这就是中西方文化的差别。为什么有这样的差别呢？

我们还要从《系辞传》说起。我们来看《系辞传上》第七章——

> 子曰：易其至矣乎！夫易，圣人所以崇德而广业也。知崇礼卑，崇效天，卑法地，天地设位而易行乎其中矣。成性存存，道义之门。

我们先看开头两句："子曰：易其至矣乎！夫易，圣人所以崇德而广业也。"这里引用了孔子的话来说明易理与修身的关系。孔子说："易其至矣乎！"易道达到极点了！易道是至善至美的，达到最高境界了。易道就是圣人用来提高道德扩大事业的。"崇德广业"是圣人学《易经》的目的，也是学了《易经》以后能达到的效果。"崇德"是就内在道德而言，"广业"是就外在事业而言，学了

《易经》既可以提升自己的道德，又可以扩大自己的事业，从而达到内圣外王的境界。

"崇德广业"这一作用，在《系辞传上》第五章就已经说过了："盛德大业至矣哉。富有之谓大业，日新之谓盛德。"易道的盛德大业到了极致境界！学了《易经》可以创造物质财富和精神财富，叫作宏大事业；可以持续保持天天创新，叫作盛美德行。第七章又强调了这一点，只是在用法上稍有不同，"盛德大业"是一个名词性词组，"崇德广业"是一个动词性词组，强调可以提高德行、扩大事业。那么"德"为什么用"崇"？"业"为什么用"广"？其实这和天地是有关系的，稍后再讲。

我们先来看一下开头两个字"子曰"，这是《系辞传》中第一次提到"子曰"。《系辞传》一共24次提到"子曰"，《文言传》6次提到"子曰"。"子曰"就是孔子说。但很多人认为这个"子"不一定指孔子，也可能是张子、李子。"子"究竟是谁，这个问题成了一个悬案。直到1973年湖南长沙马王堆汉墓出土了帛书《周易》，这个问题才算解决。马王堆帛书《周易》有的篇章"子曰"直接写成"孔子曰"。比如《二三子问》就直接说"孔子曰……"，《要》篇则称"夫子曰"。我们再从《易传》的思想内容上看，还是非常符合孔子思想的。所以说《系辞传》的"子曰"基本上可看成是孔子的言论。

现在我再来说说，孔子为什么说"易"可以用来"崇德广业"。"德"为什么用"崇"？"业"为什么用"广"？我们看后一句就明白了，"崇效天，卑法地"，崇高效法天，谦卑效法地。原来"崇德广业"跟天地也是有关的。天是高的，地是低的。"德"跟天有关，要崇高，人如果效法崇高的天，那么品德也会像天一样崇高，所以叫"崇德"。"业"跟地有关，要宽广，人如果效法宽广的大地，那么事业也会像大地一样宽广，所以叫"广业"。

孔子接着说："知崇礼卑，崇效天，卑法地。"意思是：智慧贵在崇高，礼仪贵在谦卑，崇高效法天，谦卑效法地。这里的"知崇礼卑"，体现了重视智慧与礼仪的思想。"知崇礼卑"中的"卑"不是卑贱，而是低的意思，就如同《系辞传上》第一章开头说的"天尊地卑，乾坤定矣"，尊就是高，卑就是低。再比如《中庸》的名句"行远必自迩，登高必自卑"，"自卑"就是从低处开始。这里的"知崇礼卑"也就是知高礼低。

为什么智慧要效法天，礼仪要效法地呢？

"知崇礼卑"的"知"有两种解释：第一种是同"智"，智慧的意思，"知崇"，就是智慧要高，要超越凡人。什么才叫智慧高？就是要看清宇宙万物的真相、本体，这样就不会追求虚幻的东西。第二种解释，"知"就是见识，"知崇"，就是见识要高，要高瞻远瞩，要有极高的目标。两种解释都可以，不矛盾。

再看"礼卑"，礼就是礼仪、礼节。孟子提出"四端"，其中"辞让之心，礼之端也"，又说"恭敬之心，礼也"。谦让、恭敬是礼的开端，说明礼是来源于谦让、恭敬的本心。礼仪作为一种道德规范、行为规范，就是要让人们去遵守，要求谦卑、退让，对别人、对自然、对鬼神要恭敬、尊重、敬畏。所以就要从低处做起，《说文解字》说："礼，履也。所以事神致福也。"履就是走路，要从最平凡的地方起步走路，引申为实践、行动的意思。《周易》有履卦，天泽履。履卦的上卦是乾，是刚健的意思；下卦是兑，有喜悦、恩泽的意思。所以要按照礼仪来实践，在实践的过程中既要刚健、坚韧不拔，又要诚心实意、心悦诚服。从卦爻辞上看，还要谨慎小心、保持敬畏心，要踏踏实实，从最平凡处做起。

《系辞传》在"知崇礼卑"之后接着说："崇效天，卑法地。""效"是效法。这句的意思是说，智慧要效法天，要像天一样崇高；礼节（行动）要效法地，要像大地一样谦卑。

《易传》十分重视天地的作用，《系辞传上》开篇就说"天尊地卑，乾坤定矣。卑高以陈，贵贱位矣。"《彖辞传》解说乾卦和坤卦："大哉乾元，万物资始，乃统天。""至哉坤元，万物资生，乃顺承天。"《黄帝内经·素论·宝命全形论》说："人生于地，悬命于天；天地合气，命之曰人。"这就形成了中国人的一种天地信仰。过去在我国民间，家里都会在厅堂供奉"天地君亲师"牌位。

这也就是开头讲的我国婚礼中新人要先拜天地的原因。我们要知恩图报，因为天地生成了我们，父母养育了我们，所以第一要拜天地，第二要拜父母。

成性存存：我们如何永保本性之真？

我先说一个古希腊哲学家泰勒斯的故事。有一天晚上，他走在旷野之间，抬头看着星空，满天星斗，他一边走一边思考，没注意到脚下有一个坑，一脚踩空，一下子就摔进那个坑里。当别人把他救起来的时候，他对那个人说："明天会下雨。"泰勒斯可是西方哲学史上的第一个哲学家，被称为哲学之父。于是这件事就成为大家讥笑哲学家的笑话：哲学家就是只知道天上的事情而不知道脚下发生什么事情的人。

但是两千多年以后，德国哲学家黑格尔说：只有那些永远躺在坑里从不仰望高空的人，才不会掉进坑里。后来英国作家、艺术家王尔德说：我们都生活在阴沟里，但仍有一些人还在仰望星空。

其实东西方哲学家都仰望星空，西方哲学家仰望星空会掉进坑里，那我们中国的哲学家们会不会在仰望星空时掉进坑里呢？这一点《系辞传》已经告诉我们了。

我们继续学第七章。前面我们学习了孔子对"易"的称赞，"子曰：易其至矣乎！"易道就是圣人用来提高道德、扩大事业的。"知崇礼卑，崇效天，卑法地"，天是高的，地是低的，崇高效法天，谦卑效法地。人效法崇高的天，品德都会像天一样崇高；人效法宽广的大地，那么事业也会像大地一样宽广。智慧贵在崇高，礼仪贵在谦卑。人的智慧效法崇高的天，可以让人变得崇高；人的礼仪效法谦卑的大地，可以让人变得谦卑。

孔子接着说："天地设位而易行乎其中矣。"天地上下设定位置而易的道理就在天地之间通行。天地设立位置，这在《系辞传》第一章开篇就说过了："天尊地卑，乾坤定矣。卑高以陈，贵贱位矣。"天和地一高一低、一上一下，这样就确定了空间位置；天地定位了，万物也就定位了，人也应该定位；万物都在天地之间运行，易道也在天地之间运行，人也要按照自己的位置、按照易道运行。崇高和卑微就如同天和地、高和低、上和下，是不可分的、相辅相成的。我们既要追求崇高，又要尊重卑微。这是天地之间万物的道理，也是我们做人做事的道理。

我们再来回答刚才提出的问题：中国的先哲们会不会在仰望星空时掉进坑里呢？我认为肯定不会。为什么？因为我们中国人对天和地总是同时考虑，同样尊重的。"天地设位""天尊地卑"——天高地低，天地都是相对而出，天地构成一对最重要的阴阳，天离不开地，地也离不开天。所以《周易》讲的就是天地之道，阴阳之道。中国的古圣先贤不会只顾抬头看天，不顾脚下大地，就像阴阳不可分离一样。

那么"天地设位而易行乎其中矣"是不是说天地高于"易"，"易"只在天地之间呢？不是的。其实"易"就是天地本身，又涵盖天地之间的万事万物，同时又超越了天地。天地是有形的，"易"是无形的，"易"是天地万物存在的总根据、总法则、总规律，所以"易"既可以在天地之间运行，又可以在天地之外运行。

这个"易"如果打个形象的比喻是什么呢？这一章最后说，就是"成性存存，道义之门"。这八个字可以说是《系辞传》中最高深、最神秘的文字。字面意思是：真实本性永远存在，这是通向道义的大门。这一句通过先天之本性来讲后天的德行修养，在历史上影响很大，解释也很多，可以说是五花八门，让人眼花缭乱，莫衷一是。

先看"成性存存"这四个字，有人把"成"解释为动词，"成性"就是"成之者性也"，成就本性，万物产生以后，即形成各自的本性；有人解释为形容词，就是固有的、本有的意思，"成性"就是本来就有的属性、本性。其实"成"是诚实的"诚"，就是真心、诚心的意思。《中庸》说："诚者，天之道也；诚之者，人之道也。"诚是真诚、诚实、真实，真诚是天道的法则；做到真诚是人道的法则。真实无妄本来是天地的本性，天地本性也是我们人类的本性。这里的"成性"很重要，就是真诚的、真实的本性，是天地自然的本性，是万事万物的本性，也是人的本性；"成性"就是佛家说的"真如""佛性""实相"，也是道家说的"真性""元性""元神"。

关于"存存"，有人解释第一个"存"是动词，是保存、存在的意思，第二个"存"是名词，是已经存在的东西。"存存"就是保存已存者。这就是过度解释了。"存存"，其实就是存而又存，不断保存下去的意思。"成性存存"就是明心见性，本性如如不动，永不流失，这个"成性"永远存在。人的本性在哪里？就在你的内心深处，就在你的日常生活当中，就是天地本性在你身上的投射，也就是易道在你身上的反映。

我们来看一下古代几位思想家的解释。北宋司马光《温公易说》："人各有性，《易》能成之。存其可存，去其可去，道义之门皆由此途出。"北宋张载《横渠易说》："知礼成性，则道义至此而出也。道义之门者，由仁义行也。圣人亦必知礼，成性然后道义从此出。"他们认为圣人将高明的知识和谦卑的礼仪成就为其德性，道和义从此而出。南宋朱熹《周易本义》："成性，本之成性；存存，谓存而又存，不已之义。"清戴震《原善》说："'成性存存，道义之门。'五行阴阳之成性也。纯懿中正，本也；由是而事能莫非道义，无他焉，不失其中正而已矣。民不知所以存之，故君子之道鲜矣。"他们认为不断保存人的自然本性，道义就由此产生。

我认为"成性存存，道义之门"就是天地万物的本性是永远保存的，这就是通向道义的大门。但这个"成性"又不仅仅指天地自然的本性，还落实在人的本性上。所以"成性"的"成"也可以理解为一个动词，人要成就这种本性，就需要掌握易理。前面说过了，《周易》的卦爻符号就反映天地万物的本性（包括人的本性），所以用易理修身养性就可以成就这种光明的、纯净的本性，成就仁善的、美好的德性，这就是通向天地之道和义理真谛的大门。

"门"是一个很有意思的意象。《系辞传》后面讲到"乾坤，其《易》之门邪"，老子《道德经》第一章说："玄之又玄，众妙之门。"门，是出入的关键，出门要打开门，入户也要打开门。"道义之门"，是指"道"和"义"出入的大门，也是"道"和"义"产生的关键。前面说"知崇礼卑"是说"智"和"礼"，现在说"道"和"义"，前后二者是有关系的，要了解"道"需要用"智"来把握，要实现"义"需要用"礼"去实践。无论是"道义"还是"智礼"，都是以"成性"——光明、纯净、真实的本性为根本的，明心见性，自然就是最大的智慧、最高的道义了。

第八章

天下之赜与天下之动：怎么在复杂的表象中把握本质规律

我们大家都见过中国结，它深受大众的喜爱，很多人把它挂在家里或带在身上。中国结的样式是很多的，有蝴蝶结、金钱结、纽扣结、琵琶结、梅花结、十字结、万字结等。但无论什么样式，它的外观都是对称精致的。中国结是怎么来的呢？是模拟了蝴蝶、金钱、纽扣、琵琶、梅花等实物编织的，同时又具有团结、幸福、平安、吉祥等寓意。中国结已经成为中华文化的符号。其实最早、最能代表中国文化的符号是卦爻。卦爻是怎么画成的呢？又有什么用途呢？我们来看看《系辞传》是怎么说的。

我们开始学习《系辞传上》第八章，这一章篇幅很长，在《系辞传上》中排第一位，在整个《系辞传》中排第二位。

> 圣人有以见天下之赜，而拟诸其形容，象其物宜，是故谓之象。圣人有以见天下之动，而观其会通，以行其典礼，系辞焉以断其吉凶，是故谓之爻。言天下之至赜，而不可恶也；言天下之至动，而不可乱也。拟之而后言，议之而后动，拟议以成其变化。
>
> "鸣鹤在阴，其子和之。我有好爵，吾与尔靡之。"子曰："君子居其室，出其言善，则千里之外应之，况其迩者乎？居其室，出

其言不善，则千里之外违之，况其迩者乎？言出乎身，加乎民；行发乎迩，见乎远。言行，君子之枢机。枢机之发，荣辱之主也。言行，君子之所以动天地也，可不慎乎？"

"同人，先号咷而后笑。"子曰："君子之道，或出或处，或默或语。二人同心，其利断金；同心之言，其臭如兰。"

"初六，藉用白茅，无咎。"子曰："苟错诸地而可矣，藉之用茅，何咎之有？慎之至也。夫茅之为物薄，而用可重也。慎斯术也以往，其无所失矣。"

"劳谦，君子有终，吉。"子曰："劳而不伐，有功而不德，厚之至也。语以其功下人者也。德言盛，礼言恭。谦也者，致恭以存其位者也。"

"亢龙有悔。"子曰："贵而无位，高而无民，贤人在下位而无辅，是以动而有悔也。"

"不出户庭，无咎。"子曰："乱之所生也，则言语以为阶。君不密则失臣，臣不密则失身，几事不密则害成，是以君子慎密而不出也。"

子曰："作《易》者其知盗乎？《易》曰：'负且乘，致寇至。'负也者，小人之事也；乘也者，君子之器也。小人而乘君子之器，盗思夺之矣。上慢下暴，盗思伐之矣。慢藏诲盗，冶容诲淫。《易》曰'负且乘，致寇至'，盗之招也。"

这一章主要在讲卦爻，包括卦爻象符号和卦爻辞文字。全章分两部分，第一部分交待卦爻象、卦爻辞的来源和作用，第二部分列举了孔子对七条爻辞的解释，是对卦爻辞用途的具体说明。

我们来看一下《系辞传》是怎样讲卦爻来源的："圣人有以见天下之赜，而拟诸其形容，象其物宜，是故谓之象。圣人有以见天下之动，而观其会通，以行其典礼，系辞焉以断其吉凶，是故谓之爻。"

卦象是怎么来的呢？圣人观察天下复杂幽深的道理，将之比拟于具体的形貌，以其作为事物合宜的象征，这就叫作"象"。

这句中的"圣人"是指谁？显然是指作《易》的人，有人说是作八卦的伏羲，有人说是作六十四卦的周文王。从这一章后面讲爻象、爻辞来看，应该是指周文王，还有周公。

"有以见天下之赜"，"有以"是古汉语的一个常用词语，"以"表示凭借、用来的意思。"见"可解为看见；可解为发现，同"现"。"赜"字，幽深难见的意思，在句中指事物深奥的道理。朱熹认为"赜"字当解作"杂乱"，表面上看万事万物是错综复杂的，好像很杂乱，普通人看到这么多混乱复杂的现象，内心会觉得杂乱、无所适从。但圣人却能看到这杂乱现象背后的深奥规律。其实圣人创作卦象的目的正是从这杂乱的表面现象中理出头绪，找出规律，也就是发现杂乱背后的深奥道理。所以，"赜"理解为杂乱和深奥都可以，两个意思是相通的，并不矛盾。"有以见天下之赜"，就是用来观察发现天下的深奥道理。

"而拟诸其形容"，并且模仿它们的形状，画出卦象、爻象。"拟"字用得很妙，既有模拟、模仿的意思，又有比拟、比喻的意思。模拟、比喻是卦象最大的作用。"诸"是"之于"两个字的合音词。"形容"是两个词，形状和容貌的意思。看到具体事物外在的形状和容貌，是一种感觉印象，具体事物外在的形状和容貌不等于具体事物的内涵和本质，不过通过模拟具体事物的形状和容貌，可以帮助我们进一步了解事物的内涵和本质。

这就有了下一句"象其物宜"，就是象征事物的适当意义。"象"，象征；"宜"，适宜，恰当，又引申为意义的"义"字。"物宜"，指万物各有其适当的意义、恰当的本性。这一句进一步说明圣人画卦不仅模仿事物的形状，而且用来象征这个事物适当的意义。唐代孔颖达《周易正义》解释："圣人又法象其物之所宜，若象阳物宜于刚也，若象阴物宜于柔也，是各象其物之所宜，六十四卦皆拟诸形容，象其物宜也。"

通过"拟诸其形容，象其物宜"得到的才叫作"象"——"是故谓之象"。这个"象"就是指卦象，也就是八卦、六十四卦的符号。这里揭示了卦象的两个作用，一是"拟诸其形容"，二是"象其物宜"。比如八卦不仅象征了天地等八种物象，也象征了刚健、柔顺等八种功能属性。以乾卦为例，乾象征天，是"拟诸其形容"，模拟了天的形象。天的运行是永无止息的，所以是刚健的，刚健就是天的本质属性，就是"象其物宜"。还可以进一步引申出天的运动条件、运动过程、运动规律。所以乾这个卦象既反映了天的形象，又反映了天的功能属性，还反映了天的所有运动规律。还有一点非常重要，就是乾卦不仅象征天，还象征和天相似相近的所有事物。这就是卦象的了不起之处，也就是我前面反复提到的，八卦卦象的魅力就是把复杂纷纭的事物简单化为八大类，这叫智慧。

我们知道了卦象是怎么来的，卦象有什么用，那么爻是怎么来的？爻有什么用呢？《系辞传》接着说："圣人有以见天下之动，而观其会通，以行其典礼，系辞焉以断其吉凶，是故谓之爻。"圣人发现了天下万事万物的运动变化，并且观察其中的交会变通，用它来建立典章礼仪，并且在爻的下面写下了文字来判断它的吉凶，所以就叫作"爻"。这里说的"爻"是指爻辞。为什么不是爻象呢？因为爻象是离不开卦象的，爻是组成卦的最基本符号。

这里说的"圣人"和第一句的"圣人"是一个意思。"见天下之动"就是指观察或者发现天下事物的变动。事物的变动，我们都是看得到的。事物变动有其规律和本质，当然看出事物的变动比较容易，但要看出事物变动背后的规律和本质就很不容易了。圣人就可以从变动中看出事物的规律和本质，然后通过爻辞表达出来。相比较而言，爻是"见天下之动"，偏于动态；卦是"见天下之赜"，偏于静态。《系辞传上》第三章就说过："象者，言乎象者也；爻者，言乎变者也。"相对来说，卦讲静止，爻讲变动。

圣人"见天下之动"之后就要"观其会通"，什么叫"会通"？简单地说就是交会变通。"观其会通"就是指在事物复杂的变动中，观察它们之间阴阳交会变通之处。孔颖达《周易正义》疏："以此变动，观看其物之会合变通。"

朱熹《周易本义·系辞上传》："会，谓理之所聚而不可遗处。通，谓理之可行而无所碍处。"如果从易学的阴阳来说，则是魏晋张璠所说："会者，阴阳会合。通者，乾坤交通。"也就是阴和阳的会合交通，因为阴阳是对待的，由对待产生"交感"——会合交通，由"交感"产生"流行"。万事万物阴阳的会通就表现为阴爻和阳爻的交会变通。

再看"以行其典礼"，就是用它来建立典章礼仪——行为规范。这里的"典礼"和我们今天说的结婚典礼、毕业典礼的意思不同。"典"本义是书籍，"典"的甲骨文字形像双手捧着竹简的样子，是指有典范价值的、应该信奉遵守的文献书籍，引申为准则、典章、制度、礼节、仪式、典礼。"礼"的甲骨文上面像打着绳结的玉串，下面像有脚架的鼓，表示击鼓献玉，敬奉神灵的礼仪活动。后来就指人的行为规范、行为标准，这种行为规范是大家约定俗成、共同认可的，所以大家都应当遵守。"典礼"就是人类应该遵守的行为规范。"观其会通，以行其典礼"就是先观察爻画所蕴含的阴阳交合变通的道理，然后建立符合这一道理的为人处世的行为规范。

"系辞焉以断其吉凶，是故谓之爻"，就是写下文字来说明、判断它的吉凶，所以这就叫作"爻辞"。

这就是第八章开头两句话，说明圣人是怎样模拟客观事物而作了卦爻象、卦爻辞的。

拟议以成其变化："囍"字告诉夫妻要怎么做？

在我国民间，新人结婚时，在洞房中都要贴上"囍"字，表示喜上加喜、双喜临门的意思。其实这个字是很晚才有的，传说是北宋王安石发明的。而"喜"字商朝的甲骨文中就有了，这个字的上部分是鼓的形状，下边部分是放置鼓的基座（也有他说），表示在擂鼓奏乐庆贺。宋代以后，用两个喜组成的"囍"字被广泛应用。"囍"字寓意深刻，除了喜上加喜的意思外，还在告诉夫妻要同心，用心经营，互相帮扶，不离不弃，白头偕老。

可见"喜"这个字来源于打鼓的形象，而"囍"字则告诉夫妻要怎么做。卦爻符号也是这样，它来源于天地万物，又通过这个卦爻象符号和卦爻辞文字告诉我们应该怎么做，《系辞传》的话叫"拟之而后言，议之而后动"。

我们继续学习《系辞传上》第八章。通过上一节的学习，我们已经知道了卦和爻是怎么来的，那么卦、爻有什么用呢？尤其是我们今天学习它还有用吗？第八章接着回答了这个问题："言天下之至赜，而不可恶也；言天下之至动，而不可乱也。拟之而后言，议之而后动，拟议以成其变化。"

我们先看"言天下之至赜，而不可恶也"，简单地说就是：《易经》说出了天下最为幽深的道理，所以我们不可以厌恶它。前面讲的是"见天下之赜"，从"见"到"言"、从"赜"到"至赜"，反映了从作《易》到用《易》的过程。圣人"见天下之赜"——观察天下万物复杂的表象而作卦象、卦辞。卦象、卦辞一旦完成，就可以"言天下之至赜"——说出天下最为幽深的道理，这样的道理是永远不会过时的，所以我们要学习它、运用它，"而不可恶也"，不可以厌恶它、轻视它、鄙视它。为什么要说"不可恶也"？显然是有人厌恶它、轻视它。为什么有人会厌恶它、轻视它？因为《易经》将万事万物复杂艰深的道理变得平易简单了，所以有人会觉得卦象太容易、太简单了，没有什么了不起，甚至于觉得它很幼稚、很粗糙，所以就怀疑它：这么简单的卦象难道能反映所有事物的本质规律吗？于是就厌恶它、轻视它、鄙视它。《系辞传》批驳了这种狭隘的态度。正因为卦象、卦辞来源于"天下之至赜"，所以从天下事物复杂的表象归纳出有限的八个卦象、六十四个卦象，能够反映天下最深奥、最复杂的本质和规律。这就是把复杂的问题简单化，把表面的问题本质化，这就叫智慧。

再看"言天下之至动，而不可乱也"，《易经》说出了天下最为复杂的运动变化规律，所以我们不可以违背它。前面讲的是"见天下之动"，从"见"到"言"、从"动"到"至动"，反映了圣人"见天下之动"——观察天下万物变动的表象而作爻象、爻辞。爻象、爻辞一旦完成，就可以"言天下之至动"——说出天下最为深刻的变动规律和本质。相比较而言，卦偏于静态，讲静止的一面；爻偏于动态，讲变动的一面。这样卦爻结合，一静一动，更能反映事物的本质和运动的规律。为什么说"不可乱也"？显然是有人想扰乱它、背离它。为什么有人会扰乱它、背离它？因为《易经》的爻象、爻辞反映的是天下事物运动变化的方向、法则和规律，有人看不到这一点，被各种变动事物的表象迷住了眼睛、干扰了判断，于是就混淆它、背离它。所以《系辞传》这里一再提醒人们要认真体会爻象、爻辞背后的含义，从中找到规律，尤其是要揣摩爻的变动，找到"至动"背后那个不变的法则，并把它作为行动的指南，按照爻辞所提示的方向和吉凶的结果，采取趋吉避凶的行动。不要停留在爻辞所说的文字表面意义上，更不要为爻辞所说的结果所迷惑，而要分析为什么会有这样的结果，导致这个结果的原因是什么。只有搞清楚事物的因果关系，才能真正明白爻辞的含义，才能选择正确的方法、正确的道路，从而取得吉的结果。

卦爻不仅对孔子时代的古人而言不可厌恶、不可违背，而且对我们今天来说还有重要的指导作用。什么作用呢？《系辞传》接着说："拟之而后言，议之而后动，拟议以成其变化。"简单解释就是，模拟它然后才去立言说话，审议它然后才付诸行动，比拟、审议才可以成就变化。

这是在说谁呢？主语是谁呢？我认为既是在说作《易》者，又是在说学《易》者，但更重要的是对我们今天学习《易经》的人说的。也就是说，《易经》从"言"和"动"两个方面指导我们怎么说话、怎么行动。"拟之而后言，议之而后动"有两个关键动词，一个是"拟"，一个是"议"。"拟"就是比拟、模拟、比喻。"之"是代词，对作《易》者来说，是指天下事物，圣人模拟了天下事物，然后才写下卦爻辞；对我们这些学《易》者来说，"之"就是指卦爻象和卦爻辞，我们要模拟卦爻象和卦爻辞所比喻的道理、意义，然后再立言说话，这样就不会说错话。你可能会怀疑：卦爻象、卦爻辞是有限的，六十四个卦象，卦辞才六十四条，爻辞才三百八十六条，难道能涵盖现代社会瞬息万变这么复杂的情势吗？其实万变不离其宗，再怎么复杂的事情，其背后的道理都是相通的、简单的，正如六十四卦卦象就是从天下万物变化中提炼出来的，好比六十四种场景，六十四卦所蕴含的道理好比六十四条大原理、大法则，我们现在发生的事情都可以分门别类代入这六十四种场景的某一种场景，都可以归类为六十四条大法则的某一条法则。我们只要模拟这种场景、遵循这条法则来说、来做就可以了。"拟之而后言"，为什么强调"言"？这是为了给后面的"动"做舆论准备。要行动，总要说出行动的理由。

我们再来看"议之而后动"。"议"就是审议、分析、商议、讨论。"之"指什么？对作《易》者来说，"之"就是天下事物的变动。圣人审议、分析了天下事物变动的现象，然后找出事物变动的规律。对我们学《易》者来说，"之"就是指卦爻象和卦爻辞。我们学习《易经》，可以独自审议、思考、体悟，也可以几个人互相讨论、商议卦爻辞的含义。首先找到与自己遇到的事情最吻合、最相似的卦象，然后找到这个卦相应的爻，也就是找到与这件事情发展过程相对应的那个时空点，再审议、思考或者商议、讨论这条爻辞对于处理这件事情的意义。每一条爻辞其实都告诉我们三件事，第一这个时空点在整个变动过程中是什么情况，第二应该怎么做，第三结果怎么样。这样就帮助我们找到处理这件事情的方法，然后再根据自己的才能德行，结合外在的环境形势，就可以采取行动了。这就是"议之而后动"。

最后是"拟议以成其变化"，"拟议"就是上面说的比拟和审议，做到这两点就可以"成其变化"。谁成就变化？同样也是指作《易》者和学《易》者，作《易》者模拟事物现象、审议事物变动规律，以此成就了《易经》这本书的变化哲学；学《易》者比拟卦象场景、审议爻辞含义，以此成就了人生变化的智慧。对我们今人来说，如果能在比拟卦爻象和审视卦爻辞之后再去说、再去做，那么言语就简略有条理，行动也就符合事宜。这样的人生就是成功的、有智慧的。

什么是"变化"？南宋朱震写了一本集象数易学之大成的解《易》著作，

叫《汉上易传》，他说"变化"在《系辞传》中有四种不同的意义，第一种是天地变化，第二种是乾道变化，第三种是刚柔相推而生变化，第四种就是这里说的"拟议以成其变化"——朱震解释为语言行动的变化。所以这里说的"以成其变化"主要是对学《易》者、用《易》者而言的。

第八章的开头告诉我们，《周易》的本质是对天地万物的模拟，也是对人生百态的模拟。人生看似复杂，实则简单，人生要破除幻象，回归实相。

言行，君子之枢机：良言一句三冬暖，恶语伤人六月寒

猜一个谜语：腿细长，脚瘦小，戴红帽，穿白袍。打一个动物。是什么？可能你一下就猜到了，是白鹤。在一片树荫里，有一只母鹤在鸣叫，它在呼唤自己的孩子。不一会，它的孩子小鹤在不远的地方跟着鸣叫。母鹤与小鹤的鸣叫声此起彼伏，相互应和，声音里流淌着浓浓的母子相亲相爱的真情，听到的人为之动容。这此鸣彼和的叫声被周文王听到了，也被孔子听到了，他们发出怎样的感慨？你听到了吗？你会发出什么感慨？

刚才说的场景，就是《周易》第六十一卦中孚卦的九二爻描述的场景："鸣鹤在阴，其子和之。我有好爵，吾与尔靡之。"这条爻辞是一首古歌，意思是母鹤在树荫里鸣叫，小鹤跟着唱和；我有一壶好酒，我愿与你共饮同乐。这是周文王看到母鹤与小鹤唱和鸣叫这幅感人情景之后发出的感慨，他从亲情联想到友情，朋友之间也应该共同分享美酒，朋友之间要有福同享，患难与共，还要坦诚相见，要真诚，要诚信。

我曾说过在《周易》的经文中没有出现"阴阳"这个词，"阴"字只出现过一次，就是在这条爻辞里，但这个"阴"是指幽暗之处，还不是哲学概念阴阳的阴。"和"指应和。"爵"原为古代的酒器，这里指代酒。"靡"这里指共同分享。从卦象和爻象看，中孚卦是风泽中孚，上卦是巽卦，下卦是兑卦，这个卦象中间两根爻是阴爻，上面两根爻和下面两根爻都是阳爻，构成中间虚空、诚信之

象。这根九二爻是阳爻居阴位,处于下卦的中位,它上面两根(六三、六四)全是阴爻,所以是处在荫蔽、幽暗之处。因为居下卦之中,能坚守中道,坚持诚信之道,并愿意与他人分享快乐,所以既能得到晚辈的应和,又能得到他人的拥戴。

孔子看到了母鹤和小鹤和鸣的场景,又看到周文王与朋友共享美酒的场景,大为感动,于是由衷地说道:"君子居其室,出其言善,则千里之外应之,况其迩者乎?居其室,出其言不善,则千里之外违之,况其迩者乎?"君子平常居住在房间里,如果发出美好的言论,那么即使是远在千里之外的人也将去响应他,何况是近处的人呢?他平常居住在房间里,如果发出不善的言论,那么即使是远在千里之外的人也将背离他,不会跟他呼应,何况是近处的人呢?

这里是以鹤比喻君子,君子居住在房间里,好比鹤居在阴暗的地方,都是外人看不见的。"室"本义是供人居住寝卧的房间,是外人不能随便进出的。如果"出其言善",从口中吐露的言辞是美好的、善良的,好比母鹤呼唤孩子的声音是美好、善良的,"则千里之外应之",即使在千里之外的人们也会响应他和支持他。就像小鹤,无论走多远,只要母鹤一鸣叫,它就会应和,因为它们心心相印,心灵相通,不受空间距离的限制。

与此相反,如果这个人发出不善的声音,即使是在不为人所知的房室里,"则千里之外违之",千里之外的人听到,也会违背他、反对他。"况其迩者乎",更何况是与他接近的人呢,当然就更会背离他了。

这两句强调的是说出的话对人的影响是巨大的,不会受到空间距离的限制。告诫我们要"出其言善",要说好话,说善良的话;千万不要"出其言不善",不要说不好的话。古语说:"良言一句三冬暖,恶语伤人六月寒。"可见人的话语是多么重要。

孔子接着说出更加深刻的话:"言出乎身,加乎民;行发乎迩,见乎远。言行,君子之枢机。枢机之发,荣辱之主也。言行,君子之所以动天地也,可不慎乎?"意思是:言论虽然是出于自身的,但最终要施加给老百姓;行为虽然是发生在近处的，但是远方的人也看得见。言论和行为是君子的枢纽和弩机，这个枢纽和弩机一旦发动，就是荣耀或者耻辱的最主要原因。言论和行为也是君子用来鼓动天地万物的关键，难道可以不谨慎吗？

我们先看"言出乎身，加乎民；行发乎迩，见乎远"。这里说了言论和行动，是承接着上文说的"拟之而后言，议之而后动"：先模拟事物形象，然后才去立言说话；先审议事物的变动，然后才付诸行动。这里强调了言论和行动的影响力，虽然言论"出乎身"，行动"发乎迩"，但影响却是广泛的、深远的：自己说的任何言论都会"加乎民"，"加"是影响的意思，就会影响到广大的普通民众；近处做的任何行动都会"见乎远"，即使再远的地方也会显现出来。千万不要看轻自己的言辞和行动对广大百姓产生的影响力。这显然是对君主说的，也就是对领导说的，一定要注意自己的言行。

"言行，君子之枢机"，言论和行动是君子的关键。分开来看，"枢"指门的轴，有了枢，门就可以开合活动了，所以枢是门最重要的部分。后来有一个词叫枢纽，就用来比喻事物的关键或者中心环节。"机"是古代的弩机，是弓弩上的发动机关，弩机是用来扣弦、发射的。使用时，将弦张开用弩机扣住，把箭放在弩臂上的矢道内，瞄准目标，然后扳动弩机，弓弦回弹，箭就射出去了。可见"机"是控制箭发射的，是弩的最重要部分。这是就言论和行动打了两个比喻，一个像门枢，一个像弩机，都是最重要、最关键的东西，说明言论和行动是做一个君子的最关键、最重要的事情。

"枢机之发，荣辱之主也"，这个枢纽和弩机一旦发动，就是荣耀或者耻辱的最主要原因。也就是说，你的言语一旦说出口，你的行动一旦做出来，哪怕是微小的一句话、一个动作，都决定了你是得到荣耀还是得到耻辱。这就是因果，言语和行动是因，荣耀和耻辱是果。这是铁的规律。

最后孔子告诫我们："言行，君子之所以动天地也，可不慎乎？"一个君子的言行无论多么细微、多么渺小，都可能导致撼动天地的结果，怎么可以不谨慎小心呢？这让我想起了蝴蝶效应。那么究竟谁的言行能引起蝴蝶效应呢？是君子。这里的"君子"用了本初的意思，是指贵族、统治者、一国之君，一国之君的一言一行都会影响到国家的政策、人民的祸福。一言可以兴邦，一言可以丧邦，所以必须谨慎。当然，作为一个有道德学问的君子，影响力也是巨大的，也要谨言慎行。对我们今天信息时代来说，信息传播速度之快、影响力之大，是无法想象的，所以每一个人，尤其是领导，言行都要慎之又慎。要牢记："言行，君子之枢机。枢机之发，荣辱之主也。"

二人同心，其利断金：两个人相处怎么才能长长久久？

我们在与人相处的时候，感到最困难的事情是什么？可能每个人都有自己的答案，不过我倒是很赞同白居易的答案。被称为"诗王"的唐代大诗人白居易写过一首《太行路》的诗，最后一句是："行路难，不在水，不在山，只在人情反覆间。"不仅是夫妻之间有反复，君臣之间也有反复。对同样一个人，在喜欢他的时候，可以喜欢上了天；厌恶他的时候，就说这个人满身都长了疮疤。所以人间的路远远比太行山的路要艰难，难在哪里？难在人心，难在人心不可捉摸，难在人心反复无常。随着现代社会飞速变化，我们经常会碰到恋人、夫妻、朋友、同事、上下级，甚至兄弟姐妹、父母子女，曾经相亲相爱、相依为命、相处甚密，后来反目成仇、人情反复的事件。很多人对人心失去了信心，难道真的人心不古了吗？我们今天要怎样与人相处才能长长久久呢？

我们来看一看《系辞传上》第八章孔子的观点——

"同人，先号咷而后笑。"子曰："君子之道，或出或处，或默或语。二人同心，其利断金；同心之言，其臭如兰。"

"同人，先号咷而后笑。"这条爻辞出自《易经》第十三卦同人卦的九五爻，完整的爻辞是："同人，先号咷而后笑，大师克相遇。"意思是与人和睦相处，先是放声大哭，后来破涕为笑。大军战胜了敌人，志同道合者相会在一起。

同人卦的卦象是天火同人，上卦是乾卦，为天，下卦是离卦，为火、为日，这个卦象是高高的天上，悬挂一轮红日，太阳把光洒向人间，给人带来光明，带来温暖。也像是天在高处，离火向上熊熊燃烧，大火映红了天空，天与火亲和相处，同样给人以光明、热烈的感觉。《象传》解释："天与火，同人。君子以类族辨物。"天与火构成同人卦，它们是同类，所以君子要聚集同类，明辨事物。同类人是指大方向相同的人、志同道合的人，并不是什么都相同的人。太阳和火的位置虽然不同，但是作用却是一样的，是志同道合的，它们是同类。所以君子要求大同存小异，团结所有志同道合的人共同治理天下。这就是同人卦给我们的启发。

那么九五爻为什么"先号咷而后笑"？开始时大声痛哭，后来破涕为笑，这正是从同人这个角度说的。九五本来是又中又正的最好时空点，但开始时却没有找到志同道合的人一起攻打敌人，看不到战事的胜利而焦急痛哭；后来遇到了志同道合的人，一起合力打败了敌人，取得了战争的胜利，于是欢笑起来。那么这个志同道合的人究竟是谁呢？从同人卦上下卦来看，九五爻和六二爻是互相应和的关系，六二爻是阴爻居阴位，九五爻是阳爻居阳位，阴阳和合，而且都是又中又正，好比一对模范夫妻，丈夫阳刚，妻子温柔，男主外，女主内，两人分工明确，配合得十分精当。本来是志同道合、三观一致的，为什么"先号咷而后笑"，先哭后笑呢？显然开始是没有沟通好，没有看到对方的真心，有了深深的误会，以为不是志同道合的人，开始大吵大闹，号啕大哭。这从六二爻辞就可以看出来："六二，同人于宗，吝。"六二这个女子仅仅和同宗族的人聚合在一起，她在下卦，上下爻全是阳爻，也就是周围全是同族的男子，一开始这个女子只想和同族男子在一起，这是狭隘的宗法观念，所以和九五爻这个丈夫沟通很艰难，两人起初经常吵架，哭闹。但后来通过沟通发现原来两人的价值观是一致的，是志同道合的同路人，于是化解矛盾，开始欢笑。所以"先号咷而后笑"是一个转变的过程。大家看一看周围，有很多夫妻都是这样，原本没有什么大不了的事，却经常吵闹，经过一段时间的磨合沟通，变得越来越好，于是家庭和睦，有了欢声笑语。但是也有的夫妻，一开始相处得还不错，可后来为一点小事就会争吵，越吵越厉害，后来慢慢就不吵了，越来越冷淡，最终分道扬镳，可以说是先笑而后号咷。这两种情况是什么原因导致的呢？我认为关键点就在于是不是"同心"。

孔子就说出了这个深层次原因。孔子解释说："君子之道，或出或处，或默或语。"这句中的"或"是有时的意思，君子为人处世之道，有时候要外出做事，有时候要安居在家，有时候沉默寡言，有时候要发表宏论。"或出或处"本义是有时外出，有时在家。这里"出"字是指外出做事，在古代就是指做官，为朝廷做事；"处"就是留在家中，不做官，不在朝廷做事。"或默或语"也是指在家隐居时不评论时事，出仕为官时要发表宏论。那什么时候为官，什么时候隐退呢？《论语》多处记载孔子的选择方法，如："邦有道则仕，邦无道则可卷而怀之。"国家政治清明时，就出来做官；国家政治黑暗时，就把自己的才能收藏起来不做官。又如："邦有道，谷。邦无道，谷，耻也。"国家政治清明时，可以拿俸禄，做官；国家政治黑暗时，如果拿俸禄，做官，就是耻辱。

孔子接着说："二人同心，其利断金；同心之言，其臭如兰。"这句话成为历史上有名的金句。两人如果心意相通，同心同德，团结的力量就好比利剑可以把金属切断；心意相同的言论，它的气味就会像兰草一样芬芳。"臭"读xiù，是气味之总称，包括香气和臭气。这两句话引申出一个成语叫"义结金兰"，意思就是结交志趣投合的朋友。金，就是"其利断金"的金，寓意为坚韧。兰，就是"其臭如兰"的兰，寓意为芳香。金兰，形容友情深厚，相交契合。从这句还演化出很多成语，比如"金兰之交""契若金兰"等，比喻像金石般坚固、像兰花般芳香的交情。现代好多人认为金兰之交只是指女性之间的交情，其实是错的；在古代主要是指拜把子兄弟，当然后来也可以指女性之间甚至异性之间的交情。以前的规矩，义结金兰后，要交换谱帖，叫"金兰谱"或叫"兰谱"，交换谱帖简称"换帖"，也是两个人拜把子结金兰的意思。注意这里的

"兰"并不是指女性,而是出自"其臭如兰"。我们学了这一句,就不会搞错了。

"二人同心"的二人原本是指两个君子,承接着前面说的"君子之道",是君子相处之道,对今天来说,可以推广到人与人之间的相处,包括朋友、夫妻、同事、上下级、兄弟姐妹等。二人怎么才能做到长长久久、不变心、不反复,关键在于"同心"。只要同心就可以"断金",可以"如兰"。那么什么才是"同心"？同心就是同心同德、志同道合。什么是志同道合？有人说就是指所从事的事业相同,有人说就是彼此理想一致、志趣相投,我看还应该是在价值观、人生观、世界观上要一致,或者说在精神信仰上一致,比如刘备、关羽、张飞,桃园三结义,义结金兰,就是因为"同心"。只有同心,才不会变心,不会反复,才能做到像乾卦《文言传》所说的"同声相应,同气相求"。有人曾经问我:这不是和"同性相斥,异性相吸"矛盾吗？其实并不矛盾,同心、同声、同气是指三观相同,理念和信仰相同,而"同性"是指属性相同、性格相同、脾气相同。两个性格完全一样的人是很难相容的,比如两个都是火暴脾气的人肯定会经常吵架。性格相同的人不等于价值观相同,性格不同的人可以价值观相同。所以这是两个层面的问题。

慎斯术：如何做到不犯错误持身若璧？

我们中国人和西方人要描写一个人长得美所采用的方法是不一样的,西方人往往会说这个人的面部比例是多少,三围是多少,面部和身材符合黄金分割率,等等,但我们不会用确切的数字,而是说得很模糊,让你去想象。比如战国时期著名辞赋家,也是中国四大美男之一的宋玉写过一篇《登徒子好色赋》,描写一个美女"增之一分则太长,减之一分则太短；著粉则太白,施朱则太赤",然后是一串比喻,你就去想象吧。而在对美人的比喻中,有一个比喻比较常见,那就是"荑（tí）",比如《诗经·国风·卫风·硕人》描写"硕人"——大美人:"手如柔荑,肤如凝脂。""荑"就是白茅刚生出来的嫩芽,女子的手像白茅的嫩芽，皮肤像凝固的油脂。白茅是一种很常见的草本植物，或许在我们现代人的眼里不过是一种野草，但在古人心中，却是一种特别美好而神圣的植物。为什么说白茅是一种神圣的植物呢？这要从《易经》说起。

《易经》第二十八卦大过卦初六爻辞说："初六，藉用白茅，无咎。"意思是用白色茅草做铺垫，这样就没有过错。藉，垫在下面的东西，用以衬垫、铺垫。白茅，白色的茅草，是柔软洁白的。这是古代的祭祀方式，往往在桌上或地上放祭品之前，先在桌上或地上垫上白色的茅草，然后把祭祀的物品放在上面进行祭祀。白茅因为它的洁白柔软，于是就有了神圣性。比如《史记·孝武本纪》载："于是天子又刻玉印曰'天道将军'，使使衣羽衣，夜立白茅上，五利将军亦衣羽衣，立白茅上受印，以示弗臣也。"将军要站在白茅上接受玉印，表示很神圣。

我们来看一下大过卦，卦象是泽风大过，上面是兑卦，是沼泽，下面是巽卦，巽是树木，也好像一条木船，木船在泽水的下方，也就是沼泽把木船淹了，这是大过错的形象。再看这个卦象的六根爻，最上面一根爻和最下面一根爻是阴爻，中间四根爻是阳爻，就好比是一根中间粗大的栋梁，但两头太弱掉了下来，也是一种大过错的形象。大过卦实际是讲怎样纠正这个大过错局面的。一开始初六爻就要求"藉用白茅，无咎"。为什么用白茅做铺垫就没有过错呢？

我们来看一看《系辞传上》第八章孔子的解释——

子曰："苟错诸地而可矣，藉之用茅，何咎之有？慎之至也。夫茅之为物薄，而用可重也。慎斯术也以往，其无所失矣。"

"苟错诸地而可矣，藉之用茅，何咎之有？慎之至也。""苟"，就是如果的意思；"错"同"措"，是放置的意思；"诸"是之于的意思。这句话是说，假如直接放在地上也是可以的，为什么用茅草做铺垫，然后把祭品放在上面呢？为了要使祭品干净。这样的话哪里还有什么过错、灾祸呢？这是谨慎到极点的一种行为。为什么要谨慎呢？其实是出于恭敬之心。

于是，孔子接着说："夫茅之为物薄，而用可重也。慎斯术也以往，其无所失矣。"茅草作为一种物品是微不足道的，但是它的作用却是重大的。要恭敬谨慎地坚守这种方法，只有这样做才没有过失啊。"白茅"是多年生草本植物，在我国很多地区的河岸草地、沙质草甸、荒漠、海滨都能见到。为什么把这么一种很容易找到且并不珍贵的植物作为放神物的垫子呢？我想原因主要有三点：一是它是白色的，白色象征着干净、洁净，祭品是敬神的，当然要洁净无瑕。二是柔软，茅草是柔软的，柔软的东西不容易损坏祭品，表示恭敬、慎重。三是白茅再生力强，根风干后，埋入土壤仍然能成活，表示祭祀神灵要虔诚、要持之以恒。所以，孔子用了两个"慎"字——"慎之至也""慎斯术也"，不仅表示祭神要谨慎、慎重，而且还要虔诚、庄严、恭敬。

当然，孔子说的不仅仅是祭神活动，而且还指做一个君子，言论和行为都要如此。首先要心地干净、纯良，保持清净、光明之心。其次不仅要敬畏天道、神灵，还要敬畏自然、敬畏事业、敬畏长辈，抱有恭敬、慎重、谨慎之心。再次要柔软，要谦虚、甘居下位。柔软是坚强的根本，谦虚是成功的基础。为人柔软才能行事坚强，为人谦虚、不争名利，才能受到别人的拥戴，做事才能顺利。

要注意这根爻是处在大过卦的开始，这是教我们怎么纠正大过大错局面，开始就要按这三点来做，那么结果就是"无咎""其无所失矣"，就是没有过错，没有过失，没有灾祸。

历史上因为不谨慎而招来大祸的故事真是太多了，我说一个唐代田园诗人孟浩然的故事。孟浩然大家都很熟悉，他的诗《春晓》无人不知："春眠不觉晓，处处闻啼鸟。夜来风雨声，花落知多少。"有一次，孟浩然在王维家中做客，忽然唐玄宗到访，吓得孟浩然赶紧躲起来。玄宗与王维聊得很开心，王维觉得这是个帮助孟浩然入仕的好机会，便主动向玄宗说明情况，得到玄宗同意后喊孟浩然出来面圣。这本是一个绝佳表现才华的机会，结果孟浩然因为不谨慎搞砸了。孟浩然当玄宗的面吟了一首自己的诗《岁暮归南山》，诗前面的四句是："北阙休上书，南山归敝庐。不才明主弃，多病故人疏。"玄宗听了很不舒服，把脸一沉，说："什么'不才明主弃'，你自己考不中，还说是朕抛弃你，真是岂有此理！"从此以后，孟浩然再也不可能当官了，一句"不才明主弃"，毁掉了自己终身的仕途。

这就是"祸从口出"。

清代有一部处世奇书叫《围炉夜话》，里面有两句话说："一言足以招大祸，故古人守口如瓶，惟恐其覆坠也；一行足以玷终身，故古人饬躬若璧，惟恐有瑕疵也。"一句不谨慎的话有可能招来大祸，所以古人讲话十分谨慎，做到守口如瓶，因为担心像瓶子落地会破碎一样招来杀身之祸；一个不谨慎的行为就足以使自己一生清白轻易受到玷污，所以古人行为准则十分严格，保持自己高洁仿若对待洁白的璧玉一样，唯恐做错事使自身的高洁留下一点儿遗憾！这就有了两个成语"守口如瓶""持身若璧"。

总之，为人处世要谨慎。

致恭以存其位：如何做到功成身退而善始善终？

古代称赞一个女子，常用一个词叫"淑女"。这个词出自于《诗经》的第一首诗《关雎》："关关雎鸠，在河之洲。窈窕淑女，君子好逑。"一听到"窈窕淑女"这个词，我们的眼前就会浮现出一个纯真、善良、贤惠、美丽的女子形象。那么什么样的男人才配得上"窈窕淑女"呢？是君子。"君子好逑"是什么意思？很多人理解为君子喜欢追求她。这种理解是错的，"君子好逑"是君子的好配偶。逑，通"仇"。仇（qiú），配偶。"窈窕淑女"和"君子"是一对好配偶。什么君子呢？那肯定是"谦谦君子"。"谦谦君子"和"窈窕淑女"不仅是一对好配偶，而且也构成一对绝配词组。凡是看过金庸小说《书剑恩仇录》的朋友都知道，乾隆赠给陈家洛一块异常珍贵的玉佩，上面就刻了四行篆文，后两行是:"谦谦君子,温润如玉。"一听到"谦谦君子",我们眼前会立即浮现出一个谦虚、儒雅、温润、有教养、知书达理的男子形象,给人舒服、温暖、美好的感觉。那么"谦谦君子"这个词出自哪里?有什么深刻含义呢?

"谦谦君子"出自《易经》第十五卦谦卦的初六爻辞:"初六,谦谦君子,用涉大川,吉。"在六十四卦中,谦卦是唯一的卦辞和六根爻辞全是吉的卦。谦卦是在大有卦之后,大有是大富有,大富有之后要怎么做呢?要谦,谦虚、谦让。《序卦传》说:"有大者不可以盈,故受之以谦。"大有的意思是太大了、太富有了,这样满了之后就要亏,"月满则亏,水满则溢",所以说"满招损,谦受益"。"谦"是地山谦,山本来是高的,现在甘心居于大地的下方,这就是"谦"的形象。

我们再来看谦卦的初六爻辞:"谦谦君子,用涉大川,吉。"意思是谦虚的君子可以渡过大河大川,这是非常吉利的。君子本指统治者或贵族男子,后来引申为道德高尚的人。"谦谦君子"是个偏正短语,"谦谦"的君子。"谦谦"就是谦逊的样子。为什么用两个"谦"?这两个"谦"有没有深刻含义?我认为这两个"谦"分别是针对山和大地而言的。第一个"谦"是山的谦,山是稳定的、有主见的、成功的、高的。这是说自己首先要是一座山,品德高尚、事业有成,然后才居于大地的下方;如果本来是烂泥,那就不能算是"谦"了。第二个"谦"是大地的谦,地是宽广的,能容纳一切事物。能做到这两种"谦",肯定能渡过大河大川,获得成功。《象传》解释这条爻辞:"谦谦君子,卑以自牧也。""卑"是卑下,"牧"的原意是放牧,这里是管理的意思,"自牧"就是自我管理、自我制约。所谓"谦谦君子"就是要谦虚卑下,把自己放在最低的位置,然后善于管理自己、制约自己。

谦卦的六条爻辞都在讲谦,第一是"谦谦君子",第二是"鸣谦",第三是"劳谦",第四是"执谦",第五是"不富"之谦,第六是"鸣谦"。其中第三爻辞是:"九三,劳谦,君子有终,吉。"在《系辞传上》第八章中,孔子对这条爻辞进行了解释——

"劳谦，君子有终，吉。"子曰："劳而不伐，有功而不德，厚之至也。语以其功下人者也。德言盛，礼言恭。谦也者，致恭以存其位者也。"

我们先来看谦卦九三爻辞："劳谦，君子有终，吉。"意思是有功劳但仍然谦虚，君子的品德就能保持到最后，这样就吉祥。"劳谦"的"劳"有两种解释，一种是勤劳，一种是功劳。第三爻是第一个阶段到头了，到山顶了，结合整个谦卦和第三爻的时位，应该是功劳的意思。一般来说，一个卦的第三爻大多凶险，因为是下卦的最高爻，表示第一个阶段到头了，马上要转变了，所以大多凶险。可是谦卦九三爻却是吉的，为什么？《象传》说："劳谦君子，万民服也。""劳"是有功劳，有了功劳，居于高位了，还能谦虚，这样的君子（贵族、领导），老百姓都会服从，当然能够善终。

我们再来看一下孔子在《系辞传》中的解释，子曰："劳而不伐，有功而不德，厚之至也。语以其功下人者也。""劳而不伐"的"伐"字，是夸耀的意思。老子就说过："不自伐，故有功。"颜回说自己的志向是："无伐善，无施劳"。"有功而不德"中，"德"在"不"字后是一个动词，就是不自以为有功德，不去占据这个功德。有了功绩但不要居于功德，不要停留在功劳簿上，不要自以为有功德。"厚之至也"中，"厚"是厚重、敦厚、忠厚的意思，忠厚到极点。"语以其功下人者也"中，"语"是动词，说、告诉的意思；"下"也是动词，居下位；"下人"，下于人，在别人之下。孔子的意思是：有了功劳但不自己夸耀，有了功绩但不自以为德，这是忠厚到极点的表现。说的就是虽然有功劳却甘居别人之下。

孔子接着解释："德言盛，礼言恭。谦也者，致恭以存其位者也。"德性就在于隆盛，礼节就在于恭敬，所以谦的意思就是要致力于恭敬，如此才能保持住自己的地位。"德言盛，礼言恭"中的两个"言"字，是连词，表示顺接关系，相当于"乃""便""就"。这两句的意思是说，德性就要盛大，要的是盛德大德，而不是小德；礼节就要恭敬，要发自内心，而不是外表、形式。"致恭以存其位者也"中，"致"就是尽力，尽力表现自己的恭敬，比如恭敬对待上级、恭敬对待百姓、恭敬对待职位，只有这样才能保持住自己的职位和地位；否则的话，虽然立下汗马功劳，但绝不可能善终。

历史上因为"劳而不伐，有功而不德"而善终的正面例子，和因为有了功劳而自伐、居功自傲而不得善终的反面例子比比皆是。正面的如周公、范蠡、郭子仪，都是因为功成而身退，得以善终；反面的如清代的鳌拜、年羹尧，他们两个都是立下赫赫战功，但由于自傲自大，最后鳌拜囚死牢中，年羹尧被赐自尽。

贵而无位：如何在人生的巅峰成为过去时善保晚节？

不知道大家看过金庸的小说《射雕英雄传》没有，在第十二回洪七公教郭靖降龙十八掌的第一招，洪七公"左腿微屈，右臂内弯，右掌划了个圆圈，呼的一声，向外推去，手掌扫到面前一棵松树，喀喇一响，松树应手断折"。郭靖跟着学了两个多时辰，然后"拉开式子，挑了一棵特别细小的松树，学着洪七公的姿势，对准树干，呼的就是一掌。那松树晃了几晃，并不断折"。

> 洪七公道："我对你说过：要教对方退无可退，让无可让。你刚才这一掌，劲道不弱，可是松树一摇，就把你的劲力化解了。你先学打得松树不动，然后再能一掌断树。"郭靖大悟，欢然道："那要着劲奇快，使对方来不及抵挡。"洪七公白眼道："可不是么？那还用说？你满头大汗的练了这么久，原来连这点粗浅道理还刚想通。可真笨得到了姥姥家。"又道："这一招叫作'亢龙有悔'，掌法的精要不在'亢'字而在'悔"字。倘若只求刚猛迅捷，亢奋凌厉，只要有几百斤蛮力，谁都会使了。这招又怎能教黄药师佩服？'亢龙有悔，盈不可久'，因此有发必须有收。打出去的力道有十分，留在自身的力道却还有二十分。哪一天你领会到了这'悔'的味道，

这一招就算是学会了三成。好比陈年美酒，上口不辣，后劲却是醇厚无比，那便在于这个'悔'字。"

这一段描述绘声绘色，令人难忘。有一次，我在给金庸的儿子讲课时，对"金大侠"赞不绝口。为什么？就是因为金庸用易学阴阳五行、四象八卦构建了一个成年人的童话世界。那么降龙十八掌这一招"亢龙有悔"是按照什么创编的呢？就是《易经》和《易传》。

"亢龙有悔"究竟是什么意思呢？孔子又是怎么解释的呢？请看《系辞传上》第八章这一段——

"亢龙有悔。"子曰："贵而无位，高而无民，贤人在下位而无辅，是以动而有悔也。"

"亢龙有悔。"这条爻辞出自《易经》乾卦，是乾卦的上九爻，意思是说龙飞得太高了，要有悔过，要反悔。乾卦大家都非常熟悉，六根爻全是阳爻。一个卦的六根爻，代表事物发展的六个时空点。乾卦六条爻辞以龙做比喻，说明一条龙在六个不同的时空点里面的六种不同的做法、行为。符合这个时空点的规律，就是符合天道，就能驾驭天道。乾卦六条爻辞从下往上，分别为潜龙、见龙、惕龙、跃龙、飞龙、亢龙。在第一个时空点是"初九，潜龙勿用"，这时龙要潜伏在水里，不要乱动。到了第二个时空点是"九二，见龙在田，利见大人"，这个时候龙可以浮现出水面，进入田野，有利于出现一个大人。第三个时空点是"九三，君子终日乾乾，夕惕若，厉无咎"，君子要整天前进又前进、刚健又刚健，到傍晚要警惕、要反思，虽然危险，但没有灾祸。第四个时空点"九四，或跃在渊，无咎"，有时候，龙可以从深渊里面跃出来，它就没有灾祸。到第五个时空点"九五，飞龙在天，利见大人"，在这个时候龙可以飞到天上，有利于做一个大人。九五爻是最好、最尊贵的，所以叫九五之尊。因为第五爻已经是最好的，所以不能再往上了，不能再高了。再往上，就到了最高位，"上九，亢龙有悔"，这条龙飞得太过了，就是"亢"了。亢就是高亢、过甚、太过了，这时要反悔、要后悔、要忏悔。请大家思考一下，如果这个时候能做到"悔"，请问结果是吉还是凶？或者是悔还是吝？

我在前面讲过《周易》往往用"吉凶悔吝"这四个词来说明对事物发展预测判断的四种结果，也表明人生有"吉凶悔吝"四种常态，《系辞传上》第二章说："是故吉凶者，失得之象也。悔吝者，忧虞之象也。"《系辞传上》第三章说："悔吝者，言乎其小疵也。""悔"和"吝"这两个判断词，说的就是小过错、小毛病会导致悔恨和羞耻。悔吝是人生最常见的中间态，相比较而言，悔是做得太过了，所以要后悔、反悔，这样结果会从凶走向吉。而吝往往是做得不够，是羞辱、羞耻，往往会从吉走向凶。所以"亢龙有悔"，意思是知道太过了，然后后悔、反悔，这样的结果是趋于吉的。

现在我们来看孔子的解释。子曰："贵而无位，高而无民，贤人在下位而无辅，是以动而有悔也。"意思是太尊贵了就没有地位了，太崇高了就得不到老百姓支持了，贤明的人在下位就不会来辅助他了，所以过分的行动必将有所悔恨。这一句也是《文言传》对乾卦上九爻辞的解释。

上九爻"亢龙有悔"，孔子解释说"贵而无位"，本来九五爻是最好、最高的，但上九爻超过九五爻了，就太高了，反而就没位置了。东汉易学家荀爽解释："在上故贵，失正故无位。"失正是指上九爻是阳爻居在阴位上，位置没有摆正，九五爻是又中又正，是帝王之位，上九爻太高了。隋代易学家何妥解释："既不处九五帝王之位，故无民也。"就是说上九爻没有处在九五之尊的帝王之位，而是处于有名无实的高位，好比是太上皇，已经超过皇帝之位了，所以叫"贵而无位"。再看"高而无民"，太高高在上了就远离老百姓，老百姓也就远离你了，就不会拥戴你。"贤人在下位而无辅"，贤能的人在下面离你太远，就不会来辅佐你了。这里的贤人，指下卦的九三爻。九三爻和这根上九爻都是阳爻，不相应，比喻上九爻太高了得不到贤人辅助。

对一个领导干部来说，不要以为自己处在领导地位就自以为高贵，摆架子，目中无人，高高在上，看到下属或百姓对自己敬畏就得意忘形，听不得半点不同意见。久而久之，下属和百姓不和他沟通了，不跟他说真话了，甚至为了迎合他而说一些违心的话或恭维的话。最终必然导致他脱离群众，决策失误，给工作带来损失，犯下渎职、失职罪，到那时候已经悔之晚矣。对一个普通人来说，也是如此，不能骄傲自满，不能自高自大，甚至于不能太高明、太精明。《大戴礼记》和《汉书·东方朔传》都说："水至清则无鱼，人至察则无徒。"就是说：水太清了，鱼就无法生存；人太精明了，就没有伙伴、没有朋友了。所以，到了亢龙的地步，就要"动而有悔"，要反悔，那还有希望，还能逐渐向吉的方向发展。否则，那一定是动辄得咎，就会向凶的方向发展。

君子慎密：怎么才能防止泄密带来的灾祸发生？

东汉末年，天下发生了很多灾难。汉灵帝刘宏深感忧虑，问大臣有什么对策。有一个议郎叫蔡邕，是一位非常有名的文学家、书法家，也是大才女蔡文姬的父亲。他呈上一封密奏，直指天下不宁的原因就是外戚当道和宦官专权。他例举了皇帝的乳母，还有外戚、太监的名字，还举了几个大臣贪污受贿的事实。在这份密奏中，蔡邕不忘提醒汉灵帝："夫君臣不密，上有漏言之戒，下有失身之祸。"所以请求一定要保密。汉灵帝看了这份密奏，很是感动，忍不住连声叹息，像蔡邕这样敢直言的大臣实在太少。看完之后，汉灵帝没有把蔡邕的奏章放在秘密之处就去更衣，结果被宦官曹节偷看了。曹节马上把蔡邕给皇帝写密奏的事告诉其他宦官，事情很快就泄露出去，被蔡邕提到过的奸臣一个个都恨得咬牙切齿，想尽一切办法陷害蔡邕。不久，蔡邕就遭到诬陷，被判处死刑，有幸得到其他大臣相救才减免死罪，被发配朔方。在发配路上，仇家仍穷追不舍，派刺客在路上刺杀蔡邕，幸好当时的刺客良知未泯，他们被蔡邕的人格所感动，谁也不肯去刺杀蔡邕，才使蔡邕逃过了这场大难。

这个故事说明一个什么道理呢？我们来看一下《系辞传上》第八章孔子的忠告——

"不出户庭，无咎。"子曰："乱之所生也，则言语以为阶。君不密则失臣，臣不密则失身，几事不密则害成，是以君子慎密而不出也。"

这是孔子对"不出户庭，无咎"的解释。这句话出自《易经》第六十卦节卦的初九爻辞，意思是只要不跨出家门，就没有灾祸。节卦是讲节制的。"节"的繁体字是"節"，竹字头，取竹节、节制的意思。《说文解字》中说："节，竹约也。"竹节是拿来制约的。节卦的卦象是水泽节，上面是水，下面是沼泽，整个卦象就像沼泽里的水被四周的泥滩拦住了、限制住了，水就溢不出来了。

节，古写作"卩"（甲骨文㔾，像人跪坐的形状），这是古人一种跪拜的大礼，后来常和礼组成"礼节"使用。儒家五常为仁、义、礼、智、信，礼为其一。《礼记·曲礼上》说："礼不逾节。"礼是不能违背节制之道的，说明一切都要从礼仪出发，而礼仪是从节制当中来的，所以节卦实际上讲的是节制之道。

节卦的初九爻辞告诉我们一开始就不要跨出庭院的小门，要慎守在家里，就没有灾祸。我们都知道一个词叫门户，其实门和户是不同的，门是大门，两扇对开的门，而"户"是小门，是单扇的小门，比如房门一般都是户。不过后来不再这么分了。"不出户庭"就是不要跨出庭院的门，也就是不要跨出家门，这是节制的开始，说明一旦跨出家门就会有危险。节卦提醒我们做事要慎重，要谨慎。"户庭"，也可以比喻为口，"不出户庭"就是不要随便地说、不分场合地说，言语要谨慎，这就是老子说的"塞其兑，闭其门"，也是佛家讲的"戒妄语"。

我们来看孔子怎么解释。孔子说："乱之所生也，则言语以为阶。"意思就是说，祸乱发生的原因，往往是由于语言泄露机密。这里说的"乱"，大到国家的混乱、暴乱，小到个人的灾祸、危险，往往都是由言语引发的。"言语以为阶"

的"阶"是什么？阶的本义是石级、台阶、阶梯。有人理解为言语造成的祸乱就像阶梯，是一步一步逐渐造成的。我不赞同这种解释，我认为这个"阶"在这里通界限的"界"。"言语以为阶"的意思是以言语作为界限。言语好比是户庭，是房门，是界限，言语要慎重。言语是有界限的，不要跨过界限，一超过就有灾祸了。就像节卦说的"户庭"——庭院小门，不该走出庭院小门就不要走出去，"不出户庭"，就会"无咎"，否则就一定"有咎"。

孔子接着解释："君不密则失臣，臣不密则失身，几事不密则害成，是以君子慎密而不出也。"意思是说国君如果不"密"就会失去大臣，大臣如果不"密"就会失去身家性命，筹划大事如果不"密"就不会成功，所以君子要慎密而不要轻易说出口。这四句出现了四个"密"。"密"究竟是什么意思？有人说是机密，有人说是周密，其实联系这句话是对节卦的解释来看，原本有节制言语的意思，所以解释为慎密比较好，也就是又谨慎又严密。

就像我开头讲的，作为国君的汉灵帝，由于不慎密导致大臣蔡邕差一点被杀，最终是失去了大臣。

"慎密"不仅是孔子的思想，而且也是老子的思想。老子《道德经》说："鱼不可脱于渊，国之利器不可以示人。"鱼儿不能脱离深渊，国家精良先进的武器不可随便展示给人看。因为国家的"利器"关系一个国家的生死存亡，如果随便展示给别人，将会招来灭顶之灾。只有"慎密"，才能使国家得以保全。

《鬼谷子》说："天地之化，在高与深；圣人之道，在隐与匿。"天地的造化在于高与深，圣人的治道在于隐蔽与藏匿。

《韩非子》说："夫事以密成，语以泄败。未必其身泄之也，而语及所匿之事，如此者身危。"凡事要严守秘密才能成功，泄露秘密必然失败。泄密未必是主动的意愿，往往是在言谈中无意说出要保密的事，这样做会危及自身安全。就像汉灵帝是无意中把蔡邕的密奏放在一边，被太监看到才泄露出去的。

总之，无论是君主还是大臣，无论是进攻还是后退，都要保守秘密，使对手无法预测，无法应对，尤其要守口如瓶，严防因语言不慎而泄露机密。

诲淫诲盗：为什么有的人就是会招盗贼惦记？

很多人都看过小说《水浒传》，对书中描写的潘金莲、西门庆都印象深刻。潘金莲原是大户人家的婢女，貌美聪明，因不愿受主人侮辱，遭到报复，被迫嫁给了武大郎。在遇到西门庆以前，虽然受尽嘲讽和欺负，倒也自认晦气，忍气吞声，和武大郎过着底层百姓的平淡日子。西门庆原是阳谷县的一个落魄财主，后来开了一家生药铺。他学过武术，使得一手好枪棒，但为人奸诈，贪淫好色，是个地头蛇。他看上了美貌的潘金莲，设计勾引潘金莲，两人勾搭成奸，最后密谋害死了武大郎。小说《金瓶梅》详细讲了西门庆如何勾结官府，玩弄妇女，巧取豪夺，由发迹到纵欲身亡、死后家业破败的故事。《金瓶梅》的书名取自书中三个女主人公潘金莲、李瓶儿、庞春梅的名字。因为书中确实有情色描写，所以从清顺治时期开始就被禁止，虽然到20世纪50年代才有限度地解禁，但直到现在还有很多人认为它就是一本"诲淫诲盗"的书。为什么《金瓶梅》被扣上"诲淫诲盗"的帽子，"诲淫诲盗"究竟是什么意思？

要搞清楚这个问题，还要从《系辞传》说起。我们继续看《系辞传上》第八章最后一段——

> 子曰："作《易》者其知盗乎？《易》曰：'负且乘，致寇至。'负也者，小人之事也；乘也者，君子之器也。小人而乘君子之器，盗思夺之矣。上慢下暴，盗思伐之矣。慢藏诲盗，冶容诲淫。《易》曰'负且乘，致寇至'，盗之招也。"

这是孔子对"负且乘，致寇至"这条爻辞的解释，这条爻辞出自解卦的六三爻，意思是说，背负着贵重的东西坐在华丽的车上，就会招来盗寇的抢劫。解卦是《易经》的第四十卦，是讲怎样摆脱危险、解除艰难的。解卦是雷水解，上卦是震卦为雷，下卦是坎卦为水，震卦表示行动，坎卦表示危险；这个卦象就是在危险的时候要采取行动，这样才能摆脱危险，这就叫"解"。到了第三个阶段六三爻，好比一个人背着贵重的东西，乘坐着华丽的车子，结果招来强盗抢东西。这是说在困难快要解除的时候还潜伏着危险，所以千万不能炫耀自己，否则会招来灾祸。

孔子解释这条爻辞说："作《易》者其知盗乎？"创作《易经》的人大概是知道盗寇的道理吧？"盗"这个字的本义是过河越界，劫物掠货，后来引申为行窃和偷盗。这里用的是本义抢劫的意思。我想起《黄帝阴符经》的一段话："天地，万物之盗；万物，人之盗；人，万物之盗也。三盗既宜，三才既安。"可见这个"盗"字值得深入研究。

接着孔子对这条爻辞做了解释："负也者，小人之事也；乘也者，君子之器也。"背负贵重的东西是小人的事情，而乘坐的大车是君子的工具。"小人而乘君子之器，盗思夺之矣。"小人乘坐在君子的车上，盗寇就要想着怎样抢夺。注意《易经》卦爻辞上说的"小人"是指平民百姓，"君子"是指贵族、做官的人。"负也者"，就是背负重物工作，是"小人之事"，是平民所从事的工作。而"乘也者"，就是乘坐的马车，是"君子之器"，是贵族出行的工具。这是西周的礼俗，一直到春秋时期，贵族、做官的人出行还是要乘马车，不可以步行。比如《论语》里记载，孔子最得意的弟子颜渊去世了，颜渊的父亲颜路因为家贫，请求孔子卖掉马车，用换来的钱为儿子颜渊购买外椁（椁是套在棺材外面的大棺材，内层是棺，外层是椁）来厚葬自己的儿子。孔子没有同意，理由一是不应该厚葬，他自己的儿子孔鲤去世也没有外椁，二是自己曾做过大夫，是贵族后代，按照礼制出行要用马车，不能徒步。

而解卦的这条爻辞是说平民乘坐在贵族的车上，所以盗寇就想着要实施抢夺。这根爻还在坎卦中，处于危险的阶段，这个时候平民坐在贵族的车上，自然会招来强盗。这根六三爻是阴爻居在阳位上，是不当位，也可以说这种做法是小人得志，窃取了高位（六三爻在下卦的最高位），没走正道，同时还炫耀自己，觉得自己已经脱离危险了，没有忧患意识，结果就招来了危险和灾祸。

孔子接着说："上慢下暴，盗思伐之矣。慢藏诲盗，冶容诲淫。""上慢下暴"是说在上位的国君如果怠忽职守，下面的百姓就会发生暴乱，盗窃者也会乘机攻伐，攫取高位。"上慢下暴"的"上"指统治者，"下"指百姓。这里把国家是否稳定、社会是否安宁的决定因素归结于"上"，即统治者。这个"伐"字，与上面夸耀的意思不同，是讨伐的意思。但历代也有一些大儒，不同意这种说法，比如北宋理学大师程颐就认为这个"上"不是指君主，是指大臣。是说这个大臣对上慢、对下暴，对君主不忠，欺瞒君主，对老百姓则暴虐苛刻到极点。后来明朝官方教科书《周易大全》，清代乾隆御定教科书《周易述义》都采用了程颐的说法。但是我认为，还是第一种解释更符合孔子的思想，因为孔子一贯主张君主自己要身正，要"修己"，而后才能正人、才能安百姓，有强烈的民本思想。所以这里的"上慢下暴"还应该是对君主、统治者说的，上慢则下暴，君主怠慢，不按天道、正道来做，不能选贤任能，那么下面的百姓就会不堪忍受，就会发生暴乱。北宋大儒张载《正蒙·大易》就说过："《易》为君子谋，不为小人谋。"《周易》是为君子谋划，而不是为小人谋划的。再从根本上说《周易》是为君主谋划的，君主应该遵从天道的思想。"上慢下暴，盗思伐之矣"是对君主的一种警告。有人说"盗思伐之矣"——盗贼乘机攻伐，而古代是不容许伐国君的，所以这个"上"不是指君主。其实不然，正因为古代不容许伐君，所以伐君者才称为"盗"啊。为什么下面会"暴"——暴乱，会"盗"——盗取君位？不就是因为君主本身怠慢而不正吗？这里孔子并不是支持这种做法，而是要君主明白会有这种危险发生，所以要防微杜渐，要从本原上防止这种事情的发生。那为什么明代、清代官方的《易经》教材都采用程颐的说法，把这句话看成是对大臣说的，而不是对君主说的呢？很简单，那是皇帝的旨意，皇帝当然不希望是对他说的啊。

再看"慢藏诲盗，冶容诲淫"，这就是"诲淫诲盗"这个成语的来源。"慢藏诲盗"，意思是说，如果不认真地收藏财物，就会招来盗贼。慢藏，就是收藏保管得不妥善。诲，是引诱、招来的意思。"冶容诲淫"是说如果女子过分打扮自己，打扮得很妖艳，就会招来别人的淫秽之心。冶，艳丽、妖媚的意思。孔颖达对此句做了解释："若慢藏财物，守掌不谨，则教诲于盗者，使来取此物。女子妖冶其容，身不精慤，是教诲淫者，使来淫己也。"说明淫盗这些灾祸都是自己招来的。"《易》曰'负且乘，致寇至'，盗之招也。"所以《周易》说背负贵重的东西，坐在大车上，一定会招来盗寇的夺取。这不是盗寇的过错，而是自己的过错，是自己把盗寇招来的。所以，我们一定要慎言慎行，要简朴低调，要守正道、做表率。"诲淫诲盗"后常用来指引诱人去干盗窃奸淫等坏事。

最后，我们再看一看《金瓶梅》是不是一部"诲淫诲盗"的书。它是一本引诱人去奸淫盗窃的书吗？显然不是。《金瓶梅》实际是一部揭露明末政治腐败、社会黑暗的世情小说，只是里面的情色描写在有些人眼里变成了"诲淫诲盗"。

第九章

天地之数：五行为什么是管理的第一大法？

我们都知道商朝的最后一位君主叫纣王。商纣王是历史上最有名的暴君、昏君，他残害忠良，连自己的亲属也不放过。他的叔叔比干因直言劝谏被挖心而死。他的大哥微子被迫逃亡在外。他的叔叔箕子见自己的祖上成汤创立的六百年江山即将断送在纣王手中，心痛如割，归隐鼓琴，每日弹唱《箕子操》以发泄心中悲愤，后来索性装疯，披头散发，时而胡言乱语，时而吼唱几句。纣王以为箕子真的疯了，于是就把他囚禁起来，贬为奴隶。商朝末年周武王姬发兴兵伐纣，在最后一战牧野决战中，纣王兵败自焚。姬发攻入商都朝歌，这就标志商朝覆灭、周朝建立。这个时候箕子趁乱逃往箕山，过起隐居生活，在山上观测星辰的运行、四时的变化，参悟阴阳五行。姬发灭商建周后，求贤若渴，访道太行，特地到箕山找到了箕子，恳切地向他请教治国的道理。

箕子告诉姬发："我听说从前大禹的父亲鲧用堵塞的方法治理洪水，将水火木金土五行的排列扰乱了。天帝大怒，没有把九种治国大法告诉鲧。治国安邦的常理受到了破坏。鲧在流放中死去，禹继承父业，上天于是就把九种大法赐给了禹，治国安邦的常理因此确立起来。"哪九种大法呢？第一就是五行，第二是五事（五件事），还有八政（八种政务）、五纪（五种记时方法）、皇极（最高法则）、三德等。这个故事最早记载在《尚书·洪范》中，九种治国的大法被称为"洪范九畴"。"洪"是大的意思，"范"就是法则，"洪范"就是大的法则，"九畴"就是九种，这也是"范畴"这个词的来源。五行不仅是治理国家的第一大法，也是治理企业、治理家庭、治疗疾病的第一法则。为什么五行在中国历史上被认为有这么大的作用呢？让我们看一看《系辞传上》第九章——

> 天一，地二，天三，地四，天五，地六，天七，地八，天九，地十。天数五，地数五，五位相得而各有合。天数二十有五，地数三十，凡天地之数五十有五。此所以成变化而行鬼神也。大衍之数五十，其用四十有九，分而为二以象两，挂一以象三，揲之以四以象四时，归奇于扐以象闰，五岁再闰，故再扐而后挂。
>
> 乾之策二百一十有六，坤之策百四十有四，凡三百六十，当期之日。二篇之策，万有一千五百二十，当万物之数也。是故四营而成易，十有八变而成卦。八卦而小成，引而伸之，触类而长之，天下之能事毕矣。显道神德行，是故可与酬酢，可与佑神矣。子曰："知变化之道者，其知神之所为乎！"

先看第九章开篇的论述：

> 天一，地二，天三，地四，天五，地六，天七，地八，天九，地十。天数五，地数五，五位相得而各有合。

这一章开头就指出十个数字要"五位"组合，从一到十这十个数字叫天地之数，说明天地万事万物都可以用数字来代表。其中一、三、五、七、九是天数，二、四、六、八、十是地数。这很好理解，天数就是奇数、阳数，地数就是偶数、阴数。数字一共是十个，是从一到十，为什么不是从0到9呢？请注意先秦时期还没有0这个数字，0到9是阿拉伯数字。阿拉伯数字不是阿拉伯人发明的，是古印度人发明的。为什么叫阿拉伯数字？是因为后来阿拉伯人把印度数字传到欧洲，再经欧洲人将其现代化，人们以为是阿拉伯人发明的，所以称其为"阿拉伯数字"。为什么印度数字有0？因为印度文化崇尚空，比如四大皆空，从空的观念自然就产生了0。阿拉伯数字很晚才传入中国。所以中国数字最早是从"一"开始的，从一到十，奇数为阳数、天数，偶数为阴数、地数。

"天数五，地数五，五位相得而各有合"，天数有五个，地数有五个，这五个数代表了五个位。这个位看上去好像是个空间概念，实际上它又隐含了时间的要素。"五位相得而各有合"，是指五个天数和五个地数要各自组合，两两组合。怎么"合"？这里没有说，我联想到了五行。

我开头讲了，箕子告诉周武王，治理国家的第一大法是五行。那么五行是什么呢？箕子接着说："一曰水，二曰火，三曰木，四曰金，五曰土。"然后解释："水曰润下，火曰炎上，木曰曲直，金曰从革，土爰稼穑。"这里先不说这一段的解释。我们看五行的次序："一曰水，二曰火，三曰木，四曰金，五曰土。"这个次序非常重要。五行有多少种排列方式呢？有一百二十种（五的阶乘）。"一曰水"其实是一个非常了不起的哲学命题，跟古希腊第一个哲学家——泰勒斯的第一个哲学命题"水为万物的本原"是相同的。1993年湖北荆门郭店出土了战国时期楚国的竹简《太一生水》，附在《老子》丙本之后，写在十四支简上，大约三百五十个字。"太一生水"就是太一生出水来，水反辅太一，然后生出天、生出地。"太一生水"的宇宙生成观念和《尚书·洪范》"一曰水"非常相似，也和《黄帝内经·素问·上古天真论》讲的"肾精"和"天癸"有相似之处。什么是"肾精"？肾精是生命之源，在中医又被称为先天之本。对一个人来说，先天之肾精就是"太一生水"。什么是"天癸"？"天癸"的"癸"字就是水的意思，"天癸"就是天水，天癸储藏在"肾精"当中，是肾精中专门主管生殖的部分，也就是说，有了天癸就可以生孩子，没有天癸就不能生孩子。

"女子二七天癸至""丈夫二八天癸至"。所以从造人的角度来说，天癸就是"太一生水"。可见《尚书·洪范》说的"一曰水"和《系辞传》说的"天一"其实表达的都是对宇宙生成本体、本原的一种认识。"天一"就是万物生命的本原，"生水"代表的是一种创生力。

我们再来对比一下，《系辞传》说"天一，地二，天三……地十。……五位相得而各有合"，《尚书·洪范》说"一曰水，二曰火，三曰木，四曰金，五曰土"，我们把这十个数"五位相得而各有合"，也就是把十个数字两两组合，分成五组。其中一到五这五个数和后面的六到十这五个数两两相"合"。怎么相合呢？很简单，六和一配合，七和二配合，八和三配合，九和四配合，十和五配合，也就是一六配合为水，二七为火，三八为木，四九为金，五十为土，数字分为天数和地数，就是"天一生水，地六成之""地二生火，天七成之""天三生木，地八成之""地四生金，天九成之""天五生土，地十成之"，这就是大名鼎鼎的河图。河图就是五行生成数图，五行的生数和成数按照五个方位排列就是河图。为什么一个五行要配两个数字，一个是生数，一个是成数呢？很简单，就像一个孩子，生下来只是第一步，还需要抚养才能成人，所以生和成是两个必要的阶段、必要的环节，必须相互配合，缺一不可。

现在有不少研究者说"五行"和《尚书》有关，和《周易》没有关系，因为《周易》没有提到五行。这种说法是不对的，虽然通行版本《周易》没有明确提到"五行"这个词，但有"五位"的思想，更重要的是马王堆帛书《周易》提到了四次"五行"，其中三次提到"五行"这个词，一次提到"水火金木土"。

大衍之数：一种用草起卦的最古老算卦方法

前面我们学习了，《系辞传上》第九章详细记载了从一到十这十个数，并把这十个数字称为天地之数，其中一、三、五、七、九奇数为天数，二、四、六、八、十偶数为地数。这十个数字的用途太大了，不但可以成就万事万物的变化，而且能够像鬼神一样预测事物变化的结果。下面我就来介绍一种用数字预测未来的起卦方法。

第九章接着说：

> 天数二十有五，地数三十，凡天地之数五十有五。此所以成变化而行鬼神也。

"天数"一、三、五、七、九加起来就是二十五，地数二、四、六、八、十加起来就是三十，"凡"就是总共，天数和地数加在一起，就是五十五。天地之数有什么用呢？"此所以成变化而行鬼神也"，天地之数可以用来成就万事万物的变化，也就是说天地之数代表了天地万物变化的规律。什么规律？量化的规律、量变的规律，而且能够"行鬼神"，像鬼神一样能知道人不知道的东西，能预知未来变化的神妙结果。

怎么预测呢？第九章介绍了一种最古老的算卦方法，就是大衍之数法，也叫揲蓍法，就是数蓍草的方法。揲蓍法在通行本《易传》第一次记载，在马王堆帛书《易传》里没有这个记载。我们来看一看第九章这一段：

> 大衍之数五十，其用四十有九。分而为二以象两，挂一以象三，揲之以四以象四时，归奇于扐以象闰，五岁再闰，故再扐而后挂。

这里介绍了一种目前所能见到的最古老的占筮起卦方法——大衍之数法。"大衍之数五十"，大指广大，衍指演绎、演算，数就是蓍草数。这句话是说，最大的演算方法是用五十根蓍草。这个很奇怪，前面说天地之数是"五十有五"，怎么大衍之数不是五十五而是五十呢？在这一点上，自古就有两派观点：一派认为，"五十"是搞错了，应该是五十五，后面肯定漏掉了一个五；另一派认为就是五十。再结合后面一句"其用四十有九"，也就是说真正用于演算的既不是五十五，也不是五十，而是四十九。对此，认为是五十五的一派就说，五十五和四十九差六，这个"六"就是抽出了一个卦，也就是六根爻；而认为是五十的一派就说，五十和四十九就差一，这个"一"就是太极。究竟谁对？在没有新的出土文献发现之前，没有办法判断谁对谁错。无论是五十还是五十五，都有一个"体数"，就是抽出的这个一或者六，它是不用的，要供起来。"其用四十有九"，真正用的是四十九根蓍草，所以四十九是个"用数"。

用四十九根蓍草演算一根爻，要经过四步、四个过程，叫"四营"。这四个过程就是"分二、挂一、揲四、归奇"。我们一步一步来看。第一步是"分二"——"分而为二以象两"，就是把四十九根蓍草任意分开，一分为二。这是象征两仪，就是天和地。第二步是"挂一"——"挂一以象三"，就是从天和地两堆的任意一堆里，抽出一根来，挂在左手的无名指和小指之间，代表三。"三"就是三才，挂的这个"一"就代表人。第三步是"揲四"——"揲之以四以象四时"，揲，用手成束地分数蓍草的意思，就是把桌上两堆蓍草分别四根四根地分出来，每一堆分到最后剩下来的蓍草，必须等于或小于四。为什么要四根四根地分呢？这个"四"就代表春夏秋冬四时。第四步是"归奇"——"归奇于扐以象闰"，"奇"就是余数、零数，"扐"是夹在手指之间的意思。"归奇于扐"就是把两堆剩下的蓍草合到一起夹在手指里，这代表闰月。这样四步就完成了，桌上就是四根四根分出来的一大堆蓍草。

什么叫闰月呢？中国古代既用阴历也用阳历，阳历比阴历一年要多出将近十一天，差不多三年就要多出三十天，也就是一个月。为了协调两者的误差，防止阴历和阳历脱节，所以古人创造了一个"闰月"的方法，也就是每两年半多就要加一个闰月，五年有两个闰月，这就是"五岁再闰"，"再"就是二的意思。"故再扐而后挂"，所以再来一次。四步完成以后，还不能得到一根爻，还要以同样的步骤再演算两遍。第二遍当然不是用四十九根蓍草，也不是夹在手上的蓍草，而是用第一遍摆在桌子上的那一大堆蓍草。桌子上的那一堆蓍草也就是四根四根分出来的一大堆，用同样的方法要演算四步，第一步"分二"，第二步"挂一"，第三步"揲四"，第四步"归奇"。第二遍之后再来第三遍。一共要算三遍。

经过这三遍演算，也就是三个"四营"之后，最后剩下的这一大堆蓍草，肯定只有四种结果：二十四、二十八、三十二、三十六，不可能有第五种结果。把这四个数分别除以四，就得出六、七、八、九这四个数。按照这个数就可以确定一根爻，九就是阳爻，七也是阳爻，八是阴爻，六也是阴爻。九这个阳爻叫太阳，它是要变的；而六这个阴爻，叫太阴，太阴也是要变的。八就是少阴，七就是少阳，少阴和少阳是不变的。《周易》强调变，所以就用九和六这两个数分别代表阳爻和阴爻。这就是揲蓍法。

最后我再简单总结一下：大衍之数的揲蓍起卦法，是用四十九根蓍草演算，共四步，第一步"分二"，第二步"挂一"，第三步"揲四"，第四步"归奇"。一共要演算三遍，得到一根爻，也就是一个卦的最下面一根爻。但六十四卦每一个卦都是六根爻，那么怎样算出其他五根爻呢？当然也是用同样的方法，也就是用四十九根蓍草分四步再演算三遍又得到一根爻。重复此法，逐渐从下往上，得到六根爻，也就是一个卦了。

卦爻策数：为什么万可以代表天地人间的所有事物？

古希腊有一位哲学家、数学家，叫毕达哥拉斯，他对数字有一套独特的看法，他说"数是众神之母""数是万物的本质""万物皆数"，整个宇宙是数及其关系的和谐体系。他还赋予每个数字特殊的含义，比如：1是万物之母，也是智慧；2是对立和否定的原则；3是万物的形体；4是正义，是宇宙创造者的象征；5是奇数和偶数，雄性与雌性的结合，也是婚姻；6是神的生命，是灵魂；7是机会；8是和谐，也是爱情和友谊；9是理性和强大；10是完满和美好。

那么，在我们古老的《周易》中，数字又有什么特殊的含义呢？我们继续学习《系辞传上》第九章。看看这一段：

乾之策二百一十有六，坤之策百四十有四，凡三百六十，当期之日。二篇之策，万有一千五百二十，当万物之数也。是故四营而成易，十有八变而成卦。八卦而小成，引而伸之，触类而长之，天下之能事毕矣。显道神德行，是故可与酬酢，可与佑神矣。子曰："知变化之道者，其知神之所为乎！"

我们先看："乾之策二百一十有六，坤之策百四十有四，凡三百六十，当期之日。""策"就是策数，策原义是竹片，也是用来运算的工具，上一节讲的揲蓍法是用蓍草演算，也可以用策——竹片演算。经过四营之后所余下的蓍草数或策数，只能是36、24、28、32四个数中的一个，其中36是阳爻的策数，24是阴爻的策数。乾卦是六根阳爻，六根阳爻的策数就是36×6=216；坤卦是六根阴爻，六根阴爻的策数就是24×6=144。这两个数加起来（216+144=360），刚好是360，是一年的天数。"当期之日"中，当就是相当于，期是一整年、一周年。阳历一年365日，取整十数为360日。阳历是以地球绕太阳公转的运动周期为基础而制定的历法。太阳历的一年约等于一个回归年，一年是365.2422日，阳历一个平年是365天，每四年要多一天，叫闰年，一个闰年就是366天。为什么要说整十数呢？就是用了乾卦和坤卦的策数360。还有我们看一个圆360度，360度是圆周角，也蕴含圆满、团圆、美满等美好的意思。

再看："二篇之策，万有一千五百二十，当万物之数也。"二篇之策，指《易经》上下篇六十四卦的策数，六十四卦一共是384爻，有几根阳爻、几根阴爻呢？当然是各自一半，也就是192根阳爻、192根阴爻，那加在一起的总策数就是192×36+192×24=11520。"当万物之数也"，这就相当于万物之数。我们今天为什么说"万事万物"，不说"千事千物""百事百物"？你可能会说万比千多、比百多。那为什么不说"兆事兆物"？一兆等于一百万，甚至等于一万亿。其实万事万物的"万"就是从六十四卦的总策数11520来的，取整万数就是一万。而这一万之数就把天下所有的事物全部包括了。所以说"万事万物"

就表示天地自然和人类社会的所有事物。

再看："是故四营而成易，十有八变而成卦。""四营而成易"是指四营而成为一根爻，"四营"就是四步，就是上一节说的"分二、挂一、揲四、归奇"四步，四步演算三遍就得到一根爻。一个卦有六根爻，3×6=18，所以要演算十八遍才能得出一个卦，这就是"十有八变而成卦"。我们来看十八这个数字，它是非常有意思的。比如我们常说"女大十八变，越变越好看"。还有十八般武艺、十八般兵器、山路十八弯、云南十八怪等。此外，佛家也常说十八，比如十八罗汉、十八层地狱，还有人体内外和世界一切现象都可分为十八界，即六根（六种感觉器官：眼、耳、鼻、舌、身、意）、六境（也叫六尘，六根所接触的对象：色、声、香、味、触、法）和六识（眼识、耳识、鼻识、舌识、身识、意识）。

再看："八卦而小成，引而伸之，触类而长之，天下之能事毕矣。"八卦只是小成，再引申扩展，类推增长，天下所能发生的事情就完全包括了。八卦还不能尽含万物的情理，所以是"小成"。只有继续朝着六十四卦推广演绎，接触同类事物，并发挥其象征意义，天下所有的事情才可以讲全。"触类"和"旁通"都是《易传》的话，后来就有了一个成语叫"触类旁通"。所以，八卦叫小成卦。有小成必有大成，大成是什么呢？就是六十四卦。所以，六十四卦也叫大成卦。孔子被后人称为"大成至圣先师"，孔庙、文庙的核心建筑，也就是正殿，就叫"大成殿"，其地位就好比佛教寺庙的大雄宝殿，道教宫观的三清殿。

再看后面一句："显道神德行，是故可与酬酢，可与佑神矣。"这里的"显"和"神"都是动词，"显"是使其显示出来，"神"是使其发生神奇的作用。"道"是易道、天道，天地、人生、万物变化之道，"德行"指人的道德品行。"显道神德行"意思是说卦爻数字可以使隐藏的天道规律显示出来，也可以使人的道德品行发挥神奇作用。"酬酢"，都是酒字旁，本意是指主客相互敬酒，引申为交往应酬。"佑神"当然不是保佑神，也不是神保佑，"佑"这里是辅助、协助的意思，"佑神"就是辅助神灵而发挥作用。"可与酬酢，可与佑神"，东晋易学家韩康伯解释说："可以应对万物之求，助成神化之功也。"也就是可以应对万物变化，可以助成神灵妙用。

最后孔子赞叹："知变化之道者，其知神之所为乎！"孔子说："知道阴阳象数变化之道的人，恐怕会知道神灵的所作所为吧。"宇宙阴阳变化的规律是非常神妙的，是不可测的。"阴阳不测之谓神"中的"神"有两个意思：一个是神妙，一个是神灵。《周易》是以不测为测，它要去预测这个神妙变化的规律，这是神灵的所作所为。

下面，我们总结这一节。乾坤两卦的策数是360，相当于一年的天数。六十四卦所有策数是11520，相当于万物之数。四营形成一根爻，十八变形成一个卦。卦爻数字既可以显示天道的变化规律，又可以发挥人道的神奇作用；既可以帮助我们与人交往、应对万物的变化，又可以辅助神灵发挥神秘作用。总之，了解了卦爻数字，也就知道万事万物的变化之道，好比知道了神灵的所作所为。

第十章

《易》之四道：走哪四条路可以成为一个高尚的人？

公路有的是双向四车道，有的是双向六车道，有的是双向八车道。我不会开车，不明白这是怎么算的，比如双向四车道是指来回两边各有四车道，还是两边加起来是四车道。我问了不少司机，回答也不一样。后来查了权威资料，才明白双向四车道是两边加起来总共四车道，也就是一边两车道，中间用黄色双实线或单实线划分，每一边的两车道中间一般用白色虚线划分。同一边的两车道中，靠左侧车道为小型车车道、快车道、超车道，右侧车道为大型车车道、慢车道。

如果是更多的车道，车道路面上会有很多标记，有虚线有实线，有指示方向的箭头，有各种标志，白色或者黄色的，有菱形标志，有三角形标志，还有画在路面上的文字、数字及其他图形符号。除了路面标志以外，还有树立在道路两旁各种各样的交通指示牌。

我为什么要说这些？我可不是在说交规，我要说的是"《易》之四道"。如果把"《易》之四道"比喻成车道，可以帮助我们了解"《易》之四道"究竟是什么意思。

"《易》之四道"是《系辞传上》第十章中提出来的——

《易》有圣人之道四焉：以言者尚其辞，以动者尚其变，以制器者尚其象，以卜筮者尚其占。

　　是以君子将有为也，将有行也，问焉而以言，其受命也如响。无有远近幽深，遂知来物。非天下之至精，其孰能与于此？参伍以变，错综其数。通其变，遂成天地之文；极其数，遂定天下之象。非天下之至变，其孰能与于此？易，无思也，无为也，寂然不动，感而遂通天下之故。非天下之至神，其孰能与于此？

　　夫《易》，圣人之所以极深而研几也。唯深也，故能通天下之志；唯几也，故能成天下之务；唯神也，故不疾而速，不行而至。子曰："'《易》有圣人之道四焉'者，此之谓也。"

　　看第一段："《易》有圣人之道四焉：以言者尚其辞，以动者尚其变，以制器者尚其象，以卜筮者尚其占。"简单地说就是，《易》有四种"圣人之道"，就是"辞、变、象、占"，也就是说《易经》蕴含着圣人常用的四种道理，稍微换一下次序就是：象、辞、变、占，也就是卦爻象、卦爻辞、卦爻变、卦爻占卜。我用车道来比喻一下就好懂了，卦爻象就好比是车道上的标记符号，卦爻辞好比是车道路面上和路旁标牌上的文字，卦爻变好比是行车时改变车道、改变方向，卦爻占卜就是对行车可能出现的状况所做的预测。这四大要素是有关联的。关于《易经》构成的四大要素，现代也有人概括为象、数、理、占，就是卦爻符号、卦爻数字、卦爻的道理、卦爻占卜。

　　那么这四大要素有什么用呢？最大的作用是教我们怎么做人。就是说，这四条道路是我们做人的四大法宝。具体怎么做呢？

　　第一，"以言者尚其辞"。"以"就是用来、根据，"尚"就是崇尚、偏重，"辞"就是卦爻辞。整句话的意思就是，用《易经》来指导言论的人要崇尚卦爻辞。也就是要想说好话，就要学习卦爻辞。为什么呢？因为卦爻辞表达了圣人内心的感情、内在的思想。孔子自己就很崇尚卦爻辞，他在说话时经常引用

《易经》卦爻辞，比如他在说人要有恒心时，就引用了《易经》恒卦的爻辞。他说："南人有言曰：'人而无恒，不可以作巫医。'"意即一个人如果没有恒心，是不能成为一个巫医的。这里说的巫医并不是贬义词，巫医在当时地位是很高的。他还针对恒卦九三爻辞"不恒其德，或承之羞"——人如果不能长久地保存自己的德行，有时候会遭受耻辱——说明"不占而已矣"，不要陷在占卜里面，而是要"观其德义"，要看到卦爻辞蕴藏的"德义"——义理、思想、智慧。

第二，"以动者尚其变"。"动"就是行动。用《易经》来指导行动的人要崇尚《易经》的变化。什么变化？当然是《易经》的卦爻变化。《易经》的卦爻变化实际蕴含万物的变化规律，当然可以用来指导我们的行动。我们经常会说一个词叫"变卦"。变卦首先是变爻，爻变了，卦也就变了。比如乾卦六根都是阳爻，如果第一根爻变了，阳爻变阴爻，那么就变成为姤卦。那怎么知道变爻呢？按照揲蓍法，经过四营之后得到的四个数除以四就是六、七、八、九。其中"六"就是太阴，"九"就是太阳，"七"是少阳，"八"是少阴。如果是六（太阴）或者九（太阳）就要变爻，变过去这个卦就是变卦。通过变爻变卦就可以知道事物未来变化的结果，知道这个结果我们就知道应该采取什么行动。卦爻变化告诉我们怎样趋吉避凶，所以我经常说《易经》不仅仅是预测学，更重要的是行为学。

第三，"以制器者尚其象"。"制器"就是创制器具、工具。用《易经》来指导器具制作的人，要崇尚《易经》的卦爻象。也就是说你要发明创造，就要学习《易经》的卦爻符号。《易经》的爻象只有两种，就是阴爻和阳爻，好比车道上的虚线和实线，要么中间断开，要么中间不断。阴爻和阳爻排三次得到八卦，排六次得到六十四卦。八卦、六十四卦的卦象，是对具体事物形象的模拟。反过来通过八卦、六十四卦的卦象可以指导制作器具、工具。《系辞传下》第二章就举了十三个例子来说明怎么"观象制器"，比如伏羲"作结绳而为网罟，以佃以渔，盖取诸离"，按照离卦发明了打鱼打猎的网。

第四，"以卜筮者尚其占"。用《易经》来预测决疑的人，要崇尚《易经》

的占筮。卜筮分开来说，用龟甲占算叫"卜"，用蓍草占算叫"筮"。殷商以前一般用龟卜，殷商甲骨文就是以卜辞为主，到商朝末年姬昌用蓍草占筮，此后周朝兴起占筮。这里指要预测决疑不仅要崇尚《易经》的占筮方法，还要崇尚《易经》卦爻辞所讲的道理。

辞、变、象、占，是圣人告诉我们的四条道路，我们按照这四条道路来走，可不可以成为圣人呢？显然圣人不是人人可以达到的，但至少可以成为一个君子。请大家注意，《系辞传》中说的君子和圣人是不同的，说圣人的时候往往是指作《易经》的人，说君子的时候往往是指学《易经》、用《易经》的人。君子有时指国君、统治者，有时指品德高尚的人。

《系辞传》接着说："是以君子将有为也，将有行也，问焉而以言，其受命也如响。""是以"就是"以是"，因此的意思。因此君子将要有所作为，将要有所行动的时候，就要先占问一下，然后按照卦爻辞来做。《易经》在听到询问的声音以后，会像回声那样立刻做出回答。

君子"将有为也，将有行也"，作为和行动看起来好像差不多，其实"有为"偏于内，为于内，是个人的事，"有行"偏于外，行于外，是国家的事。所以这里的君子应该是一国之君主，他在就个人大事和国家大事采取行动之前首先要"问焉而以言"。向谁问呢？又是谁发言呢？很多人解释为用语言向神灵询问。结合上文，我理解应该是向《易经》占问，然后按照得到的这个卦的卦爻辞来做。这样做的结果就会立即有回响、回应。

"无有远近幽深，遂知来物"，不论是远近还是幽暗深奥之处，《易经》都能够推知未来的情况。"无有"就是无论、不论。"远近"不仅指空间的远和近，而且指时间的未来和现在。"幽深"的"幽"是幽暗不明，"深"是深奥难测，指看不清事物的真实面貌。"遂知来物"，"遂"解释为于是，"来"是未来、将来的，"物"就是事物、事情。

"非天下之至精，其孰能与于此"，如果不是掌握天下极为精妙的道理，怎么能达到这样的境界呢？这当然是指《易经》这本书。《易经》是天下"至精"

之书，"精"不在多，而在妙。《易经》的卦象符号只有六十四个，卦爻辞只有五千多字，是非常少的，但它蕴含的意义却十分广大、十分精微，是最精粹、最具普遍性的，因为这么少的符号文字可以解释无限多的事物，可以解释事物的过去、现在、未来。"至精"不是一般的精，而是精妙到极点。"其孰能与于此"，"孰"是谁、什么的意思，既可以指人，也可以指事、指物。"与"可以理解为及、达到。这句的意思是，有哪一本书能够达到《易经》这样的精妙程度和至高境界呢？

错综其数：怎么通过数字预知天下事物的变化？

我们很多人小时候都读过一首诗《山村咏怀》："一去二三里，烟村四五家。亭台六七座，八九十枝花。"这首短短二十字的诗，巧妙地运用了一到十这十个数字，描写在出行途中看到的风光，就像一幅朴实自然的乡村风景画在我们的眼前慢慢展开，意境优美，充满了乡趣。这首诗又很押韵，读来朗朗上口。

这首诗是谁写的呢？有不同的说法，但我还是赞同是邵雍写的。邵雍是个什么人？是我的偶像，我作博士论文就研究了邵雍。邵雍是北宋的大儒，大易学家，大理学家。他少年时跟着父亲学习，特别喜欢读书，几乎无书不读。他从小就有远大的抱负，立志要求取功名，报效国家。为了磨炼自己的意志力，他冬天不生炉子，夏天不扇扇子，夜里不上床，就这样刻苦学习了好几年。有一天，他叹息："过去的人学习，不单读古人的书，而且要广泛游历古人曾经游历过的地方，而我现在只是读了古人的书，还没有去四方游历过。"于是，他就越过黄河，徒涉江淮、汉江平原，考察了周时齐、鲁、宋、郑遗址，用了很长一段时间游学，增长见识。待到他归来时，他感叹道："道在是矣！"自此便再没有出去游历了。

当时邵雍住在共城（今河南省辉县市），共城县令李之才是华山道士陈抟老祖的三传弟子，是一个易学家。他一直在寻找易学的继承人，当他得知邵雍才智出众、好学上进后，便亲自去见邵雍。他对邵雍说："你听说过物理之学和性命之学吗？"邵雍回答："不甚了解，请求先生教我。"李之才欣然同意，邵雍十分高兴，立即拜李之才为师。李之才就把从陈抟老祖那里传下来的《河图》《洛书》《伏羲八卦》《伏羲六十四卦》这些图式都教给邵雍。邵雍对这些图式反复琢磨，终于参悟出这些图式里蕴藏的宇宙万物周期变化的规律，还有做人做事、性命修炼的奥秘。最终，邵雍提出了"先天象数学"。相传，他还发明了"梅花易数"这种算卦占卜的方法。他对数字有一种特殊的领悟力。

他还喜欢写诗，一生写作了三千多首诗，后人收集整理成《击壤集》。不过，《山村咏怀》这首诗没有收进《击壤集》里，所以有人怀疑不是邵雍写的，理由是这首诗纯真朴实，不是邵雍诗的风格。我不同意这种说法，因为邵雍就是一个纯真朴实的人。他三十九岁迁到洛阳以后，一开始住的房屋都是用蓬草做的门，难以抵挡风雨。他以打柴为生，亲自烧火做饭，侍奉父母。虽然日子穷苦，但邵雍过得却很快乐。当时前宰相富弼、司马光等人都很敬重邵雍，常常和他一起游玩，后来还为邵雍买了一套接近都市的带园子的住宅。从此邵雍在园地上自耕自种，过上了自给自足的生活，并将宅子起名为"安乐窝"，自号为"安乐先生"。他曾两次被推举出来做官，但都被他以身体有病拒绝了。只有这样一个纯真的人，才能写出这样一首纯真的诗。

邵雍对数字的感悟力极强，提出了"先天象数学"，人们称他是个数学家，而我却认为他是一个以"数"为本体的哲学家。他为什么能在数本论哲学上有这么大的贡献？这与他学习《系辞传上》第十章是分不开的。这一章明确提出数字可以决定天下的观点。下面我就来和大家聊聊，这一章是怎么说数字的奇妙作用的。这几句是："参伍以变，错综其数。通其变，遂成天地之文；极其数，遂定天下之象。非天下之至变，其孰能与于此？"

"参伍以变，错综其数。"这两句的解释非常多，有人解释为三番五次地去探究它的变化，错综复杂地去推演它的数理。朱熹认为"参伍"指用"三"来"相参"，相互参合、参照；用"五"来"相伍"，相互配伍，相互错杂。"三"

是指揲蓍求卦的过程中，要通过三遍然后求出一爻。"伍"是指每一遍的过程中，有五个处理步骤，也就是"五岁再闰"（五年有两个闰月）。哪五个步骤呢？我们讲过四营：分二、挂一、揲四、归奇。有人说揲四是左右两堆分别四根四根地数，也可以看成两步，加起来就是五步，这种解释显得牵强。我的理解是，这里的"参"和"伍"就是数字"三"和"五"。"参"就是"三"，"三"是指三爻，每三根爻组成一个八卦，三爻也代表了三才。"伍"就是"五"，可以指五行，也就是五组数字，天数五和地数五：天数有五个，就是一三五七九；地数有五个，就是二四六八十。天数和地数构成的五组数字就是五行。一六为水，在北方；二七为火，在南方；三八为木，在东方；四九为金，在西方；五十为土，在中央。所以"参伍以变"就是利用三才五行的变化，或者是三爻五数的变化。三才三爻变出八卦，五行五数变出河图，也就是五行生成数图。

"错综其数"就是用大衍之数的方法进行错综复杂的演算。大衍之数五十，真正用的是四十九根蓍草，经过四营三遍得到六、七、八、九四个数字，这个过程是错综复杂的。当然在易学上，"错综复杂"有特定的含义，表示四种卦。错卦是指将一个卦的六个爻全部变为相对的爻所形成的卦，所以也叫对卦。如乾卦（本卦）对坤卦（错卦）。综卦就是将本卦的爻位颠倒而形成的卦，所以也叫反卦。如屯卦（本卦）对蒙卦（反卦）。复卦和杂卦有不同的理解。一般来说，复卦是指一个六爻卦下面的八卦和上面的八卦重复出现，其实就是八纯卦，如乾坤等。杂卦，当然就是指一个六爻卦下面的八卦和上面的八卦是不同的。六十四卦中有八个复卦，其余五十六卦都是杂卦。

"通其变，遂成天地之文"，通晓这种数字和符号的变化，才能成就天地的文采。这里说的"变"就是指《易经》数和象的变化，归纳为阴和阳的变化。在卦爻的变化中，阳要变阴，阴要变阳，阴阳的变动交替，永无止息。对此，要真正做到"通"是很不容易的，所以要不断揣摩，通过卦爻变化通晓天地万物的变化。什么叫"天地之文"？"天地之文"中的天文，按照贲卦《彖传》的解释就是："[刚柔交错，]天文也。……观乎天文以察时变。"天上的日月分别代表刚柔，日月星辰都交错在一起，阴阳配合，这就是天的文采。观察天文就知道春夏秋冬时令的变化，可以观象授时、制定历法。此外，对数字来说，一、三、五、七、九这些奇数为天数，二、四、六、八、十这些偶数为地数。对爻象来说，阳爻就是"天文"，阴爻就是"地文"。这就是"遂成天地之文"。

"极其数，遂定天下之象"，穷尽了数的变化，才能定出卦象，用卦象进而定出天下万物的形象。"极"是穷尽的意思。这个"数"当然也是天地之数，这句的意思是由数定象，也就是先有数字然后才有卦爻符号。本来这是从揲蓍法角度说的，通过大衍之数的四营三遍之后，得出六、七、八、九四个数，然后定出太阴、少阳、少阴、太阳四个爻象。十八遍就定出一个卦象。邵雍则提出由数定象、数先象后——由数字决定卦爻现象，数字在符号现象之前的数本论哲学，开创中国哲学史数本论学派。当然邵雍的这个思想就来源于《系辞传》的这句话"极其数，遂定天下之象"。

最后用了一个反问句："非天下之至变，其孰能与于此？"如果不是通晓天下极为复杂的变化，那么谁能够达到这样的地步呢？说明《易经》这部书是通过数字的变化反映天下万事万物的变化，所以学《易经》要掌握数字变化。

易无思无为：在动荡不安的时代怎么做到心灵寂然不动？

我们大家都知道王阳明，他是明朝杰出的思想家、文学家，是一个典型的文人、知识分子。为什么他能从一介书生一下子学会打仗，成为一位了不起的军事家？

公元1519年，也就是正德十四年，明太祖朱元璋的五代孙、宁王朱宸濠在南昌发动叛乱，杀了江西巡抚，号称集结了十万兵力，要亲自率兵沿长江东下，直取南京。消息传到北京后，朝中大臣震惊不已。朱宸濠还下令追杀南赣巡抚王阳明，当时，王阳明的兵符已上交兵部，手中没有一兵一卒。他得到消息后，立即偷偷跑到了江西吉安，发出檄文，要出兵征讨朱宸濠。在吉安知府支持下，王阳明调集了两千人。两千人打十万人，兵力相差悬殊，但王阳明显得胸有成竹。他写了兵部咨文，咨文上写着兵部已经调派了二十四万大军，分别由几位将军带领，多路共同进攻，同时还说朱宸濠手下大将其实是朝廷卧底，叛乱转瞬便可以平定，让百姓们不要惊慌。他让人将这个咨文贴得满街都是，还放风说已经和朝廷卧底说好了，一旦宁王离开南昌，就摆开布袋阵捉住宁王。

这是王阳明用的疑兵之计。他深知，如果宁王率领大军顺长江东下，那么南京肯定保不住，所以他散布了烟幕弹。其实他根本调不来这么多兵，宁王的手下也不是卧底。王阳明就是要让宁王怀疑。宁王果然不敢离开南昌了，一直待在南昌。王阳明这时候开始疯狂招兵，老少都不挑，在宁王朱宸濠犹疑不定的十多天里，王阳明已经凑到了七八万兵力。

过了十多天，宁王朱宸濠醒悟了，他探知朝廷根本没有派那么多的兵来，于是率兵六万沿江东下，攻下九江、南康两城，逼近安庆。当时有人建议王阳明首先救安庆，王阳明没有同意。他分析说：如果救安庆，与宁王主力相持江上，南康和九江的敌人就会乘虚攻我后背，我们腹背受敌；而我们直捣南昌，南昌守备空虚，我们的军队锐气正足，必可一举而下，宁王必定回救，到时我们迎头痛击，肯定会取胜。于是王阳明率军直捣宁王的老巢——南昌，迫使朱宸濠回援。

由于朱宸濠精锐部队都前往安庆，留守南昌的兵力较弱，王阳明率兵攻打南昌，朱宸濠果然回兵救南昌。最终双方在鄱阳湖决战，经过三天的激战，宁王战败被俘。宁王叛乱历时四十三天后宣告结束。

这四十三天真是惊心动魄，王阳明从没有一兵一卒到最终打败了拥兵十万的宁王，这是什么神力相助才创造了这么大的奇迹？我概括了八个字：扰乱敌心，不动我心。是"心"的力量创造了奇迹。因为王阳明有一颗不动的、坚定的心，所以能做到泰山崩于前而色不变，黄河决于顶而面不惊。用王阳明的话来说就是"此心不动，随机而动"。那王阳明是怎么做到的呢？这与他的长期磨炼，与他深入学习《周易》是分不开的。《周易》教我们此心"寂然不动"。

《系辞传上》第十章说："易，无思也，无为也，寂然不动，感而遂通天下之故。非天下之至神，其孰能与于此？"

"易，无思也，无为也"，这是一个非常重要的命题。意思是"易"是没有思虑的，是自然无为的。它不是苦思冥想出来的，是出自于本性，出自于自然本能而得到的。孔颖达解释："任运自然，不关心虑，是无思也；任运自动，不须营造，是无为也。""《易》与天地准"，《易经》是对天地自然的模拟，是纯客观的，如果一思虑，就带有主观意识，就不客观了，就很难准确地反映天地自然的规律和真实的本质。《易》又是无为的。一提到无为，大家一定会想到老子。老子说"道常无为而无不为""为无为，则无不治""圣人处无为之事""圣人无为故无败"。什么是无为？很多人以为就是什么都不做，或者无所作为，其实是不对的。"无为"是不要人为、不要妄为，也就是不要做违背自然本性的事，不要做违背自然规律的事，言外之意就是要做符合自然本性和自然规律的事。"无为"常常和"自然"连在一起，叫"自然无为"，好多人以为自然就是大自然，是不对的，自然是自然而然，也就是本然、本来的样子。六祖惠能称之为"本来面目"。由此可见，《易传》所说的"易"不仅是儒家所说的天道以及人的本性，而且是道家所说的无为之道、清静元性，还包括了后来佛家禅宗所说的佛性、自性。王阳明说："易"就是心，这个心就是"无善无恶心之体"；"易"就是良知，"良知即是易"。可见《系辞传》"易，无思也，无为也"这一命题对后世的影响是多么巨大。

"寂然不动，感而遂通天下之故"，"易"是寂静不动的，只有在与天下万物相感应的时候，才能通晓天下的道理。怎样才能通晓天下的道理？必须做到两点，第一是"寂"——寂然不动，第二是"感"——感应。"寂"是寂静、没有声音，老子说"道"是"寂兮寥兮，独立而不改，周行而不殆"，寂是没有声音，寥是没有形状。寂然不动是感应的前提，只有无思、无为，心灵处于寂然不动的状态下，才能感应天地宇宙事物。如果心浮气躁，对外在的事物是无法感应的，就像江水，如果波涛汹涌，我们是看不见水中之鱼的，如果江水平静，水波不兴，我们就能很清楚地看到水中游动的鱼儿。同样要认清宇宙人生的本质，要认清天地万物的规律，必须无思无为、寂然不动，让心灵纯净得像一面镜子。然后，就是第二步"感"——感应、感召。"感"字太重要了，这个感不是经过深思熟虑，不是经过理性思维，而是偏于直觉体悟，是一种心灵深处的触动，是一种冥冥之中的感召。然后，才到了第三步"通"——通达、通晓，当自己的心灵深处与天地宇宙相交感的那一刻，自然就通达天下一切道理、一切缘故。天下之故的"故"是缘故、道理的意思。这是认知事物的三部曲，也是人生修炼的三部曲。

身处动荡不安的时代，怎样做到心灵寂然不动？首先要心灵纯净，不要有私欲干扰，按儒家的说法就是要心存善良、致良知，按道家的说法就是要复归于朴、返璞归真，按照佛家的说法就是要熄灭贪嗔痴，然后要放下固有思维，打破思维定式，破除旧有观念，用一颗无我利他的心、无私纯正的心、清静平常的心去感应外物，这样就能通达天下一切，就能彰显自性，通晓真理。当然在具体做法上，可以采用打坐、禅定的方法，慢慢就可以修炼到"寂然不动，感而遂通天下之故"。

"非天下之至神，其孰能与于此？"如果不是通晓了天下极为神妙的本质，那么谁又能达到这个地步呢？这是在"非天下之至精""非天下之至变"之后第三次用了"其孰能与于此"这个反问句，说明《易经》是至精、至变、至神的。

那么怎么才能学到《易经》的至精、至变、至神的法宝呢？那就要先学习"无思无为，寂然不动，感而遂通"的功夫。

极深研几：怎么从细微的先兆中把握稍纵即逝的时机？

我们看小说《三国演义》，对诸葛亮的神奇智慧都钦佩不已，尤其是对诸葛亮借东风这个故事都记忆犹新。

话说周瑜为破曹军，心腹搅痛，时复昏迷。心中呕逆，药不能下。诸葛亮前来探望。

孔明曰："连日不晤君颜，何期贵体不安！"瑜曰："人有旦夕祸福，岂能自保？"孔明笑曰："天有不测风云，人又岂能料乎？"瑜闻失色，乃作呻吟之声。孔明曰："都督心中似觉烦积否？"瑜曰："然。"孔明曰："必须用凉药以解之。"瑜曰："已服凉药，全然无效。"孔明曰："须先理其气；气若顺，则呼吸之间，自然痊可。"瑜料孔明必知其意，乃以言挑之曰："欲得顺气，当服何药？"孔明笑曰："亮有一方，便教都督气顺。"瑜曰："愿先生赐教。"孔明索纸笔，屏退左右，密书十六字曰："欲破曹公，宜用火攻；万事俱备，只欠东风。"写毕，递与周瑜曰："此都督病源也。"瑜见了大惊，暗思："孔明真神人也！早已知我心事！只索以实情告之。"乃笑曰："先生已知我病源，将用何药治之？事在危急，望即赐教。"孔明曰："亮虽不才，曾遇异人，传授奇门遁甲天书，可以呼风唤雨。都督若要东南风时，可于南屏山建一台，名曰七星坛……亮于台上作法，借三日三夜东南大风，助都督用兵，何如？"瑜曰："休道三日三夜，只一夜大风，大事可成矣。只是事在目前，不可迟缓。"孔明曰："十一月二十日甲子祭风，至二十二日丙寅风息，如何？"瑜闻言大喜，蹶然而起。便传令差五百精壮军士，往南屏山筑坛；拨一百二十人，执旗守坛，听候使令。……

孔明于十一月二十日甲子吉辰，沐浴斋戒，身披道衣，跣足散发，来到坛前。……孔明嘱付守坛将士："不许擅离方位。不许交头接耳。不许失口乱言。不许失惊打怪。如违令者斩！"众皆领命。孔明缓步登坛，观瞻方位已定，焚香于炉，注水于盂，仰天暗祝。下坛入帐中少歇，令军士更替吃饭。孔明一日上坛三次，下坛三次，却并不见有东南风。……将近三更时分，忽听风声响，旗幡转动。瑜出帐看时，旗脚竟飘西北，霎时间东南风大起。

这一段描述生动形象，一波三折。当然这只是小说的描写，是杜撰的。按照史书《三国志》的记载，赤壁之战的主力，是周瑜，而不是诸葛亮。历史上诸葛亮并没有参与赤壁之战。那么究竟能不能借来东风呢？其实，我们从民间流传的两个歇后语就可以看出来：孔明借东风——巧用天时；诸葛亮借东风——神机妙算。我们先不管是谁借东风，就说借东风这一件事，显然不是人为向老天借来的，也不是用法术呼风唤雨来的，而是预测到了这一天夜里会有东南风。那怎么才能具备这种预测能力呢？其实说简单也简单，只要能做到四个字就可以了。哪四个字？就是"极深研几"。

现在我就来说一说这四个字。这四个字出自《系辞传上》第十章，这一章最后说：

> 夫《易》，圣人之所以极深而研几也。唯深也，故能通天下之志；唯几也，故能成天下之务；唯神也，故不疾而速，不行而至。子曰："'《易》有圣人之道四焉'者，此之谓也。"

"夫《易》，圣人之所以极深而研几也。"《易经》是圣人用来"极深而研几"的。"以"是用的意思，"所以"就是所用来。"极深"就是穷尽深奥的道理，"研几"就是研判微妙的征兆。这是关于《易》的又一个重要命题，也是学《易》之后的又一个奇妙作用。

什么是"深"？什么是"几"呢？东晋易学家韩康伯注："极未形之理则曰深，动适微之会则曰几。"意思是穷尽隐藏的道理就是"深"，发现微小的机会就是"几"。这个"几"有两个意思：第一个意思就是几微，就是细微、细小；第二个意思就是时机，"几"通"机"。"几"是细微的征兆，处于刚刚萌芽之时，在有无之际，若隐若现，稍纵即逝，抓住这个细微的征兆就是时机。有一点需要强调的是，《易传》特别强调这个"几"，强调要从细微处入手，要"知几"，《系辞传下》说："知几其神乎！……几者，动之微，吉之先见者也。君子见几而作。……君子知微知彰。"学习《易经》其实就是要掌握这种"知几"的功夫,就是在事物还处于萌芽的状态就有所觉察,并且能预测到事物未来发展的吉凶结果,做到见微知著,慎始防变,然后采取行动。如果这个征兆预示着未来是危险的结果,那就要马上阻止,加以遏制。如果这个征兆预示着未来是好的结果,那就要抓住这个时机,推动它发展壮大。

再举一个例子,当年商纣王使用了一双象牙筷子,箕子一见就叹息,就马上预测到商朝很快将亡国,纣王将会被推翻,落个悲惨结局。为什么箕子从纣王用象牙筷子这件事就能做出这种判断呢?因为箕子从这件事情上看到了商纣王荒淫奢侈的苗头,纣王又不听别人劝告,久而久之,必遭大祸。这就是见微知著。这个故事记载在《史记·十二诸侯年表序》中:"纣为象箸而箕子唏。"箸就是筷子,唏就是叹息。这是对商朝即将灭亡的叹息。

怎么才能做到"极深研几"、见微知著呢?怎样才能掌握这种细微的征兆,抓住这种稍纵即逝的时机呢?首先要学习《易经》,因为《易经》是古代圣人通过观察天地万物,找到天地万物的规律,然后创作出来的。就我们现代人来说,不仅要学习《易经》的卦爻象和卦爻辞,更重要的是要学习圣人们观察天地万物的方法,学习各学科的知识,反复磨炼"极深研几"。就如同《三国演义》中的诸葛亮,如果没有掌握丰富的气象学知识,怎么能预测到会有东风?所以说知识的积累很重要,但观察事物,分析事物,掌握事物规律更重要。

为了强调《易》"极深而研几"的作用,《系辞传》接着用了三个"唯"说明:"唯深也,故能通天下之志;唯几也,故能成天下之务;唯神也,故不疾而速,不行而至。"只有穷尽了深奥的道理,才能通晓天下的心志;只有研判了极其微妙的征兆,才能成就天下的事务;只有通晓了事物的神妙变化,才能不需要急速却能很快成功,不需要去行动就能达到目的。为什么?因为天地的深奥道理本来就和天下人的心志是贯通的,事物微妙的征兆本来就是天下一切事情发生发展的开始,事物神奇的变化就在于你看不到它在行动,而实际上它已经在行动并且达到目的了。

最后孔子赞叹说："'《易》有圣人之道四焉'者，此之谓也。"《易经》蕴含了圣人所用的四种道理，说的就是这个意思。四道就是这一章开头所说的辞、变、象、占，就是说，《易经》的卦爻辞、卦爻变、卦爻象和筮占的目的就是"极深而研几"。

第十一章

开物成务：怎么才能通晓万物之理，实现不断创新？

我们要夸奖一个人的手艺好，发明、创造了一件精巧的工艺品，往往会用一个什么成语来称赞？对了，"巧夺天工"，精巧的人工胜过天工。天工，是指天然形成的工巧。人工超过了大自然的鬼斧神工，说明技艺高超绝妙。的确，我国古代有很多发明创造都是世界第一的，除了大家都知道的四大发明——指南针、造纸术、火药、印刷术，我国古代的丝织业、制瓷业、冶金业也都领先于世界。世界上第一部关于农业和手工业生产的百科全书，是我国明代著名科学家宋应星写的，书名叫《天工开物》。按照宋应星自己的解释，天工开物"盖人巧造成异物也"，人工好比天工，创造出精妙绝伦的事物。书名"天工开物"的"天工"取自《尚书·皋陶谟》"天工人其代之"，"开物"取自《系辞传》"开物成务"。

下面我就来讲一讲"开物成务"。这个词就在《系辞传上》第十一章里。

> 子曰："夫《易》何为者也？夫《易》开物成务，冒天下之道，如斯而已者也。是故圣人以通天下之志，以定天下之业，以断天下之疑。是故蓍之德圆而神，卦之德方以知，六爻之义易以贡。"
> 圣人以此洗心，退藏于密，吉凶与民同患。神以知来，知以

藏往，其孰能与此哉？古之聪明睿知神武而不杀者夫！

是以明于天之道，而察于民之故，是兴神物，以前民用。圣人以此齐戒，以神明其德夫。是故阖户谓之坤，辟户谓之乾，一阖一辟谓之变，往来不穷谓之通；见乃谓之象，形乃谓之器，制而用之谓之法，利用出入民咸用之谓之神。

是故易有太极，是生两仪，两仪生四象，四象生八卦，八卦定吉凶，吉凶生大业。是故法象莫大乎天地，变通莫大乎四时，县象著明莫大乎日月，崇高莫大乎富贵；备物致用，立成器以为天下利，莫大乎圣人；探赜索隐，钩深致远，以定天下之吉凶，成天下之亹亹者，莫大乎蓍龟。

是故天生神物，圣人则之。天地变化，圣人效之。天垂象，见吉凶，圣人象之。河出图，洛出书，圣人则之。《易》有四象，所以示也。系辞焉，所以告也。定之以吉凶，所以断也。

先看第一段。

子曰："夫《易》何为者也？夫《易》开物成务，冒天下之道，如斯而已者也。是故圣人以通天下之志，以定天下之业，以断天下之疑。是故蓍之德圆而神，卦之德方以知，六爻之义易以贡。"

这章以疑问句开头，是孔子的发问："夫《易》何为者也？"这《易经》是为什么而作的呢？"何为"就是为何，这是设问，然后是孔子自答："夫《易》开物成务，冒天下之道，如斯而已者也。"《易经》是开创万物而成就事业，涵盖天下事物的一切道理，就是如此这般罢了。开，开通、开创、开启；开物，就是开创万物，创造事物。成务，就是成就事务、成就事业，也就是使事业成功。朱熹有一个解释，他说这个开物的"物"是指人物，成务的"务"是指事物。也就是开启人的智慧而成就万事万物。我认为"开物成务"还是理解为开创事物而成就事业更符合原文的意思。

冒，是涵盖、包括的意思。天地之道，就是天下万物包括人的一切道理、一切规律。"如斯而已"的"斯"是个代词，此、这的意思，"如斯而已"就是如此而已。

怎样才能创造事物呢？我看主要从两个方面来创造事物。

第一个方面是按照《易经》所揭示的道理，来创造有形的事物。比如《易经》告诉我们阴阳要中和的道理，这种中和表现为阴阳平衡，有时虽然不平衡，但整体是和谐的，实际上这是一种动态的平衡。我来举一个例子，中国旅游标志叫"马踏飞燕"，原型为东汉的青铜器，1969年10月在甘肃省武威市雷台汉墓中出土，现藏于甘肃省博物馆，为甘肃省博物馆镇馆之宝。这个铜奔马通高34.5厘米，长45厘米，宽13.1厘米，重7.3千克。一匹躯体庞大的马踏在一只正疾驰的飞燕（龙雀）背上，表现了骏马凌空飞腾、奔跑疾速的雄姿，造型矫健精美。这匹马昂首嘶鸣，疾足奔驰，三足腾空，一足踏在飞燕上，飞燕回首惊顾，更增强奔马急速向前的动势，全身的着力点集中在踩住飞燕的一足之上，完全符合力学的平衡原理，具有卓越的工艺技术水平。很有意思的是，马的四足是顺拐的，也就是同一侧两条腿同时向一个方向奔腾，只有一只后蹄子蹬地。有人说是搞错了，其实是对的。在古代，优秀的战马大多是顺拐的。这件作品不仅表现了整体的动态平衡，而且表现了《易经》乾卦自强不息、昂扬进取的精神。因为在《易经》中，乾卦是马，也是龙，所以中华民族的精神就是龙马精神。

第二个方面是按照《易经》的卦爻符号，来创造有形的事物。比如按照离卦发明打鱼的渔网。离卦上下都是阳爻，各是一根直线；中间是一根阴爻，是两短线，中间是空的。渔网上下各是一根很粗的线，叫纲；中间是有孔的交叉的线，构成网孔，叫目。抓住这根很粗的纲，用力一撒，网孔就张开了，这叫纲举目张。

"开物成务"除了指开创有形的事物、促进发明创造以外，还包括开创无形的事物，揭示事物发展的道理，开启人类认识自然、认识自我的智慧。

"开物成务"说明《易经》的卦爻象符号和卦爻辞文字就是讲天下事物道理的，所以按照这个道理就能创造出新的事物，通晓这个道理并按此行事就能取得成功，就能办好各种事情。

孔子接着用了三个"以"来说明"开物成务"："是故圣人以通天下之志，以定天下之业，以断天下之疑。"所以圣人用《易经》来通达天下的心志，完成天下的事业，决断天下的疑惑。这里三个"天下"主要是指天下人。因为《易经》来自于天地人万事万物，符合天地万物的本质和规律，所以可以贯通天下人的心志、意志，可以帮助天下人完成大事业，可以解决天下人一切疑问。

"开物成务"的功能可以通过《易经》的蓍草和卦爻符号来体现："是故蓍之德圆而神，卦之德方以知，六爻之义易以贡。"所以蓍草的德性是圆通而神妙的，卦象的德性是方正而智慧的，六爻的意义就在于通过变化而告诉人们吉凶。蓍草是用于占卜的，当年周文王姬昌被囚禁在现在的河南省安阳市汤阴县羑里台时，就是用蓍草进行占卜的。蓍草是圆形的，这里用来比喻圆的东西，是圆通的，它可以不断地滚动，不断地变化，所以说"蓍之德圆而神"。"德"就是德性、性质、功用。为什么说"卦之德方以知"——六十四卦的性质方正而智慧呢？因为六十四卦由六根爻上下排列而成，排出来的卦象是方形的，方形的东西是正直的、刚健的，同时六十四卦又集中了人类的大智慧，"方以知"的"知"通"智"，所以说"卦之德方以知"。明末清初有一位著名的哲学家、科学家，是安徽安庆桐城人，名叫方以智，字密之。他的名就取自于这一句，他的字取自于后面的"退藏于密"。

再看"六爻之义易以贡"，意思就是六爻的意义就在于用变易来告知吉凶。东晋易学家韩康伯解释："贡，告也。六爻变易，以告吉凶。"元代易学家吴澄解释："易谓变易，贡犹告也。"

洗心退藏：怎么应对现代社会的心理压力？

据《2022年国民健康洞察报告》公布的调查数据，91%的受访者认为自己有心理问题。有趣的是，这其中只有30%的人被确诊患有心理疾病，人们担心自己有心理问题的比例远远高于实际确诊的比例，还有56%的人曾担心过自己猝死，这进一步揭示出近年来人们所承受的心理压力之大。情感、职场、家庭等社会现实压力，持续扰动着人们紧绷的神经。在各种健康困扰中，焦虑、抑郁等情绪困扰依然稳居第一。焦虑症和抑郁症是心理问题的重灾区。

那么《周易》有没有一种应对心理压力的办法呢？有！我们这就来说一说这种应对的办法。这种办法叫什么名称呢？叫"洗心"。

《系辞传上》第十一章就讲了"洗心"："圣人以此洗心，退藏于密，吉凶与民同患。"

这是《易传》的又一个金句，意思就是圣人用它来洗心，退藏到隐秘的地方，无论吉凶都能与老百姓一道同甘苦、共患难。"以此洗心"这个"此"究竟指什么呢？也就是说圣人用什么来洗心呢？有人说就是前面说的三种功能：蓍之德，卦之德，六爻之义，其实就是指《易经》这本书是用来洗心的。"洗心"这个词特别重要，但我要告诉大家，在马王堆帛书《周易》中作"佚心"。"佚"是一个形声兼会意字，从人，从失，失亦声。本义是指隐逸的人，就是散失、亡佚的意思，引申为安乐、放纵。"佚心"可以理解为放纵心灵，无拘无束，自由自在，快乐逍遥。这个意思符不符合《易经》的大义呢？是符合的。因为《易经》就是告知我们天地自然的本质规律，告诉我们要按照自然之道做，不要以自己的心为心，要以天地的心为心，这样心灵就自由了，就快乐了，所以《系辞传》后面说学《易》"能说诸心"。这个意思值得我们深思。

当然我们还是按照通行版本"洗心"来理解，因为通行版本对后世的影响更大。什么是"洗心"呢？就是洗涤心灵、净化灵魂，也就是洗掉自己的杂念、私欲，让自己的心灵纯净。其实我们现在学习《周易》也好，学习儒释道也好，其目的都是要"洗心"，只是说法不同而已。儒家叫"正心"，《大学》三纲领八条目，八条目就是格物、致知、诚意、正心、修身、齐家、治国、平天下，其中正心是关键。道家叫"虚心"，《道德经》说"虚其心，实其腹""致虚极，守静笃"。佛家叫"明心"，明心见性即可成佛，明心是第一步，见性是第二步。禅宗"明心见性"的方法又分为两派：一派是神秀的渐悟法，"时时勤拂拭，莫使惹尘埃"；一派是惠能的顿悟法，"本来无一物，何处惹尘埃"。神秀的"时时勤拂拭，莫使惹尘埃"当然是典型的洗心，但惠能的"本来无一物，何处惹尘埃"也是洗心，是直达究竟的洗心，是洗心之后，回归自性、回归本来清净之心的真如境界。

我国历史上的文人都非常喜欢"洗心"这个词，比如唐代大文学家、哲学家、"诗豪"刘禹锡，就曾为吉祥寺新建的亭子起名为"洗心亭"，还写了一篇《洗心亭记》。如果你对刘禹锡还不太熟悉，那你一定听过这两句名言："山不在高，有仙则名。水不在深，有龙则灵。"这就是刘禹锡写的《陋室铭》的开篇两句。他在《洗心亭记》中写道："词人处之，思出常格；禅子处之，遇境而寂；忧人处之，百虑冰息。"诗人置身此地，意境常新；僧侣置身此地，随遇而安；忧郁的人置身此地，一切烦恼消失。这就是"洗心"的作用。

洗心是应对心理压力的有效方法。所谓"洗心"按佛家的说法就是要洗掉贪嗔痴三毒，按儒家的说法就是要灭掉过分的私欲。不断"洗心"就可以达到《礼记·经解》中孔子说的"洁静精微"。"洁静"，就是圣洁而宁静；"精微"，就是精密而微妙。当我们的内心干净了，面对外部环境就不会那么焦虑、抑郁了。

《系辞传》说的"洗心"是和"退藏于密"紧密结合的，什么是"退藏于密"？字面意思是退藏到隐秘的地方。到底退藏什么东西呢？有人说是把占筮的结果藏起来，比如唐代李鼎祚《周易集解》引用陆绩的说法："受蓍龟之报应，决而退藏之于心也。"就是圣人把占筮的结果先密藏起来，作为将来的借鉴。有人说是把道理藏起来，比如东晋韩康伯说："言其道深微，万物日用而不能知其原，故曰退藏于密，犹藏诸用也。"唐孔颖达《周易正义》也是这个意思："退则不知其所以然，万物日用而不知，有功用藏于密也。"就是把《易经》的道理，含藏不露，让它在老百姓的日常生活中潜移默化地改变万物。有人说是把自身归隐起来，比如元吴澄《易纂言》说："退，谓退处。藏，谓潜藏。密，静也。……则其心脱然无累，而得以退处，潜藏于无为也。"就是说圣人退居静处，不现形迹，超然无为。

看起来好像都有道理，我们仔细分析一下。《易经》占筮的目的就是要告知吉凶的结果，所以不会是退藏占筮结果；写《易经》的目的就是要告诉百姓阴阳变化的道理，所以也不是要退藏《易经》的道理；写《易经》的目的就是要让大家崇德广业、开物成务，扩大事业、成就事功，所以也不会是要人退出江湖、归隐山林。那究竟是藏什么呢？结合上下文，退藏是在洗心之后，肯定跟心有关，圣人在洗净了心灵、涤除了私虑之后，要退藏在静秘之处，要无思无为，任其自然。《系辞传上》第十章说得很明白："易，无思也，无为也，寂然不动，感而遂通天下之故。"所以我赞成吴澄的观点，"退藏于密"的密是静的意思，不是归隐身体，而是要心静，洗心的结果自然就是纯净、寂然不动、无思无虑。只有这样，才能"吉凶与民同患"。因为在洗心退藏、寂然不动、无思无虑的状态下，能够获得感知天下的能力，能够预测自然运行的规律和事物发展的吉凶结果，然后无论是吉还是凶，都能与老百姓一道同甘苦、共患难。

《易经》对个人而言，我认为最重要的就是"洗心"，自己的"心"干净了，安静了，对外部动荡的世界、多变的生存环境的适应能力就会大大增强，就不会那么焦虑不安了。

知来藏往：能不能用《周易》预测未来？

这一节我就来和大家聊聊《周易》的预测。《系辞传上》第十一章说："神以知来，知以藏往，其孰能与此哉？""神以知来，知以藏往"的意思就是，用神力来预知未来，用智慧来包藏过去。"知"就是"智"。那么究竟是什么神力？什么智慧呢？结合上文"蓍之德圆而神，卦之德方以知"，就明白了是指蓍草的神力、卦象的智慧，蓍草的神力在于能够预知未来之事，而卦象的智慧就在于蕴藏了过去的哲理。当然这里的"知来""藏往"也可以看成不是割裂的，而是互文的。因为《易经》既可以预知未来变化，又包含、蕴藏以往的所有知识、经验。

"其孰能与此哉？"那么谁能达到这样的地步呢？这是设问句，后面紧跟着回答："古之聪明睿知神武而不杀者夫！"只有古代那些聪明、睿智、神武而不杀戮的人啊！"聪明"本义是指耳聪目明，这里指善听善见，然后才是"睿知"。什么是睿智？就是明白了天地之道的人。"神武而不杀"，有神力、勇猛威武的人往往是喜好杀戮的，能做到既神武而又不杀戮是难能可贵的，"不杀"既指不嗜好征讨别国、屠杀百姓，又指不喜好用死刑来惩罚有罪之人。只有这种人才能够达到"神以知来，知以藏往"的地步。

"是以明于天之道，而察于民之故，是兴神物，以前民用。"所以能够明白天地的道理，能够察知百姓的事情，这样才能兴起神妙之物，用来引导老百姓的日常生活。"明于天之道，而察于民之故"反映了天人合一的思想，"明于天之道"是说观察自然现象而掌握自然规律，"察于民之故"是说观察社会现象而掌握社会规律。"是兴神物"，这就创造出神物。"是"是个代词，这的意思。"神物"这里指的是蓍草，因为蓍草能预知未来，所以称为神物。"以前民用"有人理解为人民在做事之前都要占筮询问。其实"前"在这里是个动词，引导的意思。这一句是说用来引导人民去做事。是用什么来引导、指导百姓呢？表面上看是用蓍草这种神物，其实蓍草只是一种工具，它本身并不神，真正神的是人。不是这个人用蓍草占筮有多神，而是这个人能够"明于天之道，而察于民之故"，明察了天人之道，掌握了自然规律和社会规律，所以才能料事如神、做事如神。这就是孔子的人文精神。据马王堆帛书《周易·要》记载，孔子说过："《易》，我后其祝卜矣！我观其德义耳。"意思是对于《易经》，我总是把占卜放在后面，我观察的是它的道德义理，是其中良好的教益与合乎正义的道理。所以不要把这个"神物"简单看成蓍草。好比今天用的电脑，不是电脑有多么神通广大，而是发明、设计电脑的人神通广大。

怎么才能具备这种预知未来的能力呢？《系辞传》说："圣人以此齐戒，以神明其德夫。"圣人用这个进行斋戒，使道德更加神明。"齐戒"，就是斋戒，通常是指在祭祀之前沐浴更衣，戒除嗜欲，如不饮酒、不吃荤等。有三天斋、七天戒等不同做法，显示自己心地洁净、虔诚、恭敬，目的是与神相接。但这一句说的"以此齐戒"，"此"是指《易经》，圣人用《易经》进行斋戒。显然这个斋戒不是指在祭祀前要洁身戒欲，而是借用斋戒这个词表示要洗心和防患。洗心曰斋，防患曰戒，也就是说心灵要剔除杂念欲望，要有恭敬之心，还要有警戒之心，这样就可以"以神明其德夫"。"神明"是个使动词，"以神明其德夫"就是使道德更加神明，也就是充分发挥道德的教化作用、彰显道德修养的神妙力量，同时也就能够拥有把握事物规律的高超能力。

一阖一辟谓之变：怎么打开《周易》宝库的大门？

如果把《周易》比喻成一座储藏珍宝的宝库，这个宝库的大门是无比坚固的，也是紧紧关着的，还加了一把锁。那么要想打开这座宝库，必须找到一把钥匙，必须搞清楚这两扇门的构造，否则无法打开大门，无法得到里面的稀世珍宝。那么这两扇大门是什么呢？这把钥匙又是什么呢？

《系辞传上》第十一章告诉了我们这个秘密："是故阖户谓之坤，辟户谓之乾，一阖一辟谓之变，往来不穷谓之通。""阖户谓之坤，辟户谓之乾"，意思就是关门叫作坤，开门叫作乾。"户"，是独扇门。一扇单独的门叫户，两扇对开的门叫门。"阖"是合起来的意思，"辟"是打开的意思，有一个词叫开辟。《系辞传下》第六章说："乾坤，其《易》之门邪？"乾坤大概就是《易经》的大门吧？在八卦中，乾坤两卦好比是父母，其余六个卦就是六个孩子；在《易经》六十四卦中，乾卦和坤卦分别是唯一的纯阳卦和纯阴卦，同样也好比是父母，是最基本的，所以放在开头，分别为第一卦和第二卦。乾坤正是打开《周易》这座宝库的大门，打开这两扇大门就能登堂入室。本来乾坤两卦就是两扇门，但这里分别用了两个动作"阖户"和"辟户"——关门和开门，这个比喻形象说明乾坤的特性和作用。乾卦是开门，表明乾卦是开放的、敞亮的、刚强的；坤卦是关门，表明坤卦是封闭的、幽暗的、柔弱的。乾卦和坤卦，一开一合，一明一暗，一阳一阴，一刚一柔。

"一阖一辟谓之变，往来不穷谓之通"，乾坤阴阳的一开一合就叫作"变"，来来往往的无穷变化就叫作"通"。关门又开门为什么会发生变化呢？开和关是相反相对的，开和关这两个相反动作相互作用、相交相合，必定会发生变化。进一步看乾坤相交就是天地相交，天地的对立统一，必定会使万事万物发生变化。这就得出一个哲学命题，阴阳的对立统一是事物发展的动力和源泉。西方哲学认为矛盾是对立统一的，矛盾是事物发展的源泉和动力。矛盾和阴阳都有对立统一的特性，相比较而言，矛盾偏于对立，阴阳偏于统一，矛盾偏于分离，阴阳偏于交合。"往来不穷谓之通"的"往来"，本是指乾坤阴阳的往来变化无穷无尽，进一步推广到所有事物的往来变化。比如《系辞传下》说："日往则月来，月往则日来，日月相推而明生焉。寒往则暑来，暑往则寒来，寒暑相推而岁成焉。往者屈也，来者信也，屈信相感而利生焉。"一往一来又可以看成是一屈一伸，都是正反相对的，相反相成，往来屈伸，不断地朝相反方向变化，按一往一来的规律向前发展，才能通达、通行无阻。就六十四卦次序看，两两一组，后面这个卦就是前面这个卦的反卦或对卦。这也就是老子说的"反者道之动"。"变"和"通"两个概念合起来就有了一个词叫"变通"。

"见乃谓之象，形乃谓之器。"乾坤阴阳表现出来的就叫作"象"，有了具体的形状就叫作"器"。"见"同"现"，表现出来是"象"，合起来就叫"现象"。我们今天还说一个词叫"形象"，其实形和象是有区别的："形"是有形状的，是看得见、摸得着的;"象"是没有形状的,是看不见、摸不着的,但是却可以表现出来,也是可以感受到的。广义的象是一切外在表现,是能用五官或者用整个身体感受到的,包括看得见的形也属于广义象的范畴;但如果分开来说,能看到的、有形状的叫作形,"形乃谓之器",有形状的东西就叫作器——器具、工具。乾和坤表现出来的六根阳爻和六根阴爻就是形;没有形状,看不见、摸不着,却可以表现出来并被感受到的叫作象,"见乃谓之象"。乾和坤隐藏的打开和关闭的变化过程就是"象"。

乾和坤还有实际的作用:"制而用之谓之法,利用出入民咸用之谓之神。"根据乾坤制造器物并使用它就叫作"法",还可以被人们广泛使用到现实生活中就叫作"神"。为什么?因为从制作器物到使用器物都必须有乾坤阴阳的法则,所以叫作"法"。"出入"可理解为进进出出,也就是反复使用,"咸"是都的意思,制作的器物不仅能反反复复使用,而且被老百姓广泛使用。但普通百姓只知其然而不知其所以然,以为是有神妙的作用、神奇的力量,所以叫作"神"。

那么打开乾坤这扇大门的钥匙是什么呢?就是"太极"。《系辞传上》第十一章接着说:"是故易有太极,是生两仪,两仪生四象,四象生八卦,八卦定吉凶,吉凶生大业。"

这是一段非常有名的话,大家都很熟悉,意思也很清楚,是讲八卦怎样形成的。简单翻译一下:所以"易"有太极,太极生出两仪,两仪生出四象,四象又生出八卦,八卦可以判定吉凶,判定吉凶就可以创造伟大的事业。

这一段的意思虽然简单易懂,但深入分析,你会发现有十分深刻的哲理。

首先看"易有太极"。太极这个概念太重要了,它就像打开《周易》宝库的钥匙,搞懂了太极,就懂得整部《周易》的道理了。我们先来看"易有太极",为什么说"易"里面有太极,而不是"易"生出太极?说明"易"和太极不是父母和子女的关系,而是包容关系,"易"可以包容太极,而且可以包容后面的两仪、四象、八卦。说明"易"范围极其广大,无所不包,"易"就是整座宝库，就是大门，就是钥匙，就是天地万物一切的一切。那什么东西能包容天地万物一切的一切呢？只有虚无。正如《系辞传上》第十章所说："易，无思也，无为也。""易"就是无，既是世界形成之前的虚无本原，又是世界形成之后的存在依据，是宇宙万物的本来样子。"易"就是老子《道德经》说的"道"，也就是老子说的"无极"。当然老子《道德经》比《系辞传》要早，所以从这一点可以看出，《易传》不仅反映了儒家的思想，也吸收了道家的思想，这就是我经常说的：《易经》是先秦诸子哲学的总源头，《易传》则是先秦诸子哲学的集大成者，是先秦哲学的最高峰。

太易和太极：盘古开天地和宇宙大爆炸

在我国有一个创世神话，叫盘古开天地。在很久很久以前，天和地还没有分开，宇宙混沌一片。有个叫盘古的巨人，在这个混沌的宇宙之中，睡了一万八千年。有一天，盘古突然醒了。他见周围一片漆黑，就抡起大斧头，朝眼前的黑暗猛劈过去了。只听一声巨响，一片黑暗的东西渐渐分散开了。缓缓上升的东西，变成了天；慢慢下降的东西，变成了地。这样不知过去多少年，天和地逐渐成形了，盘古也累得倒下来了。盘古倒下后，他呼出的气息，变成了四季的风和云；他发出的声音，化作了隆隆的雷声；他的双眼变成了太阳和月亮；他的四肢，变成了大地上的东、西、南、北四极；他的肌肤，变成了辽阔的大地；他的血液，变成了奔流不息的江河；他的汗，变成了滋润万物的雨露……

现代科学"宇宙大爆炸理论"认为，137亿年前宇宙是由一个致密炽热的奇点在一次大爆炸后膨胀形成的。当时宇宙处于一个密度无限的奇点。大爆炸开始时，这个奇点是一个体积无限小、密度无限大、温度无限高、时空曲率无限大的点。宇宙曾有一段从热到冷的演化史。在这个时期里，宇宙体系在不断地膨胀，使物质密度从密到稀地演化，如同一次规模巨大的爆炸。

在盘古神话中,"天地混沌如鸡子",这个"鸡子"是不是宇宙起源的奇点?在《易传》看来宇宙起源于"太极",太极就像"鸡子",就像"奇点"。而在战国时期的《列子》、西汉末年解释《易经》的《易纬》看来,这个"鸡子"和奇点叫"太易"。"太易"是宇宙形成的源头。《列子·天瑞》把宇宙万物的形成分为四个阶段:"有太易,有太初,有太始,有太素。太易者,未见气也。"第一个阶段叫"太易",是无限虚无的宇宙状态。《易纬·乾凿度》也有这样的四个阶段:"夫有形生于无形,乾坤安从生?故曰有太易,有太初,有太始,有太素也。太易者未见气也,太初者气之始也,太始者形之始也,太素者质之始也。"这四个阶段,总的来说是一个从无形到有形的过程。首先是无形的太易阶段。什么是"太易"?《易纬·乾凿度》解释:"视之不见,听之不闻,循之不得,故曰易也。"东汉郑玄注释:"以其寂然无物,故名之为太易。"太易是虚无寂静,没有任何事物,不仅没有形,而且也没有气,所以说"太易者未见气也",这就是老子说的"无极"阶段。第二个阶段才产生"气",这个阶段叫"太初"。"太初"是"气之始",气是看不见的。第三个阶段有了形,有了可以看到的形状,叫"太始"。太始是形之始。第四个阶段是"太素",太素是质的开始,所以有一个词叫"素质"。《易纬·乾凿度》接下来还说到了第五个阶段,也就是"浑沦"阶段。气、形、质三者浑然一体,没有分离,就是"浑沦"。"浑沦"是未分离的统一状态:"气形质具而未离,故曰浑沦。浑沦者言万物相浑成而未相离。"浑沦就是混沌,又称为"一",也就是"太极"。由"太极"一生为二,"清轻者上为天,浊重者下为地",再由天地产生人和万物。《易纬·乾凿度》提出了一个系统的宇宙生成论图式:太易→太初→太始→太素→浑沦(太极)→天地→万物。太易学说的提出,在易学史和中国哲学史上都具有非常重要的意义。

我们再回到《系辞传》"易有太极","易"是虚无、虚空,所以包含太极,同时又生成太极。如果用数字来表示"易"就是0,太极就是1。

那么"易"究竟是什么呢?太极又是什么呢?"易"就是太易,是无限虚无的宇宙状态，是宇宙的第一个阶段。那太极究竟是什么呢？就是《易纬·乾凿度》说的"浑沦"，也就是气、形、质三者混合在一起还没有分离的原始状态，也就是老子说的"一"。老子说"道生一"，就是《系辞传》说的"易有太极"，而"易"就是道，太极就是一。简单地说，太极就是混沌未分的一团元气。西汉刘歆，东汉王充、郑玄，唐代孔颖达等都说太极是混沌之元气。西汉刘歆解释太极为"中央元气"，东汉王充引易学家的话说太极是"元气未分，混沌为一"，郑玄说太极是"淳合未分之气"，而唐代孔颖达《周易正义》中这样解释："太极谓天地未分之前，元气混而为一。"在解释太极的所有说法中，有一个说法应该引起我们的重视，那就是《汉书·律历志》说的"太极元气，函三为一"。这个"三"就是天地人三气，也指阴阳中三气。"一"就是太极元气，"函三为一"就是将三气混而为一。就太极图而言，"三"就是白、黑和白黑的分界线，"一"指一张太极图。一张太极图包含了阴阳二气及中气。所以我反复强调太极图是中华民族最完美、最形象、最精准的精神标志。只可惜现在看到的太极图绝大多数都是错的。所以我在1999年就出版了一本书《易图探秘》，对这种太极图的来龙去脉做了详尽的考证。

再说"太极"这个概念，在先秦文献里只出现过两次，一次就是《系辞传》这里说的"太极生两仪"，另一次是《庄子·大宗师》说："夫道……在太极之先而不为高，在六极之下而不为深，先天地生而不为久，长于上古而不为老。"这里的"太极"同"六极"相对应，指宇宙天地中最高的极限。

"太极生两仪"，两仪就是阴阳，从混沌元气生出阴阳二气。两仪也表示天地，从混沌生出天地。这就对应着盘古开天辟地的神话。盘古在这个混沌的宇宙之中，抡起大斧头，朝眼前的黑暗猛劈过去了，开辟出天地。这个故事是三国徐整写的《三五历纪》中记载的。

"两仪生四象"，四象就是太阳、太阴、少阳、少阴，也就是东南西北，也是春夏秋冬，也可以叫青龙、白虎、朱雀、玄武。

"四象生八卦"，八卦就是乾、兑、离、震、巽、坎、艮、坤。八卦可以涵盖天地万物，也就是说天地万物都可以分为八大类，归入八卦。

从太极到八卦的形成过程实际上是一个一分为二的过程，不断地二分，分到第三次就是八卦，这就是 $2^3=8$。如果在八卦的基础上再生三次，那就是六十四卦，也就是 $2^6=64$。八卦的次序是：乾一、兑二、离三、震四、巽五、坎六、艮七、坤八。这是北宋邵雍提出的先天学中的先天八卦次序，也叫伏羲八卦次序。后来南宋朱熹在《周易本义》里第一次公布了伏羲八卦次序图和伏羲八卦方位图，这张方位图其实就是标准的太极图。

"八卦定吉凶，吉凶生大业"，八卦可以判定吉凶，判定吉凶就可以创造伟大的事业。

崇高莫大乎富贵：如何成为一个又富有又高贵的人？

现代社会有很多富人，有的是通过自己的打拼，艰苦创业取得了财富，有的是生在富贵人家，命运眷顾成为富二代、富三代。我们普通人怎么对待富人呢？有两种倾向值得注意：一种是只要看到富人就顶礼膜拜，认为富就是贵，富人就是贵人，有钱就高尚，比如一些豪华楼盘、富人小区，往往打出"高尚社区"的牌子；另一种倾向是只要看到富人就嫉妒，甚至仇富，总觉得为富不仁。其实这两种倾向都是不可取的。在当今社会追求物质的富裕并不是可耻的事，但要取之有道，要以义取利。孔子说："不义而富且贵，于我如浮云。"意思是用不正当的手段获得的荣华富贵，对我来说就像天际的一片浮云，是毫无意义的，我是不会羡慕也不会去追求的。当今社会对完成了财富积累的富人，尤其是富二代、富三代来说，要意识到富不等于贵，富只是物质的富有，贵则是精神的高贵。如果只是有钱，物质富有而精神贫瘠，那最多是土豪，而不是贵族。如何才能成为一个贵族——一个精神高贵、品德高尚的贵族？那就必须向古圣先贤学习，向国学经典学习。其中《系辞传上》第十一章就回答了这一问题。

前面我们讲了按照太易—太极—两仪—四象—八卦，可以预测事物发展的吉凶，成就一番大事业，当然也能够成为一个富贵的人。十一章接着说："是故法象莫大乎天地，变通莫大乎四时，县象著明莫大乎日月，崇高莫大乎富贵。"

这里讲了，要想成为一个能预知吉凶、成就大业的人，成为一个既富且贵的人，首先必须做到四点，那就是"法象""变通""著明""崇高"。

第一要"法象"，也就是效法自然对象，效法自然规律。"法象莫大乎天地"，"莫大乎"，意思是没有比……更大。效法物象没有比天地更大的。也就是说，我们效法的最大对象就是天地。"法象"这里是动词，效法物象、效法对象。在古人的认知中，所有的物象中天地是最大的，天覆地载，人居其中，天地主宰一切，所以我们要效法天地，敬畏天地，要按照天地运行规律来做，不能违背天地，不能破坏自然。

第二要"变通"，也就是要变化会通。"变通莫大乎四时"，变化通达没有比一年四季更大的。万事万物无时无刻不在变化中：有一天的变化，随着太阳起落，有白天有黑夜，一天二十四个小时、十二个时辰；有一个月的变化，随着月圆月缺，有了晦朔弦望四种月相；有一年的变化，随着地球绕太阳公转，有了春夏秋冬四季，还有花开花谢、草长莺飞、云卷云舒、潮起潮落等。在这所有的变化中，一年四季的变化变通是最大的。春夏秋冬四时轮回，年复一年，永不停息。四季变化带给我们不同的温度体验，有春天的温暖、夏天的炎热、秋天的凉爽、冬天的寒冷，万物随之变化。人们从四时变化中体会生命变化的节奏感，按照四时的变化安排我们的衣食住行、生活起居，以及农业生产、节气风俗。所以说"变通莫大乎四时"。

第三要"著明"。"县象著明莫大乎日月"，高悬明亮之物没有比太阳、月亮更大的。在古人看来，天上所有悬挂的星体中，最大、最亮的就是太阳和月亮。虽然天上还有很多星辰，但白天的太阳和晚上的月亮，都是天体中最耀眼的。白天太阳的光明盖过所有星辰，夜晚月亮的光明也超过所有星辰。我们做人，心地要像日月一样光明。

第四要"崇高"。"崇高莫大乎富贵"，崇尚高贵没有比富贵更大的。崇高是高贵高尚，难道富贵的人都是最高贵、高尚的人吗？这个"富贵"和我们今天讲的富贵意思是不尽相同的。古人说的"富贵"是指富裕而又有显贵的地位，这些都是通过正当的、符合道义的手段获得的。如果是用不正当手段获得的荣华富贵，就是孔子说的"浮云"，毫无意义，是不可取的。所以富贵是指物质的富裕和精神的高贵，甚至不论物质财富多寡，只要精神高贵就是真正的贵族。所以说"崇高莫大乎富贵"。

光做到这四点还不够，还要做到两点。第一点是备物立器，"备物致用，立成器以为天下利，莫大乎圣人"。备办实物让人用，创立器具而便利天下，没有比圣人更伟大的。"备物"就是备置、备办各种器物。备办什么"物"、什么东西呢？有不同理解。孔颖达《周易正义》说："谓备天下之物，招致天下所用，建立成就天下之器以为天下之利。"是指要备办天下之物，也就是天下百姓所需要的实物。和后面说的"立成器"之器一样都是天下百姓所需要的，如各种农具、工具。有人认为是指古代祭祀所用的器物。"莫大乎圣人"，在所有备置实物、创立器具的人中没有大过圣人的。圣人在《系辞传》中主要是指创作《易经》的人，结合前面所说"夫易，圣人所以崇德而广业也"，圣人做《易》的目的就是让人借助于易道而崇尚道德、扩大事业。所以这个"备物"，就是为了使大家"崇德而广业"而做的准备。那么准备些什么？除了物质准备，也就是准备天下百姓所需要的各种实物、器具以外，应该还要做好精神的准备、心灵的准备，也就是前面所讲的"洗心"和"退藏于密"，要净化心灵，回归虚静。只有这两方面都做好准备了，才能"致用"，才能"以为天下利"，为天下百姓所使用，给普天下的百姓带来最大的利益。这才是圣贤事业，是一个圣人最大的功业。

第二点是探赜索隐，"探赜索隐，钩深致远，以定天下之吉凶，成天下之亹亹者，莫大乎蓍龟"。探究精妙的道理，检索隐秘的事迹，钩取深藏的事理，招致遥远的事物，用来判定天下事物的吉凶，促成天下人勤勤恳恳，没有比蓍占和龟卜更大的。开头两句"探赜索隐，钩深致远"已经成为两个成语被广泛运用。我们来分析一下"探赜索隐"。"探"和"索"都是动词,"赜"和"隐"是名词。探:探求,探测;赜:精妙,深奥,这里指深奥的东西、深奥的道理;索:搜求,检索;隐:隐秘,隐藏,这里指隐藏的事迹。再来看"钩深致远"。"钩"和"致"都是动词,"深"和"远"都是名词。钩,钩取。钩深就是用钩子把水里面的鱼给钩起来、钓起来,比喻把藏得很深的道理给钩出来;致远,就是招致遥远的事物。探赜索隐、钩深致远这两个成语还用来形容治学的博大精深。

"以定天下之吉凶,成天下之亹亹者,莫大乎蓍龟",探赜索隐、钩深致远的目的就是用来判定天下之事是吉还是凶,进而促成天下人都"亹亹"。亹亹,勤勤恳恳,毫不懈怠。什么东西具有这样的功能呢?就是蓍草、龟甲。其实蓍草、龟甲只是一种工具,真正具有这种作用的还是通过蓍龟而揭示的易道。

总结一下,《易经》教我们成为一个能判定吉凶、成就事业、富有而高贵的人,要做到"法象""变通""著明""崇高",还要做到"备物立器""探赜索隐"。

河图洛书:中华民族的文化图腾

相传在上古伏羲的时代,有一天在黄河中浮出一匹龙马。龙马是一种龙背马身的神兽,生有双翼,高八尺五寸,身披龙鳞,凌波踏水,如履平地。它的背上有图点,伏羲看见后,依照龙马背上的图点,画了一张图,就叫河图。又有一天,洛河中浮出一只很大的神龟,背驮着图点,伏羲看见后,依照神龟背上的图点,画了一张图,就叫洛书。伏羲认为这是天赐的符号图像,一定蕴藏天道的秘密,于是日思夜想,终于他发现了这个秘密,并把河图洛书综合起来,画成了八卦。河图洛书也就成为中华文化的图腾,河图洛书文化就成为中华文明的源头。这就是《系辞传上》记载的:"河出图,洛出书,圣人则之。"那么究竟这两张图长什么样子?有什么秘密呢?

《系辞传上》第十一章中写道:"是故天生神物,圣人则之。天地变化,圣人效之。天垂象,见吉凶,圣人象之。河出图,洛出书,圣人则之。"

"是故天生神物,圣人则之。"所以上天生出了神奇之物,圣人效法它。什么神物呢?就是前面提到的蓍草和灵龟。"则"是个动词,效法,以……为法则。天生出了神奇的蓍草和灵龟,圣人去效法它。效法它做什么呢?并没有说,联系上下文可以知道效法它创立了占卜。

"天地变化,圣人效之。"天地有各种变化,圣人效仿它。天地变化包含的范围非常广,比如:天上的变化就有日月的运行,星斗的移动,风云的变幻,寒暑的更替,气候的变化,还有一年一月一日的变化,等等;地上的变化有树木花草的荣枯,山川河流的变化,潮起潮落,花开花谢,还有大地上的生物生老病死,等等。"圣人效之",圣人效仿它。效仿它做什么呢?也没说,从《易经》可以推测圣人效仿它发现了阴阳变化大规律,确定了六十四卦的排列次序。

"天垂象,见吉凶,圣人象之。"上天垂示各种天象,显示吉凶的征兆,圣人模拟它。"天"是古人观念中的万物主宰者,上天"垂象",就是显示各种现象,一个"垂"字,显示上天是高高在上的,是威严可畏的。天垂示的现象是很多的,比如日月星辰的正常运行,还有日食月食、流星雨、陨石等非正常的天象,其实都是在"见吉凶",显示吉凶,降临祸福,是在昭示我们人类,提醒我们人类,这些都是上天预先告诉我们的征象、征兆。"圣人象之","象"是动词,取象、模拟的意思,圣人会模拟这些天象。模拟天象做什么呢?也没说,但是可以推测,圣人模拟天象制造各种测天仪器,编制天文历法,告知人们天象变化的规律和原理,让我们见微知著,一叶知秋,防患于未然,从而达到趋吉避凶的目的。

"河出图,洛出书,圣人则之。"黄河当中出现了龙图,洛水中出现了龟书,所以圣人效仿它。古代的"河"特指黄河,"江"特指长江,"洛"当然就是指洛水。"河出图,洛出书",说的就是著名的河图和洛书。"圣人则之",圣人效仿它。效仿它做什么呢？也没有明说。有人说圣人是伏羲，伏羲效仿它而作了八卦；又有人说是伏羲看到了河图而作了八卦，大禹看到了洛书而作了洪范九畴。我们现在所看到的河图洛书是用黑白点排列的数字图形。河图是按从一到十十个数字排列的黑白点图，其中一三五七九阳数用白点表示，二四六八十阴数用黑点表示。十个数字排列在东西南北中五个方位，北边是一和六为水，南边是二和七为火，东边是三和八为木，西边是四和九为金，中央是五和十为土。洛书是按从一到九九个数字排列的黑白点图，有一个口诀叫"戴九履一，左三右七，二四为肩，六八为足，五居中央"，也就是北边是一，南边是九，东边是三，西边是七，西南是二，东南是四，西北是六，东北是八，中央是五。

河图与洛书

但河图洛书究竟是什么样子呢？是不是这两种数字图呢？其实最早的文献中并没有明说。比如《尚书》《论语》《管子》等先秦著作中都讲到了河图。《尚书·顾命》："大玉、夷玉、天球、河图，在东序。"《论语·子罕》："子曰：凤鸟不至，河不出图，吾已矣夫！"《管子·小匡》："昔人之受命者，龙龟假，河出图，洛出书，地出乘黄，今三祥未见有者。"他们讲的河图都是一种珍贵的吉祥物，但究竟是什么东西呢？并没有说。对河图洛书的来源和流变，我曾做过考证，写过一本书叫《易图探秘》，1999年出版，里面有详细的介绍，这里不多说。这里我只想说明两点：第一，把河图洛书当成是黑白点的数字图，从目前文献看是北宋刘牧第一个提出来的，刘牧是把十数图叫作洛书，把九数图叫作河图，直到南宋朱熹的弟子蔡元定才把河图确定为十数图，把洛书确定为九数图。第二，十数图和九数图先秦的时候就有了，只是那时十数图叫作五行生成数图，九数图叫作明堂九室图或九宫图。

《系辞传上》第十一章的最后说："《易》有四象，所以示也。系辞焉，所以告也。定之以吉凶，所以断也。"《易经》确立了四象，是用来显示大道的。这个四象是什么？一般认为就是前面所说的"两仪生四象"的四象，也就是太阳、少阳、太阴、少阴，或者是东南西北，或者是春夏秋冬，或者是揲蓍法的六、七、八、九四个数字，等等。据孔颖达《周易正义》记载，隋代何妥认为四象是指前面说的四句，庄氏（南朝梁陈间易学家，名字籍贯不详）认为是实象、假象、义象、用象。而北宋大儒张载认为是《系辞传上》第二章说的"吉凶者，失得之象也。悔吝者，忧虞之象也。变化者，进退之象也。刚柔者，昼夜之象也"。究竟是什么呢？我认为四象就是前面说的四句："天生神物，圣人则之。天地变化，圣人效之。天垂象，见吉凶，圣人象之。河出图，洛出书，圣人则之。"这四种象是用来显示天地大道规律的，被圣人看到了，所以效法它们作了《易经》。

"系辞焉，所以告也。"《易经》在卦的后面写下卦爻辞，是用来告知意义的。

"定之以吉凶，所以断也。"卦爻辞中标明的吉凶，是用来决断疑惑的。

所以我们学习《易经》就是要通过河图洛书、通过六十四卦卦爻辞来解除我们的疑惑，为我们做人做事指明方向。

第十二章

自天佑之：要得到老天保佑有什么前提条件？

我们中国人无论是信儒、信道还是信佛，都信天。《易经》第一卦就是乾卦，就是天。《周易》大有卦说："自天佑之，吉无不利。"意思是上天会来保佑你，是吉祥的，没有什么不利。所以我们中国人都要求老天保佑。那么老天能不能保佑我们平安无事？老天能不能保佑我们吉祥如意？请看孔子怎么解释。

《系辞传上》第十二章说：

《易》曰："自天佑之，吉无不利。"子曰："佑者，助也。天之所助者，顺也；人之所助者，信也。履信思乎顺，又以尚贤也，是以'自天佑之，吉无不利'也。"

子曰："书不尽言，言不尽意。然则圣人之意其不可见乎？"子曰："圣人立象以尽意，设卦以尽情伪，系辞焉以尽其言，变而通之以尽利，鼓之舞之以尽神。"

乾坤，其《易》之缊邪？乾坤成列，而《易》立乎其中矣；乾坤毁，则无以见《易》；《易》不可见，则乾坤或几乎息矣。是故形而上者谓之道，形而下者谓之器。化而裁之谓之变，推而行之谓之通，举而错之天下之民谓之事业。

> 是故夫象，圣人有以见天下之赜，而拟诸其形容，象其物宜，是故谓之象。圣人有以见天下之动，而观其会通，以行其典礼，系辞焉以断其吉凶，是故谓之爻。极天下之赜者存乎卦，鼓天下之动者存乎辞，化而裁之存乎变，推而行之存乎通，神而明之存乎其人，默而成之、不言而信存乎德行。

大有卦是《易经》的第十四卦，火天大有，表示大富有。上卦离卦为火，火在天上燃烧，照得大地非常明亮。也可解为日，太阳高悬在天上普照万物。万物受到阳光普照，一片旺盛、富有之象。也表示君王高高在上，拥有天下万民。大有卦就是讲怎样实现富有、保持富有。"自天佑之，吉无不利"是大有卦上九爻也就是最高一根阳爻的爻辞。一般处在最高位的往往都是凶的，"贵而无位，高而无民"，但是大有卦的最后一爻却是大吉大利的。这是为什么呢？

孔子解释："佑者，助也。天之所助者，顺也；人之所助者，信也。履信思乎顺，又以尚贤也，是以'自天佑之，吉无不利'也。"孔子说：佑是帮助的意思，天所帮助的是那些顺从天道的人，而人所帮助的是那些诚信的人。只有能够履行诚信，并且想着怎么顺应天道，又能够崇尚贤能的人，老天才会保佑他，他才会吉祥而无所不利。

"自天佑之，吉无不利。"人们普遍认为有天保佑，无论做什么都是吉利的。其实并不是这样。为什么上天能保佑你？孔子回答了这个问题，必须具备两个条件：一个是顺应天道，一个是诚信。这是从内外两个维度说的，对外要能顺应天道、顺应正道，当然不能做违背天道的事；对内要从自我内心出发，内心一定要诚实守信，要虔诚，有敬畏心，只有这样，老天才会保佑你。

什么是"天"？"天"是"天道"。什么是"天道"？一般来说天道就是天地自然运行的规律、天地自然的基本法则，这就是《易传》说的"天则"，就是万物的规则、世界的规则——一切事物皆有规则。当然"天"还有天理、天意、天命等意思。谦卦《象传》说："谦，亨。天道下济而光明。"《孟子》说"顺天者存，逆天者亡"，《黄帝四经》说"顺天者昌，逆天者亡"，顺应天道的就生存，违背天道的则灭亡。这是铁的规律。所以孙中山先生当年说："世界潮流，浩浩荡荡，顺之则昌，逆之则亡。"

天道的基本法则是什么？就是公平、公正，正如老子所说"天道无亲""天之道，损有余而补不足"，天道公正，无偏无私。大有卦讲怎么保住大富有，怎么"自天佑之，吉无不利"。上天为什么要保佑你呢？为什么要给你巨大财富呢？其实是要你按照天道的公平法则来做。所以我们自己大富有之后，一定要使天下人共富，要公平，要"损有余而补不足"，减少自己巨额财富去济助贫穷之人，千万不能"损不足而奉有余"，不能让穷人更穷、富人更富，那不符合天道。而且要诚实守信，注重贤德，将天道作为内心的信仰，只有这样才能得到上天的保佑，才能"吉无不利"。

接着看孔子怎么说——

> 子曰："书不尽言，言不尽意。然则圣人之意其不可见乎？"子曰："圣人立象以尽意，设卦以尽情伪，系辞焉以尽其言，变而通之以尽利，鼓之舞之以尽神。"

这里孔子说了另外一个问题，提出了中国哲学一个重要命题："书不尽言，言不尽意""立象以尽意"。什么意思？"书不尽言"，"书"就是文字，文字不能完全表达语言；"言不尽意"，语言也不能完全表达思想。语言和文字是递进关系，这里的语言是口头语言，也就是说出来的话；文字是书面语言，是写出来的话。写出来的不能完全表达说出来的，说出来的又不能完全表达内心思想。总之，语言、文字不能完全准确地表达思想内容。人的内心世界、人的思想情感都是极其丰富而复杂的，语言与人的内心世界、思想情感是有距离的，我们说出来的往往只是思想的一部分，再把它写出来又要减少一部分，这就叫"文不逮义""词不达意"。另外要把思想准确地说出来、写出来又是一件困难的事，有时由于表达不准确，甚至歪曲了思想，这就叫"以言害义""以文害义"。所以有一种说法：任何高明的文学家在多彩的内心思想面前都无才可施。

"然则圣人之意其不可见乎？""然则"是个连词，用在句子开头，表示"既然这样，那么……"既然这样，那么圣人的思想难道真的就不能表现出来了吗？孔子自问自答，一连说了五个"以尽"，就是可以从五个方面来完整表达思想。其中最重要的是开头一句："圣人立象以尽意"，圣人确立一个"象"来完整表达思想。"象"是什么？是形象的东西，比如图像、图画，用语言和文字不能表达的东西，就用图像来表达。这个"象"具体指什么呢？从下文看，"象"是指卦象。第二句是"设卦以尽情伪"，设定六十四卦来全面反映真伪。卦是象的一种，设定六十四卦的目的是用来"尽情伪"，完整反映事物的真伪。"情伪"就是真伪。明代易学家来知德说："本于性而善者情也，拂乎性而不善者伪也，伪则不情，情则不伪。"自然万物无所谓真假虚实，但人看待自然万物却有真有假，圣人设立六十四卦就是要让我们认清事物的真假虚实，看清事物的本来面貌。

"系辞焉以尽其言。"所谓"系辞"就是加在卦象后面的文字说明，也就是卦爻辞，卦爻辞可以完整地表达语言的意思。为什么？因为虽然卦爻辞本身也是一种文字语言，但这种文字语言不同于一般的文字语言，一般文字语言表达的意思是相对单一的，而卦爻辞语言却是隐喻性的，所以卦爻辞可以类推出更丰富的意思。

"变而通之以尽利。"变化会通是指六十四卦、三百八十四爻的变化会通，变通可以用来充分施利给万事万物。什么叫"变通"？《系辞传》说："化而裁之谓之变，推而行之谓之通。"万物只有变化会通才能发挥作用，人们才能获得利益。

"鼓之舞之以尽神。"用击鼓、舞蹈来尽情发挥《易经》的神妙作用。后来就有了一个词"鼓舞"。"鼓之舞之"的"鼓"是动词，击鼓，鼓励。古代行军作战，击鼓而进，鸣金而收。舞，也是动词，舞蹈，跳舞。有人不同意鼓之舞之是实指击鼓、跳舞，而说成是一般意义的鼓励、振奋，这是不对的。人在尽情地击鼓、跳舞的过程中才能"以尽其神"，尽力达到神妙境界。这里说的"神"不是神仙、上帝，而是孔子说的"阴阳不测谓之神"，是指变化莫测、不可思议的神妙境界、神奇作用。

形而上与形而下：怎么才能领会大道理成就大事业？

我们都非常熟悉《三国演义》中的故事，如果要大家用两个卦来分别描绘刘备和诸葛亮的一生，你们觉得哪两个卦比较合适？我觉得用乾坤两卦比较合适。刘备就像乾卦，诸葛亮就像坤卦。刘备出身皇室，从家道中落，立志恢复汉室，到崭露头角，联吴抗曹，占据荆州，攻下两川，荣登皇位，最后亲率大军攻打东吴失败，火烧连营，白帝托孤而亡。他的一生好比乾卦从潜龙、见龙、惕龙、跃龙、飞龙到亢龙的过程。再看诸葛亮从躬耕陇亩，涵养美德，到隆中问对，辅佐刘备，处世谨慎，守中谦逊，足智多谋，六出祁山，五次北伐，最后积劳成疾，病逝于五丈原。他的一生好比坤卦履霜、直方、含章、括囊、黄裳、龙战于野的过程。其实乾坤二卦蕴含有更深刻的道理。究竟是什么道理？我们普通人能不能应用这个道理呢？

《系辞传上》第十二章做了解答，我们来看：

乾坤，其《易》之缊邪？乾坤成列，而《易》立乎其中矣；乾坤毁，则无以见《易》；《易》不可见，则乾坤或几乎息矣。

"乾坤，其《易》之缊邪"中，"其"是个副词，表示推测、估计，相当于大概、或许。"缊"是蕴藏，这里表示蕴藏的道理。"邪"通"耶"，是个语气助词，相当于呢、吧。这一句的意思是：乾坤，大概蕴藏了《易》的全部道理吧？

这句话虽然用了疑问的语气，但实际上是肯定的说法，是说《易经》的全部道理都蕴藏在乾坤二卦中。因为乾坤是《易经》六十四卦中唯一的纯阳卦和纯阴卦，排在六十四卦的第一、第二位，从某种意义上说，其余六十二卦就是乾卦和坤卦交互变化的结果。所以《易传》中的《文言传》只解释乾坤二卦，不解释其他六十二卦。因为乾为纯阳，坤为纯阴，而"一阴一阳之谓道"，《易经》之道就是阴阳之道。这个命题和老子《道德经》"道者，万物之奥"是相同的，道是万物的最深奥之处。这个"道"既是"无思无为"的虚无之道，又是"一阴一阳"的乾坤之道。

"乾坤成列，而《易》立乎其中矣。"乾坤两卦一旦排列开来，《易经》的思想就确立在其中了。这个"其"就代表乾坤二卦。乾坤排列是什么意思呢？一是天地排列，"天尊地卑，乾坤定矣"，天上地下形成一个空间，日月在其中穿梭，万物在其中生长，天地的变化决定了万事万物的变化，《易》讲的就是天地万物的大规律，把握了天地规律，也就把握了万物规律。二是乾坤卦爻的排列变化，决定其他六十二卦，《易》的体系就确立了。朱熹《周易本义·系辞上传》："凡阳皆乾，凡阴皆坤，画卦定位，则二者成列，而《易》之体立矣。"按照爻变学说，六十二卦都是乾卦的阳爻和坤卦的阴爻交变而来，比如乾卦的第一爻和坤卦第一爻相交，那么乾卦六根阳爻最下一根阳爻就变成阴爻，变过去的卦就是姤卦。而坤卦最下面一根阴爻就变成阳爻，变卦就是复卦。再比如第三卦屯卦，《象传》解释"刚柔始交而难生"，就是乾坤天地刚刚开始交合，产生万事万物的那一刻，表示艰难的局面。

"乾坤毁，则无以见《易》。"乾卦和坤卦如果毁灭了，就不可能出现《易经》了。"《易》不可见，则乾坤或几乎息矣。"《易经》不能出现，乾坤也就差不多停止了。这里反复强调了乾坤两个卦象对于《易经》的重要作用，说明乾坤和《易经》是一体关系。"乾坤毁"，表示阴阳的毁灭，也表示天地的毁灭，天地毁灭则万物不复存在。同理阴阳毁灭，六十四卦也就不复存在。而一部《易经》就是天地阴阳变化的大规律，人类知变应变的大法则，人一生为人谋事的大智慧，阴阳不存在，《易经》当然也不复存在了。

那么乾坤两卦是有形的器物还是无形的道理呢？孔子接着说："是故形而上者谓之道，形而下者谓之器。"这是非常有名的话，也是十分重要的哲学命题。形而上者叫作道，形而下者叫作器。这是说乾坤卦象是形而上的道理，而不是形而下的器物。什么是"形而上"？就是形体以上超越形体的，也就是没有形体，是无形的、抽象的东西，比如说法则、思想、道理这样的东西，就叫作"道"。什么是"形而下"？就是形体以下，也就是有形体的、看得见摸得着的东西，实物性的东西，当然就是"器"——器物。这说明阴阳乾坤不是形而下者，而是形而上者，因为它是一种客观的规律，是无形的。它不是有形的物质，而是无形的规律性的道。无论是儒家还是道家，都主张要重视"道"，不要拘于"器"，比如《论语·为政》中孔子说"君子不器"，君子不应拘泥于有形的器物，应该思考无形的道，应该思考现象背后的本质。

"道"和"器"是《易传》提出的哲学概念，被历代哲学家引申和发挥，逐渐推广为表示本质和现象、根源和流变、抽象和具体的哲学范畴，在中国哲学史上应用广泛。比如朱熹《朱子语类》说："理，形而上者；气，形而下者。自形而上下言，岂无先后？"他主张形而上的理在先，形而下的气在后。可明末清初王夫之则提出反对意见，认为先有形而下后有形而上。现代有人把"形而下者"看成唯物，"形而上者"看成唯心。

那么我们现代人能不能应用这个无形的"道"呢？是可以的，不过要化裁、要推行。孔子接着说："化而裁之谓之变，推而行之谓之通。"乾坤阴阳的转化、裁决就叫"变"，推广开来加以实行，就叫作"通"。"化而裁之"的"化"是指阴阳的转化。裁，裁成，裁决，又有制约的意思。阴阳是相对的，同时也是互相制约的，阴阳的相对和制约、相生和相克，促成了事物的转化，这就是变了。"推而行之"的"推"是推广，"行"是行动、实施。把这种阴阳的转化与制约、对待与统一，推广开来，并且用它作为行动指南来处理事情，就叫作"通"。阴阳推移，行施不穷。"化而裁之"和"推而行之"的主语究竟指什么？有人说是指前面所讲的"道"和"器":"形而上者谓之道,形而下者谓之器。"我认为形而上和形而下是一对阴阳,道和器也是一对阴阳,这里说的化裁和推行不仅仅是讲无形之道和有形之器,而是推广到所有的阴和阳。阴阳的化裁、推行就是变通。

我们再看"变"和"化",合起来是变化,分开来说:"变者,化之初;化者,变之成。"也就是说,变是刚刚开始在变,化就是已经变化成功了,有结果了。

孔子又说:"举而错之天下之民谓之事业。"举,拿起,推。"错"通"措",就是放置。比如《论语·为政》说:"举直错诸枉。"这个"错"就通"措"。我们今天说的"举措"是个名词,但这里说的"举而错之"中的"举"和"错"却是动词,"之"是代词,它。"举而错之"就是把它拿起来放置到……之中。"举而错之天下之民"就是把阴阳变通的道理放在天下老百姓当中让他们来使用,"谓之事业",就叫作事业。当然,这不是普通人的事业,而是君主、圣人的事业。领导者要把上面所说的"道"和"器"、"变"和"通"的道理让所有老百姓都知道,还要让各种举措、政治制度透明起来,得到天下百姓的认可,老百姓才能够心甘情愿地接受这种变化、顺应这种变化,这样整个社会才能够和谐发展,这才是领导者的伟大事业。

象其物宜:怎么才能在不声不响中造福于人?

这么一张图画,不知道大家看过没有?图上画了一个人,是个什么人呢?有人一看是一个老太太,有人一看是一个少女。同样一幅画,但看的角度不同,看出来的结果也不相同。这就是图像的语言。图像语言不是人人都能读出来的,图像能传达比语言更为丰富的东西。早在七千年以前的伏羲就创造了八卦符号图像,三千年以前周文王又推演出《易经》六十四卦符号图像。那么什么是"象"呢?

是美少女还是老太太？

前面我们学习了"形而上者谓之道，形而下者谓之器"，那么介于"形而上"和"形而下"的是什么呢？就是八卦、六十四卦的"象"，而"象"也可以称为"形而中"。什么是"象"？《系辞传上》第十二章说："是故夫象，圣人有以见天下之赜，而拟诸其形容，象其物宜，是故谓之象。"这是关于"象"的一个经典定义。前面我们学过"见乃谓之象"，表现出来的就是"象"，说得还有点笼统，这里就说得更详细一些。我先把字面意思解释一下，"圣人"就是指创作《易经》的人，也就是伏羲、周文王等人。"见天下之赜"的"赜"前面我说过了，就是复杂幽深。这句话就是说，圣人发现了天下万事万物复杂幽深的道理。"而拟诸其形容"，而模拟、比拟成一种具体的形象和容貌。"象其物宜"，用来象征特定事物的涵义。"是故谓之象"，所以叫作"象"，这个象就是卦象。"拟诸其形容，象其物宜"中，"拟"就是比拟、比喻、模拟；"诸"是"之于"两个字的合音词；"其"是代词，这里指代"天下之赜"，天下复杂幽深的道理；"形"是形象；"容"是容貌；"象"是动词，取象、象征；"宜"通"义"，意义。对于天下那些复杂幽深的道理，直接用语言是没有办法说明白的，只好用比喻、模拟、象征的方法，将幽深的道理比喻为浅显好懂的事物、具体的形象，大家就会通过这一浅显好懂的事物、具体的形象产生联想，这样就便于理解幽深的道理了。"拟诸其形容"和"象其物宜"是两个层次，"拟诸其形容"是第一个层次，是比拟、形容了幽深事物的形状；"象其物宜"是更高层次，是要进一步用象征的方法揭示出幽深事物背后的本质、性质和规律。比如乾和坤的意思很难懂，于是就用天和地这两个形象的事物来形容，天就是乾的形象，地就是坤的形象，让大家产生类似的想象，由此推测出更多同类的事物，进而推导出乾卦具有刚健坚毅、自强不息的性质和功能，坤卦具有宽厚博大、柔顺包容的性质和功能。再进一步引申，乾卦和坤卦分别反映了天和地运动的过程、运动的条件、运动的规律。这就是六十四卦的卦象。

后面一句是对爻的界定："圣人有以见天下之动，而观其会通，以行其典礼，系辞焉以断其吉凶，是故谓之爻。"圣人发现了天下万物的运动变化，进而观察它们的会合贯通，把它实行于典章礼仪，再撰写文字来判断事物变化的吉凶，就称为爻。爻是组成卦的最小单位，爻也是一种象，是《易经》中最基本的、最小的象。爻只有两种，阳爻和阴爻，但处在六十四卦中就有三百八十四爻。爻和卦比较起来，卦偏于静，爻偏于动。所以这里用了"动""观""行""断"等动词，来说明爻的形成和意义。爻的形成和意义分四步：第一步是"见天下之动"，"见"有看见的意思，也有发现的意思，是看见、发现天下万物的动态变化；第二步是"观其会通"，天下万物的变动是繁杂的、无序的，圣人能从繁杂无序中看出它们是可以会合的、可以贯通的；第三步是"行其典礼"，"典"就是典章制度，"礼"就是礼仪礼节，"典礼"就是人们应该遵守的行为规范，这一步是要从繁杂无序的事物中找出有序，进而制定行为规范，让大家按照行为规范来行动；第四步是"系辞焉以断其吉凶"，用文字将它记录下来，告诉人们如果遵循行为规范，结果就会吉，否则就会凶。这就是"爻"的最大作用。

孔子最后做了总结："极天下之赜者存乎卦，鼓天下之动者存乎辞，化而裁之存乎变，推而行之存乎通，神而明之存乎其人，默而成之、不言而信存乎德行。"

这一段一连用了六个"存乎"，我来逐一分析。

"极天下之赜者存乎卦"，穷尽天下复杂幽深的道理存在于"卦"中。"极"是个动词，穷尽、穷究、深入钻研。"赜"前面讲过了就是复杂幽深的道理，能穷尽天下复杂幽深道理的只有六十四卦。因为"书不尽言，言不尽意"，幽深玄妙的道理不能完全用语言文字表达，只能"立象以尽意，设卦以尽情伪"，这个象就是卦象，卦象可以"拟诸其形容，象其物宜"，比拟成一种具体的形象和容貌，用来象征特定事物的涵义。

"鼓天下之动者存乎辞"，鼓舞天下人的行动存在于"辞"中。"鼓"也是动词，鼓动、鼓舞的意思。呼应前面的"鼓之舞之以尽神"，此处"天下之动"就是天下人的行动。鼓舞天下人行动不仅要有一种号召力，而且要有行动的指南，这样才不至于盲目行动、粗暴行动，这种号召力和行动指南就在爻辞中。前一句是讲卦，这一句是讲爻，讲爻辞。

"化而裁之存乎变，推而行之存乎通"，这两句呼应前面的"化而裁之谓之变，推而行之谓之通"，阴阳的转化裁决就叫"变"，推广开来加以实行就叫"通"。"化而裁之存乎变"阴阳的转化与裁决、相生与相克，都存在于变化之中。"推而行之存乎通"把这种阴阳变化的道理推广开来加以实行，在于贯通之中。这两句就是说如何化裁、如何推行，完全取决于用《易》的人能否变化贯通。

"神而明之存乎其人"，让《易经》发挥神奇效用并显明出来就在于运用《易经》的人。"神"和"明"在这里都是动词，而且是使动词，使《易经》发挥神奇效用，使《易经》道理更加显明。"存乎其人"，完全在于运用《易经》的人。作为一本书，《易经》的符号文字是静止的，所以它的神奇作用是潜藏的，人们在读《易经》时理解也是不同的，这就是"仁者见之谓之仁，知者见之谓之知"，看法不同，用途当然也不同。那怎样才能明白《易经》的神奇奥妙并把它真正的神奇作用显示出来、发挥出来？只有靠人，靠真正掌握《易经》大道的人。从这个意义上说，能够"神而明之"的在于人而不在于《易》了。

"默而成之、不言而信存乎德行"，默默地成就事业，不用言语就能取信于人，完全在于美好的德行和品格。"默而成之"指不声不响地就成就了大事业。"不言而信"，指不说话就取得天下人的信任。"存乎德行"，完全在于人的德行。德行就是道德和品行。什么德行呢？首先是默而不言，默默地成就事业，默默地取信于人。默默行事是一个有德行之人的美德，无论孔子还是老子都要我们少说甚至不说。孔子说:"古者言之不出,耻躬于不逮也。"那些有德行的古人是不轻易说话的,他们耻于把话说出来但行为上做不到,害怕言行不符。所以要我们"敏于事慎于言""讷于言而敏于行",说话应该谨慎,而行动要敏捷。老子则说"言者不知,知者不言",说话的人没有智慧,有智慧的人不说话;要我们"塞其兑,闭其门",闭上嘴巴,闭上耳目。现在有一句话很有道理:少说话是教养,会说话是修养。当然默而不言并不是目的,目的是成就事业并取信于天下,这完全在于有德行之人。这句中的"默而成之、不言而信"是只针对《易经》说的,只有默默地对易理理解深透,与易道暗合,并且按照易道去做事,才能成就大的事业,才能取得天下人的信任。这也与孔子说的"不占而已"和荀子说的"善为易者不占"的意思相吻合,这种人才是真正有德行的人。

系辞传下

第一章

天地贞观：李世民贞观之治有什么奥秘？

　　一提起唐太宗李世民，大家眼前就会浮现出一代英主、一代明君的形象。的确，他安定天下、一统江山以后，能做到知人善任，虚心纳谏，休养生息，完善科举制度，采取以农为本的政策，厉行节约，将中国传统农业社会推向鼎盛。他还大力平定外患，开疆拓土，稳固边疆，最终取得天下大治的局面，他统治的时期被称为"贞观之治"。"贞观"是唐太宗李世民的年号。"贞观"这个词出自于《系辞传下》第一章："天地之道，贞观者也。""贞观"究竟是什么意思呢？

　　答案就在《系辞转下》第一章里——

　　　　八卦成列，象在其中矣。因而重之，爻在其中矣。刚柔相推，变在其中矣。系辞焉而命之，动在其中矣。

　　　　吉凶悔吝者，生乎动者也。刚柔者，立本者也。变通者，趣时者也。

　　　　吉凶者，贞胜者也。天地之道，贞观者也。日月之道，贞明者也。天下之动，贞夫一者也。

　　　　夫乾，确然示人易矣；夫坤，隤然示人简矣。爻也者，效此者也；象也者，像此者也。

爻象动乎内，吉凶见乎外，功业见乎变，圣人之情见乎辞。

天地之大德曰生。圣人之大宝曰位。何以守位？曰仁。何以聚人？曰财。理财正辞，禁民为非曰义。

先来学第一段，这里一连用了四个"在其中"，表明卦象、爻象、爻变、爻辞的由来和作用。首先是"八卦成列，象在其中矣"，意思是八卦排成序列，万物的象征就在其中了。"象"作动词是象征、取象，这里是作名词，表示一切表现出来、可以感受到的东西。结合我们的日常生活来看也是如此，比如一个人情绪有了变化，马上要发怒，那么一定会在面部表情上表现出来。面部表情就是一种"象"。八卦可以用来象征所有事物，比如发怒的象就是八卦中的离卦。

八卦的重合就是六十四卦，"因而重之，爻在其中矣"，八卦上下重合组成六十四卦，六十四卦每卦六根爻，一共三百八十四爻，那么三百八十四爻也就在其中了。

爻与爻之间发生作用，"刚柔相推，变在其中矣"，刚爻和柔爻相互推移，那么变化的道理就在其中了。《易传》不说阳爻阴爻，而是说刚爻柔爻。"相推"是指爻的变动。"推"，是你推我，我推你，互相推动。"刚柔相推"，是说刚可以变柔，柔也可以变刚。爻的变化表明事物的变化。变化的原因在于"刚柔相推"，也就是阴阳的互相转化。六十四卦的爻变代表具体事物的运动变化。

"系辞焉而命之，动在其中矣"，在卦爻下面系上文辞，就是写下文字，是用来告知吉凶的，那么如何行动也就在其中了。卦爻辞不仅讲了事物发展的吉凶结果，而且告诉我们怎样行动才能趋吉避凶。所以我常说，《易经》不仅是预测学，更重要的是行为学。

在讲完四句"在其中"以后，接着讲了三个"……者，……也"判断句。

"吉凶悔吝者，生乎动者也"，"吉""凶""悔""吝"，产生于变动中。"吉""凶""悔""吝"是《易经》的四种常用判断语，是根据六爻的阴阳变动判定的。卦爻辞中往往会用这四种判断词表示结果，一般放在卦爻辞的最后。

在这之前还有一句话，是告诉我们做的什么，采取什么行动，导致了这个结果。所以说"吉""凶""悔""吝"的结果取决于前面的行动。

"刚柔者，立本者也"，刚爻和柔爻，也就是阳爻和阴爻，是卦象确立的根本。易道的根本是一柔一刚，也就是一阴一阳，所以说"一阴一阳之谓道"。《易经》是求本的，《易经》第一卦乾卦的卦辞第一个字就是"元"，就是本原、本体、本质，是万事万物产生和存在的根本。这个本就是大易，就是太极，就是阴阳，就是刚柔。

"变通者，趣时者也"，变化通达，就是顺应时机。"趣"通"趋"，意为顺应。"趋时"的思想十分重要，《易经》讲变通，"穷则变，变则通，通则久"，怎么才能变化通达？关键就在于趋时，也就是怎么顺应时机而变化，怎么顺应不同的环境条件而变化。《易经》重视空间但更重视时间，时空合一，但时间比空间更重要，最终是按照这个"时"来决定吉凶悔吝的。《易经》通过卦爻的变化来表示时间、时机、时势的变化。三国王弼《周易略例·明卦适变通爻》说："夫卦者，时也；爻者，适时之变者也。"每卦代表一个时势，不同的爻表示适应时势的不同变化。

接下来是四个带"贞"的判断句。这里一连用了四个"贞"，强调了"贞"的重要性。"贞"这个字在商代的甲骨文中就有，最早和"鼎"是同一字。后来在"鼎"的基础上加"卜"分化出"贞"。《说文解字》："贞，卜问也。……一曰鼎省声。""贞"本义是占卜、卜问的意思。占卜的人称为贞人。当时占卜的人都是品行端正的人，所以"贞"字又引申为言行一致，端正，如成语"坚贞不屈""忠贞不二"。

在《易经》卦爻辞中经常用"贞"字，如乾卦卦辞"乾，元亨利贞"，坤卦卦辞开头是"坤，元亨，利牝马之贞"。卦爻辞中的"贞"就是甲骨文"贞"，意思是一样的，表示占卜、贞问。但《易传》中的"贞"不是贞问的意思，而是"正"的意思。东晋韩康伯注："贞者，正也，一也。"唐代孔颖达正义曰："贞，正也。……唯守一贞正，而能克胜此吉凶。"南宋朱熹《周易本义》说："贞，正也，常也，物以其所正为常者也。""贞"和"一"常常配对使用，比如《道德经》曰："王侯得一，以为天下贞。"后来有了"贞一"这个词，意思就是守正专一，比如汉代刘向《列女传·鲁寡陶婴》："婴寡终身不改，君子谓陶婴贞一而思。"

我们再来分析这四句话。

第一句"吉凶者，贞胜者也"，意思是吉祥是因为守正道才能取得胜利。"贞胜"是什么意思？就是因为"正"所以胜利。这句的"吉凶"是偏义复词，指的是吉。我们前面学过一句"吉凶者，失得之象也"，是说吉和凶分别是事物得到和失去的象征，也就是得到则吉，失去则凶。这里同样是"贞胜"则吉，守正道、取得胜利则为吉，暗含不守正道、失败则为凶。这是告诫人们要守正道，才能趋吉避凶、逢凶化吉，否则就会大祸临头。

第二句"天地之道，贞观者也"，天地之道，是因为公正才为天下人仰望。"贞观"也是因果关系，因为贞所以观。"观"原意是观望，这里指被人们所仰望、所崇敬。人们为什么仰望、崇敬天地之道，就因为天地之道最公正、最公平。这就告诫我们办事一定要公正、公平。唐太宗李世民为什么取"贞观"的年号？就是因为李世民在唐朝初年安定天下以后，想长治久安，想建立一个伟大的朝代，供后人仰望。怎么才能做到这一点？必须按照天道来做，所以他按照"天地之道，贞观者也"取了"贞观"二字作为年号。他在位期间按照天地公正之道治国理政，所以才出现政治清明、经济复苏、文化繁荣的治世局面。

第三句"日月之道，贞明者也"，日月之道，因为守正所以光明。也就是说日月只有按正道运行才能焕发出光明。那么不按正道运行是一种什么情况呢？古人认为日食、月食，或者乌云密布、电闪雷鸣，都是反常现象，都没有按正道运行，所以就不会焕发光明。这就告诫我们为人处世要按照正道去做，才是一个光明磊落的人，否则就是阴暗小人。

第四句"天下之动，贞夫一者也"，意思是说天下事物的运动变化，因为守正而归一。清代阮元《十三经注疏校勘记》说："古本'夫'作'于'。""贞夫一"就是正于一。"一"不仅是专一，而且是纯一、统一。不管天下事物怎么变动，最终应当守正，回归纯一本真。唐代孔颖达《周易正义》："言天地日月之外，天下万事之动，皆正乎统一也。若得于纯一，则所动遂其性；若失于统一，则所动乖其理。是天下之动，得正在一也。""贞夫一"就是说最终要正于一，要归于一。"一"很重要。"一"在《周易》里就是太极，就是最本质的东西，这个东西一定要正，要守正。《系辞传上》说"易有太极，是生两仪，两仪生四象，四象生八卦"，这是讲一分为二的道理。但这一句却说"天下之动，贞夫一者也"，是讲合二为一的道理。可见，《周易》认为事物的发展、变化，既是一分为二，又是合二为一的。对一个人来说，无论怎么变化，最终都应该回归纯一天真的本来面目。

天地之大德曰生：怎么才能得体地聚财、理财、用财？

不知道大家去参观过北京故宫没有？一般去故宫——紫禁城，总是从午门进，从神武门出。午门是故宫的南大门，也就是朱雀门；神武门是故宫的北大门，也就是玄武门。从神武门出来之后，看到的是景山。如果从神武门出来后往左手也就是往西走，在护城河边，你会看到有一个牌坊，上书四个大字："大德曰生。"这个牌坊显得很孤单，与周围景观不协调，这个孤零零的牌坊是干什么用的呢？如果你走过马路，到牌坊的正对面去看一下就明白了，原来牌坊的正对面是大高玄殿的大门，大高玄殿是明清两代尊奉道教最高神"三清"的皇家道观。原来大门外是有三座牌坊的，呈"品"字形分布，后来因修景山前街而拆除东西两座，仅剩下南侧这座"大德曰生"牌坊。所以显得有点不协调。那为什么要保留这座"大德曰生"牌坊？"大德曰生"究竟是什么意思呢？这一节我就来解开这个谜。

"大德曰生"原文是"天地之大德曰生"，出自于《系辞传下》第一章。在"天地之大德曰生"之前还有几句，可以说是铺垫。

"夫乾，确然示人易矣；夫坤，隤（tuí）然示人简矣。"这两句说明乾卦和坤卦的性质和作用。乾卦是刚健的，展示给人们的是平易。"确然"表示刚健的样子，"示人易"就是以平易来显示于人。坤卦是柔顺的，展示给人们的是简单的样子。"隤然"，表示柔顺的样子。一乾一坤，一个确然、刚健，一个隤然、柔顺，这是说乾坤的性质，后面的"示人易""示人简"说的是乾坤的作用。这两句呼应了《系辞传上》第一章"乾以易知，坤以简能"，乾卦因为平易所以便于理解，坤卦因为简单所以发挥功能。

再看后面两句："爻也者，效此者也；象也者，像此者也。"刚爻和柔爻是效仿了乾坤的变动，卦象是模拟了乾坤的意象。"此"指代乾坤两卦。爻分为刚爻和柔爻，"效"是效法、效仿的意思，刚爻和柔爻分别效仿了乾卦的阳刚和坤卦的阴柔。所有卦象都是模拟乾坤的意象而形成的。"像"是模拟的意思。八卦中的其他六个卦、六十四卦中的其他六十二卦都是对乾坤的模拟和展开。

"爻象动乎内，吉凶见乎外，功业见乎变，圣人之情见乎辞。"爻象发动于卦的里面，吉凶表现在卦的外面，事业的兴衰表现在变化中，圣人的思想体现在卦爻辞中。也就是说，爻象是在蓍草卦象之内变动，而吉凶虽然体现在爻象爻辞中，但真正落实一定是在蓍卦之外，即人的行动上。而人的"功业"、事业表现在变化中。因为事业是有成有败、有兴有衰的，事业的成败兴衰表现在事物的吉凶变化中。"圣人之情"——圣人的情感、思想已经表现在卦爻辞里。后来"情见乎辞"成了一个成语，意思是真情从言辞中流露出来。

接下来就是那句名言："天地之大德曰生。"这是一个伟大的命题。天地最伟大的功德就是"生"，生生不息，化生万物。乾坤就是天地。"生生之谓易"这个"生"是《周易》的根本，体现了天地最伟大的功德。"生"这个字在甲骨文中，下面一横代表大地，上面是一棵草，表示草从大地生出来，《说文解字》说："生，进也。象草木生出土上。"天地最大的恩德是给万物、给人类带来勃勃生机，为万物和人类提供生存环境，让万物各得其所，万物和人类在天地之间生生不息。天地之德就是大易之德，《系辞传》说"生生之谓易"，使万物和人类生生不息是大易最大的恩德。为什么天地能生养万物？就是乾坤两卦所总结的，天覆地载，天刚地柔，天的自强不息和大地的厚德载物，两者云行雨施，共同孕育了万物和我们人类，天地的无私奉献，天地的公平公正，共同成就了万物和我们人类。所以我们要感恩天地，敬畏天地，更要效法天地，向天地学习，这样才能生生不息。

在讲完"天地之大德曰生"这一命题之后，《系辞传》又一连说了四个命题："圣人之大宝曰位。何以守位？曰仁。何以聚人？曰财。理财正辞，禁民为非曰义。"

第二个命题是："圣人之大宝曰位。"圣人最大的宝贝是"位"。什么是"位"？历代大都解释为位置，所处的地位，即权位、权力。唐代孔颖达《周易正义》："位是有用之地，宝是有用之物，若以居盛位，能产用无疆，故称大宝也。"唐代李鼎祚《周易集解》引崔憬说："言圣人行易之道，当须法天地之大德，宝万乘之天位，谓以道济天下为宝而不有位，是其大宝也。"可是圣人是效法天地之大德，并不计较权力、地位。那么这个"位"究竟是指什么呢？结合六十四卦卦爻辞来看，这个"位"应该是指时位。因为《易经》是时位合一、时空合一的，比如乾卦《彖传》就说"六位时成"。《易经》六十四卦每一个卦都有六个时位，也就是六个时空点。位置一定要摆正了，否则就是不正。《易经》很看重中位和正位，这就是"中正"。只有符合天地之时位，才能生而又生，生生不息。

第三个命题就是："何以守位？曰仁。"怎么样守住这个时位？用仁。"何以"就是"以何"，用什么。注意这几个命题是环环相扣的，首先是"天地之大德"就是使万物生生不息，这就是天地最大、最无私的爱。接下来说圣人怎么延续这种大爱？就是要掌握时位这一珍宝。那怎么能守住、保住这个时位呢？这就靠最大的仁爱了。这和孔子讲"仁"是不一样的。《论语》记载："樊迟问仁，子曰：爱人。"在《论语》中"仁"的主要意思是爱人。"颜渊问仁，子曰：克己复礼为仁。"克制自己、恢复周礼就叫作仁。其实这就是一种爱众人的表现，大家都按照礼的要求去做了，人人都遵守道德规范，这不就是一种大爱吗？这里又提出一种崭新的观点:"何以守位?曰仁。""仁"是守住时位的依凭。这跟"仁者爱人"的基本含义有没有关系呢?表面上看没有关系,其实深入探究一下是有关系的。就人和人之间的关系而言,守住自己的时位,不做越位的事,就是对别人的尊重和爱,就是在遵守礼仪;每一个人的时位都摆正了,都各得其所,都遵守礼仪,这既体现了仁爱,又符合天地好生之德。

第四个命题:"何以聚人?曰财。"如何汇聚人心、聚集人才?用财富。我们一定要明白一个道理,就是《礼记·大学》说的:"财聚则民散,财散则民聚。"财富聚敛,那么人就会离散;财富分散,那么人就会聚拢。如果自己总是想方设法为自己聚集财富,那么你的员工、你的朋友就会离你而去,最后一定是人财两空;如果把财富分散给大家,那么就会有更多的人向你聚拢,就会使你的事业越做越大,你的财富自然也就越来越多了。"何以聚人"强调财为人所用,财富不是目的而是手段。其实这也是一种大爱、仁爱,只有用大爱才能"聚人",只有聚人才能聚财。

第五个命题:"理财正辞,禁民为非曰义。"这是对"义"下的崭新的定义。只有具备三点,才能称为"义"。第一是"理财",就是管理财富;第二是"正辞",端正言辞;第三是"禁民为非",禁止民众为非作歹。做到这三点才是"义"。"理财"包括聚财和用财。对一个统治者来说,聚财就是向老百姓收取税赋,用财就是蓄养老百姓。聚之有道,用之有理,就是"义"。"正辞",端正言辞、端正话语,"辞"对统治者来说还包括颁布的各项法令制度,它们都要正。"正"就是义,所以有一个词叫"正义"。"禁民为非",禁止老百姓做坏事,使老百姓不争不盗,也是"义"。什么是"义"?《礼记·中庸》说:"义者,宜也。"就是合适、正当、公平的意思。《墨子·天志》说:"义者,正也。"《庄子·天地》也说:"端正而不知以为义,相爱而不知以为仁。"《礼记·乐记》说:"仁以爱之,义以正之。"理财正辞、禁民为非都是为了公平、端正,所以称为"义"。

总而言之,后面四个命题都是对第一个命题"天地之大德曰生"的展开。仁义、地位、财富,只有按照天地的大德来做才能取得。

第二章

离卦：伏羲氏是怎么发明渔网的？

八卦究竟是怎么创造出来的呢？有人说八卦是根据河图洛书创造出来的，有人说八卦是根据太阳和月亮创造出来的，也有人说八卦是根据男女生殖器创造出来的。那么究竟哪个说法是对的？古人创造八卦最大的用处是什么呢？其实《系辞传》对这些问题早就说得清清楚楚了。

我们一起看《系辞传下》第二章——

> 古者包牺氏之王天下也，仰则观象于天，俯则观法于地，观鸟兽之文与地之宜，近取诸身，远取诸物，于是始作八卦，以通神明之德，以类万物之情。作结绳而为罔罟，以佃以渔，盖取诸离。
>
> 包牺氏没，神农氏作，斫木为耜，揉木为耒，耒耨之利以教天下，盖取诸益。
>
> 日中为市，致天下之民，聚天下之货，交易而退，各得其所，盖取诸噬嗑。
>
> 神农氏没，黄帝、尧、舜氏作，通其变，使民不倦，神而化之，使民宜之。《易》，穷则变，变则通，通则久，是以自天佑之，吉无不利。

黄帝、尧、舜垂衣裳而天下治，盖取诸乾坤。

　　刳木为舟，剡木为楫，舟楫之利以济不通，致远以利天下，盖取诸涣。

　　服牛乘马，引重致远以利天下，盖取诸随。

　　重门击柝以待暴客，盖取诸豫。

　　断木为杵，掘地为臼，臼杵之利，万民以济，盖取诸小过。

　　弦木为弧，剡木为矢，弧矢之利，以威天下，盖取诸睽。

　　上古穴居而野处，后世圣人易之以宫室，上栋下宇，以待风雨，盖取诸大壮。

　　古之葬者，厚衣之以薪，葬之中野，不封不树，丧期无数，后世圣人易之以棺椁，盖取诸大过。

　　上古结绳而治，后世圣人易之以书契，百官以治，万民以察，盖取诸夬。

　　这一章的开头讲伏羲氏是怎样创作八卦、怎么发明结绳结网的。"包牺氏"就是伏羲氏。在古音中，"伏"和"包"是一个音。"古者包牺氏之王天下也"，"王"是个动词，做天下的王。传说上古之时，大约七千年以前，伏羲氏称王天下。我们今天说的中华文明五千年的历史，是从轩辕黄帝开始算的。如果从伏羲氏开始算就有七千年的历史了。伏羲作了八卦，八卦是中华文化的基因符号。伏羲是怎样画出八卦的呢？据《太平御览》记载：伏羲氏因风而生，在草生月、雨降日、河汛时，龙马负图，"伏羲氏坐于方坛之上，听八风之气，乃画八卦"。

　　这一章开头说伏羲氏抬头观望天象，低头观察大地，观察鸟兽的纹路与大地的环境，近处选取自己的身体，远处选取各种事物，于是创作了八卦。这一段讲八卦的来源非常重要，如果从字面上理解很简单，但还是不知道伏羲是怎么创作八卦的。我们只有回到伏羲时代，与古人处于同一境界，才能真正体悟八卦的来源。这一段说了观察那么多东西，其实主要就三个，也就是天地人，也就是说当年伏羲氏仰观天象，俯察地理，中观人体，于是创作了八卦。让我们闭上眼睛，回到伏羲时代，静下心来，观想一下天，白天时天空上有什么？蓝天、白云、飞鸟……继续往上看，看到了什么？太阳。好，现在天空慢慢黑下来，在黑夜的天空上看到了什么？星星。好，穿过星星继续往上看，看到什么？对，月亮。很好，天上是太阳和月亮。再低头观想大地，大地上有什么？有房子、树木、人等，继续往远处看，大地越来越远，在大地的尽头，看到了什么？隐隐约约的，是什么？对，山和水。最后观想人的身体，观想人身体上的五官四肢，看外面的器官，男人女人，分别看到了什么？男根和女阴。好，当年伏羲氏就是观察到天上的太阳和月亮、地上的山和水、人身上的男根和女阴，创作了阳爻和阴爻，然后将阳爻和阴爻作三次方组合就得到了八卦。所以说八卦只来源于太阳和月亮，或者说八卦只来源于男根和女阴都是片面的。

　　这里我要问问大家，七千年以前我们的伏羲氏看到天地人这三对东西，请问七千年以前的西方人能不能看到这三对东西？当然能。那为什么西方人到今天也没有创作出八卦呢？有人说是文化不同，不对，那个时候还没有文化。我说了，八卦是中国文化的基因。有人说中国人聪明，也不对，这是带有感情色彩的价值判断。究竟什么原因？很简单，是思维方式不同。西方人是分析思维，他们把这三对东西分开来思考研究。我们的伏羲氏是整体思维、整合思维，他把这三对东西合起来思考，发现三者是一样的，于是就抽象出两个符号，就是阳爻和阴爻。在天上，阳爻就是太阳，阴爻就是月亮。为什么？因为看上去太阳永远那么大，就用一长线表示；月亮在一个月中却有圆缺变化，所以就用两短线表示，当然一开始阴爻也画成像汉字八字的形状。在地上，阳爻就是山，因为山是实的，手伸不进去；阴爻就是水，因为水是柔的，手可以伸进去。在人身上，阳爻就是男根，阴爻就是女阴。这就是阴阳爻两个符号的来源。

　　那么伏羲氏创作八卦是用来干什么的呢？或者说八卦有什么用呢？我们接着看后面的"以通神明之德，以类万物之情"。这里说了八卦有两大作用。

　　我们先看第一个作用："以通神明之德。""以"是个介词，用的意思，这句话意思就是用八卦可以贯通神明的德性。什么是"神明"？神明就是神灵，我们常说一句话"举头三尺有神明"，道教指神仙或高人去世后的精灵。"以通神明之德"是说，八卦可以与这些神灵的德行、功能一一相通，比如乾卦就是玉皇大帝，坤卦就是王母娘娘，坎卦是真武大帝，离卦是朱雀大帝，等等。神明进一步引申为神奇的力量，说明八卦可以参赞天地的化育。在很多地方民俗中还用八卦来镇宅辟邪，比如我们安徽黄山市的老房子，常常看到八边形的窗子，每一边都有一个八卦，基本上都是文王八卦排列方式。这里要提醒一下：读《周易》不能过度神秘化，虽然这里讲"通神明之德"，前面讲过"知鬼神之情状"，但"神明""鬼神"只是一个象，是一个比喻，形容宇宙自然或人世间的神妙变化或神奇的力量。

再看第二个作用："以类万物之情。"用八卦可以类推万物的情况。"类"是动词，表示类推、类比或者比类。也就是说从八卦里面可以一类一类地推测出万事万物的所有情况。这一点，在《说卦传》中我再详细讲解。为什么从八卦可以推出万事万物的情况？因为八卦是从万事万物中来的，所以可以反推到万事万物。八卦就像八个框子，宇宙自然万事万物被分门别类装进这八个框子，所以可以从这八个框子里拿出万事万物。这就是八卦的永恒魅力，无论世界怎么变化，变化的事物都是可以分类的，都可以归入八卦，同样也都可以从八卦里类推出当今社会的各种事物。

那具体来说，有什么用呢？这里举了一个例子，是说伏羲氏"作结绳而为罔罟，以佃以渔，盖取诸离"。伏羲氏结绳记事，发明了网，用来打猎捕鱼，大概取自于离卦。上古没有文字，所以伏羲氏便发明了结绳记事，就是在绳子上打结，以记载一些事情。"罔罟"的"罔"通"网"，"罟"也是网。"以佃以渔"，佃是打猎，渔是打鱼。古代用网来打鱼，还可以用网来打猎。"盖"是大概的意思。大概是取自于八卦中的离卦，也就是说大概是受到离卦的启示而发明的。为什么？因为离卦上下都是阳爻，中间是一根阴爻，这个卦象就像一张网。上下阳爻就像是网两边的粗绳子，叫纲；中间阴爻，就好像网眼，叫目。

把网打开叫"纲举目张"。所以大概是按照离卦发明了纲目相连的网。另外离卦还有附丽、依附的意思，用网可以打鱼打猎，物能附丽，鱼类和飞禽走兽能够被抓住。

伏羲氏创作八卦、作结绳、发明网，标志着中华文明的开始。从伏羲氏开始，古代的帝王、圣人按照卦象来发明、创造各种器物。这一章例举了十三个发明，叫制器十三卦，就是说按照十三个卦象发明了十三类事物、器物。所以这一章可以说是中华文明的起源史。从伏羲氏开始，还列举了四位帝王，那就是神农氏、黄帝、尧、舜。

益卦和噬嗑卦：神农氏怎么发明耕田农具和集市贸易？

我们都听说过一句话："自从盘古开天地，三皇五帝到如今。"那么三皇是哪三位？五帝又是哪五位呢？前面我们学习了伏羲氏发明了八卦，发明了打猎和捕鱼的网，毫无疑问，伏羲氏是三皇之首，是中华民族第一人文始祖。接下来，《系辞传》又例举了四个古代帝王：神农氏、黄帝、尧、舜。所以有一种说法，这五位就是"五帝"，其中前三位伏羲氏、神农氏和轩辕黄帝就是"三皇"。当然三皇还有很多种说法，但伏羲氏、神农氏和轩辕黄帝为三皇，这种说法还是最被认可的。后来道教的"三皇殿"里供奉的就是伏羲氏、神农氏、黄帝。五帝的说法也很多，按照《史记》的说法是：黄帝、颛顼、帝喾、尧、舜。这一节我们继续看神农氏有什么发明创造。

《系辞传下》第二章说神农氏有两大发明。

第一是按照益卦发明了耕田的农具："包牺氏没，神农氏作，斫（zhuó）木为耜（sì），揉木为耒（lěi），耒耨（nòu）之利以教天下，盖取诸益。"伏羲氏去世后，神农氏兴起，神农氏砍削木头做成耜，烤弯木头做成耒，用耒耜耕田犁地来教化天下百姓，大概是受到益卦的启发。我们都知道神农氏是传说中农业的发明者。这里是说他发明了两种耕田翻土的农具——耒和耜，然后教人民开垦荒地，种植粮食。"斫木为耜"，"斫"是斤字部首，斤是像斧头一样的器具，"斫"这里指砍、削。"耜"是古代曲柄起土的农器，就是手犁。"斫木为耜"，就是砍削木头做成耜。"揉木为耒"，"揉"通"煣"，指用火烤，使木弯曲变形。"耒"是古代一种二分叉形的翻土农具。"揉木为耒"，就是烤弯木头做成耒。"耒耨之利"的"耨"也是古代用来锄草的农具。"耒耨之利以教天下"就是"以耒耨之利教天下"，用耒耨的便利来教化天下百姓，也就是教天下百姓用耒耜耕田犁地以获得利益。"盖取诸益"，大概是受到益卦的启发。益卦的卦象上面是巽卦，下面是震卦。巽卦为风，为木，为入；震卦为雷，为动。木体能入而下动，这个卦的意象就是木头进入土地在动，所以神农氏用木头做成农具，用来耕地翻地。益卦还有获得利益的意思。用木头作成农具耕地，使得天下百姓获得便利、获得利益。神农氏是农业之祖，是教会人们农耕的先驱。这是神农氏的第一大发明。

第二大发明是按照噬嗑（shì hé）卦发明了集市贸易："日中为市，致天下之民，聚天下之货，交易而退，各得其所，盖取诸噬嗑。"神农氏规定中午为集市的时间，招来天下的人民，聚集天下的货物，让他们进行交易，交易成功后各自回家，各人都得到自己想要的东西，这大概是受到噬嗑卦的启发吧。为什么是受噬嗑卦的启发呢？唐代孔颖达《周易正义》说："日中为市，聚合天下之货，设法以合物，取于噬嗑，象物噬啮乃得通也。"噬嗑卦上卦为离卦，下卦为震卦，好像颐中有物，啮而合之，上下颚咬着东西在咀嚼。卦辞说："噬嗑，亨。利用狱。"噬嗑卦象征咬合，亨通无阻，有利于使用刑罚。也像雷电交击的情景。雷有威慑力，电能放光明，古代帝王效法这一现象，明其刑罚，正其法令。那为什么能根据这个卦象发明集市贸易呢？因为离卦表示太阳，表示中午，震卦表示运动，表示四方百姓、货物聚集又分散，上火下雷表示上下交往相合而各得其所。同时贸易也需要讲规则，要光明正大，自愿交易，这样才能各得其所，各自满意。

这里我要说明一下，神农氏发明的集市贸易还没有形成商业，也就是说以物易物的贸易还不是社会分工，还没有产生商人。商人的产生是在夏商时期。人们把子亥当作中国商业始祖。子亥是商王朝的先公，商汤七世祖，生于商丘。现在都把子亥叫作王亥，是不对的，他姓子，不姓王，只是做了诸侯国商国的国王。他在商丘服牛驯马，发展生产，促使农业迅速发展，用牛车拉着货物，到外面的部落去搞交易，使商部落得以强大。因为他开创了商业贸易的先河，后来人们就把从事贸易活动的商部落人称为"商人"。子亥也被尊奉为华夏商祖。春秋战国时期出现了儒家、道家，相应有儒商、道商，儒商始祖是子贡，道商始祖是范蠡。

神农氏还有一个发明，就是发明了中医药。传说神农氏尝百草，"一日而遇七十毒"，发明了用草药治病。最后他因吃了一种剧毒的断肠草而丢了命。

那么神农氏之后的黄帝、尧、舜氏又有什么发明创造呢？《系辞传下》第二章接着说："神农氏没，黄帝、尧、舜氏作，通其变，使民不倦，神而化之，使民宜之。《易》，穷则变，变则通，通则久，是以自天佑之，吉无不利。"

神农氏去世之后，黄帝、尧、舜兴起。尧、舜和黄帝是什么关系呢？按照《史记·五帝本纪》的记载：五帝是黄帝、颛顼、帝喾、尧、舜。颛顼是黄帝的孙子；帝喾是黄帝的曾孙，也是颛顼的侄子；尧是黄帝的玄孙，是帝喾的儿子；舜不是尧的直系后代，但却是黄帝的八世孙。尧了不起的地方是把王位禅让给了舜，舜后来又把王位禅让给了禹。

黄帝、尧、舜的时代，他们通达时代的变化，为了使百姓不厌倦，于是加以神妙变化，让人民过上舒适的生活。"使民宜之"的"宜"是合适、适宜的意思，这里指使老百姓过上适宜、舒适的生活。

后面是一句名言："《易》，穷则变，变则通，通则久。"《易经》说的是穷尽就要变化，变化才能通达，通达才能长久。这就是"穷则思变"这个成语的来源。事物发展到了极点，就要发生变化。有了变化就能够通达，通达了就能够长长久久。"穷"不是贫穷，而是指走到头了，到极点了。"贫"和"穷"这两个字是有区别的。"贫"这个字上面是分，下面是贝，"贝"是古货币，一个

"贝"还要分开来用，表示贫困，缺钱。"穷"的古字像人弓着身体在洞穴下面，有劲使不出，很窘困，表示穷尽、完结。"穷则变"，一个人走到头了一定要变，"行到水穷处，坐看云起时"，不能钻牛角尖，不能一条道走到黑。就卦象来说，阳要变阴，阴要变阳。在面临不能发展的局面时，必须改变现状，进行变革甚至革命。"变则通"，"通"，就是通达，不受阻塞。"变"和"通"二字合起来就是"变通"。"变通"一词至今还为大家所常用，表示人们遇事应该懂得变化、通融。"通则久"，善于变通一定会长久，能可持续发展。为什么？因为通融、通畅，能屈能伸，符合天道规律，天道规律就是穷极则变、物极必反。"是以自天佑之，吉无不利"，而只要符合天道规律，就会得到天道保佑，吉祥而无所不利。这里再一次指出，要想得到老天的保佑，首先自己要真正做到顺天而为，做到穷则变、变则通，要使民不倦、使民宜之，有了这个因，才有"自天佑之，吉无不利"的果。千万不能倒果为因。如果把结果当成原因，颠倒了因果关系，成天想着要老天怎么保佑，而不在"通其变""神而化之"的因上努力，那么一定不会有此果报。

乾坤涣随豫小过睽卦：黄帝尧舜发明了什么？

上一节我讲到神农氏按照益卦发明了耒和耜等耕田的农具，按照噬嗑卦发明了集市贸易，还讲到黄帝、尧、舜为了老百姓过上舒适的生活，穷则思变，也发明了很多东西。究竟发明了什么东西呢？请看《系辞传下》第二章是怎么说的。

第一是按照乾卦坤卦发明了衣裳："黄帝、尧、舜垂衣裳而天下治，盖取诸乾坤。"

黄帝、尧、舜能做到穷则思变，"穷则变，变则通，通则久"，怎么变通、怎么发明创造呢？"垂衣裳而天下治，盖取诸乾坤。"也就是说发明了衣裳，使得天下大治，这大概就是受了乾坤二卦的启示。"垂衣裳"，首先是发明衣裳，确定汉服上衣下裳的形制。根据唐代张守节《史记正义》记载："黄帝之前，未有衣裳屋宇。及黄帝造屋宇，制衣服，营殡葬，万民故免存亡之难。"相传黄帝的妻子嫘祖养蚕缫丝，黄帝则造出了原始服装，确立了上衣下裳的形制。其次是"垂衣裳"的"垂"字，表示垂示。垂示什么？除了垂示上衣下裳的制度，还进一步垂示其他文明制度，百官分职，各尽其力，这样才能使天下太平、天下大治。另外这个"垂"字还有一个意思，也就是垂衣拱手，表示不做什么事，不花什么气力。黄帝、尧、舜发明衣裳等典章制度以后，垂拱而治，无为而治，自然而成，天下就能太平了，好像先穿好衣裳，并且整理好后不再乱动。这是受到乾坤两卦的启发。为什么呢？因为乾为天在上，坤为地在下，天地是上下排列，所以衣裳也要上下排列，上衣下裳。更重要的是天地垂示一种治国的道理：天地的运行是有规律的，所以治国理政也是有法则的，这个法则、制度必须符合天地之道，不能人为搞一套治国方法。因为符合天地之道，所以不需要花什么力气，就能做到无为而治，自然而成，使天下百姓安宁。

第二是按照涣卦发明舟船和船桨："刳（kū）木为舟，剡（yǎn）木为楫，舟楫之利以济不通，致远以利天下，盖取诸涣。""刳木"就是把树木的中间挖空，挖空以后就是一条船。"剡木为楫"就是把木头削成船桨，可以用来划船渡过江河。他们挖空树木成为船只，削木头做成船桨。"舟楫之利以济不通，致远以利天下，盖取诸涣"，舟船和船桨的好处是可以渡过河流，直达远方而便利天下，这大概是受到了涣卦的启发。涣卦是上巽卦为风为木，下坎卦为水，好比是木船在水上行走如风。涣卦的卦辞说："亨。王假有庙，利涉大川，利贞。"木漂于水，水面起风，船行于水上。贤明的君主去祠庙祭祀神灵，因为虔诚，所以有利于渡过大河，有利于端正守一。

第三是按照随卦发明了驾驭牛车马车："服牛乘马，引重致远以利天下，盖取诸随。"他们用牛马驾车，载着重物，到达远方，使天下人获得便利，这大概是受到了随卦的启发。"服"是乘、用的意思。"服牛乘马"是驾着牛车、马车，"引重"是负载沉重的货物，"致远"是到达远方。到远方去做什么？去沟通有无,去交易。我们前面说神农氏"日中为市,致天下之民,聚天下之货,交易而退,各得其所",不是已经讲交易了吗?怎么这里又重复呢?其实不然。神农氏是创立集市贸易,百姓手提简便的东西,就近去市场交易,上午去交易市场,中午就可以回家。而黄帝、尧、舜时是到很远的地方,而且带着很重的东西、很多的东西,必须用牛车、马车才能负载。这说明此时已经驯服了牛马,用牛马拉车。按照《庄子·秋水》的说法,这是破坏了牛马的天性:"牛马四足,是谓天;落马首,穿牛鼻,是谓人。"牛马有四足,这是天然的,而人非要给马套上笼头,给牛鼻子穿上绳子,这就是人破坏自然天性的行为。牛马被驯服以后,就负载着重物到远方去交易,这是受到随卦的启发。随卦上为泽,为喜悦,下为雷,为车,为动,表示上面的人高高兴兴地坐在车子上,车子在运动。随卦的意思有相互随从,自己随别人,别人随自己,彼此沟通,随时而动。

第四是按照豫卦发明门户、敲锣打更:"重门击柝(tuò)以待暴客,盖取诸豫。"设置多重门户,半夜敲着梆子来防止暴徒和强盗,这大概是受到豫卦的启发。柝,古代巡夜打更用的梆子。"击柝"指在夜晚打梆子进行打更、巡更,后来也用敲锣来打更。以待暴客,用来预防暴徒,包括实施抢劫、偷窃、行凶等违法行为的人。"盖取诸豫",大概是受到豫卦的启发。豫卦的卦象是地上在打雷,比喻有强烈的行动在暗地里发生,所以要预防、预备。也比喻要顺时而动,干任何事情只有早做准备才大有益处。后来"重门击柝"作为一个成语,比喻严加提防。

第五是按照小过卦发明舂米的捣杵和捣臼:"断木为杵,掘地为臼,臼杵之利,万民以济,盖取诸小过。"砍断木头做成捣杵,挖掘地面做成捣臼,杵和臼的好处是能够使老百姓便利,这大概是受到小过卦的启发。杵、臼是古代舂米的器具。从田地收割水稻,收来谷子要去了皮,煮熟了才能吃。怎么去皮呢?古代圣王发明了舂米用的杵和臼,用于捣去稻壳而得米。杵是木杵,"断木为杵";臼是石臼,说"掘地为臼",大概是直接在石质地面上掘坑。这样就使得"万民以济",济,就是益,带来便利,带来好处。借用杵和臼舂米,大大方便了百姓的日用饮食。为什么是取象于小过卦，受到小过卦的启发呢？我们来看一下，小过卦是《易经》第六十二卦雷山小过，上震卦、下艮卦，也就是最上面两根和最下面两根都是阴爻，中间两根是阳爻。阴爻中间都是空的，好像臼；中间两根阳爻是实的，好像杵。整个卦象就好像是拿着杵在臼里捣米。再看小过卦的意思，《说卦传》说："震，动也""艮，止也"。上面震卦为动，好像拿着杵在捣谷子，下面艮卦为止，好像捣到臼底就停止，所以说古圣王发明舂米器具，是受到小过卦的启发。

第六是按照睽卦发明了弓箭："弦木为弧，剡木为矢，弧矢之利，以威天下，盖取诸睽。"弯曲木材系上弦做成弓，削尖树木做成箭，弓箭的好处是用来威服天下，这大概是受到睽卦的启发。"弦木为弧"中，"弦"本义是弦绳，是系在弓的两端用于发箭的绳子。"弦木"的"弦"是个动词，指在木材上加上弦。首先要把木材加工弯曲，然后再在两头加上弦，就成为弧。弧就是弓，《说文解字》说："弧，木弓也。""剡木为矢"中，"剡"就是削，"矢"就是箭，就是把砍下的树木或树枝削尖做成箭。"以威天下"中，"威"就是用威力震慑的意思，用弓箭来威服天下人。这大概是取象于睽卦。睽卦是《易经》第三十八卦，是离卦在上、兑卦在下，好比沼泽地带，燃起了一堆火，不协调。再看"睽"这个字，目字旁，两眼不看一个地方，目光不集中，不同看一个东西，挺别扭。所以睽表示矛盾，违背。怎么是按照睽卦来发明弓箭呢？唐代李鼎祚《周易集解》解释："坎为弧，离为矢。"睽卦第三爻到第五爻合成一个坎卦，好比是弓，上卦的离卦好比是箭，下卦的兑卦表示毁折，表示用弓箭去征伐那些犯上作乱之人、睽乖不服的人，使天下人都感到威慑。

那么弓箭是谁发明的呢？传说是轩辕黄帝的孙子张挥发明的。张挥，本姓姬，是黄帝的大儿子少昊玄嚣的第五个儿子。在涿鹿之战中，他因发明弓箭帮助黄帝打败蚩尤，所以被赐姓张，拜弓正之职（掌管弓箭的官位）。这就是"张"姓的来历。"张"字是弓字旁，金文中就有了，本义是把弦安在弓上，拉开弓箭。张姓的始祖就是张挥。

系辞传下

大壮卦大过卦夬卦：后世圣人发明了什么？

在前面三讲中，我介绍了伏羲氏的一大发明、神农氏的两大发明，还有黄帝、尧、舜的六大发明。那么黄帝、尧、舜之后，也就是"后世圣人"又有什么发明呢？我们继续学《系辞传下》第二章。

第一，后世圣人按照大壮卦发明房屋："上古穴居而野处，后世圣人易之以宫室，上栋下宇，以待风雨，盖取诸大壮。"上古的人居住在洞穴里面，又散居在野外，后代的圣人改变这种方式，制造了房屋，上有栋梁，下有房宇，用于防备风雨，这大概是受大壮卦的启发。"上古穴居而野处"：穴居，择穴而居，就是找山洞，住在里面；野处，就是住在野外。一开始，人类是没有房屋的，后来"圣人"——圣明的帝王发明、建造了房屋，"易之以宫室"意思是"以宫室易之"，"易"是替换、改变的意思，就是用宫室——房屋替换原来的穴居和野处。房屋是什么样子呢？是"上栋下宇"，上面是栋梁，下面是檐宇。宇，本义是房檐，就是房顶伸出墙外的部分，泛指房屋。现在讲的一个词"宇宙"，宇是指空间，宙是指时间。先秦有一个哲学家叫尸佼，他在《尸子》一书中提出："上下四方曰宇，往古来今曰宙。"这里是说房子的结构，上面是栋梁，下面是房檐，四周是墙壁，构成一个居住空间，以躲避风雨、野兽等。房子的发明受到大壮卦的启发，取象于大壮卦。大壮卦是《易经》第三十四卦，雷天大壮，整个卦的形象是下面四根阳爻，上面两根阴爻，阴爻最早形状像汉字八字，中间连在一起，很像是房子从房顶伸出墙外的房檐，下面四根阳爻像房子四周的墙壁。从大壮卦的意义看是上动下健而大为壮固。后来盖房子讲究选择环境、营造环境，这便有了风水。风水术最早来源于《易经》的卦象和义理。风水学也称堪舆之学，对中国古代建筑有着极大的影响。从村落选址，到住宅取向、坟茔相地，都是以《易经》阴阳中和、天人合一思想为指导原则的。

第二，后世圣人按照大过卦发明了棺椁："古之葬者，厚衣之以薪，葬之中野，不封不树，丧期无数，后世圣人易之以棺椁（guǒ），盖取诸大过。"这是讲丧葬礼仪。古人丧葬的办法是，用柴草裹着死者的尸体埋在荒野之间，不堆坟墓也不种树，没有限定的丧葬时间。后代的圣人发明了棺、椁，改变了过去的丧葬习俗，这大概是受到了大过卦的启发。"厚衣之以薪"其实就是"以薪厚衣之"，"薪"是柴草，"衣之"的"衣"作动词，穿衣服，在这里是指用厚厚的柴草裹着死者的尸体。"葬之中野"中，"中野"就是荒野，埋在荒郊野外。"不封不树"中，"封"是聚土为坟，形成坟堆；"树"是种树，在坟堆周围种树。起坟堆、种树的目的是做标记，便于后人辨认和纪念。比如《吕氏春秋》记载"封比干之墓"。再后来还要为去世者树碑立传。但早期是不封土不种树的，在荒野挖一个坑，把尸体放在坑里，盖上树枝草叶之类就行了。"丧期无数"，服丧、守丧的期限没有规定。但后来圣明的帝王把这样的风俗改变了，"易之以棺椁"，变成了用棺材放尸体。"棺椁"是内棺外椁。棺材分两层，里面叫棺，外面叫椁，也就是外棺。据考证，中国木棺的出现是在新石器时代的仰韶文化时期，到龙山文化已出现木椁，用于氏族中之头领。至周代，棺椁制度化，建立了反映死者身份和等级的棺葬制度。比如规定：天子棺椁四重，帝后的外椁两重，公、侯、伯、子、男、大夫，以等差分别为三重、二重、一重。士不用椁，但用大棺。后世基本沿用这种制度，一般不能逾越。我想起孔子的得意弟子颜回去世以后，颜回的父亲颜路"请子之车以为之椁"，请求用孔子的马车做成外椁，孔子没有同意，因为不合礼仪。这里说棺椁的发明"盖取诸大过"，大概是取象于大过卦，受到大过卦的启发。为什么呢？我们来看一下大过卦就明白了。大过卦是《易经》第二十八卦，上兑下巽，泽风大过，这个卦最下面一根爻和最上面一根爻是阴爻，中间四根爻全是阳爻。卦辞说"栋桡（náo）"，也就是一根栋梁两头压得弯曲了，这个形象也像是一个空棺材，中间装了尸体。另外大过卦的卦义是太过了，表示棺椁这种厚葬制度太过分了。

第三，后世圣人按照夬卦发明了文字："上古结绳而治，后世圣人易之以书契，百官以治，万民以察，盖取诸夬。"上古的人结绳记事，后代的圣人发明了契刻文字，就改变了过去的结绳方式，百官用它来治理政务，老百姓用它来辨识事物，这大概是受到夬卦的启示。我在前面已经讲过，上古之时，在发明文字之前，人们是结绳记事，就是通过打绳结来记录事情。"后世圣人易之以书契"，后世圣明的君主发明文字来替代结绳。文字是文明史上最伟大的发明之一。"书契"就是文字，但要注意这个"契"字，"契"字始见于商代甲骨文，古字形像用刀契刻图案的样子，本义就是"刻"。甲骨文又名契文或殷契。"书契"表示这种文字是用刀刻在龟甲或兽骨上的。我国最早的文字是什么文字呢？一般认为是甲骨文。但要注意甲骨文已经是相当成熟系统的文字，其实还有更早的文字，也陆续出土了更早的类似文字的符号，比如在安徽蚌埠双墩遗址发现了距今七千年左右的书契符号，在河南舞阳贾湖遗址发现了距今八千年左右的书契符号，虽然还不是系统性的文字，但已经是一种书契。为什么说书契文字的发现是取象于夬卦呢？夬卦的卦象是下面五根阳爻，最上面一根阴爻，好比下面是龟甲、兽骨或者石头等实物，上面刻了一些线条符号。下面是乾卦，象征天，为刚健、果断；上面是兑卦，象征沼泽，为喜悦。两种结合，表示湖水、泽气上升到天上，即将化为大雨倾注而下，象征决断。而文字就是让人们判断、辨识事物的。

总结一下，这一章介绍了上古帝王和后世圣人按照十三个卦象所做的种种发明。这些说法在今天看来好像有一点牵强。其实我们应该看到，这是一种取象比类的思维方法，卦象是取象思维的结果，古人的发明创造也是取象思维的结果。所以对"观象制器"的说法不必太拘泥。我们现在过分重视理性思维、逻辑思维了，往往忽略了形象思维、直觉思维。事实证明取象思维的方法，是有助于我们发明创造的。而在取象思维的能力方面，我们是落后于古人的，所以我们要好好学习古人取象思维的方法，提高形象思维和直觉思维的能力。

第三章

易者象也:"易"究竟是马还是象?

我先说一件非常有意思的事。1973年在湖南长沙马王堆有一个重要的出土发现,马王堆三号汉墓发现一本帛书《周易》,里面有一个字引起大家的注意,就是卦象爻象的"象"字都写成"马"字。我们现在用的通行本《系辞传》说:"是故《易》者,象也。象也者,像也。"而马王堆帛书《系辞传》却写作:"易也者,马。马也者,马也。"那么"易"究竟是马还是象呢?难道"易"从一头象变成了一匹马?这不由得让我们联想到春秋战国时期一些思想家的说法,比如《庄子·齐物论》有一句话:"天地一指也,万物一马也。"天地就像一根手指头,万物就像一匹马,是同为一体,没有差别的。庄子为什么说天地万物是一匹马而不说是一头象呢?还有名家公孙龙的著名命题"白马非马"也是说马,为什么不是"白象非象"呢?回到"易"究竟是象还是马的问题,学术界为此展开一场论争。有人认为是写错了,应该是"象"而不是"马";有人认为这两个字发音差不多,是借用同音字;也有人认为是避讳;还有的认为是反映社会文化的变迁,先是服象,后服牛乘马。那么究竟是什么意思呢?这就来和大家聊一聊。

我们来看通行本《系辞传下》的第三章——

> 是故《易》者，象也。象也者，像也。彖者，材也。爻也者，效天下之动者也。是故吉凶生而悔吝著也。

这一章很短，是对易、象、卦、爻四个概念做的解释。先看："《易》者，象也。"这是一个非常重要的命题。是说"易"就是象。象是什么呢？有人理解为卦象，意思是"易"讲的就是卦象。这种理解太狭窄了。我们看接下来的一句："象也者，像也。"象，就是取象、象征。前一个"象"是名词的象，后一个"像"是动词的象，就是取象、象征。我们在《系辞传下》第一章已经学习过"象也者，像此者也"，和这一句的意思是一样的。什么是象？"见乃谓之象"，表现出来的就是象。象的最大作用就是模拟、象征事物："拟诸其形容，象其物宜。""《易》者，象也"是说，《易》是象征宇宙万物的。唐代孔颖达《周易正义》："但前章皆取象以制器，以是之故，《易》卦者写万物之形象。"前面一章也就是第二章举了十三个例子说明按照卦象制作器物。近代易学家尚秉和《周易尚氏学》说："凡《易》辞无不从象生。韩宣子适鲁，不曰见《周易》，而曰'见《易象》与《鲁春秋》'，诚以'《易》者，象也'。'象者，像也'，言万物虽多，而八卦无不像之也。"《易经》最大的特点就是，用卦象来象征宇宙自然、万事万物。

那么"易"究竟是象还是马呢？其实我们比较一下甲骨文、金文就知道了，"象"字和"马"字的字形是很相近的，所以"马"字很可能就是"象"字。在先秦哲学中，"马"往往可以理解为"象"，所以庄子的"万物一马也"就是"万物一象也"。还有一点很重要，就是"易象"之象与动物之象是有区别的，"《易》者，象也"是说"易"就是取象、就是象征，而不是大象这种动物。"易也者，马"并不是指"易"就是动物的马，应该就是"象"，取象、象征的意思。

"《易》者，象也"是一个关于中国人思维方式的重要命题。我曾经多次讲过中国人重视象思维，而不太重视形思维。《易经》就是讲象的，不是讲形的。

中国人重象轻形，不管哪一家都讲象。比如道家，老子说他的大道就是大象，老子说："大象无形。""道"是象不是形。形只是一种具体的、有形的、偏于静态的东西，而象则是无形的、整体的、偏于动态的、可以感受的东西。与形相对的"象"，有两个意思，一个是物象，一个是意象。当然《易经》里还有介于此两者之间的，就是卦象，这是就外延而论。从内涵而言，物象基本上是有形的，而意象基本上是无形的。中医、《易经》或者中国传统文化，强调的是无形的意象，而不是有形的物象。物象，后来用"形"来代替。那么人们也许会问：有形的是"象"，无形的也是"象"，那么什么不是"象"呢？"象"不是包含所有东西了吗？当一个概念的外延无限大的时候，它的内涵就会无限小，等于没有了。那"象"还有什么意义呢？有形的是象，这个没问题；而无形的不一定全都是象，应该加一个限制，"无形而可感"的，虽然没有形状但可以通过感官感知的是"象"。《系辞传》说"形而上者谓之道，形而下者谓之器"，道是形而上的，就是超越形体的、无形的，而器物是形而下的，是有形的。道虽然超越形体，但是可以被感受得到。

《易经》讲的是道，而不是器；讲的是象，而不是形。《易经》是象思维，不是形思维。而作为动词的"象"——取象、象征，其实是有两种方向的：一种是从物象推出意象，另一种是从意象反推物象，最典型的代表就是八卦。八卦作为一种象，是从物象里提炼出来的，它当然可以反推到万事万物，这个来来回回的过程就是"取象"的过程。我在20世纪90年代写了一本书叫《象数易学》，专门探讨了"象"的问题，那里面说得比较详细。

搞清楚了"象"这个概念，我们再来看"彖"和"爻"这两个概念："彖者，材也。爻也者，效天下之动者也。"

"彖者，材也。""彖"是什么？有人说就是《彖辞传》，这个说法不准确。其实这个"彖"应该是指卦辞。我在前面讲过"彖"这个字，比如《系辞传上》第三章："彖者，言乎象者也；爻者，言乎变者也。"后面《系辞传下》第十二章我们会讲到："八卦以象告，爻彖以情言。"《系辞传》在说"彖"的时候往往是和"爻"相对说的，可见"彖"是指《易经》的卦象、卦辞，"爻"是指《易经》的爻象、爻辞。"彖者，材也"的"材"是什么意思？主要有三种说法。第一种是说卦是构成《易经》的材料。第二种说法，材就是判断，如孔颖达《周易正义》说："彖者，断也，断定一卦之义。"第三种说法，材就是卦才、卦德、卦义。比如《周易正义》又说："材，才德也，彖言成卦之材以统卦之义也。"朱熹《周易本义》也说是卦才。彖，就是说一个卦的才德，也就是一个卦的德性、意义。这三种说法哪种正确呢？我们来看一看马王堆帛书《周易·系辞传》对这一句的说法："缘也者，制也。"这个"缘"就是"彖"。"制"就是裁，现在有一个词叫"制裁"。《广雅·释言》："裁，制也。"所以"彖者，材也"的本义就是："彖"就是判断。"材"通"裁"，裁定、判断。判断什么呢？判断一个卦的意义和德性。所以上面说的后两种说法并不矛盾。彖是卦下之辞，也就是卦辞，是断一个卦的意义的。而一个卦的意义又蕴含在这个卦的卦象符号中，所以也可以说卦辞就是一卦之象的文字解释。

再看后一句："爻也者，效天下之动者也。"爻是效仿天下万物变动的。"爻"其实包括了爻之象和爻之辞。效，仿效。和前一句结合起来看："彖者，材也。爻也者，效天下之动者也。"卦象好比是构成房子的材料，是偏于静态的；爻象是仿效天下之动，是偏于动态的。我在前面讲过"象者，言乎象者也；爻者，言乎变者也"，卦辞说的是现象，是卦象的象征意义，爻辞说的就是变动。《系辞传下》第一章："爻也者，效此者也。"这些都强调了爻是效仿天下万物的运动变化。

如果说整个六十四卦反映宇宙周期变化的一个大周期，那么每一卦代表一个时期、一个阶段、一个场景，虽然一个时期、一个阶段、一个场景本身也是动态发展的，但从宏观的角度看，是相对静态的、固定的。而从微观的角度看，每一根爻则是这个时期、这个场景变化的不同时空点，所以偏于动态，六根爻反映了六个不同时空点变化的情况，以及怎么应对的情况，还反映不同做法得到的不同结果。相比较而言，整个卦偏于整体、偏于静态，相对静止；六根爻则偏于具体、偏于动态，相对运动。爻告诉我们要效天下之动，要趋时之变。是不是效天下之动，是不是趋时而变，所得到的最终结果是不同的，这就是吉凶悔吝的问题。

所以就有了最后一句："是故吉凶生而悔吝著也。"所以吉凶就产生了，悔吝就显著了。也就是说，卦爻辞尤其是爻辞里面清清楚楚告诉我们吉凶悔吝四种不同结果：能够效天下之动、趋时而变、顺势而为，当然就是吉的；反之就是凶的；至于悔和吝，则是效天下之动的不同程度所得到的两种中间结果。我们前面说过，悔偏于从凶到吉，吝偏于从吉到凶。

总结一下，这一章提出了一个重要命题"《易》者，象也"，从卦象讲到卦爻辞，告诉我们《易经》来源于自然万物，回归于吉凶悔吝，目的是教导我们要怎样行动，怎么才能趋吉避凶。

第四章

阳卦多阴，阴卦多阳：女人为什么阳多？男人为什么阴多？

我们大家都知道，男人为阳，女人为阴。当然无论是男人还是女人，都不可能只有阳或只有阴，男人有阳也有阴，女人有阴也有阳。那么我问问大家，男人是阳多还是阴多呢？女人是阴多还是阳多呢？你肯定会回答：当然是男人阳多，女人阴多了！今天我要告诉你：错了，恰好相反，男人是阴多，女人是阳多。为什么呢？请看《系辞传下》第四章——

> 阳卦多阴，阴卦多阳，其故何也？阳卦奇，阴卦耦。其德行何也？阳一君而二民，君子之道也；阴二君而一民，小人之道也。

这一章告诉我们怎样区分阴卦和阳卦，怎么区别男人和女人，提出一个辨别事物特性的重要原则和方法。"阳卦多阴，阴卦多阳"，意思是阳卦是阴爻多，阴卦是阳爻多。也就是说，在阳卦当中阴爻居多、阳爻居少，在阴卦当中阳爻居多、阴爻居少。"其故何也？"意思是：它的原因是什么呢？为什么阳卦反而阴多，阴卦反而阳多呢？《系辞传》的回答是："阳卦奇，阴卦耦。"阳卦是奇数，阴卦是偶数。

注意这里说的卦是指八卦，而不是六十四卦。也就是将八卦分出四个阳卦和四个阴卦。我首先要说明一点，在《易经》的经文也就是卦爻辞中并没有提出"阴阳"的概念，只有阴阳的符号，《周易》的传文也就是《易传》才开始出现"阴阳"的概念。在《易传》中一般称爻为刚柔，称卦为阴阳。那么在八卦中哪四个是阳卦，哪四个是阴卦呢？这里提出了"阳卦奇，阴卦耦"的辨别原则。这一点很好理解，古人以奇数为阳，偶数为阴。阳爻是一画，奇数，为阳；阴爻是两画，偶数，为阴。按照这个原则，乾卦、震卦、坎卦、艮卦的爻画数都是奇数，所以是阳卦；坤卦、巽卦、离卦、兑卦的爻画数都是偶数，所以是阴卦。

除了这种方法外，还有一种方法，就是看一个卦阴爻和阳爻的比例。在八卦中乾卦三根爻都是阳爻，是纯阳卦，当然是阳卦；坤卦三根爻都是阴爻，是纯阴卦，当然是阴卦。除乾坤外的其他六个卦，每一个卦的三根爻都是有阴有阳，而且数量比都是一比二，要么是一根阳爻和两根阴爻，要么是一根阴爻和两根阳爻。在区分的时候按照"阳卦多阴，阴卦多阳"的原则，在阳卦当中阴爻居多、阳爻居少，在阴卦当中阳爻居多、阴爻居少，也就是说少比多重要，看少不看多，以少胜多。除了乾坤以外的六个卦，每一个卦的阴阳爻比例都是一比二，一是少，二是多，看一不看二，看数量为一的这根爻是阳爻还是阴爻，如果是一根阳爻就是阳卦，如果是一根阴爻就是阴卦。这种辨别方法也符合"阳卦奇，阴卦耦"的原则：阳卦是奇数，是一根阳爻，阳爻是一根长线，是奇数；阴卦是偶数，是一根阴爻，阴爻是两根短线，是偶数。按照看少不看多的原则，得出的四个阳卦是乾卦、震卦、坎卦、艮卦，四个阴卦是坤卦、巽卦、离卦、兑卦。这种方法和第一种方法得出的阳卦和阴卦完全相同。

这和《说卦传》中对八卦的男女划分也是完全一致的。把八卦看成是一个家庭，这个家庭里有父母有子女，父亲是乾卦，母亲是坤卦，父母生出六个孩子，其中三个是儿子，三个是女儿。哪三个是儿子呢？就是震卦、坎卦、艮卦。哪三个是女儿呢？就是巽卦、离卦、兑卦。其中震卦为长男，坎卦为中男，艮卦为少男；巽卦为长女，离卦为中女，兑卦为少女。为什么呢？乾卦由三阳爻构成，为父；坤卦由三阴爻构成，为母。这很好理解，可为什么震卦、坎卦、艮卦是男孩，巽卦、离卦、兑卦是女孩呢？按照阳卦少阳多阴、阴卦少阴多阳的原则，可以发现震卦、坎卦、艮卦由一根阳爻和两根阴爻构成，所以属阳，为男孩；巽卦、离卦、兑卦由一根阴爻和两根阳爻构成，所以属阴，为女孩。你可能会问了：按一般的理解，不应该是阴爻多就应该属于阴，阳爻多就应该属于阳吗？为什么相反呢？

刚才我讲到其中一个原因就是"阳卦奇，阴卦耦"，也就是乾卦、震卦、坎卦、艮卦的爻画数都是奇数，所以是阳卦；坤卦、巽卦、离卦、兑卦的爻画数都是偶数，所以是阴卦。

再来讲第二个原因："其德行何也？阳一君而二民，君子之道也；阴二君而一民，小人之道也。"我先简单把字面意思翻译一下：它们的德性品行是什么呢？阳卦是一个君主、两个百姓，是君子之道；阴卦是两个君主、一个百姓，是小人之道。

我们先看什么是"阳一君而二民""阴二君而一民"。这里的"君"其实是指阳爻，"民"是指阴爻。这是天尊地卑、阳尊阴卑思想的体现：阳为天，为君主；阴为地，为百姓。"其德行何也？"两者各自说明什么样的德性品行呢？阳卦一个君主和两个百姓，一是少，二是多，也就是一个君主统领很多百姓，说明这一个君主为众多百姓着想，受到众多百姓的拥戴，这样上下一心，齐心协力，是符合君子之道的，这样国家就安宁，人民就和谐。反之，我们再来看阴卦，是两根阳爻和一根阴爻，表示两个君主和一个百姓。天无二日，国无二君，如果是两个君主必然意见不一，相互争斗，相互倾轧，引起下面百姓无所适从，这就是小人之道，必然导致国家不稳定，人民动荡不安。所以"一君二民"反映了治国理政时一种君臣上下的布局之道。

南宋朱震《汉上易传》说："阳卦一君而遍体二民，二民共事一君，一也，故为君子之道；阴卦一民共事二君，二君共争一民，二也，故为小人之道。"

在现实社会政治生活中，同样也是这样。我们今天说的核心意识就是这个意思，要一个核心、一个中心，这样才有凝聚力、向心力。否则，多中心就等于无中心。其实无论是一个国家，还是一个企业、一个团队，都是如此。如果只有一个最高领导作为总指挥，大家都服从他，听他的号令，那么大家就会统一行动、统一步调。如果有两个领导，一个说向东，另一个说向西，意见不一致，大家就无所适从，无法统一行动，就会行为乱套，必然导致失败。当然这一个最高领导必须要正确。怎么才叫正确呢？按照《易经》的说法就是符合天地之大道。

讲到这里，我想起老子对"一"的论述，如《道德经》二十二章："圣人抱一为天下式。"《道德经》第三十九章："昔之得一者，天得一以清，地得一以宁，神得一以灵，谷得一以盈，万物得一以生，侯王得一以为天下正。"往昔曾得到过道的，天得到道而清明，地得到道而宁静，神（人）得到道而英灵，河谷得到道而充盈，万物得到道而生长，侯王得到道而成为天下的首领。这一章老子连续七次使用"一"字，这个"一"其实就是"道"。

从"一"中我们可以受到很多启发。对男人和女人来说：男人是一根阳爻，表示要坚守纯一的阳刚；女人是一根阴爻，表示要坚守纯一的阴柔。还有我们做任何事情都要守一、抱一，千万不能贪多，要求少。比如现代很多企业由于崇尚多元化，最后因无序发展死掉了。再比如我们养生练功，一定要专心致志、一心一意、聚精会神，千万不能三心二意，心猿意马。做人做事同样如此。我再强调一下，少比多重要，要守一，不要散乱。

第五章

咸卦：少男少女是怎样感应的？

我在《张其成讲易经》中讲咸卦是讲少男和少女怎么感应的。咸卦的上卦是兑卦，是少女；下卦是艮卦，是少男。"咸"就是"感"，感应的意思。少男少女在一起，是不是来电？能不能产生火花？对方对自己究竟有没有意思？怎样才能慢慢地和对方产生感情？我们现代人谈恋爱很直接，有的年轻人先是网上聊天，然后约会吃饭，然后开房间，然后拜拜。这不是真正的恋爱，也没有享受到爱情的美好。咸卦告诉我们真正的恋爱是什么样子。少男少女在一起，要先试探对方是不是对自己有意。比如两个人面对面坐着，怎么试探对方呢？咸卦告诉我们一个方法，那就是用脚趾轻轻地碰一下对方的脚趾，看看对方的反应。如果对方一下子就把脚缩回去，那就说明没戏；如果对方一动不动，甚至还往你这里伸一下，那就肯定有戏了。那么咸卦通过少男少女的感应过程究竟讲了什么道理呢？《系辞传下》第五章回答了这个问题——

《易》曰："憧憧往来，朋从尔思。"子曰："天下何思何虑？天下同归而殊途，一致而百虑。天下何思何虑？日往则月来，月往则日来，日月相推而明生焉。寒往则暑来，暑往则寒来，寒暑相推而岁成焉。往者屈也，来者信也，屈信相感而利生焉。尺蠖之屈，以求信也。龙蛇之蛰，以存身也。精义入神，以致用也。利用安身，以崇德也。过此以往，未之或知也。穷神知化，德之盛也。"

《易》曰："困于石，据于蒺藜，入于其宫，不见其妻，凶。"子曰："非所困而困焉，名必辱。非所据而据焉，身必危。既辱且危，死期将至，妻其可得见耶？"

《易》曰："公用射隼于高墉之上，获之，无不利。"子曰："隼者，禽也。弓矢者，器也。射之者，人也。君子藏器于身，待时而动，何不利之有？动而不括，是以出而有获，语成器而动者也。"

子曰："小人不耻不仁，不畏不义，不见利不劝，不威不惩。小惩而大诫，此小人之福也。《易》曰'屦校灭趾，无咎'，此之谓也。善不积不足以成名，恶不积不足以灭身。小人以小善为无益而弗为也，以小恶为无伤而弗去也，故恶积而不可掩，罪大而不可解。《易》曰：'何校灭耳，凶。'"

子曰："危者，安其位者也；亡者，保其存者也；乱者，有其治者也。是故君子安而不忘危，存而不忘亡，治而不忘乱，是以身安而国家可保也。《易》曰：'其亡其亡，系于苞桑。'"

子曰："德薄而位尊，知小而谋大，力小而任重，鲜不及矣。《易》曰'鼎折足，覆公𫗧，其形渥，凶'，言不胜其任也。"

子曰："知几其神乎！君子上交不谄，下交不渎，其知几乎？几者，动之微，吉之先见者也。君子见几而作，不俟终日。《易》曰：'介于石，不终日，贞吉。'介如石焉，宁用终日？断可识矣。君子知微知彰，知柔知刚，万夫之望。"

子曰："颜氏之子，其殆庶几乎？有不善，未尝不知；知之，未尝复行也。《易》曰：'不远复，无祗悔，元吉。'天地𬘡缊，万物化醇。男女构精，万物化生。《易》曰'三人行则损一人，一人行则得其友'，言致一也。"

> 子曰："君子安其身而后动，易其心而后语，定其交而后求。君子修此三者，故全也。危以动，则民不与也。惧以语，则民不应也。无交而求，则民不与也。莫之与，则伤之者至矣。《易》曰：'莫益之，或击之，立心勿恒，凶。'"

这一章也是《系辞传》中字数最多的一章，是孔子对《易经》六十四卦中有代表性的十一条爻辞所做的解释，这个解释大大深化了《象传》的解释。孔子根据自己的社会经历和生活经验，发现了《易经》爻辞在日常生活中应该怎么运用，使得难懂的《易经》生活化、世俗化，对我们今天的日常生活也具有重要的指导意义。

那么孔子是怎么解读咸卦的呢？咸卦九四爻辞说："憧憧往来，朋从尔思。"咸卦六爻的感应是从脚趾开始慢慢往上，一直到嘴巴，每一根爻都对应人体的一个部位，但唯独九四爻没有说什么部位。从这句爻辞可以推知，九四爻感应的是朋友。如果和朋友感应时，自己心神不宁，朋友也会受到影响而心神不宁，所以这里强调的是感应之心贵在稳定，只要有稳定的感应力，周围的人就会随着你稳定下来。"憧憧往来，朋从尔思"意思是频频往来，频繁地交往沟通，你的朋友就会顺从你的想法，最终会与你相感应。"憧"本义指心意不定，"憧憧"，增强语气，指频繁出现、往来不绝的意思。

孔子怎么解释的呢？孔子说："天下何思何虑？天下同归而殊途，一致而百虑。"天下事物如何思考、如何谋虑呢？天下事物都会归向同一个目标，但途径不相同；理念一致，却有各种不同思虑。"同归而殊途"就是殊途同归，天下万物沿着不同的道路发展，最终都会集中到一点上，回归到同一个地方、同一个目标。"一致而百虑"，也就是"百虑而一致"，天下的事情有千百种考虑，有很多种思路，但最终要合并为统一的目标、统一的理念。"殊途同归""一致百虑"这两个成语就出自这里。好比条条道路通罗马，虽然道路有千万条，但终点只有一个。东晋韩康伯说："夫少则得，多则惑。途虽殊，其归则同；虑虽百，其致不二。苟识其要，不在博求，一以贯之，不虑而尽矣。"他强调的是最终的"一"。

接下来孔子又问了一遍："天下何思何虑？"然后自己回答："日往则月来，月往则日来，日月相推而明生焉。寒往则暑来，暑往则寒来，寒暑相推而岁成焉。"我们在《系辞传上》第一章已经学过"日月运行，一寒一暑"，这里是进一步说明，太阳走了月亮就来了，月亮走了太阳就来了，太阳和月亮交相推移，光明就产生了。寒冷季节过去暑热季节就来到了，暑热季节过去寒冷季节就来到了，寒冷和暑热交相推移，年岁就形成了。这是回答天下事物是有大规律的，不必去刻意地思考谋划，当然也不是人为思考谋划就可以改变的。

孔子从男女的"憧憧往来"引申到日月、寒暑的往来，又引申到动物的屈伸运动。孔子说："往者屈也，来者信（伸）也，屈信相感而利生焉。""往"就是弯曲，"来"就是伸展，这里的"信"通"伸"。弯曲和伸展交相感应，这样就产生了利益。

孔子举了两个例子来说明，第一个是尺蠖："尺蠖之屈，以求信也。"尺蠖弯曲身体，是为了求伸直。尺蠖是一种幼虫，它身体细长，行动时一屈一伸，弯曲时像个拱桥，休息时身体伸直。很明显，尺蠖弯曲身体的目的是求得伸展。

第二个例子是龙蛇："龙蛇之蛰，以存身也。"巨龙和长蛇潜伏冬眠是为了保存自己。"蛰"，动物在冬天潜伏起来，不吃不动。

孔子从咸卦的九四爻辞"憧憧往来"出发，引申出日月、寒暑的往来，又从往来引申出屈伸，例举了尺蠖的屈伸、龙蛇的屈伸。举这些例子的目的是要说明什么道理呢？怎么一下子从男女感应说到了日月、寒暑的往来，尺蠖、龙蛇的屈伸呢？这里其实是在说，万事万物的大法则就是感应，少男少女感应了才能产生爱情、繁衍生命，太阳和月亮感应了才有白天黑夜的运行，寒冷和暑热感应了才有一年四季的不同，同样尺蠖、龙蛇的屈伸也是生命和自然的感应。

那么感应的规律在日常生活中怎么运用呢？孔子说："精义入神，以致用也。利用安身，以崇德也。"意思是说，学习《易经》的人要精研天地万物的义理，达到神妙的境地，这样是为了在日常生活当中使用。"精义"也可以理解为《易经》的精微义理。"入神"的境界是奇妙的，俗话说"出神入化"，佛家说"不可思议"；虽然如此，但《易经》之神妙精义最终是要运用的。运用《易经》的义理可以静心修身，提高品德。也就是说用《易经》的义理来处理事物是无所不利的，用来修身会使自己心身安泰，这样就大大提升了自己的品德。前一句是说"屈"，要懂得精义；后一句是说"伸"，要运用到自身生活。朱熹《周易本义》解释这两句："精研其义，至于入神，屈之至也，然乃所以为出而致用之本；利其施用，无适不安，伸之极也，然乃所以为入而崇德之资。内外交相养，互相发也。"

孔子强调说："过此以往，未之或知也。"超过了这种境界，再往前走，我还不知道它该怎么用。"未之或知也"意思就是"未或知之也"，不知道它有什么用。与前面连在一起，意思就是不要超过上面所说的屈伸、往来、进退的道理，掌握这个道理就足够了。

最后，孔子总结：学习《易经》的目的就是要"穷神知化，德之盛也"，穷极事物神妙的道理才能知道事物的变化，这样才是道德最高的境界。"穷神"，穷尽神妙的义理，"穷"就是穷尽、研究透彻；"知化"就是知道神妙的变化。有人把"知"理解为智慧的"智"，从语法上是讲不通的。"穷神"是动宾结构，"知化"也应该是动宾结构，"知"是个动词，知道、明白。"穷神知化"是要下功夫的，不是光从文字上弄明白，而是要从身心上真正体验、修炼才能达到。老子说"致虚极，守静笃""涤除玄览"，庄子说"坐忘""心斋"，还有佛家的坐禅悟道，包括天台宗的止观法门、坐行三昧，禅宗惠能的顿修、神秀的渐修，以及后来临济宗的"话头禅"，曹洞宗的"默照禅"，等等，都是达到"穷神知化"的路径。一旦"穷神知化"，就是"德之盛也"，字面意思是道德的最盛大境界，其实就是最高的智慧、最高的道德，也可以说是最高的收获了。因为"德"还可理解为得到的"得"。

因此，我们说"穷神知化"要从感应做起。

困卦解卦：人处在困境中应该如何突围？

一个人应该怎么做才能摆脱困境？《易经》有两个卦做了解答：一个是困卦，一个是解卦。困卦是六十四卦的第四十七卦，解卦是第四十卦。在《系辞传下》第五章中，孔子对这两个卦做了深入的分析。我们先来看一看困卦。

"困"是穷困、困难的意思。困卦在升卦之后，也就是升卦继续上升而不停止，反而会造成穷困。但困卦实际是告诉我们怎样在困境中奋起，摆脱困境。困卦的卦象是泽水困，上面是沼泽，下面是水，也就是沼泽中已经没有水了，水到了沼泽的下面，表示一种困境。如果沼泽上面有水，是节卦，叫水泽节，就是水太多了，需要节制。

困卦的卦辞说："困，亨，贞，大人吉，无咎。""困，亨"，困卦反而是亨通的，为什么呢？因为"贞"，要坚守正道。"大人吉，无咎"，对大人来说是吉祥的，没有灾祸。《象》曰："泽无水，困。君子以致命遂志。"水渗在沼泽的下面，沼泽中就没有水而干枯了，这是非常困难的。这时君子要怎么做呢？要舍弃生命，实现志向。这句话对后世的影响极大，激励了无数仁人志士为实现自己的志向而抛头颅，洒热血。在《论语·卫灵公》中孔夫子就说过："无求生以害仁，有杀身以成仁。"意思是不要为了自己的生命去伤害仁义，要舍弃自己的生命以成就仁义。孟子也说过："生，亦我所欲也，义，亦我所欲也，二者不可得兼，舍生而取义者也。"

困卦的六根爻是在说处在不同的困境，应该怎么做，结果怎么样。这里孔子引用了困卦六三爻的爻辞，《易》曰："困于石，据于蒺藜，入于其宫，不见其妻，凶。"被乱石困住了，又被带刺的荆棘缠住了，他逃脱了回到家中，却没有见到自己的妻子，所以是凶险的。六三爻处在最艰险的位置，它在下卦的最高位，又是一根阴爻，处在不正的位置，所以它的困难程度是最高的——被石头困住，又被荆棘缠住，又"不见其妻"。"妻"指上六爻，两根爻都是阴爻，互不相应。

孔子解释道:"非所困而困焉,名必辱。"在不应被困住的地方却被困住了,他的名声必然受到羞辱。我们想一想,当代社会我们在哪些不应被困住的地方却被困住了?比如有人被名声困住了,有人被金钱困住了,其实名声和金钱都是为人所用的,不是终极的目标,只是自然而然获得的产物,终极的目标应该是为了有益的事业去奋斗;如果把名声和金钱当做终极的目标就会被困住,就会不择手段,甚至违法乱纪,结果必然遭到法律制裁,名声也必然受辱。

再看后一句:"非所据而据焉,身必危。""据"是抓住、用手按着的意思。这句话有两种理解:一是主动,就是对不应该抓的东西而去抓,他自身必然陷入危险;一是被动,在不应该被抓住的地方被抓住,他自身必然陷入危险。我赞成主动的说法,前一句"非所困而困焉"是被动,这一句如果还是被动就重复了。现代社会,有多少人对不应该去抓、去争抢的东西反而去争抢,比如有人争名夺利、有人争强好胜,结果都是很危险的。

"既辱且危,死期将至,妻其可得见耶?"既受到侮辱又遭到危险,灭亡的日子就要来临了,哪里还见得到自己的妻子呢?这是就爻辞中"不见其妻"说的,其实这里的"妻"不仅指妻子,而且指身边所有亲近的人。这句的意思是说,最终会落得孤独而亡的悲惨下场。

孔子告诉我们,处在困境中不要一味去怪罪外在原因、客观环境,而是要反思自己内在的原因,是不是"非所困而困""非所据而据"。从自己身上找原因,这样才有摆脱困境的可能性。

真正要摆脱困境,还要考虑到很多的因素。什么因素呢?孔子从解卦中受到了启发,他引用了解卦上六爻的爻辞。《易》曰:"公用射隼(sǔn)于高墉之上,获之,无不利。"解卦是《易经》第四十卦,在蹇卦之后,蹇卦代表艰难的状态,这时要积极地想办法解决困难,所以蹇卦之后是解卦。我们先看"解"这个字,《说文解字》说:"解,判也,从刀判牛角。""解"由角、刀、牛三个部分组成,意为用刀解剖牛角,后引申为解除、舒缓之意,所以解卦阐明的就是用积极的行动摆脱危险、解除艰难。再看解卦的卦象，是雷水解，上震卦下坎卦。《象》曰："雷雨作，解。君子以赦过宥罪。"雷雨交加是解卦的形象。我们可以想象这样的场景：打着雷，下着雨，雷在上面，雨在下面，雨下下来了，表明艰难已经解除了。

　　解卦的上六爻辞是："公用射隼于高墉之上，获之，无不利。"字面意思是：王公射箭，射中了停留在高墙上的那只恶鹰，捕获了恶鹰，无所不利。"隼"是凶猛的鸟，是白天活动的猛禽，它和鹰都属于凶猛的飞禽，这里被用来比喻凶残、贪婪的乱臣贼子，也代表不一般的忧患，是比较显著、严重的灾祸。"墉"是墙，"高墉"就是高墙。这句话比喻王公能及时清除窃取高位的乱臣贼子。上六爻是最高的时位，最高位往往都比较危险，因为物极必反，但这里不是，能把"隼"射下来，把忧患解除掉，这种解除非常难得。进入上卦震卦后，灾祸就开始解除了：一开始是脚趾上的束缚被解除掉了；到震卦的第二个位置时，身上的绳子也被解除掉了；但最高位还潜伏着最大的危机——一个窃取高位的乱臣贼子，要把他也解决掉，这样才算真正渡过了艰难，解除了危机。《象》曰："公用射隼，以解悖也。"王公把猛禽射下来，比喻解除了跟自己不同心同德、有悖逆之心的小人。

　　孔子解释说："隼者，禽也。弓矢者，器也。射之者，人也。"恶鹰是一种禽鸟，弓箭是武器，发箭射击的是人。"君子藏器于身，待时而动，何不利之有？"君子身上藏着武器，等待时机而行动，这样还有什么不利的呢？这里告诉我们，要摆脱困境，要取得事业的成功，首先要"藏器于身"，也就是要有武器，要学会立身的本事、本领，然后"待时而动"，要把握时机。施展本领，审时度势，两者同等重要。只有两者都具备了，才能"动而不括，是以出而有获，语成器而动者也"，有所行动而没有阻碍。"括"是扎、束的意思，也有堵塞、阻碍的意思，"动而不括"是指有所行动而不停顿，没有阻滞。"是以出而有获"，所以一旦射出一定会有收获，也就是外出必有收获。"语成器而动者也"，说的是先要准备好武器，然后才能行动。这是一种比喻，武器比喻德才，君子只有怀才德于身，外出行动才能成功。唐代孔颖达《周易正义》疏："犹若君子藏善道于身，待可动之时而兴动，亦不滞碍而括结也。"北宋程颐《程氏易传》说："圣人于此发明藏器待时之义。"

这一讲的两个卦告诉我们，身处困境要自我反省：是不是"非所困而困""非所据而据"？要想解除困境、取得成功，是不是做到了"藏器于身""待时而动"？

噬嗑卦：一犯小错就用重刑严惩对还是不对？

《易经》六十四卦中有一个卦是专讲刑罚的，也就是对犯罪的人如何惩处，这就是第二十一卦噬嗑卦。噬嗑卦讲怎么治理监狱、严明法度、打好官司，体现了一种公平公正的原则。这个卦的卦象是火雷噬嗑，也就是上面是离卦，下面是震卦，就像是嘴里咬了一根棍子，噬嗑卦"颐中有物"，颐卦中间有一根阳爻。颐卦是上下各一根阳爻，中间四根全是阴爻，好比张开的一张嘴，中间是空的，而噬嗑卦的第四爻是根阳爻，好比一根棍子，整个卦就像一张嘴上下牙齿中间还咬着一根棍子。想把棍子咬住一定要用力，通过这种形象表明施行刑罚要像牙齿咬东西一样有力。噬嗑的卦辞说："噬嗑，亨，利用狱。"为什么噬嗑是亨通的，有利于对罪犯施用刑罚？对待犯错误的人一开始就要实行严厉的刑罚吗？最重的刑罚又是什么样子呢？

现在就来看看孔子是什么观点，他对噬嗑卦是怎么解释的。

噬嗑卦初九爻说："屦（jù）校（jiào）灭趾，无咎。""屦"是鞋子，这个字和"履"字很像，都指鞋，"屦"是古时用麻葛做成的鞋子。这里是动词，意思是穿上、戴上。"校"，木字旁，是一种木制刑具，好比"枷锁"的"枷"。"屦校灭趾"就是给脚戴上刑具，伤害了脚趾，但是"无咎"，没有灾祸。为什么"灭"了脚趾反而没有灾祸呢？一开始就把犯错误的人的脚指头给毁掉，是不是刑罚太重了呢？请听孔子的解释。子曰："小人不耻不仁，不畏不义，不见利不劝，不威不惩。小惩而大诫，此小人之福也。《易》曰'屦校灭趾，无咎'，此之谓也。"小人做了不仁之事却不知羞耻，做了不义的事情却不觉得害怕，不见利益就不努力去做（"劝"是勉励的意思），不受到威严的惩罚就不能有所警戒。有人把"不耻不仁，不畏不义"看成是并列关系，理解为小人不知羞耻不明仁德，不知敬畏不讲义气。看上去也讲得通，可是这样就和后面"不见利不劝，不威不惩"不一致了。后面这两句是说，如果不见到利益就不努力去做，如果不受到威严的惩罚就不能有所警戒，都是因果关系。所以前面两句应该是"小人不耻于不仁，不畏于不义"。

再看后面一句："小惩而大诫，此小人之福也。"有小过失就要重重地惩罚他，让他获得重大的告诫，这正是小人的福气啊。"小惩而大诫"有人理解为给以小小的惩罚，让他获得重大的告诫。"小惩"究竟是小小的惩罚还是有一点小过失就给他惩罚呢？我们只要看前一句"不威不惩"——不给他威严的、严厉的惩罚他是不会有所警戒的——就明白了。由此可以看出"小惩"不可能是小小的惩罚，因为小小惩罚是不会引起小人警戒的。"小惩"应该是有一点小过错马上就进行惩罚，这样才能引起他大的警戒，才不至于犯大错误。这对小人来说，当然就是幸运的事情。否则，有小过错的时候不及时惩罚、不及时纠正，必然会酿成大祸。这就是"小惩大诫"的意思。

从刚开始犯小错的时候就给他惩罚，也就是在刚刚犯错误的时候，就"屦校灭趾"，戴上刑具，毁掉脚趾，这样再往前走就很费劲了，就会有痛苦，就会避免继续犯错误，避免犯大错误。初九爻是最下面一爻，事物的发展总是从最下面最细微处开始，而后逐渐往上，逐步加重。可见小惩大诫是多么重要。只有小惩大诫，刚开始犯错误就严厉制止，依法治罪，严明刑罚，这样才不会继续犯错，才会免除大祸。这是孔子对《易经》噬嗑卦初九爻的解释和发挥。

这里与前面孔子对《易经》爻辞解释体例不同：前面都是先举《易经》爻辞然后进行解释，这里却是孔子先说出自己的观点，然后再引用《易经》爻辞进行佐证。从这条爻辞开始一直到本章最后一条爻辞——第十一条爻辞，都是这种体例。

接下来我们再看看孔子对噬嗑卦上九爻辞的解释。上九爻辞是："何校灭耳，凶。"就是脖子上戴了刑具，伤到了耳朵，所以有凶险。"何"通"荷"，扛着、戴着的意思。噬嗑卦描述了对人的惩罚是一个积累的过程，初九爻是脚上戴着刑具伤到了脚趾，上九爻是脖子上戴着刑具伤到了耳朵，刑罚是从下往上、从轻到重，最上面的刑罚最重，是"灭耳"，是凶险的。那为什么一开始脚上戴着刑具伤到了脚趾是吉的，但最后脖子上戴着刑具伤到了耳朵却是凶的呢？

请看孔子的解释。孔子说："善不积不足以成名，恶不积不足以灭身。小人以小善为无益而弗为也，以小恶为无伤而弗去也，故恶积而不可掩，罪大而不可解。"开头两句"善不积不足以成名，恶不积不足以灭身"是很有名的话，意思是：善行如果不积累的话，就不足以成就美名；恶行如果不积累的话，也不足以遭到杀身之祸。这两句中的"积"字很重要。坤卦《文言传》有一句名言："积善之家必有余庆，积不善之家必有余殃。"意思是积累善德的人家必定留下福报，而积累恶行的人家必定会留下灾祸。古人是很少说"必"的，"必"就是一定，就是因果报应一定会发生。因果报应观念早在《易经》经文中就开始形成，到《易传》更是被明确指出了。为此《文言传》还举例说明："臣弑其君，子弑其父，非一朝一夕之故，其所由来者渐矣，由辩之不早辩也。"臣子杀君主，儿子杀父亲，并非一朝一夕的缘故，不是一时冲动，作恶是长期逐渐发展而来的，是由于没有早早地辨别出苗头。此处"辩"通"辨"。这句话实际上是解释"积善之家必有余庆，积不善之家必有余殃"的。"积"是一个过程，任何事物都是从小到大、从少到多慢慢积累的，善行和福报、恶行和恶报也是慢慢积累的。"积善之家必有余庆，积不善之家必有余殃"是从正面说的，"善不积不足以成名，恶不积不足以灭身"是从反面说的，都强调了"积"的重要性。

现代人很难懂"积"字的重要性。现代社会，物质越来越发达，人心越来越浮躁，很多人急功近利，目光短浅，很难理解"积"的意义，更难以做到一点一点慢慢积累。有人做一点善事，总想着马上就能得到好处。有人偷偷做了一点坏事，并没有立即受到什么惩罚，于是就怀着侥幸，以为能逃脱惩罚。

孔子接着说："小人以小善为无益而弗为也，以小恶为无伤而弗去也。"小人把小善看成无所获益的事情，不愿意去做，把小恶看成无伤大体的事情，而不愿意除掉。刘备在去世前给他儿子刘禅的遗诏中有两句非常有名的话："勿以恶小而为之，勿以善小而不为。"不能因为坏事小而去做，也不要因为好事小而不去做。其实儒释道三家都提倡止恶扬善的思想。儒家说："知善知恶是良知，为善去恶是格物。"道家说："为善无近名，为恶无近刑。"佛家说："众善奉行，诸恶莫作。"我们坚定这种信仰：只要是善事，不管多么小，都要尽心尽力去做；只要是恶事，不管多么小，都坚决不去做，甚至连一个恶的念头都不要起。从小事做起，防微杜渐，持之以恒，慢慢养成一种习惯。

孔子最后说："故恶积而不可掩，罪大而不可解。"所以恶行越积越多就无法掩盖，罪行发展到极大就难以解救。小善积多了就会成为利天下的大善，而小恶积多了就会成为害天下、乱国家的大恶。小恶变成大恶，大恶变成大罪，最终恶贯满盈，罪无可逃、罪无可赦，必将遭到应有的报应，遭到正义的惩罚。

再看噬嗑卦的上九爻辞："何校灭耳，凶。"脖子上戴着刑具伤到了耳朵，是凶险的。毁了耳朵，"聪不明也"，听力就受损，不可修复。这是一种非常严厉的惩罚。这是对不断做恶事、积累小恶的小人的严厉惩罚，这种人最终必然落得凶险的下场。

否卦豫卦：人在顺境时有哪三件事不能忘？

有的人身处逆境时敢于奋斗，可在顺境时却甘于平庸，贪于享乐。读过历史的人，会有这么一种感觉：历史上那些开国皇帝大都是励精图治的明君，而末代皇帝大都是贪图享乐的昏君。当然这只是朝代更替、国家存亡的一般情况，其实也有例外，比如开国的也有昏君、暴君，像北齐的文宣帝高洋、后梁的建立者朱温，虽然他们建立了国家、开创了新的朝代，但由于他们的昏庸最终还是将国家断送了。至于亡国，虽然原因很多，但有一点却是共同的，那就是帝王太沉迷于奢华生活，贪图享受，看不到平静下隐藏的危机，不想改革弊政。比如夏朝灭亡前的桀，商朝亡国之君纣王，西周末代君主"烽火戏诸侯"的周幽王，都是如此。所以唐太宗李世民的宰相魏徵就上书《谏太宗十思疏》劝谏李世民说："不念居安思危，戒奢以俭，德不处其厚，情不胜其欲，斯亦伐根以求木茂，塞源而欲流长也。"如果皇上不能居安思危，不能戒掉奢侈，不能保持宽厚，不能克服欲望，就好比砍掉了树根却盼望树木茂盛，堵住了源头却盼望河水长流，那是永远也不可能实现的。

同样，一个家族企业也是如此。创业的祖先大多从青少年时期就经过磨砺，锤炼了坚强的意志和杰出的才能，开创了家业。可是后代由于缺乏祖上创业时的那种艰辛磨难的环境和经历，所以很难懂得财富来之不易，往往沉醉于锦衣玉食的生活，一味追求享乐，追求安逸。他们大多没有忧患意识，没有吃苦耐劳的精神，很容易败掉家业。所以前人留下"富不过三代"的古训。

那怎样做才能打破"富不过三代"的魔咒呢？我们继续学习《系辞传下》第五章，看看孔子是怎么说的。

> 子曰："危者，安其位者也；亡者，保其存者也；乱者，有其治者也。是故君子安而不忘危，存而不忘亡，治而不忘乱，是以身安而国家可保也。《易》曰：'其亡其亡，系于苞桑。'"

这里孔子提出了安危、存亡、治乱的问题，提出了三个命题。孔子说："危者，安其位者也；亡者，保其存者也；乱者，有其治者也。"危险是因为安逸造成的，灭亡是自以为能长期保有造成的，祸乱是自以为治理安宁造成的。也就是说，自以为安居其位，自己的位子平安无事，结果导致危险；自以为已经得到的东西能永远保住，结果导致灭亡；自以为天下太平、万事大吉，结果导致祸乱。危与安、亡与存、乱与治是三对矛盾，在特定的条件下是可以互相转化的。这里对"危""亡""乱"三个概念进行界定，说明一个道理：人生最大的危险来源于贪图安逸，人生最大的敌人不是失败而是安逸。历史上因安逸而灭亡的例子比比皆是，中国朝代更替似乎总是"衰则乱，乱则起，起则立，盛而又衰"。而造成这一切的根源往往就是安于现状，不知道居安思危。所以孟子说"生于忧患，死于安乐"。

孔子在提出三个命题之后，接着提出了三"不忘"："是故君子安而不忘危，存而不忘亡，治而不忘乱。"所以君子安定的时候不要忘记危险，生存的时候不要忘记灭亡，大治的时候不要忘记祸乱。"是以身安而国家可保也"，只有这样，才能使得身体平安，国家得以永保。然后孔子引用《易经》否卦九五爻辞："其亡其亡，系于苞桑。"意思是心中常常告诫自己将要灭亡了，将要灭亡了！这样反而能像系在丛生的桑树上一样坚固，安然无恙。否卦是天在上、地在下，表明阳气在上，继续上升，阴气在下，继续下降，这样阴阳分离、不交通了，表示闭塞局面，原本是不好的。但九五爻辞却是好的，为什么？人处在最尊贵的九五爻位要坚守中正之道，更要时刻警惕，居安思危，要有快要灭亡的危机感，要有深深的忧患意识，这样才能坚如磐石，好像紧紧系在桑树上一样。正如老子所说："夫唯病病，是以不病。"意思是只有时刻警惕着疾病的发生，才能不得病。

那么怎么才能做到"安而不忘危，存而不忘亡，治而不忘乱"？关键在于"知几"。所以孔子接着说："知几其神乎！君子上交不谄，下交不渎，其知几乎？几者，动之微，吉之先见者也。君子见几而作，不俟终日。《易》曰：'介于石，不终日，贞吉。'介如石焉，宁用终日？断可识矣。君子知微知彰，知柔知刚，万夫之望。"

这里孔子又一次提到"几"这个重要的概念。我们在前面《系辞传上》第十章学过一句："夫《易》，圣人之所以极深而研几也。"意思是说《易》就是圣人用来穷尽深奥的道理，研判微妙的时机的。这个"几"有两个意思。第一个意思就是微妙，几微；第二个意思就是时机，"几"通"机"。连在一起，"几"就是细微的征兆，微妙的时机。这里孔子进一步提出要"知几"："知几其神乎！"意思是说一旦懂得这个"几"，大概就是一个神奇的人了。"其"是个表示推测的语气副词，含有"大概、恐怕"一类的意思。通过这种语气表明一般的人是无法"知几"的，只有神奇的人才有"知几"的功夫，也就是说只有神奇的人才能通晓事物细微变化的征兆，才能捕捉稍纵即逝的时机。唐代有一个大史学家叫刘知几，他写了一部史学著作《史通》，他的名字就取自于《系辞传》的这句话，表字为子玄，取玄妙、神妙之意。孔子进一步解释说："君子上交不谄，下交不渎，其知几乎？"君子与上级交往不献媚奉承，与下级交往不轻视怠慢，大概这就是"知几"吧？这个"知几"就是知道为人处世的微妙之处，知道分寸，知道事情的度。这是"几"在人事上的表现，就是不亢不卑，不屈不淫，恰到好处。从某种意义上说，学习《易经》的目的其实就是要掌握这种"知几"的功夫。

孔子接着说："几者，动之微，吉之先见者也。君子见几而作，不俟终日。"这是对"几"做的明确解释，"几"就是在事物刚处于微小的变化状态时，就能预测到未来的吉凶结果。"吉之先见者也"可理解为"吉凶之先见者"，是古汉语宾语前置的句式，意思是"先见吉凶"，事先预测吉凶。这就是见微知著，见小知大。"君子见几而作，不俟终日。"君子见到事物开始变化的苗头就马上行动，不需要等到一天的时间。"俟"是等待，"终日"是一整天。意思是君子一见到变化的苗头、征兆，就马上采取行动。如果这个征兆预示着未来结果是凶的，那就马上阻止，加以遏制；如果这个征兆预示着未来结果是好的，那就要抓住这个时机，推动它发展壮大。这就是见几而作，慎始防变。

然后孔子引用《易经》豫卦六二爻辞："介于石，不终日，贞吉。"耿介得像石头一样，等不到一整天，守持正道，一定会吉利。这是原话，孔子解释说："介如石焉，宁用终日？断可识矣。"既然耿介得像石头那样，难道还要等待一天才明白事理吗？马上就能判断了。显然这是为了说明"见几而作，不俟终日"，进一步强调见到事物变化的苗头，就要立即行动，不能拖拖拉拉。

最后孔子总结说："君子知微知彰，知柔知刚，万夫之望。"字面的意思是君子既知道微小又知道宏大，既知道阴柔又知道阳刚，所以受到万人的景仰。其实深层意思是君子能够见微知著、见柔知刚，这才是千万人所景仰的杰出人物。这也正是我们学习《易经》的目的和效果。

鼎卦：人生有哪三大忌讳千万不可违犯？

人活一世，说短也短，说长也长。人的一生做人做事不可以肆无忌惮、为所欲为，必须有一定的禁忌。违反禁忌，可能会一时痛快，但最终必将遭到惩罚。人生有什么禁忌呢？

我们来继续学习《系辞传下》第五章，看看孔子是怎么说的——

> 子曰："德薄而位尊，知小而谋大，力小而任重，鲜不及矣。《易》曰'鼎折足，覆公餗，其形渥，凶'，言不胜其任也。"

孔子说："德薄而位尊，知小而谋大，力小而任重，鲜不及矣。"德性浅薄而地位尊贵，智慧低下但图谋宏大，力量微小但责任很重，这样很少有不涉及灾祸的。我们先来看第一大忌："德薄而位尊。"德性浅薄而身居尊位，这就是"德不配位"。一个人的德行和自己所处的地位一定要相匹配。"德不配位，必有灾殃"，德行低却官位高的人，灾难一定会接踵而来。这种例子在古今很多官位高却德行低的官员中得到应验。比如司马光《资治通鉴》中记载的智伯（智襄子）就是如此。智伯是春秋末期晋国执政大臣智氏的第七代家主，当年他的父亲智宣子在挑选儿子智伯做接班人的时候，曾遭到自己的弟弟智果的阻拦："智伯不适合当您的接班人，您不能把晋国交给他。"智宣子很生气，问他为什么。智果说："智伯有五个优点：伟岸高大，骑射无敌，才艺绝伦，能言善辩，坚强刚毅。但唯独有一恶，就是不仁，没有仁德之心。如果他当接班人，将会有灭族之灾。还请三思啊！"然而智宣子不听，还是让智伯做了继承人。果不其然，智伯继位后狂妄起来，无德之行逐渐暴露。智伯向韩氏、魏氏、赵氏讨要万户封邑，韩氏、魏氏随后献出封邑，唯独赵氏不肯献出封邑，于是智伯率韩、魏两家一起讨伐赵氏。一路打到了赵国晋阳，也就是现今的太原。太原城墙厚，智伯下令水灌晋阳。看着满城百姓被水淹，他没有丝毫同情心，反而嬉笑："原来水能淹死一个国家啊。"旁边的韩康子和魏桓子听得心里忐忑不安：今天智伯能用水淹赵国，明天也能这样对付我们。这么一合计，两人暗地里和赵襄子联合了。最后，他们一起里应外合打败智伯，三家瓜分了智氏封邑，这就是三家分晋。赵襄子愤恨智伯所作所为，下令把智伯的脑袋做成酒杯，灭了智家全族。智氏亡而三晋分，三晋分而七国立，中国从此进入战国时代。司马光《资治通鉴》就是从这个事件开始写的。司马光评价智伯死亡的原因："智伯之亡，才胜德也……"司马光由此说了一段非常有名的话："是故才德全尽谓之圣人，才德兼亡谓之愚人，德胜才谓之君子，才胜德谓之小人。"司马迁感慨道："古昔以来，国之乱臣，家之败子，才有余而德不足，以至于颠覆者多矣！"当然关于历史上真实的智伯是不是德不配位还有争议，这里不讨论。而另一个人则是公认的典型例子，他就是嫪毐（lào ǎi），原本是战国末期秦国的一个普通人。他受秦国丞相吕不韦之托，假扮太监进宫，与秦王嬴政之母太后赵姬私通，倍受太后宠信，被封为长信侯。随着权力的增大，他越来越嚣张，自称是秦王的"假父"，权倾朝野，还和太后赵姬生了两个儿子，养在家中。后来因事情败露，发动叛乱失败而被秦始皇处以极刑，车裂而死。

大家再看一看当代社会，这种"德薄而位尊""德不配位"而遭祸殃的例子，在落马的高官和一些破产的老板身上也得到验证，可见一个人的"德"是多么重要。一个人要不断修行，多做善事，不断积累，"德"修好了，该来的"位"自然会来，只有德位相配，才能消灾免祸。

我们再看人生第二大忌"知小而谋大"：一个人的智慧低下，但他的谋划太大。"知"同"智"。前面说"德"，这里说"智"。"智"就是才智，"知小"就是智慧低下，才能不够，却异想天开，做超出自己才智的大事，其结果肯定会造成严重的损失。历史上纸上谈兵的赵括就是一个典型的例子。赵括是战国时期赵国人，是赵国名将赵奢的儿子，从小熟读兵书，但缺乏战场经验，不懂得灵活应变。赵孝成王六年（公元前260年），赵军和秦军在长平（今山西高平西北）对峙。当时赵括的父亲赵奢已经去世，赵相蔺相如也身患重病，赵孝成王派廉颇带兵攻打秦军，秦军几次打败赵军，赵军坚守营垒不出战。秦军屡次挑战，廉颇置之不理。秦军派间谍散布谣言说：秦不怕廉颇，怕的是赵奢之子赵括。赵孝成王急于求胜，听信秦军谣言，决定让赵括当将军，以代替廉颇。蔺相如说："大王仅凭虚名而任用赵括，就好像用胶粘死调弦柱再去弹瑟那样不知变通。赵括只会读他父亲遗留的兵书罢了，并不懂得灵活应变。"赵孝成王不听，还是命赵括为主将。赵括一反廉颇的策略，改守为攻，在长平主动全线出击，向秦军发起进攻。秦将白起分兵两路：一路假装失败，把赵军吸引到秦军壁垒周围；一路切断赵军后路，实行反包围，使赵军粮道断绝，困于长平。最后，赵军四十六日不得食，分四路突围五次不成，赵括亲自率勇士突围，被秦军射杀而死，四十五万赵国士兵投降，最后被秦军全部坑杀。这就是惨烈的"长平之战"，也是中国古代军事史上最早、规模最大、最彻底的歼灭战。所以说智慧与知识不是一回事儿，赵括虽学习了兵书上的丰富知识，但智慧不足，最后害己害人害国家。

　　人生的第三大忌是"力小而任重"：一个人能力小却任务重大，也就是说，一个人的力量很小，担不起如此重任，轻者伤身，重者丧命。这个道理很好理解，比如一张桌子，只能承受100公斤重量，现在压上了150公斤的东西，那肯定是要压垮的。我们看一下历史上有名的商鞅变法与王安石变法。商鞅辅佐秦孝公，积极实行变法，商鞅受到的阻力很大，几乎是举国反对，但商鞅能力很强，变法成功了，使秦国成为富裕强大的国家。秦孝公死后，虽然商鞅被公子虔诬为谋反，最后战败而死，尸首被车裂，但制度却保存了下来。王安石的改革最终却失败了，什么原因呢？主要是缺少政治盟友，他激进的改革遭到了司马光、欧阳修、苏轼等人的反对，导致他"力小而任重"。他在短短几年里将十几项改革全面铺开，得罪了各个阶层，导致改革失败。

在讲完第三个大忌之后，孔子引用了《易经》鼎卦九四爻辞："鼎折足，覆公𫗧（sù），其形渥，凶。"鼎难以承受重负，把脚给折断了，王公的美食也全部被倒出来了，鼎身也被污染了，所以是凶险的。鼎卦的卦象就像是鼎的形象，鼎最早是用来烹饪、煮食物的器具。鼎卦下卦的巽卦代表木，代表风，上卦的离卦代表火，意思是用木柴点火进行烹饪。再看整个卦象的构成，最下面一根阴爻好比鼎的脚，第五根阴爻就像鼎的两耳，中间是阳爻，就像鼎的腹部，整个卦象就像一个三足两耳的鼎的形状。引用这条爻辞是要表达什么意思呢？孔子说："言不胜其任也。""胜"是动词，禁得起、承受得了。"不胜其任"就是承受不了责任、不能胜任，说明能力不能胜任而遭来灾祸。鼎足（脚）力量太小了，不能支撑鼎身的重量，最后鼎足（脚）断掉了，鼎身也倒了。这条爻辞看上去好像是在为"力小而任重"做佐证，实际上也是在说明"德薄而位尊，知小而谋大"。因为力量和责任、品德和地位、智慧和谋划，都是阴阳关系，好比是鼎足（脚）和鼎身的关系。力量、品德、智慧不够，就无法承担重大责任、无法拥有尊贵地位、无法实现远大谋划，就好比鼎足（脚）力量不够，最终是支撑不了鼎身的。

请大家记住人生三大忌讳："德薄而位尊，知小而谋大，力小而任重。"

我们只有时时处处按照这三大忌来反省自己，才能避免犯大错误，避免大祸发生。

复卦：孔子是怎么称赞颜回的？

我们都知道，孔子最得意的弟子是颜回。颜回也叫颜渊，回是他的名，渊是他的字；名和字是有关系的，回和渊是同义词，回就是深渊，甲骨文"回"

字就像渊水回旋的形状。颜回是鲁国都城人（今山东曲阜），是孔子的老乡。颜回和他的父亲颜路都是孔子的学生。孔子有两对最有名的父子弟子，一对就是颜路、颜回父子，另一对是曾皙、曾参父子。颜回十三岁的时候拜孔子为师，终生师事孔子，可惜四十岁就去世了。颜回去世的时候，孔子七十岁，他十分悲痛，连声哭喊道："天丧予！天丧予！"老天杀我！老天杀我！从这种悲怆的呼声中可见孔子对颜回的感情。孔子的独生子孔鲤去世的时候，孔子都没有这么悲伤过。的确，在所有的弟子中，颜回是得到孔子称赞最多的，《论语》有多处记载。其中有一段是最有名的，很多人都知道，就是《论语·雍也》中孔子对颜回的称赞："贤哉回也！一箪食，一瓢饮，在陋巷，人不堪其忧，回也不改其乐。贤哉回也！"孔子称赞了两遍"贤哉回也"，意思是太贤明了，颜回！这里用了主谓倒装句，强调了"贤哉"。用一个竹筐盛饭，用一只瓢喝水，住在简陋的小巷子里，别人都忍受不了那种穷困的忧愁，颜回却能不改变他的快乐。真是太贤明了，颜回！颜回是个安贫乐道的大贤人！其实这也是孔子自己的写照，所以后人称这种境界为"孔颜乐处"。无论物质多么困穷，因为有弘道的信念，所以永远快乐！

我经常说青少年必读《论语》，因为读了《论语》，你就知道来这个世上要做什么，要追求什么。从孔子和颜回身上，你会明白什么才是真正的幸福快乐。在遇到困难挫折的时候，你像孔子和颜回那样"孔颜乐处"，你就不会郁闷了。我们来看《系辞传》中孔子怎么评价颜回的——

> 子曰："颜氏之子，其殆庶几乎？有不善，未尝不知；知之，未尝复行也。《易》曰：'不远复，无祗悔，元吉。'"

孔子称赞颜回的美德："颜氏之子，其殆庶几乎？""颜氏之子"就是颜回。其，副词，表推测、估计，大概，或许。殆，几乎，差不多。"庶几"是个语气词，意思是或许可以、差不多。这里指差不多到最高境界了。这句话意思是说，颜渊这个人，差不多到最高境界、至善境界了。为什么这么说呢？因为他"有不善，未尝不知；知之，未尝复行也"：一有不好的苗头，没有不知道的；一旦知道了，没有再重复犯错的。这是很了不起的。一般的人出现了不好的苗头、念头是很难发现的，或者发现了也不愿承认；就算承认了，又很难去改正。

然后孔子引用《易经》复卦初九爻辞："不远复，无祇悔，元吉。"还没走很远就归来，没有到大懊悔的地步，是最吉祥的。孔颖达对这一句的解释："既能速复，是无大悔。"祇（qí），古代称地神，还有大的意思。这里的"祇"就是大，"祇悔"就是大悔过。"祇"字容易和"祇"（zhī）字混淆，"祇"是恭敬的意思。引用这条爻辞是说明什么呢？是说颜回一旦发现自己的错误就会马上改正，复卦初九爻，一阳来复，没有走远就马上返回，所以就不会到大懊悔的地步。所以颜回的修养德行才能达到"元吉"的境界。

这是孔子对颜回美德、优点的称赞。颜回的优点是很多的，在《论语》中，孔子多次称赞颜回。有一次，孔子对颜回说："用之则行，舍之则藏，唯我与尔有是夫！"意思是：如果用我，我就积极行动，如果不用我，我就藏起来，只有我和你能做到这一点啊。也就是说遇到明君、遇到好的时代，受到聘用就要出仕施展才华；反之，遇到昏君、遇到不好的时代，不被聘用就要隐居，隐藏自己的才华。这是进退有度，见机而作的大智慧。只有孔子和颜回能做到。

还有一次，孔子问子贡：你和颜回相比谁更优秀一些？子贡在孔子的弟子中是以能言善辩、聪颖智慧出名的。子贡坦率地说我怎么能比得过颜回呢，子贡说我最多是"闻一以知二"，听到一件事，可以推知两件事，而颜回却能"闻一以知十"，听到一件事，可以推知十件事。孔子默默点头。

我认为在孔子对颜回的各种赞美中，最值得我们学习的是六个字："不迁怒，不贰过。"孔子说："有颜回者好学，不迁怒，不贰过。不幸短命死矣，今也则亡，未闻好学者也。"颜回的虚心好学，最大的表现是不把愤怒发泄到不相干的人身上，也不会第二次犯同样的错误。想一想我们自己不顺心的时候是不是经常把怒火发泄到不相干的人身上，让那些无辜的人受牵连，成为"替罪羊"？"不贰过"，不犯两次同样的错误，不被同一块石头绊倒两次。这一点做到就更难了。怎么才能做到？只有知错就改，而且要在内心彻底悔过，才能改得彻底，不犯第一次那样的错误。这六个字其实就是复卦说的"不远复，无祗悔"，一旦发现自己的错误就会马上改正，还没有走远就马上返回，不会到达大懊悔的地步。这也就是孔子赞美的"有不善，未尝不知；知之，未尝复行也"，既能及时发现自己的错误，又能立即改正错误，并且不再重犯这种错误。这是多么了不起啊！

这是我们每一个人都要努力学习的。有了错误不可怕，可怕的是不能及时发现，不能及时改正。更可怕的是发现了错误但不认错，这样就会重复犯同一种错误。

损卦益卦：做好哪三种修为可以抵达完美境界？

在对待"多"和"少"的问题上，孔子和老子表面看是相反的，孔子主张多，老子主张少，但从本质上看两人又是一致的，都受到了《易经》损卦和益卦的影响。损卦讲要减少，益卦讲要增多。为什么说孔子和老子说的是一致的呢？我们继续来看《系辞传下》第五章，看一下孔子是怎么说的——

> 天地絪缊，万物化醇。男女构精，万物化生。《易》曰"三人行则损一人，一人行则得其友"，言致一也。

"天地絪缊，万物化醇。男女构精，万物化生。"这是非常有名的两句话。我先不解释，我们先来看看孔子引用损卦的话："三人行则损一人，一人行则得其友。"这是损卦六三爻的爻辞。一提到"三人行"，大家可能马上就会想到《论语·述而》记载："子曰：三人行，必有我师焉，择其善者而从之，其不善者而改之。"意思是三个人出行，其中必有一个是我的老师，人家有优点我可以学习过来，人家有缺点我可以引以为戒，并加以改正。而损卦讲的"三人行则损一人"是什么意思呢？有两种理解。第一种理解，三人出行要损失一个人，也就是剩两个人。第二种理解，三个人出行最后要减成一个人，也就是要损失两个人。究竟哪种理解对呢？我认为要结合后一句"一人行则得其友"来考虑，我赞成第二种理解，三个人出行最后要减成一个人，然后这一个人出行就会得到朋友。我们要注意原文的表达，两句都在强调这个"一"字。"三人行则损一人，一人行则得其友"，无论是损失一个人还是损失后剩下一个人，都在强调这个"一"字，然后是说这一个人出行。这个"一"代表一心一意、一个目标、一种信念、一种理想，所以"一"非常重要。所以这里孔子解释："言致一也"说的就是"专一"的道理。"致一"就是专一。可见孔子是主张要专一、合一的。

  在引证这句话前，孔子说了两句名言："天地絪缊，万物化醇。男女构精，万物化生。"这两句话的意思是，天地二气感应交合，使得万物变化纯良；男人和女人阴阳交合，使得万物化育生长。天和地的交合、男人和女人的交合，其实都是在说合一的道理。"絪缊"本指云气弥漫的样子，这里指天地二气交合感应的样子。这个词非常美，后来常写作"氤氲"，两个字都有一个"气"字头，一看到这两个字就给人一种云气飘荡、虚幻缥缈的感觉，从中可以想象到天地交合的那种缥缈变幻、如痴如醉、如梦如幻的情景。"化醇"，孔颖达疏："万物感之，变化而精醇也。""精醇"就是精良纯粹。"构精"指男女两性交合，精气交媾。"化生"就是变化生长。这是说只有阴阳二气相互感应、交通、和合，才能产生万物，才能使万物纯良精粹，才能使万物生生不息。"天地絪缊，万物化醇"，说明只有天或者只有地是不可能产生万物的；"男女构精，万物化生"，说明只有男人或只有女人是不可能生孩子的。这就是独阳不生，孤阴不长。只有"二气感应以相与"，才能生万物。这就是乾卦《象传》所说的"云行雨施，品物流行"，云雨一番，才能生出万物，使万物流动成形。要注意的是阴阳二气或者说属性不同的两个东西一定要交合为一，才有生命力。如果不"絪缊"、不"构精"，还是"二"的状态，那么就不会变化、不会产生新的事物，也就不会有生命力。无论是"天地絪缊""男女构精",还是"损一人""一人行"其实都在说"言致一也",说明"一"的重要性;阴阳相求必须合一、专一、守一,合一才能生万物,专一才能会得朋友。这就是"合而为一"的哲学,也是损卦给孔子的启发。

损卦强调减少,而最少的就是一,因为0这个数字很晚才传到中国,是从阿拉伯数字里传过来的。我国先秦还没有0这个数字,最少是"一"。孔子说"言致一也"。老子同样主张"一",《道德经》中说:"少则得,多则惑。"越少越有收获,越多反而越迷惑。当然最少就是一,要减少到一:"天得一以清,地得一以宁,神得一以灵,谷得一以盈,万物得一以生,侯王得一以为天下正。"所以只有一个目标、一个信念,我们才能心无旁骛、专心致志、一心一意,才能成功,进而登上幸福的极高境界。所以说"为学日益,为道日损",求学要多,但求道一定要少。这一点孔子和老子是一致的。

我们再来看益卦,孔子引用了益卦上九爻的爻辞:"莫益之,或击之,立心勿恒,凶。"意思是说:当一个人处在最高位时,还一心想着怎么补益自己,结果是没有人能够补益他、帮助他,还有人攻击他,就是因为他自己确立的好心不坚定、不持久,没有一颗利他的坚定的心,结果一定是凶险的。

孔子引用这一句是为了说明什么问题呢?其实是为了说明人生要有三大修为。子曰:"君子安其身而后动,易其心而后语,定其交而后求。君子修此三者,故全也。"意思是:君子要先安定自己的身体,然后才去行动;要先平和自己的心态,然后才发表言论;要先确定自己与人的交情,然后才去求助于人。

我们先来看第一种修为:"安其身而后动。"字面上看是先要安定自己的身体,然后才去行动,其实"安身"首先要"安心"。《大学》讲修学的步骤,是止、定、静、安、虑、得:"知止而后有定,定而后能静,静而后能安,安而后能虑,虑而后能得。"从本质上看,这六步都跟心有关,心首先要知止——明确目标所在,定——心有定力,静——心不妄动,安——心灵安宁,虑——考虑周详,得——取得成果,这个"安"处在中间的枢纽位置,"安"前面的

"止""定""静"都是为"安"而做的准备,"安"是关键,只有心安了,考虑问题才能周详,做事情才能成功。再看《大学》提出的"八条目":格物、致知、诚意、正心、修身、齐家、治国、平天下。其中"正心"也就是"安心",同样是关键。正心才能修身,修身就是修己,修己的目的是齐家、治国、平天下。我们和《系辞传》"安其身而后动"做一下比较,会发现它们说的是一回事。

再看第二种修为:"易其心而后语。"要先平和自己的心态,然后才发表言论。对"易"字有两种理解:一种是平易、平和,"易其心"就是平和自己的心态。只有心理平和,说出来的话才不会伤人,不会偏颇。第二种理解,"易"就是交易,人与人之间相处要交心,交易其心,要心怀坦荡,以心换心,这样说出来的话别人才敢相信,才会信任你。这两种理解都有道理。

再看第三种修为:"定其交而后求。"字面意思是首先要确定与人的交情,然后再去有求于人,也就是说要先建立交情再提出要求。而这种交情不能是虚伪的,不能为了有求于人而去投入感情、建立交情。所以这里讲的"定其交",这个"定"很重要,不是简单地确定,而是稳定、坚定,就是确立了稳定的、坚定的感情,而不是虚伪的感情,之后再去求人,别人就一定会帮助你。所以"定其交而后求"不是为了"后求"而去"定其交"。人与人之间的交往应该是如此,企业与客户的交往应该如此,国与国的交往也应该如此。"定其交而后求",是人际交往不能违背的基本原则。总之,这三种修为其实也是人际交往的三大原则。

如果从儒家学问的目的"修己安人"来看,"安其身""易其心""定其交",就是"修己",就是修养自己的内在道德,从而达到"内圣";"而后动""而后语""而后求"就是"安人",就是治理社会人伦,达到"外王"。三大修为的关键点是"安心",从这个角度说,"修己安人"就是先安己心,再安人心。也就是佛家说的"自渡渡人",先自渡再渡人。

"君子修此三者,故全也",君子因为修行了这三项美德,所以他就很完备了、完美了。如果不能修养这三种德性，会出现什么情况呢？答案是："危以动，则民不与也。惧以语，则民不应也。无交而求，则民不与也。莫之与，则伤之者至矣。"如果自己心不安而急于行动，老百姓就不会赞同，不会支持你。注意这里"危以动"的"危"不是危险，而是心不安。"与"是赞同、支持的意思。如果内心疑惧，就发表言论，老百姓不会回应你；如果没有确定交情，就去求助于人，老百姓也不会给予你帮助。这个"与"是给予的意思。"莫之与，则伤之者至矣"这一句中，"莫之与"就是"莫与之"，意思是：没有人给你帮助，当然伤害也就跟着来了，也就很危险了。这里说的三种情况，心乱的时候就行动，恐惧的时候就说话，没有交情就有求于人，就是益卦说的"立心勿恒"。益卦说："立心勿恒，凶。"所以我们要保持警惕。

第六章

乾坤其《易》之门：怎么才能打开《周易》宝库的大门？

我在前面已经说过，如果把《周易》比喻成一座宝库，这个宝库的大门是无比坚固的，也是紧紧关着的，还加了一把锁。那么要想打开这座宝库，必须找到宝库的大门。那么这两扇大门是什么呢？在《系辞传上》第十一章我讲过"阖户谓之坤，辟户谓之乾"，就是关门叫作坤，开门叫作乾。这是两个动作，但原文并没有说"门"，而是说"户"。那么"门"和"户"到底有什么区别呢？《周易》宝库的大门究竟是什么呢？

我们一起学习《系辞传下》第六章，看看孔子怎么为我们解开这个秘密——

> 子曰："乾坤，其《易》之门邪？乾，阳物也。坤，阴物也。阴阳合德而刚柔有体，以体天地之撰，以通神明之德。其称名也杂而不越，于稽其类，其衰世之意邪？夫《易》，彰往而察来，而微显阐幽，开而当名辨物，正言断辞，则备矣。其称名也小，其取类也大。其旨远，其辞文，其言曲而中，其事肆而隐。因贰以济民行，以明失得之报。"

孔子开头就说："乾坤，其《易》之门邪？"乾坤，大概是《周易》的大门吧？虽然孔子用了推测的语气词"其"（意思是大概），其实是肯定回答。而《系辞传上》却说"阖户谓之坤，辟户谓之乾"，那究竟乾坤是门还是户呢？我们搞清楚这两个词的意思就明白了。我们现在说门户是一回事，可在古代是分开来说的。一扇单独的门叫户，两扇对开的门叫门。乾坤两卦分开来叫户，合起来叫门。坤卦是"阖"，就是关门；乾卦是"辟"，就是开门。为什么说"乾坤，其《易》之门邪"？因为《易经》是古奥难懂的，好比是一座宫殿，这座宫殿大门是紧闭着的，所以人们没有办法走进去。怎么才能走进这座宫殿呢？首先需要找到大门。乾坤就是大门，只要解开乾坤的秘密，搞清楚乾坤的意义，就打开了这扇紧闭的大门，就能够登堂入室，其他六十二卦的奥秘就解开了。可见乾坤二卦对于《易经》是多么重要。乾为纯阳，坤为纯阴，"一阴一阳之谓道"；乾为天，坤为地，天地相合而产生万物；乾为父，坤为母，父母相合而产生子女。乾为左门，坤为右门，两门开合而产生变化。唐代李鼎祚《周易集解》引用荀爽的解释："阴阳相易，出于乾坤，故曰'门'。"唐代孔颖达《周易正义》："《易》之变化，从乾坤而起；犹人之兴动，从门而出。"

再看后两句："乾，阳物也；坤，阴物也。阴阳合德而刚柔有体，以体天地之撰，以通神明之德。"乾是阳性事物，坤是阴性事物。也就是说一切阳性事物都属于乾卦，一切阴性事物都属于坤卦。"阴阳合德而刚柔有体"，阴阳的德性相互配合，刚柔就成为形体了。也就是说，乾坤两个卦代表了互相配合的阴阳两种德性，刚柔两种爻就是构成乾坤两卦的最基本符号。乾坤两卦就有了两大作用，第一大作用"以体天地之撰"，用来体现天地的变化行为，体察天地的变化情况。"撰"，《周易本义》解释"犹事也"。第二大作用"以通神明之德"，用来通晓事物神妙的变化规律，用来贯通神奇光明的德性。"体天地之撰"是上承"刚柔有体"而言，两个"体"字相应；"通神明之德"上承"阴阳合德"而言，两个"德"字相应。

孔子接着说："其称名也杂而不越，于稽其类，其衰世之意邪？"称名，指卦爻辞所指称的事物名词；不越，就是不逾越，指不逾越阴阳卦爻之理。"其称名也杂而不越"就是说，《易经》卦爻象指称的名物、象征的事物虽然很繁杂，但是没有超越阴阳的道理，没有超越天地变化的规律。"于稽其类，其衰世之意邪"中，"于"是个发语词，没有实意，"稽"是考察的意思，整句话指考察《易经》所说的各类事物、各种故事，大概流露出作者处在衰危之世的忧患意识吧？这一句说明考察卦爻辞的内容，可以推知《易经》作者生当衰世。《周易正义》说："考校《易》辞事类，多有悔之忧虞，故云变乱之世所陈情意也。"《系辞传下》后面一章就说："《易》之兴也，其于中古乎？作《易》者，其有忧患乎？"作《易》者，是指周文王姬昌。姬昌处于中古之时，也就是殷商末年，当时正逢乱世，姬昌充满了忧患意识，于是作《易经》，所以卦爻辞中自然就流露出这种忧患意识。

　　打开了乾坤的大门，我们走进了《周易》的宝库，那里面有什么宝贝？孔子接着说："夫《易》，彰往而察来，而微显阐幽，开而当名辨物，正言断辞，则备矣。"用"夫"作发语词，一连用了四个词组，最后总结为一个"备"字。先看第一个词组："彰往而察来"，《易》可以彰知往事而察知未来。我们前面学过《系辞传上》第十一章：《易》"神以知来，知以藏往"。简单地说就是"知来藏往"，是说《易》既能够预知未来之事，又蕴藏了过去的哲理。后面我们还会学到"数往者顺，知来者逆"，简单地说就是"数往知来"，明了过去而预知未来。这里则说"彰往察来"，彰知往事而察知未来，都是从时间维度说的，把以往发生的事彰显出来，也就是找到以前事情的发展规律，就可以预测未来事情发展的趋势和结果。所以说在儒家看来，学《易》不是通过占卜来预知未来，而是找到规律自然就能预知未来，这就是孔子说的"不占而已"，荀子说的"善为易者不占"。

　　再看第二个词组"微显阐幽"，其实就是"显微阐幽"，能显现出细微之事而阐发幽深的道理，这就是《系辞传》多次强调的"知几"，感知微妙的征兆，把握稍纵即逝的时机。《易经》通过卦爻象符号和卦爻辞文字来隐喻这种微妙的时机、幽深的道理。

第三个词组"开而当名辨物",就是说《易经》开列出六十四卦,"当名辨物",使各卦各爻的名称恰当,名称和义理相当、相匹配,从而能辨别出它们象征的事物。"当"在这里是个使动词,使名称恰当、适当。六十四卦的每一个卦名都表达了这个卦的主题,很精准,很恰当。

第四个词组"正言断辞",语言周正,措辞决断。这是指卦爻辞的语言叙事周全正确,判断干脆利落,直言不讳,吉就是吉,凶就是凶。

最后用一个"备"字做概括,"则备矣",于是天下万事万物的道理全都具备了。也就是《系辞传上》第四章所说的"《易》与天地准,故能弥纶天地之道"。

接着进一步解释《易经》:"其称名也小,其取类也大。其旨远,其辞文,其言曲而中,其事肆而隐。"一连用了六个"其"字开头,说明《易经》的特征和作用。这个"其"指代《易经》,包括卦爻象和卦爻辞。"其称名也小,其取类也大",是说卦爻称述的名称虽然很小,但它所比喻的事类却十分广大。比如它说马、牛、龙、虎,从这些名词本身看,只是代表一个动物,指称的事物很小,但实际上它是一种隐喻,比喻的是一大类事物。"其旨远,其辞文,其言曲而中,其事肆而隐",它的旨意很深远,它的文辞很文雅、有文采,它的语言虽然曲折但是能切中事理,它所叙述的事情虽然很宽泛但蕴含的哲理却很深刻。这里将《易经》的特征和作用阐释得十分精彩。

最后孔子说:"因贰以济民行,以明失得之报。"意思是,运用《易经》阴阳两方面的道理,可以指导百姓的行为,可以让人们明确吉凶得失这样的报应。"贰"有两种理解:第一种是指阴阳两方面的道理;第二种理解是指疑虑,也就是说它能够在老百姓犹豫不决的时候给予指导。"报"指因果报应。《易传》了不起的地方就在于找到了看上去好像很散乱的卦爻辞之间的逻辑关联、因果关系,指出《易经》就是用来指导人们"明失得之报",明确吉凶得失的报应。这一思想对后来佛教的中国化起到了重要作用。

总之,乾坤二卦乃至《易经》的目的都是为了指导我们的日常行为,解决我们的人生问题。

第七章

履为德之基：哪九种品德可以用来战胜困难？

我们都知道当年周文王被囚禁在羑里，推演六十四卦，创作《易经》，他是充满了忧患意识的。那么对今天的我们来说，如果身处困境、逆境，身处在忧患之中，应该怎么做呢？《系辞传下》第七章告诉我们要用九个卦来坚守自己的品德，这样才能战胜困难，成就大业。哪九个卦呢？我们来看一下——

> 《易》之兴也，其于中古乎？作《易》者，其有忧患乎？
> 是故履，德之基也。谦，德之柄也。复，德之本也。恒，德之固也。损，德之修也。益，德之裕也。困，德之辨也。井，德之地也。巽，德之制也。
> 履，和而至；谦，尊而光；复，小而辨于物；恒，杂而不厌；损，先难而后易；益，长裕而不设；困，穷而通；井，居其所而迁；巽，称而隐。
> 履以和行，谦以制礼，复以自知，恒以一德，损以远害，益以兴利，困以寡怨，井以辨义，巽以行权。

这一章开头说："《易》之兴也，其于中古乎？作《易》者，其有忧患乎？"

用了两个表示推测的疑问句式"其……乎",意思是《易经》的兴起,大概是在中古吧?作《易经》的人,大概是在忧患之中吧?中古,这里指殷商的末年,西周开始的时候,也就是商周之际。当时的周文王姬昌和他的四子周公姬旦创作了《易经》。现代学术界大多数学者认为《易经》经文(卦爻辞)成书于西周前期。

  姬昌身处乱世,姬旦身处新政权刚刚建立之时,所以《易经》卦爻辞具有深深的忧患意识。那么怎么能身处忧患而不失操守呢?首要是要修德。孔子在这里列举了九个卦,分三次进行陈述,这就是著名的"三陈九卦"。因为这九个卦都是讲道德修养的,所以又可以称为"修德九卦",也叫"忧患九卦"。也就是说,按照这九个卦来修养道德,如果身处困境,就可以坚定信念,走出困境;如果身处顺境,就可以提高警惕,防患于未然,最终成就大业。

  这九个卦从履卦开始到巽卦结束。先看第一卦:"履,德之基也。"履卦是道德的基础。履卦是《易经》的第十卦。"履"的本意是鞋子,引申为走路、行动、践行。履卦是在小畜卦之后,告诉我们有了小积蓄、小成功之后怎么继续走好这条路。引申为做任何事情首先是要脚踏实地,不能空谈,要打好道德的基础。"履"除了行动、实践之外,还有一个意思就是"礼",也就是礼仪,指行为准则。履卦告诉我们,在行动时要遵守道德规范、行为准则。

  第二卦:"谦,德之柄也。"谦卦是道德的主干,或者说是修养品德的把柄。"柄"是器物上的把手、把柄。如果把道德比喻成一把斧头,那么谦卦就好比这把斧头的把柄。《周易正义》说:"若行德不用谦,则德不施用,是谦为德之柄,犹斧刃以柯柄为用也。"谦卦是《易经》六十四卦中唯一的六根爻全是吉的卦,谦卦的卦象是地山谦,上面是大地,下面是山。山本来是高出地面,居高位的,但这里山躲到大地下面,居低位了,这就叫"谦"。我们要"谦谦君子,卑以自牧",要谦虚卑下,把自己放在最低的位置,然后做好自我管理、自我约束。只有真正做到了谦虚、自我约束、不傲慢自大、不争功好胜,才算是握住了"德"的把柄。

  第三卦:"复,德之本也。"复卦是道德的根本。复卦是非常有名的一卦,有一个成语叫"一阳来复",说的就是复卦。复卦的卦象是上面五根阴爻,下面一根阳爻。阳爻开始上升，表示阳气开始生发，春天即将到来，万物即将生机勃发的场景。复卦卦辞说"反复其道"就是要反复走在天道的大路上。复，有反复、回复、回归的意思，这就告诉我们要时时处处按照天道来做事，要做好事、做善事，而且要反复去做、重复去做；只有反复，才能"积善"。复，还引申为反省、反思。也就是告诉我们要反求诸己，要"吾日三省吾身"，从自己身上找原因，找差距，找缺点，不要只抱怨别人，抱怨外部条件，找到缺点之后要立即"悔过"，改正。这才是修养品德的根本。

第四卦："恒，德之固也。"恒卦是道德稳固的前提，也就是说恒卦使道德坚固。恒卦的卦象是雷风恒，上面是震卦，是雷，下面是巽卦，是风。在家庭中，雷代表长男，风代表长女，长男长女在一起后结为夫妇，所以它是讲长男长女之间永恒的男女关系、夫妻之道。恒卦引申为做事情要有恒心，才能永恒长久。有恒心，才能使品德更加稳固。也就是说，要坚持去修德，持之以恒，不间断，这样才能使品德稳固、长久。

第五卦："损，德之修也。"损卦是道德修养的途径。损卦是《易经》的第四十一卦，损卦的形象是山在上面，泽在下面。我们可以想象一下，山在上面，沼泽在下面，山会慢慢往下陷，被减损，而沼泽会慢慢被填满，这样山越来越低，沼泽越来越高，慢慢就平衡了，所以减损和增加是互相的。损卦告诉我们要减损自己去增加别人，它和后面的益卦构成一对。损卦是减少自己，益卦是增加别人，一个是减少，一个是增加，合在一起叫作损益之道。减少自己，正是一种道德的修炼。所以损卦《象传》说"君子以惩忿窒欲"，君子要按照损卦来抑制愤怒、控制私欲，把愤怒、私欲这些东西一点一点减少，这就是在修养自己的德行。损还有一种理解，就是损害、损伤，遭受苦难，经历挫折、失败，身处逆境，其实正是修养道德的好时机，就像孟子所说这正是"天将降大任于是人也"，是一种磨炼，是一种修德。

第六卦："益，德之裕也。"益卦是充裕道德的方法。"裕"是宽裕、丰富的意思。益卦是《易经》的第四十二卦，是在损卦之后。损卦是减少，而益卦是增加，损卦和益卦刚好构成反卦，山泽损的卦象颠倒之后就变成了风雷益的卦象。损卦主要讲如何减损自己，而益卦主要讲如何增加别人。益卦的卦象是风雷益，又刮风又打雷，打雷、刮风这两种情景是互相增益的，能相得益彰，气势非常大。《象传》说"君子以见善则迁，有过则改"，君子看到善言善行的人就虚心向他学习，而看到自己有过错就马上改正。"见善则迁""见贤思齐"就是一种增益，增加自己的善德善行。只有多做有益于他人的事，才能使品德更高尚，德行更加丰富。

第七卦："困，德之辨也。"困卦是分辨道德的标准，也就是检验道德的标准。困卦的"困"是困难的意思。困卦告诉我们怎样在困境中奋起，摆脱困境。困卦的卦象是泽水困，上面是沼泽，下面是水，也就是水流到沼泽的下面去了，沼泽里已经没有水了，表示一种困境。人处在困境中总会本能地采取行动来摆脱困境，这正是检验这个人是不是坚守道德的好时机。有的人采取的就是符合道德的行动，有的人就守不住道德了，会做出伤天害理、违背道德的行动。所以说困境中最能看出一个人的道德品质。孔子有那么多优秀的弟子，可是他却选择了一个才学并不出众的公冶长做他的女婿。什么原因呢？就是一个理由："虽在缧绁（léi xiè）之中，非其罪也！"他虽然进过监狱，但是并不是他的过错。显然公冶长在困境中经受住了考验，是个品德高尚，可以放心托付的人。可见身处困境，经历困难，才能清楚地分辨一个人道德的高低。

第八卦："井，德之地也。"井卦是修养道德的处所。井卦的卦象是水风井，上面坎卦，是水，下面巽卦，是风；巽卦也可以作木头讲，水下面有木头，就像一口井。古代挖井之后会在井底放几块木头，用于去除污泥，所以井卦的卦象就取了这个景象——在水底搭了四块木头，"井"这个字就像水下有四块木头。井，为什么是道德修养之地呢？主要有两个原因。一是井里有水，井水是当地村民喝的，是村民的生命之泉。井卦卦辞说"改邑不改井"，就是说一个村庄可以迁移，但是井是不可以迁移的。我们都听说过一个成语"背井离乡"，可见井和故乡是紧紧联系在一起的。一个人的道德也是如此，是一个人的立身之本，是不可以离开自己的身体的。第二个原因，井大多是圆形的，也有方形的，但不管圆形还是方形，四面都是围起来的，含有约束、规范的意思。一个人修养品德也是如此，要划定一个范围，制定合适的条条框框，也就是行为准则，不能超过这个准则。这个井所约束的范围就是这个人应该遵守的道德规范。

第九卦："巽，德之制也。"巽卦是修养道德的规范。巽代表风，风从外面吹进来，所以它有进入的意思。风一吹，树木就顺从地摆动，树木怎么动呢？顺着动，所以巽卦还有顺从、顺应的意思。制，规范、制度。顺应道德来做人做事，顺着履、谦、复、恒、损、益、困、井、巽这九个卦的路线走，就是修养品德的规范。

这是第一遍陈述，用的全是判断句，说明这九个卦各自在伦理道德方面的意义。

履和而至：怎么踩老虎尾巴老虎才不会咬人？

上一节我讲到，当一个人处于逆境、困境时，按照九个卦来做，就可以坚定信念，走出困境；当一个人处在顺境时，按照九个卦来做，就可以提高警惕，防患于未然。前面我们学习了孔子对这九个卦的第一遍解释，但第一遍解释只是强调这九个卦在道德修养中的重要性，那这九个卦具体有什么作用呢？我来继续讲解《系辞传下》第七章。

孔子第二遍解释："履，和而至；谦，尊而光；复，小而辨于物；恒，杂而不厌；损，先难而后易；益，长裕而不设；困，穷而通；井，居其所而迁；巽，称而隐。"

这一次孔子解释了九个卦的不同性质和作用。"履，和而至"，履卦教人和顺而达到目的地。和，就是和顺、和合，和而不争。至，就是到达，到达道德的目的地或者说最高境界。履卦的卦辞说"履虎尾，不咥人，亨"，就是踩到老虎的尾巴上，老虎却没咬人，所以是亨通的。为什么老虎没有咬人？因为这个人是轻轻踩在老虎尾巴上的，没有把老虎踩痛。这就告诉我们做事必须谨慎小心，而且要恰到好处、要合适，合适就是合礼。所以说履卦就是教人要小心行走、和顺不违礼，这样才能顺利走到终点，做事才能达到目的。

"谦，尊而光"，谦卦是教人谦虚尊敬而光明正大。尊，就是尊敬、恭敬。谦虚为什么是尊敬？很简单，谦是对自己，尊是对别人，自谦和敬人是相对的、统一的。光，就是光明正大，也指光大其德行。谦卦教人谦虚，谦以接物，恭敬待人，所以也必然会受到别人尊敬。谦虚又心中光明正大，这样自己的品德也会越光大。唐代孔颖达《周易正义》说："以能谦卑，故其德益尊而光明也。"

"复，小而辨于物"，复卦是教人在征兆微小时就能辨别善恶而回归正道。小，指微小的征兆。物，指事物，这里特指善恶。复卦教人察知善恶、辨析事物的细小征兆，一旦发现不好、不善的征兆，就马上改正，及时回复到善道、正道中来。《周易正义》说："言复卦于初细微小之时，即能辨于物之吉凶，不远速复也。"

"恒，杂而不厌"，恒卦是教人在纷杂环境中恒久守德而不厌倦。杂，正邪相杂，既指正邪相杂的外部环境，也指繁杂、浮躁的内心世界。厌，厌倦、倦怠。不厌，就是不厌倦，能永久守住品德。恒，就是永恒；守德有恒，即永远坚守品德。《周易正义》："言恒卦虽与物杂碎并居，而常执守其操，不被物之不正也。"

"损，先难而后易"，损卦是教人先艰难后获益的道理。先难，是指先要自损，自己主动减少，这是很难做到的；后易，是指后来获得利益，先付出了，然后很容易就会获益。这就是先予后取，先损后益，先难后易。《周易正义》："先自减损，是先难也；后乃无患，是后易也。"

"益，长裕而不设"，益卦是教人施益于人，要长久充裕而不虚设空谈。裕，充裕、丰富；不设，不虚设，不空谈，不造作。把利益送给别人，既能使别人道德充裕，也能使自己道德充裕，这是踏踏实实做到的，而不是虚设，不是空谈。东晋韩康伯注："有所兴为，以益于物，故曰长裕；因物兴务，不虚设也。"

"困，穷而通"，困卦是教人在困穷的时候求得亨通。穷，是走投无路的意思。在走投无路的时候怎样才能求得亨通？首先必须守正道，然后要知变化，才能得亨通。这就是"穷则变，变则通，通则久"。《周易正义》说："言困卦于困穷之时而能守节，使道通行而不屈也。"

"井，居其所而迁"，井卦是教人处在安逸的时候能施惠于人。居其所，就是居住在安适的处所。迁，指迁施其泽、利惠于人，也就是把自己的恩惠普施于别人。井卦教人效"井养"之功，像井水那样供人饮用，给别人以恩惠。《周易正义》说："言井卦居得其所，恒住不移，而能迁其润泽、施惠于外也。"

"巽，称而隐"，巽卦是顺势发布号令而不自我显露。称，有两种解释：一种是宣扬，也就是《象传》所说的"申命"，发布命令；另一种是衡量事物的轻重。隐，就是隐藏，不显露，不夸耀。巽卦教人因顺申命，顺势发布命令，不露威，不强制，而是因势利导。韩康伯注："称扬命令，而百姓不知其由也。"《周易正义》："言巽称扬号令，而不自彰伐而幽隐也。"

孔子觉得可能还没讲透，于是又做了第三遍陈述："履以和行，谦以制礼，复以自知，恒以一德，损以远害，益以兴利，困以寡怨，井以辨义，巽以行权。"

"履以和行"，履卦用和顺的道理来小心行走。以，用来。前面说过了履卦卦辞"履虎尾，不咥人，亨"，就是因为谨慎小心，轻轻踩到老虎的尾巴上，所以老虎没咬人，是亨通的。这里特别强调了"和"，呼应上文"履，德之基也""履，和而至"。"和"是中国文化的核心和基础，如"礼之用，和为贵"。"以和行"有两个意思，一是按照中和之道而行，一是遵循礼仪而行，两者并不矛盾。履卦强调在践行的过程中必须谨慎、小心、和顺。

"谦以制礼"，谦卦可以用来控制自己不违礼节。制，控制、节制。"制礼"不是制定礼仪，也不是控制礼节，而是控制自己去服从礼节。谦虚待物，呼应上文"谦，德之柄也""谦，尊而光"。因为谦虚，所以能够心甘情愿地控制自己而尊敬天道、遵从礼节。《周易正义》："性能谦顺，可以裁制于礼。"

"复以自知"，复卦可以用来自我觉醒。复卦的作用是要人们首先自我觉知得失善恶，然后回复到正道上，呼应上文"复，德之本也""复，小而辨于物"。"自知"是回复正道的前提，也是很难的。所以这里强调要自知善恶，明辨是非。唐代李鼎祚《周易集解》引虞翻曰："有不善未尝不知，故曰'自知'也。"

"恒以一德"，恒卦可以用来专心一致，守德不移。"一"是动词，守一，抱一，纯一。恒卦的作用，在于守正不移、恒一其德，呼应上文"恒，德之固也""恒，杂而不厌"。《周易正义》："恒能终始不移，是纯一其德也。"

"损以远害"，损卦可以用来减损不善而远离灾害。损卦的作用，在于自我减少不善的东西，包括邪念、贪心、私欲等，以修身避害，呼应上文"损，德之修也""损，先难而后易"。韩康伯注："止于修身，故可以远害而已。"

"益以兴利"，益卦可以用来增加自己的善德，又能增加百姓的福利。益卦的作用，在于益人益己，人己两全，广兴其利，呼应上文"益，德之裕也""益，长裕而不设"。《周易正义》："既能益物，物亦益己，故'兴利'也。"

"困以寡怨"，困卦可以用来处困守洁，不怨天尤人。寡，是少的意思；寡怨，就是减少怨恨。困卦的作用，在于虽然处在困难的境地，但仍然能无怨无悔地坚守道德，呼应上文"困，德之辨也""困，穷而通"。《周易正义》："遇困守节不移，不怨天不尤人，是无怨于物，故'寡怨'也。"

"井以辨义"，井卦可以用来养育万物，而辨别道义。井卦的作用，在于无私奉献、养育民众、辨明道义。为什么说"井以辨义"？所谓"义"，就是要无私奉献，就像一口井，总是把水无私地奉献给别人，呼应上文"井，德之地也""井，居其所而迁"。韩康伯注："施而无私，义之方也。"陆九渊曰："君子之义，在于济物；于井之养人，可以明君子之义。"

"巽以行权"，巽卦可以用来因势利导，行使权力。巽卦的作用，在于因势利导地教化人民，行使权力而不张扬、不强迫，呼应上文"巽，德之制也""巽，称而隐"。韩康伯注："巽顺而后可以行权也。"《周易正义》："若不顺时制变，不可以行权也。"

孔子三次解释这九个卦对道德修养的意义和作用，值得我们高度重视。

第八章

周流六虚：易道为什么能帮我们逢凶化吉？

我们来看一看《系辞传下》第八章——

> 《易》之为书也不可远，为道也屡迁，变动不居，周流六虚，上下无常，刚柔相易，不可为典要，唯变所适。其出入以度，外内使知惧，又明于忧患与故，无有师保，如临父母。初率其辞而揆其方，既有典常，苟非其人，道不虚行。

"《易》之为书也不可远，为道也屡迁"，是说《易经》作为一本书是不能远离的，它所体现的道理是不断变迁的。为什么《易经》这本书与我们不可远离呢？因为它讲的天道人道，就是我们的为人哲学、处世哲学，是融入我们日常生活的，是"百姓日用而不知"的，所以不能远离，也就是说不能不读《易经》这本书，更不能背离、违背易道。易之为道"屡迁"，是说易道是不断变化的。它告诉我们一切都在变化之中，不变的事物是不存在的，也就是佛学中所讲的"诸行无常"。

"变动不居，周流六虚"中，居，是停止的意思。六虚，指六爻，也就是一个卦的六个位。这种运动变化是不停止的，在六爻之间做周期性的运动变化。晋韩康伯注："六虚，六位也。"唐孔颖达《周易正义》疏："'变动不居'者，言阴阳六爻更互变动，不恒居一体也，若一阳生为复，二阳生为临之属是也。'周流六虚'者，言阴阳周遍，流动在六位之虚。六位言'虚'者，位本无体，因爻始见，故称'虚'也。"为什么六位叫"六虚"呢？因为宇宙时空本来是无形的、虚幻的，只是《易经》把它分成六个位——"六位时成"，比如把空间分为上下加四方，就是"六合"。佛家说"六道轮回"。再看时间，可以把时间分为过去、现在、未来。佛家常说的六时吉祥，哪六时？一天二十四个小时、十二个时辰分成"六时"，每一时就是两个时辰、四个小时，从早晨六点开始，依次为晨朝、日中、日没、初夜、中夜、后夜，其中前三时为昼，后三时为夜，这就是六时。一年也可分为"六气"，中医五运六气历法中"六气"就是把一年分为六个阶段。印度也将一年分为六时，即渐热、盛热、雨时、茂时、渐寒、盛寒。总之"六"的时空划分都是人为的，所以《系辞传》称为"六虚"。我特别喜欢"六虚"这个词，在年轻的时候我就把宿舍命名为"六虚居"，我自己就是六虚居主人，还刻了一方闲章叫"六虚居主"。

"周流六虚"，易道、天道就在每个卦的六根爻、六个时位中周期运动变化，反过来说，六爻时空反映了宇宙万物运动变化的大规律。这种变化"上下无常，刚柔相易"，上下往来没有定准，阳刚阴柔互相变化。清李光地《周易折中》引蔡渊的话说："刚柔爻画往来如寄，故以'虚'言，或自上而降，或由下而升，上下无常也。柔来文刚，分刚上而文柔，刚柔相易也。"

所以"不可为典要，唯变所适"，不可以把它当作僵化的典籍、纲要，只能去适应各种不同的变化。"唯变所适"就是"唯变是适"，"所"用作宾语提前的标志，相当于"是"，多与"唯"字配合使用。隋朝著名思想家王通《中论》说："上不荡于虚无，下不局于器用；惟变所适，惟义所在，此中之大略也。"他就是用《系辞传》的"唯变所适"和《孟子》的"惟义所在"解释"中"的含义，非常精彩。

"不可为典要，唯变所适"，《易经》不是僵化的教条，万事万物也不是固定不变的，如果把它看死，那就大错而特错了。我们只能去适应千变万化的规律，根据不同时期、不同地点、不同条件来随机应变。只有这样，才算是把握了《易经》的真髓。

再看后面，"其出入以度，外内使知惧"，这是告诉我们，这种变化是有规则的，不是无序的。《易经》告诉我们出入行为要符合法度，无论是处内还是处外都要谨慎戒备。度，这里是个动词，是符合法度的意思。"出入""外内"是什么意思呢？先儒理解各不相同。有人认为出乾为外，入坤为内，出阳知生，入阴惧死，日行一度，故出入以度，内外知惧（虞翻）。有人认为内外是指一个卦的下卦与上卦，从内卦到外卦为出，从外卦到内卦为入，度内外之际，而观出入进退之理，使知戒惧（朱震）。也有人认为出是指上升，入是指下降，外就是上升，内就是下降（吴澄）。我们把几种说法结合起来，可以看出《易经》卦爻的升降出入、内外变化，其实反映了人事的内外出入的行为活动，都要符合法度，要小心戒惧。

"又明于忧患与故，无有师保，如临父母。"又明白忧患与事理，这样即使没有师长的监护教育，也好像有父母在身旁一样，随时受到保护。"忧患与故"是指忧患与行为之间的关系，"故"是缘故、事理。一个人始终有忧患意识，就会避免危险，懂得敬畏与戒惧，就可以趋吉避凶。"无有师保，如临父母"，这样虽然没有老师的教导，却像有父母在身旁保护一般。"师保"，原本指辅弼帝王和教导王室子弟的官，有师有保，统称"师保"，泛指老师。这里用老师和父母做比喻，说明学习《易经》的时候，先根据文辞而贯通卦象所揭示的道理，融会贯通就会悟得指导行为的法则。懂得《易经》精深的道理和行动法则，常怀忧患意识，就好比得到了老师、父母的指引、护佑，可以避免凶险，万事大吉。

"初率其辞而揆其方，既有典常。"开始就遵循《易经》卦爻辞的旨意来衡量行动的方向，就把握了为人处世的恒常规律和法则。初，指处事的开始。率，犹"循"，遵循。辞，卦爻辞。揆，指揣测、估量。方，指方式、方向。典常，就是常道、常法。这说明只要遵循卦爻辞的道理来做人做事，就可以把握事物的变化规律。上文说《易》"不可为典要"，这里又说《易》可以为"典常"，是不是矛盾呢？唐孔颖达《周易正义》回答得很好："《易》虽千变万化，不可为典要；然循其辞，度其义，原寻其初，要结其终，皆唯变所适，是其常典也。"也就是说《易》说的是变化规律，万事万物是变化的，不是僵化的"典要"，但变化是有规律的，这个规律是不变的"典常"。

"苟非其人，道不虚行。"苟，是如果的意思。其人，本义是指那样的人，指贤明之人。"虚行"的"虚"在这里可以理解为广泛、普遍推行。虚行，一般理解为"虚空而行"。比如唐孔颖达《周易正义》说："若苟非通圣之人，则不晓达易之道理，则易之道不虚空得行也。"元吴澄《易纂言》说："易之道虽如此，若非作《易》之圣人示其道以教人，则易之道不能无人而自行也，盖言易道之行于世者，皆圣人之功。"这里是说，如果没有圣贤之人通晓易道并教化人们，易道就无法传承下去，因为易道不可能凭空而行。佛家说："法不孤起，仗境方生。道不虚行，遇缘即应。"任何事情的发生都是有因果的，万法都不是孤立而起，要依靠环境才产生。道是不虚空而行的，要遇到条件成熟（缘）才能感应。

总结一下，第八章阐述了《易经》这本书与现实人生是息息相关的，易道就是为人处事、经世致用的变化之道，把握易道规律，有忧患意识，就能够趋吉避凶，化险为夷。

第九章

存亡吉凶居可知：人坐在家里怎么才能知道存亡祸福？

我在现场课解乾卦时总喜欢做一个实验，让大家放松入静，然后感觉自己当下处在乾卦六根爻的哪一个位置。结果很多人处在第三根爻或第四根爻，也有人处在第二根爻或第五根爻。然后我会问大家：你们想不想知道你处在一个什么位置？大家说想。我就说处在第三根爻和第四根爻的人是"不三不四"，处在第二根爻或第五根爻的人是"二百五"。大家哈哈一乐。《系辞传下》第九章讲的就是六爻——

> 《易》之为书也，原始要终以为质也。六爻相杂，唯其时物也。其初难知，其上易知，本末也，初辞拟之，卒成之终。
> 若夫杂物撰德，辩是与非，则非其中爻不备。噫！亦要存亡吉凶，则居可知矣，知者观其象辞，则思过半矣。
> 二与四，同功而异位，其善不同。二多誉，四多惧，近也，柔之为道，不利远者，其要无咎，其用柔中也。三与五，同功而异位。三多凶，五多功，贵贱之等也。其柔危，其刚胜邪？

开头一句是说，《易经》这本书是追溯事物的初始，推求事物的终极，以探明事物本质的。"原始要终"的"原"和"要"都是动词，原，溯源，要，探索。原始要终，就是探求始终。质，一般都解释为卦的形体。比如晋韩康伯注："质，体也，卦兼终始之义也。"这种理解太肤浅了。这里的"质"就是本质，是万事万物的总本质，也是万事万物生成和存在的总根源、总依据。这个本质表现在一个卦的六根爻上："六爻相杂，唯其时物也。"《易经》每卦六根爻是阴阳错杂的，反映了不同时间的事物特征。《易传》注重"时位"，六根爻就是六个时位，在时与位中尤其注重"时"。六爻表明事物发展的六个阶段，强调时间，所以称为"时物"。那么六根爻究竟有什么特点呢？这一章一一做了分析。

先看最下一根爻初爻和最上一根爻上爻："其初难知，其上易知，本末也。"初爻的意义是难以理解的，上爻的意义是容易理解的，因为初爻是本，是本始，上爻是末，是结束。"初辞拟之，卒成之终"，初爻的爻辞是比拟事物的发端，到了最上爻，事物发展完结了，这样卦义就最终显现出来了。卒，就是终了、完结。可见初爻是多么重要，以至于宋代易学家杨万里认为初爻可以决定这个卦最后的结果。他在《诚斋易传》中说："初爻为一卦之要也，原其始自可以约其终，知其初之难，自可以知其上之易。初者，本也；上者，末也。初辞拟议以定一卦上爻，成其终而已。"比如乾卦初九"潜龙勿用"就是"原始"，到上九"亢龙有悔"就是"要终"，从"潜龙"到"亢龙"就是一卦的始终。

这一章开头一段里出现的"终始""本末"这些词，已经被提升为哲学概念了。我不禁联想到《大学》所说："物有本末，事有终始。知所先后，则近道矣。"每样事物都有根本和枝末，每件事情都有开始和终结，明白了事物的先后顺序，也就接近于"道"了。合起来看，本、始是事物的开端、原因，末、终是事物的归宿、结果，这是有次序的，有规律的。本始和开端决定了事物的归宿和结果。这与《系辞传》的观点完全吻合。在一个卦六根爻中，初爻是起始、原因，可以决定一卦的终爻、结果。

再来看，中间四根爻有什么意义呢？"若夫杂物撰德，辩是与非，则非其中爻不备。"至于错杂各种事物而撰述阴阳德性，辨识是非吉凶，如果撇开中间四爻就无法全面理解。若夫，是个语气词，用在句子开头，可以翻译为"至于"；杂物，是指各种物象错杂，六爻的变化反映了事物的错杂变化；撰德，指撰述阴阳德性，六爻爻辞反映了卦德及事物的德性；辩，通"辨"，辨别。"中爻"究竟指什么呢？历来有两种解释：一种是指中间四根爻；一种是指下卦和上卦中间的爻，也就是第二爻和第五爻。从上文讲初爻和上爻来看，我认为是指中间四根爻。其实《易经》六根爻每一根爻都代表特定的时位，缺一不可。也就是说除了理解初、上两爻之外，还要辨明中间四爻的爻义，才能完备地领会全卦的意义。

"噫！亦要存亡吉凶，则居可知矣。""噫"是个感叹词，在《易传》中这里是唯一一次使用"噫"这个感叹词。啊，只要明白了中间四爻的意思，也就大体把握了存亡吉凶的规律了，那么即使是坐在家里，也能知道这个道理。要，大要、大概，这里是动词，意思是"大要把定""大体把握"。居，指平居无为，意思是好像坐在家里什么也不干。结合上文，说明只要把握中间四爻的吉凶规律，那么整个卦的意义就全部明白了。

"知者观其彖辞，则思过半矣"，明智的人只要观察六十四卦的卦辞，就能把全卦的卦义多半领悟了。知，通"智"。彖辞，指卦辞。思过半矣，指已领悟大半或事情已经大部分解决。

然后具体分析中间四根爻的意义。"二与四，同功而异位，其善不同。"第二爻和第四爻同具阴柔功能但处在不同爻位，两者象征的利害得失也不相同。"同功而异位"中，功，指阴阳功能。位，指爻位。因为第二爻和第四爻都是阴位，所以具有阴柔的功能，但第二爻和第四爻所处的位置毕竟不同，第二爻处在下卦阴位，第四爻处在上卦阴位，所以"其善不同"。善，泛指利害得失。"二多誉，四多惧，近也。"第二爻多获美誉，第四爻多含恐惧，因为靠近君位。第二爻因为处在下卦的中位，所以多获美誉，而第四爻处在上卦的最下位，又在第五爻君主的下边，紧靠君主，伴君如伴虎，所以多含有恐惧。

第二爻和第四爻是偶数位，所以处在阴柔的位置上："柔之为道，不利远者。"阴柔的道理不利于远大的作为。这是说第二爻和第四爻都处在阴柔之位，阴位应该顺承阳位，它自己不可有远大志向。"其要无咎，其用柔中也"，它的要旨在于慎求无咎，它的功用在于柔和守中。分开来说，"不利远"是在解释"四多惧"，因为第四爻太靠近第五爻君主了，所以大多恐惧。"用柔中"是在解释"二多誉"，第二爻刚好处在下卦的中位，柔顺地坚守中道，所以"无咎"，而且多获美誉。这是第二爻和第四爻的意义和作用。

那么第三爻和第五爻又有什么意义和作用呢？第九章接着说："三与五，同功而异位。三多凶，五多功，贵贱之等也。"第三爻和第五爻同具阳刚的功能而各处不同的位置。第三爻多有凶险，第五爻多有功勋，这是上下贵贱的等级差别。第三爻和第五爻都居阳刚之位，所以都有阳刚的功能，但又因为各自所处的位置不同，一个是在下卦，一个是在上卦，它们的贵贱等级是不同的。第三爻居下卦为贱，第五爻居上卦为贵；第三爻处在下卦的最高位，到尽头了，所以大多有凶险，而第五爻处在上卦的中间，是个尊贵的位置，所以大多有功勋。

那么阴爻和阳爻处在第三位和第五位结果是一样的吗？是不一样的："其柔危，其刚胜邪？"如果第三位、第五位是个阴爻就有危险，如果是个阳爻就能胜任吧？最后一个字"邪"通"耶"，是个表示推测的语气词，相当于"吧"。为什么呢？因为第三、第五位是阳位，如果是阳爻处在这两个阳位上，就能胜任；如果是阴爻居在这两个阳位上，就不能胜任，就有危险。

总结一下，这一章讲了一个卦六个爻位的功能和意义。大体来说是：初为始，上为终；"二多誉，四多惧""三多凶，五多功"。这是解读《易经》的一种重要体例，叫"爻位"说，就是看这根爻"当位"还是"不当位"，位置适当还是不适当。每个卦都有六个位置，一三五为阳位，二四六为阴位。什么叫"当位"，什么叫"不当位"呢？很简单，位置摆适当了，就是当位，比如阳爻居在阳位，阴爻居在阴位，就是当位。当位也叫"正"，就是位置摆正了。"正"往往就是吉的。反之，阳爻处在阴位上，或者阴爻处在阳位上，都是不当位，也就是"不正"，不正往往就是不吉的。举个例子，比如一个人适合当正处长，结果你让他当了正处长，这就是"当位"，就是"正"；如果你让他当了副处长，就是"不当位"，就是"不正"。一般来说，摆正了就是吉的，当然也不全都是吉的，还要看他是不是处在中位上，也就是说是不是在第二位和第五位。如果是居在第二位或者第五位，就叫作"中"，那大多有美誉，有功勋。如果又中又正，那基本上就是吉利的了。当然这不是绝对的，所以它用了"多"而不是"都"。除了位置以外，还要看时机，两者配合才能判定这根爻究竟是好还是不好。

第十章

兼三才而两之：什么人才有顶天立地、内圣外王的境界？

大家都知道，我们的汉字是表意文字，一般从字形上可以看出这个汉字的意义。当然，这个字形是指早期的甲骨文的字形。比如大王的"王"字，商代甲骨文这个字像一把大斧头。大斧头是古代用来杀戮的兵器，是奴隶主对奴隶、战俘、罪犯实行刑杀的工具。谁掌握了大斧头，谁便有至高无上的权力，所以古人就用大斧头作为王权的象征。"王"就是古代的最高统治者。后来人们对"王"有了新的解释："三画而连其中谓之王，三者，天地人也，而参通之者，王也。"也就是说"王"字最上面一横代表天，中间一横代表人，最下面一横代表地，中间这一竖代表天地人的贯通。能够连接天地人的当然是最有权力的大王了。

中国人喜欢把事物分三部分，对应天地人，比如中医看病用三根指头切脉，三根指头所压下去的部位分别叫寸关尺，对应天人地。还有看一个人的头面部，额头叫天庭，下巴叫地阁，上唇正中凹下的地方叫人中，鼻梁可以看成是王字中的一竖。

我们中国人为什么喜欢用天地人的思维呢？这跟《周易》是分不开的。《系辞传下》第十章就提出了这种三才思维——

> 《易》之为书也，广大悉备，有天道焉，有人道焉，有地道焉，兼三才而两之，故六。六者非它也，三才之道也。道有变动，故曰爻。爻有等，故曰物。物相杂，故曰文。文不当，故吉凶生焉。

这一章又是在解释《易经》这部书。从第八章到第十章，一开头都是"《易》之为书也"，这三章是递进关系。这里说："《易》之为书也，广大悉备，有天道焉，有人道焉，有地道焉。"《易经》这本书的道理十分广大，无所不备，含有天的道理、地的道理、人的道理。这是又一次提出《易经》这本书涵盖天地人三才之道，我们前面学过"《易》与天地准，故能弥纶天地之道""夫易广矣大矣"，《易经》之道涵盖了宇宙万有。到后来，清代的纪晓岚总纂的《四库全书总目提要》说："易道广大，无所不包，旁及天文、地理、乐律、兵法、韵学、算术，以逮方外之炉火，皆可援《易》以为说，而好异者又援以入《易》，故《易》说愈繁。""无所不包"是对"广大悉备"最通俗的解释，说明易道的外延已经无限大，所以它的内涵就趋于无限小，这个内涵就是中华文明的精神内核。

《系辞传》接着说："兼三才而两之，故六。"《易经》兼容了天地人三才，并且是两卦重叠，所以就出现了六爻组成一个卦。"六者非它也，三才之道也。"这六爻不是其他东西，而是象征天地人三才的道理。我们前面学过一句话："六爻之动，三极之道也。"三极之道就是三才之道。三才就是天地人。宋人写的《三字经》就说："三才者，天地人。三光者，日月星。"中国文化有一个重要的特点就是"天人合一"，其实是"三才合一"，《易传》就明确提出了这一思想。这是很了不起的。那么六根爻是怎么表示三才的呢？一般来说，上面两根爻代表天，下面两根爻代表地，中间两根爻代表人。当然这种说法太机械了，其实是六爻同时兼容了天地人三才的道理。三才之道是合一的，也是统一的。《易经》了不起的地方就在于推天地之道以明人之道，尽人之道以顺天地之道。

其实老子就提出过"三生万物"的命题。老子说："道生一，一生二，二生三,三生万物。""一"是气,"二"是阴阳,"三"是什么呢？是阴阳的交合,是"和"。在三才思维中就是"人",人要顶天立地,沟通天地。老子还有一个"四大"的说法:"故道大,天大,地大,人亦大。域中有四大,而人居其一焉。人法地,地法天,天法道,道法自然。"从本质上看是天地人三才都要效法道,最后道法自然;不是说道和自然是两个东西,而是说道就是自然,这个自然不是大自然,而是本然,本来的样子。总之,老子开创的道家重视"三"的思维。

孔子同样也重视"三",这里就直接提出"易"就是三才之道。到了西汉时期,大儒董仲舒就认为天地人是创造万物的根本,万物由天而生,由地而养,由人而成,因此万事万物的发展都离不开天地人这三才。他在《春秋繁露》中对天地人协同创造万物的分工作了描述:"天地人,万物之本也,天生之,地养之,人成之。"

北宋大儒,也是伟大的易学家邵雍,更是明确指出了天地人三才的平等地位,他说:"天道不以天高而大于地,地道不以地广而大于人,人道不以人微而小于天地,故三画皆无差殊。要其至也,混而为一,复于太极。"邵雍所说的"三画皆无差殊"中的"三画",讲的就是八卦的上中下三爻。阴爻和阳爻上中下排列组合就是八卦。在八卦的上中下三个爻中,上爻为天位,下爻为地位,中爻为人位,体现了天地定位、人居其中的哲学思想。"三画皆无差殊"就说明了天地人三才的平等地位。而在六十四卦中,每个卦由六个爻上下排列组成,上面两爻为天位,下面两爻为地位,中间两爻为人位,同样体现了天地人三才之间的关系。

我们再回到《系辞传下》第十章,看最后四句:"道有变动,故曰爻。爻有等,故曰物。物相杂,故曰文。文不当,故吉凶生焉。"这四句用了四个"故"做总结,这里用了顶针的修辞方法,环环相扣,一气呵成。简单地翻译一下:道有运动变化,所以叫作爻;爻有不同等级,所以叫作物;事物相互错杂,所以叫作文;文理有适当和不适当,所以就产生了吉凶。第一句的"道"是承接上一句的"三才之道",也就是说《易经》讲的三才之道是运动变化的,而仿效模拟这种运动变化就形成了"爻"。六根爻各有上下六个时位，等级是不同的，其实是象征了不同的事物。而事物又不是孤立的，总是相互错杂在一起，就形成了纵横交错的文理，"文"通纹路的"纹"。文理是由六根爻阴阳交错构成的，六爻在六个位置上有的适当，有的不适当，这样就产生了吉凶。我在前面讲过如果阳爻居阳位、阴爻居阴位叫作当位，也叫"正"；如果阳爻居阴位、阴爻居阳位，叫作不当位，也叫"不正"。当位往往是吉的，不当位往往是凶的，这是爻位的一般通则。

第十一章

危者使平：周文王给周武王的遗嘱是什么？

历史经验告诉我们，朝代更替的乱世都是英雄辈出的时候，这时会涌现出很多谋略家、军事家、思想家、政治家，也都伴随着很多可歌可泣的故事。中国历史上上古三代是夏代、商代、周代，从夏到商的朝代更替之时，也就是夏商之际，大约在公元前16世纪，后世流传着那时商汤讨伐夏桀的故事，但缺乏当时的文字记载。而从商到周的朝代更替之时，也就是商周之际，大约在公元前11世纪，却留下了当时或者稍后的文字记载，比如《易经》《尚书》《诗经》等经典文献以及甲骨文、钟鼎文等文字，还有近年来出土的简帛文献。《易经》的经文是西周早期成书的，这里面有哪些周文王和商纣王的故事呢？我们来看一看《系辞传下》第十一章是怎么说的——

> 《易》之兴也，其当殷之末世、周之盛德邪？当文王与纣之事邪？是故其辞危，危者使平，易者使倾。其道甚大，百物不废，惧以终始，其要无咎，此之谓易之道也。

这一章开头用了两个疑问句回答了《易经》兴起的时间和背景："《易》之兴也，其当殷之末世、周之盛德邪？当文王与纣之事邪？"《易经》的兴起大概是在商朝末年、周朝德业正隆盛的时候吧？大概说的就是周文王与商纣王之间的事情吧？"其"是个表示推测的语气副词，大概、也许的意思。"邪"通"耶"。《易经》作于商末周初，我们在《系辞传下》第七章学过这两句："《易》之兴也，其于中古乎？作《易》者，其有忧患乎？"《易经》的兴起大概是在中古吧？作《易经》的人，大概是在忧患之中吧？中古这里指殷商的末年、西周开始的时候，也就是商周之际。"作《易》者"是说作《易经》的人，一般来说就是周文王姬昌，此外还有他的四子周公姬旦。姬昌是商朝一个诸侯国的首领，这个诸侯国就叫周，在现在的陕西省宝鸡市岐山、扶风一带。姬昌继承父亲季历"周西伯"封号，被称为西伯侯。姬昌为人忠厚，敬老慈少，礼贤下士，勤于政事，广罗人才，许多商纣王朝的贤士还有一些外部落的人才，都先后来投奔他。他都以礼相待，加以任用。这就引起商纣王的嫉恨，于是就把姬昌抓起来，囚禁在羑里（今河南汤阴北）。传说姬昌被囚禁的时候是八十二岁，后来经过他的好友闳夭等人贿赂商纣王被释放，放出来时是八十九岁。当时商纣王发明了一种名为炮烙的酷刑，把铜柱架在木炭上烧，在铜柱上涂满膏油，然后命令犯人走在铜柱上，一滑倒就会跌到火坑里，顿时皮焦肉烂，死于非命，但商纣的宠妃妲己看见此惨状却笑个不停，所以商纣就一直强逼犯人这样做，以博得妲己一笑。诸侯和人民无不痛恨得咬牙切齿。姬昌很是气愤，为了让纣王废除这种酷刑，他向纣王表示愿意献上周国洛河西岸的一块土地。纣王答应了姬昌的要求，废除了炮烙之刑，姬昌得到了天下百姓的爱戴。后来，姬昌又裁判了虞国（今山西平陆北）和芮国（今山西芮城）的争讼，得到诸侯拥护；相继讨伐犬戎、密须（今甘肃灵台西），灭掉邘国（今河南焦作西）、崇国（今陕西户县东），解除了周国北方和西方的后顾之忧，并迁都于丰邑（今陕西西安沣河西）。当时其他诸侯国都纷纷归附姬昌，"三分天下，周有其二"。姬昌即位的第四十四年，受命称王、改元；即位五十年（约前1056年）去世，享年九十七岁，葬于毕原（今陕西岐山凤凰山南麓）。

　　那么《易经》是不是周文王创作的呢？《系辞传》说"《易》之兴也，其当殷之末世、周之盛德邪""《易》之兴也，其于中古乎"，虽然没有明确说就是周文王创作，但肯定了是商周之际所作。现在学术界基本公认的是《易经》经文（卦爻辞）最终成书于西周前期，当时正是"周之盛德"——周朝德业隆盛之时——应该是周文王、周公姬旦共同创作的。"当文王与纣之事邪？"《易经》经文中记载了大量文王和纣王的故事。比如归妹卦中的"帝乙归妹"，记载的是商朝君主帝乙将女儿也就是纣王的妹妹嫁给姬昌的故事。还有明夷卦"箕子明夷"记载商纣王的叔叔箕子被商纣王迫害，假装发狂隐藏才智的故事。当然还有商纣王以前的故事，比如旅卦"丧牛于易"记载夏代时商汤七世祖子亥（现在误作"王亥"）服牛经商被易人所杀，既济卦、未济卦"高宗伐鬼方"记载殷高宗武丁讨伐北方民族鬼方并最终使鬼方臣服。也有周文王去世以后的故事，比如晋卦"康侯用赐马蕃庶"，记载周文王的第九子、周武王的弟弟康叔协助周公姬旦平定了三监之乱，被封于卫国，成为卫国第一代国君，被赐予马匹、宝器的故事。

《系辞传》接着说："是故其辞危，危者使平，易者使倾。"所以卦爻辞有危机意识。"危"的古字形像人在山崖上，本义是高、高处，引申指危险、不安全的。正因为处在商周之动荡、革命之时，所以《易经》卦爻辞充满了忧患意识、危机意识、警戒意识。"危者使平，易者使倾"的意思是：有危机意识反而能获得平安，掉以轻心必将导致覆灭。这说明只有认识到危险而保持警惕，才可以平安无事；反之，认为事情简单容易而失去警戒之心、常怀享乐之心，对个人来说一定会摔倒，对一个国家来说就会导致倾覆灭亡。

"其道甚大，百物不废，惧以终始，其要无咎，此之谓易之道也。"这个道理非常深广，各种事物都不偏废，自始至终保持警惧之心，关键在于没有过失，这就是易道。这说明按照易道来做，各种事物就会长盛不衰，"不废"就是不衰。"惧以终始"，就是说要自始至终都保持这种警惧之心、危机意识、忧患意识。"其要无咎"在第九章里也出现过："其要无咎，其用柔中也。"它的要旨在于慎求无咎，它的功用在于柔和守中。"要"是要旨，关键。"无咎"就是没有过失、没有灾祸。这就说明易道归根结底是做人之道。

最后我向大家说一件事，2008年7月清华大学一校友从境外拍卖得到一批战国竹简，捐赠给了清华，经研究发现其中有十一支简是周文王给周武王的遗嘱。这些简被命名为《保训》。

《保训》简大致内容是，周文王在位五十年的时候得了重病，他预感到自己将要离开人世，他对姬发说："我的病已经很严重了，担心没有时间对你加以训告。过去人们传承'宝训'，你一定要把它背诵下来。现在我病得这么重，你一定要把我说的话记下来。要恭敬做事，不要放纵自己。以前舜出身于民间，亲自参加劳动，去求取'中'，能够自我省察，将事情做好。舜获得了'中'后，更加努力，毫不懈怠。舜的行为得到了尧的赞赏，尧就把自己的君位传给了舜。"

根据《论语·尧曰》的记载，尧对舜说："咨！尔舜！天之历数在尔躬，允执其中。""允执其中"就是要真诚地坚持中道。《尚书·大禹谟》记载，后来舜又传给了禹："人心惟危，道心惟微，惟精惟一，允执厥中。"以后又传给汤、周文王、周武王，再后又经过周公、孔子一脉相传下来。这就是十六字心传，既是圣人治天下的大法，又是个人修心的要诀。

这些说法得到《保训》简的证明，周文王留给周武王的这个遗嘱，其核心思想就是"中"，也就是中道思想，还有"阴阳和谐"的思想。阴阳中和正是"危者使平，易者使倾"的易道。

第十二章

恒易恒简：怎么才能得到精神、思想和能力的巨大提升？

我们都想学会一套看相识人的方法，就是通过观察一个人的面相就能看出这个人的内心世界。晚清名臣曾国藩就有一套看相识人的方法，其中有七条要诀："邪正看眼鼻，真假看嘴唇。功名看气概，富贵看精神。主意看指爪，风波看脚筋。若要看条理，全在语言中。"这七条要诀中，开头是眼睛，最后是语言。前六条都是看的，最后一条却是听的，最为特殊，也最为重要："若要看条理，全在语言中。"一个人是否有条有理，逻辑性是否强，从他的言语中全能表现出来。如果一个人头脑清晰、思维缜密，那么他说话一定井井有条；如果一个人头脑不清、思维混乱，那么他说话一定杂乱无章；如果一个人马虎大意，那他说话一定无头无尾。其实人的语言不仅能反映一个人的思维，还能反映一个人的品德修为、内心世界和将要采取的行动。《系辞传下》最后一章第十二章的最后六句就概括了六种言辞情况。我们这就来学习《系辞传下》第十二章——

> 夫乾，天下之至健也，德行恒易以知险；夫坤，天下之至顺也，德行恒简以知阻。能说诸心，能研诸（侯之）虑，定天下之吉凶，成天下之亹亹者。

是故变化云为，吉事有祥。象事知器，占事知来。天地设位，圣人成能；人谋鬼谋，百姓与能。八卦以象告，爻象以情言。刚柔杂居而吉凶可见矣。变动以利言，吉凶以情迁，是故爱恶相攻而吉凶生，远近相取而悔吝生，情伪相感而利害生。

　　凡《易》之情，近而不相得则凶，或害之，悔且吝。将叛者其辞惭，中心疑者其辞枝；吉人之辞寡，躁人之辞多；诬善之人其辞游，失其守者其辞屈。

　　这一章可以分为三大部分。先看第一部分。这一章开头与第一章遥遥相对，第一章开头讲乾坤："天尊地卑，乾坤定矣。卑高以陈，贵贱位矣。"讲的是乾坤的形成与地位。这一章一开始也是讲乾坤，讲乾坤的性质和作用，前后遥相呼应，一气相贯："夫乾，天下之至健也，德行恒易以知险；夫坤，天下之至顺也，德行恒简以知阻。"乾卦是天下最刚健的，它的品德行为永恒平易而能知晓艰险；坤卦是天下最柔顺的，它的品德行为永恒简约而能知晓阻碍。简单地说，乾卦和坤卦的卦德分别是至刚与至柔、至易与至简。正因为乾阳最为刚健、平易，所以能知道前进途中的艰难，不致妄为；正因为坤阴最为柔顺、简约，所以能知道发展过程中的阻碍，不致放逸。

　　第一部分接下来陈述乾坤二卦有四大作用。第一大作用是"说诸心"，"诸"是"之于"的合音字，"说"就是喜悦的"悦"。第二大作用是"研诸虑"，多作"研诸侯之虑"，其中"侯之"两字是衍文。掌握了乾坤二卦，能够使人心情愉悦，能够使人揣摩思虑。第三大作用是"定天下之吉凶"，能够判定天下事物的吉凶。第四大作用是"成天下之亹亹者"，能够促成天下人勤勉奋发。"亹亹"形容勤勉不倦，不断向前行进。这四个作用，前两个"能说诸心，能研诸虑"是针对自己内心而言的，能让自己喜悦和思维缜密；后两个"定天下之吉凶，成天下之亹亹者"是针对外在事物而言的，能判定吉凶和奋力向前。其中悦之于心，研之于虑，不仅是乾坤二卦而且是整部《易经》对人的重大作用。

"人生本苦""人生八苦"，怎样才能离苦得乐？怎样才能使自己心情喜悦、思虑周密，进而开启智慧？毫无疑问，掌握乾坤二卦，掌握《易经》之道，就能实现这一人生终极目标。前两大作用可以达到"内圣"，后两大作用可以达到"外王"。

第二部分进一步分析了卦爻象和卦爻辞的特征和作用。"是故变化云为，吉事有祥"，所以合乎道理的文辞可以转变、感化人的言语和行为，吉祥的事情必定出现好的征兆。变，改变，变正；化，感化，转化。云为，就是言论行为。唐孔颖达疏："或口之所云，或身之所为也。""吉"和"祥"都是好事，合称"吉祥"。"祥"引申指征兆，特指好的征兆。"吉事有祥"，好事情通常有好征兆。这是指遵行《易经》乾坤之道可以改变和感化人们的言论和行为，会使人们做事顺利，吉祥如意。

掌握乾坤之道还可以做到两"知"："象事知器，占事知来。"模拟事物可明白器具的形成，占问事理可推知未来的结果。"象事"的"象"是个动词，意思是取象、象征、模拟。通过观察事物，然后模拟事物的形象就可以制造各种器具，同样按照事物的形象也可以推知器具的构造。我们在《系辞传下》第二章学习了"制器十三卦"，是说古代的帝王圣人按照十三个卦象发明创造相关的器物器具。其实卦象也是按照事物之象创造出来的，通过卦象又可以推知万事万物的构造和运行规律。再看"占事知来"，占问事理可以预知未来。占，最早是占卜，是用龟甲兽骨作为占卜工具；后来是占筮，改用蓍草作为占算工具。我们在《系辞传上》第九章学过"揲蓍法"，就是用蓍草演算的方法。

"天地设位，圣人成能；人谋鬼谋，百姓与能。"天地设立了高低不同的位置，圣人成就它的功能；既谋于贤士，又谋于鬼神，百姓也跟着参与这种功能。宋朱熹《周易本义》说："天地设位，而圣人作《易》以成其功；于是人谋鬼谋，虽百姓之愚，皆得以与其能。"

结合第一章开篇的"天尊地卑，乾坤定矣"，"天地设位"就是说天地设定了高低上下的位置，也就有了刚柔尊卑的位置，圣人依照这个位置，也就创立了《易经》的六爻，成就了《易经》的巨大功能。按照卦爻，人谋可以通鬼谋，"人谋"就是"谋及卿士"，"鬼谋"就是"谋及卜筮"。《易经》既可以用于贤能之人谋虑，又可以通过卜筮沟通鬼神的谋虑，就连普通百姓也能掌握《易经》的这种功能。

"八卦以象告，爻彖以情言。刚柔杂居而吉凶可见矣。"八卦是通过卦象来告诉人们易道的，爻辞卦辞是通过事物的情状来阐述易道的。"象"指卦象，"爻"指爻辞，"彖"指卦辞。"刚柔杂居而吉凶可见矣"，六爻刚柔交错排列在一起，吉凶的道理就可以显现出来。"刚柔"是指阳爻和阴爻，"杂居"是指错杂排列。

"变动以利言，吉凶以情迁。"变动是根据利益来说的，吉凶是根据情况而变迁的。也就是说事物发展是"利"还是"不利"，取决于各爻变动是得当还是不得当；事物结局是吉还是凶，取决于事物情况变化是合适还是不合适。

"是故爱恶相攻而吉凶生，远近相取而悔吝生，情伪相感而利害生。"所以喜爱和厌恶相互斗争就产生了吉凶，远和近相互取舍就产生了悔吝，真情和虚伪相互感应就产生了利害。"情伪"就是真伪、真假。这是对卦爻辞中三对判断语"吉凶""悔吝""利害"产生的原因进行分析。从中可以发现，三对判断语分别来源于爱恶、远近、真伪三种相反、矛盾的情况。我们对一个事物有喜爱与厌恶的不同，两者相互争斗的结果，要么喜爱战胜厌恶，要么厌恶战胜喜爱。假如是对一个好的事物，喜爱战胜厌恶就是吉的，否则就是凶。事物有远近距离的不同，我们进行选择，要么舍近求远，要么舍远求近，于是会产生悔恨或遗憾的不同结果。对待事物有的以真情真意相感应，有的以虚情假意相感应，或者对事物的判断有的符合实情，有的不符合实情，两者带来的结果是不同的，以真情感应或者符合实情就有利，以虚情感应或者不符合实情就有害。

第三部分从反面说明违背易道的表现和后果。"凡《易》之情，近而不相得则凶，或害之，悔且吝。"凡是《易经》所比喻、象征事物的情状，如果两者相近但是互不相得，就产生凶险，或遭受伤害，也就难免悔恨遗憾。什么是"近而不相得"呢？就一个卦六根爻来说，如果相比邻的两根爻，上面是阳爻下面是阴爻，就是相得，为顺，往往是吉的；但如果反过来，上面是阴爻下面是阳爻，就是不相得，为逆，往往就是凶的。如果上下卦相对应的两根爻是一阴一阳，也是相得，是应和的，往往就是吉的；如果两根都是阳爻或者都是阴爻，就是不相得，不应和了，那么往往就是凶的。这就是"同性相斥，异性相吸"。对一件事情来说也是如此，该应的时候不应，该顺的时候不顺，都是不吉祥的。

最后六句分析了六种"其辞"情况，也就是言辞、说话的情况。为什么突然讲到言辞呢？其实这是对《易经》卦爻辞的合理引申，说明《易经》卦爻辞就是现实生活各种情况的模拟，也包括对各种言辞、说话情况的模拟。而学习《易经》就是要掌握见微知著、见几而作的本领。所以要从言辞中及时看出这个人的品德和行为。

先看前两句："将叛者其辞惭，中心疑者其辞枝。"将要叛逆的人，他的言辞必然是惭愧不安的；内心疑惑的人，他的言辞必然是模棱两可、支支吾吾的。要注意前后之间顺推可以，反推不一定。将要叛逆的人说话必然是惭愧不安的，但不能说一个人说话惭愧不安就一定要做出叛逆之事；有的人意识到自己犯了错误想要改正的时候，说话也会惭愧不安。同样，内心疑惑的人说话会模棱两可，而一个性格犹豫不决的人说话也会模棱两可。所以我们还需要进一步观察同一种情况的细微不同。

再看中间两句："吉人之辞寡，躁人之辞多。"德性好的人言辞少而精辟，浮躁的人言辞多而繁杂。吉人就是善人，指德性贤美的人。为什么善人的语言比较少？因为他心地善良、纯净，没有那么多心思，所以很镇定，不会说那么多话。为什么浮躁的人话多？因为心里浮躁，心神不定，流露在外面就会说很多话，这既是一种自然流露，又是一种掩饰。

再看后两句："诬善之人其辞游，失其守者其辞屈。"诬陷良善的人，他的言辞必然是游移不定的；丧失职守、操守的人，他的言辞必然底气不足。游，就是游移不定、吞吞吐吐，诬告别人的人说话总是吞吞吐吐的。屈，亏屈，底气不足，违背原则和丧失道德底线的人说起话来就不可能理直气壮。

这六种人，可以从他们说话的不同特征上判断出他们的心理状态和品德操守，这就是"有诸内必形诸外"。学会《周易》，就可以通过观察表象，推测出一个人的内在实质。

说卦传

第一章

幽赞于神明：什么样的神奇数字决定了事物的发展？

我们已经学完了《系辞传》上下各十二章，现在我们开始学习《说卦传》。《说卦传》简单地说就是解说八卦，解说八卦的意义和所象征的各类事物，一共十一章，其中第一章、第二章和《系辞传》一样，是对《易经》的整体论述，从第三章开始解说八卦。

我们先来学习第一章——

> **昔者圣人之作《易》也，幽赞于神明而生蓍，参天两地而倚数，观变于阴阳而立卦，发挥于刚柔而生爻，和顺于道德而理于义，穷理尽性以至于命。**

这一章提出了几个重要的哲学概念：象数、道德、义理、性命，这几个词对后世的影响是非常大的。开头说"昔者圣人之作《易》也"，意思是从前圣人创作《易》。这句中的"之"是个助词，用在主语和谓语之间，取消句子的独立性，不需要翻译。"圣人"指创作《易经》的人，也就是伏羲氏、周文王、周公等古圣先贤。下面六句话就是讲圣人们是怎么作《易》的。

我们先看第一句"幽赞于神明而生蓍"，是指这些圣人受到神明暗地里帮助，然后创立揲蓍法。幽，暗地里。赞，帮助。于，被。生蓍，不仅指生出蓍草，而且指创立用蓍草揲蓍的演算方法。

第二句"参天两地而倚数"，对这一句的解释太多了："参"和"两"既是数词，又有动词的意思，"参"就是数字"三"，又有参合的意思；"两"就是数字"二"，又有两倍的意思。"倚数"就是确立"易"数。"参天两地"究竟是什么意思呢？历代易学家有不同的解释。东汉马融和三国时期魏国的王肃认为：从一、二、三、四、五这五个生数中，"一、三、五"奇数为"参天"，为天数；"二、四"偶数为"两地"，为地数；六、七、八、九、十这五个成数是依靠五个生数而产生的，所以"倚数"就是"依数"，依靠五个生数的意思。东汉郑玄认为："天之数备于十，乃三之以天，两之以地，而倚托大衍之数五十也。"也就是说，天之数终于十，十乘以天数三，加上十乘以地数二，合起来是五十，刚好是大衍之数，所以"倚数"就是倚托大衍之数五十。三国时期吴国易学家虞翻说是由天地之数创立卦爻之数，天数就是奇数，地数就是偶数，"倚数"就是"立数"，创立卦爻数，也就是创立代表少阳、少阴、太阳、太阴的"七、八、九、六"之数。唐代易学家孔颖达进一步说："参天两地"说的是用蓍草"四营"运算之后得到的七、八、九、六这四个数字，其中七、九为奇数，为天数；六、八为偶数，为地数。为什么说"参天两地"？因为"两"是偶数之始，"三"是奇数之初。为什么奇数的开始不是"一"而是"三"？因为"三"中包含"两"和"一"，好比天包含有大地，所以天数要多，地数要少。北宋邵雍《皇极经世·观物外篇》认为："参天者，三三而九，两地者，倍三而六，参天两地而倚数，非天地之正数也。倚者，拟也。拟天地正数而生也。"

我比较赞同北宋大易学家邵雍的说法，邵雍说"参天"就是三乘以三得九，"两地"就是二乘以三得六。但我不赞成邵雍说的"倚数"是模拟正数，其实"倚数"就是立数，指确立了九和六的爻数。所以不必解释得那么复杂，这句话意思很简单，就是通过天的"三"数和地的"两"数而确立了九和六的爻数。我曾经说过西方人是二的思维，强调二元对立，中国人是三的思维，强调三才合一。所以一个八卦就是阴爻和阳爻的三次方组合，一个八卦就是上下排列的三根爻。三乘以天数三得九，九就是阳爻的数字；三乘以地数二得六，六就是阴爻的数字。

"生蓍"和"倚数"是创立卦爻的前两步。我们再看第三步："观变于阴阳而立卦"，观察天地万物的变化规律而确立卦象。在"生蓍""倚数"之后就开始"立卦"了。唐孔颖达《周易正义》："言其作《易》圣人，本观察变化之道，象于天地阴阳而立乾坤等卦。""此言六十四卦，非小成之八卦也。"也就是说用蓍草演卦，先得出爻数，然后开始确立六十四卦的卦象。这个卦象是六十四卦的卦象。

然后是第四步："发挥于刚柔而生爻"，发挥刚柔两画而产生爻变，进而创作了爻辞。这是在卦象确立之后，作《易》的圣人又推展阳爻和阴爻的变迁，所以卦偏于静态，爻偏于动态。《周易正义》："既观象立卦，又就卦发动挥散，于刚柔两画而生变动之爻。"

总结一下这四步：第一步是"生蓍"——产生蓍草和演算蓍草的方法，第二步是"倚数"——确立了卦爻的数字，第三步是"立卦"——确立了卦象，第四步是"生爻"——产生了爻变以及爻辞。对四句话的不同理解后来引起一场学术论争，产生了中国哲学史上的不同学派。我们知道解释易学有两大学派，一派是义理派，一派是象数派。义理派从义理、道理、哲理上解释《易经》。这一派主要是儒家，孔子说："不占而已矣。"荀子说："善为易者不占。"北宋周敦颐《太极图说》、程颐《程氏易传》按照易理建立了宋明理学，认为《易经》就是讲天理的。象数派则崇尚象数，通过卦爻象和卦爻数、河图洛书数来解释《易经》，注重从象数推断人事吉凶，往往和天文、历法、丹道、医学等相结合。一般认为两派是对立的，互不相容。我认为将义理和象数对立起来是没有道理的，不符合易学的本义。所以我当年在北大作的博士论文就是《象数哲学》，研究象数中的义理哲学。象数和义理是体和用的关系。程颐说"体用一源，显微无间"，义理是体，象数是用；我的观点和程颐相反，我认为，象数是体，义理是用。易学如果离开了卦爻象和卦爻数，就不是什么易学了。

象数派里面又可细分出象学派和数学派。象学派主张先象后数，先有卦爻象，后有卦爻数。比如唐代孔颖达在解释这四句话时就说"数从象生，故可用数求象"，先有事物之象和模拟事物的卦象，然后才有蓍数。而数学派则主张以"数"为主要依据，主张先数后象，先有卦爻数，后有卦爻象。"参天两地"就是"数"，然后依据这个数确立卦象。数学派的代表人物就是北宋的邵雍，还有南宋的蔡元定、蔡沈父子。从数创造卦象，然后从这个卦象去看事情的发展。我认为数学派跟古希腊的毕达哥拉斯学派有相似之处，值得我们深入研究。

经过四个阶段（生蓍、倚数、立卦、生爻）就得到了六十四卦，得到了《易经》。那么《易经》有什么作用呢？第一章最后说有两大作用："和顺于道德而理于义，穷理尽性以至于命。"和协顺应道德而用合适的方法治理天下，穷极事理探究本性以至于通晓命运。这两句是在赞叹《易经》的"蓍""数""卦""爻"可以成就"和顺于道德而理于义，穷理尽性以至于命"的两大功用。唐孔颖达《周易正义》概括这两大功用说："圣人用之，上以和协顺成圣人之道德，下以治理断割人伦之正义。又能穷极万物深妙之理，究尽生灵所禀之性，……所赋之命莫不穷其短长，定其吉凶。"

这里出现了"道""德""义""理""性""命"等词语，最终成为中国哲学的重要概念。我们现在来分析一下。先看"道"和"德"，简单地说"道"是天道，"德"是道的体现。"道德"和后面讲的"性命"是有关系的，宋代易学家项安世说：道即命，德即性。邵雍说："和顺于道德，是默契本原处。""道德"是事物的本原。

再看"义"和"理"。"义者，宜也。""义"就是适宜、合适的意思，也可解释为"仁义"之"义"。孟子注重"仁义"，主张"仁内义外""仁宅义路"，就是说："仁"是人心内在的东西，"义"则是人心之外的东西。打个比喻，"仁"是"安宅"，安放爱心的一座房子；"义"是"正路"，就是实现"仁心"必须走的正确道路。汉儒董仲舒将"仁义"作为传统道德的最高原则。按照这个意思,"理于义"就是按照仁义的道德规范治理国家。"理于义"的"理"是个动词,而"穷理尽性"的"理"则是个名词,表示事物的条理、原理。"穷理",就是穷尽事物的原理。因为物物皆有理,所以要一一推究。后来"义理"作为一个词,表示符合于一定的伦理道德的行事准则。"义理之学"指探求儒家经义的学问,又特指宋以来的理学。

再看"性"和"命"这两个概念。对性命的解释太多了,渐渐形成不同的门派。《说卦传》第二章重点就是讲性命。

第二章

性命之理：如何掌握"性"和"命"的密码？

我们经常说"性命"这个词，比如一件事情太重大、太紧要了，会说"性命攸关"。学过诸葛亮《出师表》的人，一定还记得诸葛亮说的两句话："苟全性命于乱世，不求闻达于诸侯。"那么"性命"究竟是什么意思呢？"性"和"命"是一回事吗？这里我们就来看看《说卦传》第二章——

> 昔者圣人之作《易》也，将以顺性命之理。是以立天之道，曰阴与阳；立地之道，曰柔与刚；立人之道，曰仁与义。兼三才而两之，故《易》六画而成卦。分阴分阳，迭用柔刚，故《易》六位而成章。

第二章一开头就说："昔者圣人之作《易》也，将以顺性命之理。"从前圣人创作《易》的时候，是用它来顺应万物性质和自然命运的原理的。

"性命"是什么？在儒家看来，"命"就是天命，不仅是天地自然的规律法则，而且是上天的意志，还指上天意志主宰下的众生命运。"性"就是万事万物的本性、属性、性质。

比如程颐《程氏易传》说："天所赋为命，物所受为性。"就是说：天将生命赋予生灵万物，这是"命"；生灵万物接受以后形成不同的生命表现，就是"性"。《河南程氏遗书》："在天为命，在义为理，在人为性，主于身为心，其实一也。"邵雍《皇极经世·观物内篇》说："所以谓之理者，物之理也。所以谓之性者，天之性也。所以谓之命者，处理性者也。所以能处理性者，非道而何？""天使我有之谓命，命之在我之谓性，性之在物之谓理。"朱熹《周易正义》说："直是穷得物理，尽得人性，到得那天命。"所以宋代理学的开山祖师周敦颐《通书》干脆说："《易》者性命之原。"

宋代理学家对《易传》"性""命"的解释和对《中庸》"性""命"的解释是一脉相承的。《易传》除了这里提到"性""命"，在乾卦《彖传》中也提到了"性命"："乾道变化，各正性命，保合太和，乃利贞。"《中庸》则在开篇就提出："天命之谓性，率性之谓道，修道之谓教。"命，就是天命，不仅是天地自然的规律法则，而且是上天的意志，还指上天意志主宰下的众生命运。性，就是万事万物的本性、属性、性质，比如树木有树木之性，人有人性。

"性"和"命"其实是儒释道三家修行的关键，儒家强调"尽性知命""知性知天"，孔子说："不知命无以为君子也。"孟子说："尽其心者，知其性也。知其性，则知天矣。""尽性"就是要充分发挥自己的本性良能，在后天的不断磨砺中恢复人天然的善良本性。"知命"就是要知天命，既要知晓上天的意志，又要知晓上天所赋予的使命。这是儒家对"性命"的基本解释。但道家、道教又有不同的解释。道教强调"尽性了命""性命双修"，比如南北朝时期有一位了不起的道学家兼医学家陶弘景，他出身于名门贵族，喜欢游历山水，搜访道经，在江苏的茅山做了上清派道士，传授上清经法，使得茅山成了上清派的中心。梁武帝即位后，多次派使者礼聘他出山为官，但他坚不出山。朝廷每有大事，常往咨询，平时书信往来频繁，当时人称他为"山中宰相"。他写有一本著作叫《养性延命录》。书中收录了上自炎黄、下至魏晋之间的导引养生理论与方法，共分六篇，讲养生理论和方法，既讲性，又讲命。书中包括饮食、日常起居注意事项，还有行气术、导引按摩术、房中术等。再比如金代道士，道教全真教的祖师王重阳开创了北宗，以修性为主，先性后命；北宋著名高道张伯端创立了南宗，以修命为主，先命后性。那么什么是"性""命"？王重阳说："性者是元神，命者是元气。"丘处机说："性者，天也，常潜于顶。命者，地也，常潜于脐。顶者，性根也。脐者，命蒂也。"李道纯说："夫性者，先天至神灵之谓也。命者，先天至精气之谓也。"王道渊说："性即神也，命即气也。"李攀龙说："性，火也。命，水也。性命，水火之本源也。……性命即神气，神气即性命。"而佛教则强调"明心见性""法身慧命"，佛家的"性"和"命"与儒家、道家有不同的意义，这里不细说。

《说卦传》第二章在说完"昔者圣人之作《易》也，将以顺性命之理"之后，接着说："是以立天之道，曰阴与阳；立地之道，曰柔与刚；立人之道，曰仁与义。"所以确立天的道理有"阴"和"阳"，确立地的道理有"柔"和"刚"，确立人的道理有"仁"与"义"。《易经》每一个卦都体现了天地人三才之道，其中阴阳构成天道，刚柔构成地道，仁义构成人道。"一阴一阳之谓道"，阴阳不仅表现为阴阳二气，表现为相对应、对待、对立的不同事物，而且表现为同一个事物本身具有的两种不同性质。《易经》分为三个层面，天道的阴阳包括日月、暑寒、昼夜、明暗、晴雨、开合、升降、伸屈等，地道的阴阳包括刚柔、山水、高低、涨落等，人道的阴阳包括仁义、健顺、进退、善恶、正邪、贵贱、尊卑、男女、君臣、君子小人等。

"兼三才而两之，故《易》六画而成卦。"作《易经》的圣人统合了天地人三才，并且两个卦相重，所以《易经》就是六画而成一个卦。每个经卦（八卦）是三根爻，二三得六，组成一个别卦（六十四卦），每个别卦是六根爻。

"分阴分阳，迭用柔刚，故《易》六位而成章。"分出阴位和阳位，又交互更迭地运用柔爻和刚爻，所以《易经》是六个位构成一个卦的章理。"成章"是什么意思？一般解释为"成为文章"，如孔颖达《周易正义》说："故作《易》者分布六位而成爻卦之文章。"元吴澄《易纂言》："六位之中或用柔画居之，或用刚画居之，错杂而成文章也。"章，一首乐曲完了叫一章，也表示乐曲的一个章节，引申为一篇完整的诗文或诗文的一个完整段落。因为乐章是有规律的，所以"章"引申为条理、秩序。这里是指一个六爻组成的完整的卦，同时又指每一个卦的义理、道理。

这一章说的"兼三才而两之"，让我想到儒家"三立三不朽"的说法。《左传》上记载，"三立"就是立德、立功、立言，称为"三不朽"。而这里说的"三立"，构成了气派更大的"三不朽"。两者是一致的，可以对应起来，立天之道、立地之道、立人之道就是最大的立德、立功、立言。

学《易》的目的就是顺应性命之理，就是努力修行成为"三不朽"人物。

第三章

天地定位：如何理解天地万物的有序性？

我们都知道自然界中有天地水火、日月星辰、风雨雷电、山川湖海等，那么这些自然事物是怎么排列的呢？它们之间是一种什么关系呢？我们这就来看看《说卦传》第三章是怎么说的——

> 天地定位，山泽通气，雷风相薄，水火不相射，八卦相错。数往者顺，知来者逆，是故《易》逆数也。

《说卦传》从第三章开始到最后一章也就是第十一章，都是在解说八卦的象征意义。

第三章讲八卦所象征的八种自然界事物是两两相对的，八种自然界事物构成四对：天地、山泽、雷风、水火。它们之间是什么关系呢？"天地定位，山泽通气，雷风相薄，水火不相射。"这一段话的字面意思是：天和地确定位置，山和泽互相沟通气息，雷与风相互接近，水与火相互映射。天和地确定什么位置？是高低、上下的位置，天高地低。山与泽为什么能通气？因为它们共同承受自然界的阴晴变化。"雷风相薄"的"薄"，接近的意思，如日薄西山。雷与风相对又相互接近。"水火不相射"的"射"一般理解为厌恶、厌弃，我认为不妥。马王堆帛书本《周易》作"水火相射",可见"水火不相射"的"不"是衍文,是说坎离相照射、映射,因为离为日,坎为月,日月相照射,水火相映射。总之"八卦相错",八卦互相交错。"八卦相错"就是指前面说的四组卦两两相对。相对不是相反,它是相冲中有相通,既对立又统一。我们都听说过错综复杂这个词,在易学中有特殊的意义,就是错卦、综卦、复卦、杂卦。错卦就是相对的卦,比如乾和坤。"八卦相错"虽然是在说八卦的相对性,但不是在强调它们的对立、对抗和斗争,而是在说它们互相关联、互相影响、互相感应。

从文字上看,这里只是阐述了八卦的对立性,并没有明言八卦的方位。但北宋大易学家邵雍将它引申为先天八卦方位,认为"天地定位"就是乾坤依高低定位,天为乾,在上,在南方,地为坤,在下,在北方。"山泽通气"就是艮、兑相对,艮在西北,兑在东南。"雷风相薄"就是震和巽相对,震在东北,巽在西南。"水火相射"是说坎、离相对,离东坎西。

这一段描述就构成了先天八卦方位图。邵雍提出先天八卦方位就是:乾居南,坤居北,离居东,坎居西,震东北,巽西南,艮西北,兑东南。先天八卦方位图被朱熹《周易本义》收录。我们结合先天八卦次序图,就明白了,在这张方位图中乾一兑二离三震四这四个卦排在偏东的方位,巽五坎六艮七坤八这四个卦排在偏西的方位,前四卦和后四卦是两两相对排列的。

朱熹《周易本义》卷首所载伏羲八卦次序图(亦称小横图、先天八卦次序图)、伏羲八卦方位图(亦称小圆图、乾南坤北图、先天八卦方位图)、伏羲六十四卦次序图(亦称大横图、先天六十四卦次序图)、伏羲六十四卦方位图(亦称大圆图、先天六十四卦方位图),被称为"伏羲四图"。

朱熹解释:"伏羲四图其说皆出于邵氏。盖邵氏得之李之才挺之,挺之得之穆修伯长,伯长得之华山希夷先生陈抟图南者。所谓先天之学也。"也就是说伏羲四图是从华山道士陈抟老祖那里传下来的,陈抟—穆修—李之才—邵雍,也就是说陈抟传了三代传到了邵雍。陈抟流传下来的先天太极图,又称天地自然之图,以阴阳环抱为形式,"有太极含阴阳,阴阳含八卦之妙",借以阐述八卦方位说。

以上是讲了《说卦传》第三章的前一部分。现在我们再来看后一部分："数往者顺，知来者逆，是故《易》逆数也。"字面意思是：计算过去可以顺推，预知未来可以逆推。因此《易》是用来逆推的。

"数往者顺，知来者逆，是故《易》逆数也。"这里的"逆数"什么意思呢？有两种理解，一是做动词，一是做名词。邵雍《皇极经世·观物外篇》认为："数往者顺，若顺天而行，是左旋也，皆已生之卦也，故云数往也。知来者逆，若逆天而行，是右旋也，皆未生之卦也，故云知来也。夫易之数，由逆而成矣。此一节直解图意，若逆知四时之谓也。"朱熹解释："从震至乾为顺，从巽至坤为逆。"从震四至乾一为顺，表阳气上升过程，仿天道左行，故为顺行，犹从今日追数往日，为已生之卦；从巽五至坤八为逆，表阴气渐长过程，仿地道右行，即逆天而行，犹从今日逆计来日，为未生之卦。清何梦瑶《皇极经世易知》认为自乾一至震四为顺，不应倒数。邵雍以左行为顺，右行为逆，说明一年四季的变化为阴阳消长过程。从一到四是"顺"，代表的是从过去到现在，是已经发生的；从五到八是"逆"，代表的是从现在到未来，尚未发生，就是预测了。

在伏羲八卦方位图上从一到八顺次连接八个卦，画出一条线，就可以看出这条线是"S"形的曲线，反映的是事物发展的螺旋式周期。这种伏羲先天八卦的排列方位是北宋才有的，总体上它讲的是阴阳变化的规律，讲的是天道规律。在这一章中，其实并没有说八卦各自的具体方位，除了"天地定位"似乎可以看成是乾在南，坤在北，其余的"山泽通气，雷风相薄，水火不相射"都只是说了两个卦相对，没有说具体方位。

先天八卦方位是邵雍发现的，据记载是邵雍从陈抟那里三传得来。邵雍师承陈抟先天图，他发现先天图不是人力有意编造出来的，而是自然就有的；这类图式，虽然有卦无文，但天地万物之理却全部包含其中。他把陈抟所传"心法"推演弘大，创立起一套庞大完整的数学体系，用以概括宇宙间的一切，他在《皇极经世》中说:"先天学,心法也。故图皆自中起,万化万事生乎心也。"此心生意,有意必有动,有动即有象,有象即有数。心意只能领会,用语言无法描述,只能用象和数描述。所以他建立先天象数系统,创立了伏羲四图,即先天四图。

邵雍《皇极经世》说:"夫易之数,由逆而成矣。"他告诉我们先天图"易"数的秘密是"逆数",其中包括卦序的"逆数"和爻序的"逆数"。

如果结合我们的人生,不也是"逆数"吗?其实老子早就说过"反者道之动","逆数"就是反向行动。我们做人做事要反向思维、反向行动,我们要想养生长寿,也需要反归天真、反归婴儿。

第四章（含第六章、第七章）

乾健坤顺：古人是怎么用取象比类思维观察天地的？

我曾经说过伏羲创作的八卦是中华文化的基因，八卦并不仅仅代表八种事物，而是代表所有事物。世界上的事物是无穷无尽的，如果要一个一个去认知，几乎是不可能的。怎么办？我们的古圣先贤就发明了一种取象比类的方法，就是把各种事物按照类别集中在一起，这就是《易经》所说的"方以类聚，物以群分""同声相应，同气相求"，这样就把复杂的问题简单化，这种归类就使得看上去杂乱无章的东西有序化、简单化。八卦就是将万事万物分为八类，五行就是把万事万物分为五类，其实八卦和五行是完全相通的。那么是按照什么进行分类的呢？归根结底是按照功能进行分类的。《说卦传》就概括了八卦的八大功能，告诉我们八卦不是简单的八种事物，而是所有事物的八大功能。无论什么事物都可以归入八卦之一。

我们先看看《说卦传》第四章是怎么概括这八大功能的——

> 雷以动之，风以散之，雨以润之，日以烜之，艮以止之，兑以说之，乾以君之，坤以藏之。

震为雷，是用来振奋、鼓动万物的。巽为风，是用来散布、发散、流通万物的。坎为水，是用来滋润万物的。离为太阳，是用来使万物干燥、燥热的。烜，本意是指火旺的样子，引申义是晒干、光明、盛大、显著。艮为山，是用来抑止万物的。兑为泽，是用来使万物欣悦的。乾为天，是用来君临万物，统领、主宰万物的。坤为地，是用来储藏万物的。这里将八卦分成四对，用对举的方式来解释它们各自不同的功用。

《说卦传》第六章也讲了八卦的功能——

> 神也者，妙万物而为言者也。动万物者莫疾乎雷，桡万物者莫疾乎风，燥万物者莫熯乎火，说万物者莫说乎泽，润万物者莫润乎水，终万物始万物者莫盛乎艮。故水火相逮，雷风不相悖，山泽通气，然后能变化，既成万物也。

"神也者，妙万物而为言者也"，此处讲到了"神"，那神是什么呢？神就是"妙万物而为言者也"，这个"妙"字是一个使动词，就是"使万物神妙"，使万物产生神妙的功能。"而为言者"，即"勉强说来"的意思。整句话的意思是："神"也就是所谓能使万物产生奇妙作用的主宰。"神"到底是什么？在《系辞传》中有二十六次提到"神"，大体上可以分为两大类。一类是名词，有时和其他词连用，如"鬼神""神明"。《系辞传上》第四章："精气为物，游魂为变，是故知鬼神之情状。"第九章："凡天地之数五十有五。此所以成变化而行鬼神也。"《系辞传下》第二章有"以通神明之德"。有时候是单用。《系辞传上》第四章："神无方而《易》无体。"第五章："阴阳不测之谓神。"第九章："可与佑神矣。子曰：'知变化之道者，其知神之所为乎！'"另一类是形容词，表示特别高超或出奇，有神妙、神奇的意思。《系辞传上》第十章："易，无思也，无为也，寂然不动，感而遂通天下之故。非天下之至神，其孰能与于此？"第十一章："是故蓍之德圆而神，卦之德方以知。"《系辞传下》第五章："知几其神乎？"

"神也者，妙万物而为言者也"是一句判断句，是对"神"下的定义，"神"是个名词，是可以使万物产生神妙作用的那个主宰。"神"究竟是什么呢？东晋易学家韩康伯认为是使八卦运动、变化、推移，使大自然化育的那个东西："于此言'神'者，明八卦运动、变化、推移，莫有使之然者，神则无物。'妙万物而为言'者，明雷疾风行、火炎水润，莫不自然相与为变化，故能万物既成也。"东汉经学家郑玄《汉上易传》认为"神"指"乾坤"，认为两者"共成万物，物不可得而分，故合谓之'神'"。清李光地《周易折中》引明初经学家梁寅的话说，"神"即第五章所云"帝"："帝者，神之体，神者帝之用。故主宰万物者，'帝'也；所以妙万物者，帝之'神'也。"我认为：神是使万物产生神妙作用的那个主宰，既是指乾坤二卦，又是指主宰万物运化的天地规律，天地的神奇力量。这从后面六句中可以倒推出来。

后面六句与《说卦传》第四章的前六句"雷以动之，风以散之，雨以润之，日以烜（xuǎn）之，艮以止之，兑以说之"意思相同。

"动万物者莫疾乎雷"，雷就是震卦，能够震动万物的没有比雷更厉害的。这里就说明了为什么"帝出乎震"，震就是雷，就是雷神，以神为首，伏羲氏就是雷神。《说卦传》第四章说："雷以动之。"

"桡万物者莫疾乎风"，桡，通"挠"，曲折的意思，这里指风吹拂万物，或者使万物舒展，或者使万物摧折。能够挠动万物的没有比风更快的了。《说卦传》第四章说："风以散之。"雷具有"动万物"的功能，风具有"桡万物"的功能，风和雷的功能属性差不多，都属于"动"，风和雷都属于木。在方位上，震是东方，巽是东南方。

"燥万物者莫熯乎火"，熯，燥热、炎热的意思，这是说使万物燥热的没有比火（离卦）更厉害的，那火的功能就是燥万物。《说卦传》第四章说："日以烜之。"

"说万物者莫说乎泽"，说，读"悦"音，悦的通假字。这是说能够使万物喜悦的没有比沼泽（兑卦）更厉害的。"泽"的功能就是"说万物"，使万物喜悦。

《说卦传》第四章说："兑以说之。"

"润万物者莫润乎水"，能够使万物滋润的没有比水（坎卦）更厉害的。"水"的功能就是"润万物"。《说卦传》第四章说："雨以润之。"

"终万物始万物者莫盛乎艮"，能够使万物终止和开始的没有比山（艮卦）更厉害的。到了"艮"就是一个周期的结束，也是下一个周期的开始。《说卦传》第四章："艮以止之。"第五章："艮，东北之卦也，万物之所成终而所成始也。"这都是讲的八卦的意象，或者结合前面的"神"字，这里讲的就是八卦的神妙功能、作用。

第六章的后一部分："故水火相逮，雷风不相悖，山泽通气，然后能变化，既成万物也。"这与《说卦传》第三章"天地定位，山泽通气，雷风相薄，水火不相射，八卦相错"是一致的。这里讲了六子卦的相互关系，其实就是事物之间的对立统一关系。

"故水火相逮"，所以水火相互追赶。逮，赶上、及的意思。水火属性不同但相互济助，即坎卦和离卦。这里是讲水火相济的道理，也就是水火既济卦的道理。《说卦传》第三章是"水火不相射"，马王堆帛书《周易》作"水火相射"。唐孔颖达《周易正义》："上章言'水火不相入'，此言'水火相逮'者，既不相入又不相及，则无成物之功，明性虽不相入而气相逮及也。"他认为水火性异不相入，而气却相及。宋俞琰《周易集说》说："若能变能化，毕成万物，则又在乎两相为用，不然则独阳不生，独阴不成，有何变化，遂人以六子两两相对。而曰：故水火相逮。"又说："横渠张子曰：一故神、两故化盖谓此。"

"雷风不相悖"，雷风异动而不相违逆、不排斥。《说卦传》第三章："雷风相薄。"震卦和巽卦相互激荡。

"山泽通气"，山泽异处而流通气息。《说卦传》第三章也说艮卦和兑卦"山泽通气"。

这里只讲了六个卦，为什么没有讲乾坤两卦？其实开头一句"神也者，妙万物而为言者也"已经讲了。"神"特指天地之"神"。这里举了六卦——六种自然事物，也就是三对事物之间的关系，说明八卦也就是自然所有事物都具有相对性。水火是相对的，雷风是相对的，山泽也是相对的，但是相对不是相悖，不是相对抗，而是相对待，在对待中有相通，相互之间发生作用，"然后能变化，既成万物也"，然后自然界才能变动运化而形成万物。

将八卦的功能概括得最到位的是《说卦传》第七章——

乾，健也；坤，顺也；震，动也；巽，入也；坎，陷也；离，丽也；艮，止也；兑，说也。

这一章说八卦的功能取象，用最简练的语言（一个字）做出概括。乾象天，天体运转不息，是最刚健的东西。坤象地，地顺承于天，是最柔顺的。震象雷，雷奋动万物，就是动。巽象风，风行无所不入，就是入。坎象水，水处险陷，就是陷。离象火，火必附着在物上，就是丽。"丽"有两种解释：一个意思是美丽，火是最美丽的东西；第二个意思是附着、依存。艮象山，山体静止，就是止。兑象泽，泽润万物，就是悦。

八卦象征了万事万物的八大功能，体现我们中国人的思维方式是功能思维。中国人虽然也重视实体，但一旦功能和实体发生矛盾的时候，就会以功能为主，实体为辅。

功能之象也就是意象，事物的形体之象叫物象。所谓意象，就是寓"意"之"象"，就是经过主观意识加工的客观现象，也是用来寄托主观情思的客观物象。在艺术上，意象指经过创作者的情感活动而创造出来的一种艺术形象。

第五章

帝出乎震：中国古人有什么独特的时空模型？

我们中国人自古以来就对城市和住宅的方位布局十分重视，在河南偃师二里头遗址，已经出现目前已知的中国最早的城市干道网，宫殿建筑群的中轴线布局也非常典型。这种坐北朝南、中轴对称、封闭式结构的布局，深深影响了后世中国的皇宫皇城建筑，一直到明清的紫禁城。历经夏商周三代形成的这种方位布局被《说卦传》第五章详细记载下来，从此以后无论是皇城、城市，还是房屋住宅，都是以这种方位布局为指导营造的。下面我就来讲一讲这个方位布局。我们来看一下《说卦传》第五章——

> 帝出乎震，齐乎巽，相见乎离，致役乎坤，说言乎兑，战乎乾，劳乎坎，成言乎艮。万物出乎震，震，东方也。齐乎巽，巽，东南也，齐也者，言万物之絜齐也。离也者，明也，万物皆相见，南方之卦也。圣人南面而听天下，向明而治，盖取诸此也。坤也者，地也，万物皆致养焉，故曰致役乎坤。兑，正秋也，万物之所说也，故曰说言乎兑。战乎乾，乾，西北之卦也，言阴阳相薄也。坎者，水也，正北方之卦也，劳卦也，万物之所归也，故曰劳乎坎。艮，东北之卦也，万物之所成终而所成始也，故曰成言乎艮。

这一章所说的八卦时空模型是中国传统思维方式的模型，对后世的影响巨大。这个模型就是被后人称为后天八卦的八卦模型。这个模型虽然在《说卦传》就已经排定了，在当时并没有被称为"后天八卦"或"文王八卦"，直到邵雍在《皇极经世·观物外篇》中说"起震终艮一节，明文王八卦也"，认为这是文王八卦，是相对伏羲八卦而言的，才被命名为"后天八卦"或"文王八卦"。

《说卦传》第五章，有六卦直接给定了方位，余下的坤、兑两卦，照顺序排也可以排定。这六卦是"震，东方也""巽，东南也""离也者……南方之卦也""乾，西北之卦也""坎者，水也，正北方之卦也""艮，东北之卦也"。这六卦位置确定之后，坤在离卦后面，坤就应该在西南，坤之后是兑，兑就在正西方。

下面我们就来一个卦一个卦地分析。

首先是东方震卦。"帝出乎震"，"帝"可以指天帝、上帝，可以指北极星、北斗星，还可以代表元气，代表创生力。"万物出乎震，震，东方也"，是说万物生成从东方开始，从木开始。这是有一定根据的。有人认为，中国人的文化始祖是伏羲，传说中国人都是伏羲和女娲交合生出的，而伏羲生于甘肃天水木公山，他是属木的，所以从木开始。而女娲，有人考证，她就是西王母，西王母的瑶池就在敦煌月牙泉。就方位而言，敦煌在西，天水在东，伏羲属木居东方，所以从木、从东方开始。东方又是春天，一年四季从春天开始。

第二卦"齐乎巽""齐也者，言万物之絜齐也"，"齐"在象形字里就是表示麦穗整齐的样子，到巽的时候（春末夏初），万物生长而整齐。"絜齐"就是整齐。"絜"就是"洁"，洁静。孔子说："洁静精微，《易》教也。"这句话记载在《礼记·经解》中，意思是说学了《易经》，可以让人从善去邪，内心干干净净、洁静安宁，还让人精深微妙，能发现细微的苗头，捕捉到稍纵即逝的时机。唐孔颖达《礼记正义》："《易》之于人，正则获吉，邪则获凶，不为淫道，是絜静。"

第三卦"相见乎离""离也者，明也，万物皆相见，南方之卦也"，离卦就表示万物相互见面，相互接触，万物长到最高、最盛处，再往下就下降了。

第四卦"致役乎坤""万物皆致养焉，故曰致役乎坤"，"役"就是劳作，表示万物要茁壮成长，就要养，就要劳作。从一年四季时间上看，离卦是盛夏，到坤卦就是夏末初秋了。

第五卦"说言乎兑""兑，正秋也，万物之所说也，故曰说言乎兑"，"兑"是正秋，此时万物都成熟了，所以喜悦。言，说话；一说为语助词。兑卦的方位是正西方。正秋，秋分。

第六卦"战乎乾""乾，西北之卦也，言阴阳相薄也"，"战"有两层意思，一是战斗，一是采战（即房中术），这里说阴阳相薄，应该是指采战，指阴阳相互逼近、融和，偏于指柔和的采战，而不是指你死我活的战争、战斗。

第七卦"劳乎坎""坎者，水也，正北方之卦也，劳卦也，万物之所归也，故曰劳乎坎"，劳，劳倦，指万物潜藏时事物的相对静止状态。表示万物极度疲劳衰竭，进入冬藏阶段。

最后一卦"成言乎艮""艮，东北之卦也，万物之所成终而所成始也，故曰成言乎艮"，万物成功是在艮的季节、方位。表示到艮卦，万物发展的一个周期完结了，下一个周期开始了。艮既表示旧的终结，也表示新的开始。冬天结束，春天开始。

这样的排列就得出后天八卦的方位排列，这是一个思维模型，中国人用的就是这个思维模型。

这种方位应该说是《易传》的代表性方位，这种方位与时序相配，用来说明万物产生和发展的时空合一的规律。以四正卦配上四时，四正卦是正东方震卦、正南方离卦、正西方兑卦、正北方坎卦，四时就是春、夏、秋、冬。所以东方震卦就代表春分，南方离卦就代表夏至，西方兑卦就代表秋分，北方坎卦就代表冬至。再以"四隅卦"分别配以"四立"，就是艮为立春，巽为立夏，坤为立秋，乾为立冬。这就是宇宙模型，宇宙就是时空，"上下四方曰宇，往古来今曰宙"。

二十八宿：天文思想如何影响中国的建筑观和人体观？

前面我们学习了中国人的八卦时空模型，这个模型叫文王八卦、后天八卦。《说卦传》第五章记载了文王八卦的方位，后来有了文王八卦方位图。至迟从战国时候开始，中国人就用这个模型说明万物发生发展的时空合一的规律。我们先来复习一下，四正卦配的方位与时间：震卦在正东方，为春天，在二十四节气中代表春分；离卦在正南方，为夏天，代表夏至；兑卦在正西方，为秋天，代表秋分；坎卦在正北方，为冬天，代表冬至。再看"四隅卦"：艮卦在东北方，代表立春；巽卦在东南方，代表立夏；坤卦在西南方，代表立秋；乾卦在西北方，代表立冬。

如果把八卦配上五行，就更好理解了。我在博士后论文中，对"五行"的来源进行了考察，认为"五行"最早来源于时空意识的觉醒，尤其是"五方"的确定。四方加中央就是五方，商代后期就有了"五方"的记载，五方早期就有了五行的规定性。现代不少人认为五行和八卦是两种不同的来源、不同的体系，《周易》只讲八卦，没有讲五行。这种观点我是不赞同的，因为马王堆帛书本《周易》已经明确提到五行，通行版本的《说卦传》在阐述八卦的取象时，已经说了"乾为金""巽为木""坎为水""离为火"，而其他四卦也隐含了五行属性，如"坤为地""艮为山"，地和山都属土；"兑为毁折……为刚卤"，隐含具有金的属性；"震为决躁……为蕃鲜"，隐含具有木的属性。震巽为木，乾兑为金，坤艮为土，坎为水，离为火。最重要的是八卦和五行对时空的认识是完全相同的，也是完全可以相通的。总结一下八卦-五行的时空模型：东方震卦为木，东南巽卦为木，南方离卦为火，西南坤卦为土，西方兑卦为金，西北乾卦为金，北方坎卦为水，东北艮卦为土。

我在20世纪90年代写了一篇论文，把这种思维模型称为二体三用模型，二体是阴阳，三用就是五行。阴阳、五行和八卦，起源于同一种思维方式。

这种以文王八卦为基础，涵盖阴阳五行的时空模型，对后世产生了极其重大的影响。古人把这个模型用在天地人三才上。我来简单说一说。首先文王八卦时空模型运用在天文上。天空被分为四象二十八宿。中国古代将天空分成东、北、西、南四个方位，人们发现四个方位的天空都有七个星宿，合起来就是二十八星宿。古人将每一个方位的七宿连起来的形象加以想象，觉得就像四种动物的形象。这个说法最早就源于中国古代人们对天文的观察与神话结合。

东方七宿：角、亢、氐、房、心、尾、箕。东方七宿组成的形象如同飞舞在深春初夏夜空中的巨龙，故而称为东宫苍龙。东宫苍龙（也叫青龙），角宿像龙角，氐、房宿像龙身，尾宿像龙尾。"帝出乎震"，震为龙。

北方七宿：斗、牛、女、虚、危、室、壁。非常有名的就是北斗。北方七宿组成的形象似蛇、龟出现在寒冬早春的夜空，龟、蛇合体就是玄武，故而称为北宫玄武。玄武也叫真武、神武。"坎者，水也，正北方之卦也。"

西方七宿：奎、娄、胃、昴、毕、觜、参。西方七宿组成的形象犹如猛虎跃出深秋初冬的夜空，故而称为西宫白虎。"兑，正秋也，万物之所说也，故曰说言乎兑。"

南方七宿：井、鬼、柳、星、张、翼、轸。南方七宿组成的形象像一只展翅飞翔的朱雀（有人说朱雀就是凤凰或红色的鸟），出现在深夏初秋的夜空，故而称为南宫朱雀。"离也者，明也，万物皆相见，南方之卦也。"

然后，古人将文王八卦时空模型运用在地理风水上，发明了九宫八风、二十四山、风水罗盘。我们都听说过看风水有四句有名的话："前有照，后有靠，左青龙，右白虎。"其实就是文王八卦的四个方位。为什么南边是朱雀，北边是玄武，东边是青龙，西边是白虎？这显然与天文的四象有关，其实地理风水的四象布局就是天文四象的落地，是天地人合一思维方式的体现。前面就是南边，后边就是北边，左边就是东边，右边就是西边。"前有照"，因为在北半球，房屋正常的布局应该要朝南，南边要通透、敞亮。"照"有两个意思，第一个意思是要有光，该字下面的四点不是水，而是火，也就是要有阳光，要通透、敞亮；第二个意思是要有水，因为水能照出人的影子，要山环水抱。"后有靠"，北边要有高一些的山。因为西北风吹来时，北边有山能抵挡住风。"左青龙，右白虎"，左边、右边都要有山，左边的山要比右边的山略高一些，因为左边是东边，是太阳上升的方向，就好比龙要抬头；而右边是西边，是白虎，它住在山上，运动方式是往下走，好比太阳落山这种运动方式。这就是中国古代房屋布局的文化传统。

简单总结一下，我们讲了四象的来源和四象的应用。四象来源于阴阳（两仪），是阴阳的细分。四象应用在天文、地理上就是：南边是太阳，也叫朱雀；北边是太阴，也叫玄武；东边是少阳，也叫青龙；西边是少阴，也叫白虎。

最后，我们再来看看文王八卦时空模型是怎么运用到人身上的。中医认为人的任何一个全息元，都可以用这个模型来说明。《黄帝内经》按照这个模型建立了脏腑、经络、诊断、治疗、药物、养生等系统学说。以五脏六腑为例，其实最早的时候，也就是《黄帝内经》成书之前，中医的五脏方位不是这样的，开始时的方位和形态学上的方位是一致的。到西汉时期成书的《黄帝内经》就不用实体解剖方位了，舍弃了实体方位模型，而采用《说卦传》第五章的时空模型。

《黄帝内经》提出的五脏方位模型是：心上肾下，左肝右肺，脾居中央。最上方离卦为心，最下方坎卦为肾，最左边震卦为肝，最右边兑卦为肺，而中央为土，为脾胃。再配上五行，肝属木，在这个模型中，属木的震、巽在东方，在左边，肺属金，而属金的坤、兑在西方，在右边，所以是左肝右肺。

这在思维上是一个巨大的突破，就是从重视实体思维转变为重视意象思维、功能思维；当意象与实体发生冲突的时候，宁可舍弃实体，也要保住意象。中医讲的是医道，是形而上，用的是意象。所以，左肝右肺，心居上为火，肾在下为水，中央是脾土，这里的五脏都是意象的五脏，而不是实体的五脏，左右上下也是模型的方位，而不是形态上的方位。

第八章（含第九章）

乾马坤牛：中国古人对动物和人体有什么样的归类法？

我们都听说过，当年老子骑青牛过函谷关，遇到镇守函谷关的关令尹喜，在尹喜再三恳求下才写了一部《道德经》。写完以后老子继续往西走，最后"莫知其所终"，不知道到哪里去了。老子的出行工具是牛，那么孔子呢？是马，是马拉的车。孔子骑马可能性较小，马车则是他常用的交通方式。为什么老子出行靠牛，孔子出行靠马？这里有什么秘密呢？如果不读《说卦传》，那么我们可能永远也不知道这个秘密。《说卦传》第八章告诉我们"乾为马，坤为牛"，原来马代表乾卦，牛代表坤卦，也就是说孔子偏于乾卦，孔子开创的儒家体现了乾卦的阳刚精神，而老子偏于坤卦，老子开创的道家体现了坤卦的阴柔精神。这样一马一牛，一儒一道，一阳一阴，一刚一柔，就是中华民族的两大精神。当然孔子和老子不是对立的，而是互补的。

《说卦传》第八章讲了八卦所象征的八种动物，那就是：

乾为马，坤为牛，震为龙，巽为鸡，坎为豕，离为雉，艮为狗，兑为羊。

这八种动物，在当时是与人类关系最密切的。为什么"乾为马，坤为牛"？

因为马比牛走得要快,所以相比较而言,马就有迅速的意思,符合乾卦"健"的意思,那乾就"为马",坤就"为牛"了。

那么乾一定为马,坤一定为牛吗?不一定。到了魏晋时期,王弼注释《易经》时,有一个命题就是"乾坤何必为马牛",意思是乾坤不一定就是指马、牛。如果是泛泛而言,那乾就是马,坤就是牛。单独就马而言,乾可以为马,坤也可以为马。《说卦传》第十一章说乾"为良马,为老马,为瘠马,为驳马",那么坤卦就是"小马""肥马""坏马"。如果单独就牛来区分,乾可以为牛,坤也可以为牛。如果是牛的话,乾就是"良牛""老牛""瘠牛""驳牛"。都是相对而言的,指的不是绝对确切的东西。

"震为龙",因为龙是主"动"的,运动幅度最大,龙可以潜伏在深渊,又可以跃上九天之外,震的属性是"动",所以"震为龙"。"巽为鸡",这是从卦的形象上来看,像鸡的形状,下面是两道,像两条腿。另外巽主号令,鸡能知时,应时而鸣,鸣声如风入人耳,恰合"入"的意象。"坎为豕",豕就是猪,坎卦上下两根爻是阴爻,好比是猪的肥大的身体。从功能来看,坎,陷也,猪成天陷在饮食中懒得动。"离为雉",雉就是野鸡,野鸡有一个特点,就是漂亮,比家鸡漂亮,"离,丽也"。"艮为狗",这个狗是指家狗,狗的作用就是看门,就是守,守就是止,"艮,止也"。"兑为羊",因为羊在所有的动物里面,是最温顺的,"兑"主喜悦,所有从"羊"的字都非常的美好、喜悦。

下面我们再来看一下《说卦传》第九章,这一章讲的是八卦的人体之象——

乾为首,坤为腹,震为足,巽为股,坎为耳,离为目,艮为手,兑为口。

这是用八卦类推人体的五官四肢,这也叫人体的外八卦。当然也可以用八卦类推人体的内脏,也就是五脏六腑,这叫人体的内八卦。《说卦传》没有说内八卦,但后世的中医学家做了取象比类,将八卦和五脏六腑联系起来。这里只解说外八卦。首先，在自然界，乾最高，是天，坤最低，是地，那么在人身上，最高的是什么？是头，所以说"乾为首"，因为"首"是人体中最高的，而且最硬、最强健，居上不屈。最低的是什么？有人说是脚，不对，"腹"是最低的。乾为天，坤为地，天是高的，地是低的。同样，在人体就是"乾为首，坤为腹"。那为什么"坤"不是脚？因为脚可以抬上来，可以抬到比腹高。腹能容食物，合坤包藏含容的意象。

"震为足"，因为"足"是让人体动的，走动要靠足。

"巽为股"，是从卦的形象上来说的，"股"就是大腿。因为从"巽"卦的"体"和"用"来看，少的、断开的阴爻为用，正好像两条大腿。股随于足，有驯顺的意思。

"坎为耳"，坎卦的卦象两边空、中间实，在人身上是什么？耳朵。"坎为耳"，这和坎为肾有一定的关系，肾开窍于耳，因为肾为水是早就有了，肾之窍也为坎。顺便说一说，中医认为人中的位置对应泰卦，正好是天地相交的位置，在人的形体上也是，人中之上都是两个窍，两个眼睛，两个耳朵，两个鼻孔，人中之下都是一个窍，一个口，一个前阴，一个后阴。也可以从坎卦的形象上来看，坎的上下都是断开的阴爻，而人体的上下，耳朵是两个，肾也是两个。

"离为目"，离卦是外面实的，里面柔的，从功能来看，离卦在自然界象征火、太阳，最大的功能是照明，那么在人体就是眼睛。这主要是从形象来看，因为人体的感官里，眼睛是最明亮的，"离"就是明亮，就是美丽。眼睛看东西必须在光明的前提下，无光则难为视。

"艮为手"，这也是从形象上看，艮卦卦象是上面阳爻，是实的，在动，就是手。两只手在上，而且很灵活、有力，艮卦的"用"也是在上面的阳爻。艮是止的意象，而手能执持物品。

"兑为口"，兑卦卦象是上面空，就是嘴巴。兑主言语，口能以言辞悦人，所以合兑的意象。

到后来，人们又将八卦和人体内脏相配，构成八卦脏腑之象，就是乾为大肠，兑为肺，震为肝，巽为胆，离为心，坎为肾，艮为胃。这个在唐以后就有了，初唐的杨上善就第一次用十二爻来解释十二经络（《黄帝内经太素·阴阳》），王冰用过，而明清时期的医家用的就更多了。清朝末年，四川有个名医叫唐宗海，他是"中西医汇通派"创始人之一，他写了一本书叫《医易通说》，对中医的五脏六腑规律做了补充和修正。

第十章

三索而得:"三"在中国哲学中有什么特殊内涵?

我们知道八卦有一个重要的功能就是"以类万物之情",也就是用八卦可以一类一类地推测出万事万物的所有情况。这种类比思维、类比推理是中国哲学的一大特征,也是一大亮点。前面我们讲过了用八卦类比自然事物,类比动物,类比人体,那么可不可以类比家庭呢?当然是可以的。我们来学习《说卦传》第十章,看看一个家庭的成员是什么卦。假设一户人家有八口人,父亲、母亲、三个儿子、三个女儿,他们分别是什么卦呢?《说卦传》说:

> 乾天也,故称乎父;坤地也,故称乎母;震一索而得男,故谓之长男;巽一索而得女,故谓之长女;坎再索而得男,故谓之中男;离再索而得女,故谓之中女;艮三索而得男,故谓之少男;兑三索而得女,故谓之少女。

这是著名的父母加六子卦,北宋邵雍认为这个次序就是文王八卦次序,也就是后天八卦次序。朱熹第一次将文王八卦次序图放在《周易本义》的开头。《周易本义》卷首一共放了九张图:河图、洛书、伏羲八卦次序图、伏羲八卦方位图、伏羲六十四卦次序图、伏羲六十四卦方位图、文王八卦次序图、文王八卦方位图、卦变图。文王八卦方位图就是《说卦传》第五章的图示，而文王八卦次序就是这一章所讲的次序，也就是父母和六子的次序。

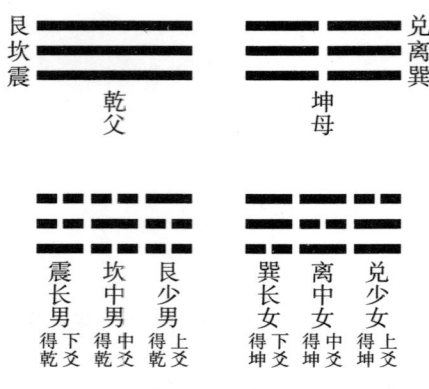

```
艮 ▬▬ ▬▬                    ▬▬▬▬▬ 兑
坎 ▬ ▬                      ▬ ▬   离
震 ▬▬▬▬▬                    ▬▬▬▬▬ 巽
    乾                        坤
    父                        母


震  坎  艮                   巽  离  兑
长  中  少                   长  中  少
男  男  男                   女  女  女
得  得  得                   得  得  得
下  中  上                   下  中  上
乾  乾  乾                   坤  坤  坤
爻  爻  爻                   爻  爻  爻
```

文王八卦次序

"一索得男"的"索"是什么意思呢？王弼注："索，求也。以乾坤为父母而求其子也。"震卦是第一次求索得到的男孩，巽卦是第一次求索得到的女孩；坎卦是第二次求索得到的男孩，离卦是第二次求索得到的女孩；艮卦是第三次求索得到的男孩，兑卦是第三次求索得到的女孩。

为什么震卦、坎卦、艮卦是男孩？这三个卦都有一个共同的特点，都是两根阴爻、一根阳爻，是阴多阳少，一般理解应该是女孩，为什么偏偏是男孩呢？这就是以少胜多的法则。《系辞传》说"一君二民"，一个君主当然比百姓起到的作用大，一为少，二为多，一比二重要，越少越重要。这就是老子说的："少则得，多则惑。"从生理结构上看，男孩全身平坦多阴，但生殖特征是阳，而生殖区别才是男女的最大区别，所以男孩虽然阴多阳少，但却属于阳。

再来看三个女孩，为什么巽卦、离卦、兑卦是女孩？这三个卦都有一个共同的特点，都是两根阳爻、一根阴爻，是阳多阴少，一般理解应该是男孩，为什么偏偏是女孩呢？同样的道理，从生理结构上看，女孩全身凸起，但生殖特征是阴，所以女孩虽然阳多阴少，但却属于阴。

三个男孩，为什么震卦是长男、坎卦是中男、艮卦是少男？这个很好理解。

因为八卦三根爻是从下往上看的，最下面的阳爻最先生出来，最先生出来的男孩就是长男，所以震卦就是长男；坎卦第二根爻是阳爻，就是第二次生出来的中男；艮卦第三根爻是阳爻，就是第三次生出来的少男。同样三个女儿也是如此。巽卦最下面是阴爻，是最先生出来的女孩长女；离卦第二根爻是阴爻，就是第二次生出来的女孩中女；兑卦第三根爻是阴爻，就是第三次生出来的女孩少女。

乾坤生六子，乾卦是父亲，带着三个女儿；坤卦是母亲，带着三个儿子。如果按照多为体、少为用的原则，三个"女儿"是两根阳爻，也就是说她们的"体"都是阳，所以倾向于父亲，女孩与父亲更亲近；三个"儿子"都是两根阴爻，他们的"体"都是阴，倾向于母亲，男孩与母亲更亲近。这是非常有意思的现象，这不就是弗洛伊德说的恋母情结和恋父情结吗？

再来看"三"这个数字的意义。八卦是两个阴阳的三次方组合，六十四卦是阴阳的六次方组合。八卦中，父母是乾坤，然后是六子，也就是三个男孩和三个女孩，三阳三阴。

"三"的思维很重要，我在20世纪90年代提出中医的模型就是"一元二体三用"。一元是气；二体是阴阳；三用就是三阴三阳（经络），就是五行。中医讲阴阳五行，五行的基础就是"三"。五行就是两对阴阳加一个中土。你看，水和火是一对阴阳，木和金是一对阴阳，再加上一个"中"，不就是"三"了？"三"之所以关键，就在于中间，中间那个土非常重要。所以，这个"三"是"道生一，一生二，二生三，三生万物"的"三"。为什么说"三生万物"呢？有人说一是气，二是阴阳，三是天地人，这不对。"三"就是"和"，是中间状态，是絪缊状态，"天地絪缊……男女构精"的那个状态。所以，中医讲五脏六腑，讲三阴三阳（经络）。如果要从实体上考察，用"五"或者"六"来划分是绝对不够的，我的博士后论文讲的就是五脏与五行的关系。为什么它是"五"？"五"够不够？其实不是说"五"的分类更精细了，不是这样的，而是一种崇尚中道的思维方式。"五"隐含着"三"的思维，三是一种中道思维、中和思维。西方文化是"二"的思维，是二元对立的，排斥中间状态，而我们中国文化却特别注重中道。

　　学会六子卦是很有用的，至少你知道六子卦组成的六十四卦的意义了。台湾有一部电影，名字叫《落山风》，我一看名字，就知道它说什么，尽管我没有看过。《落山风》就是讲一个年纪大的女人和一个年纪小的男人之间的故事，而且肯定是这个女的诱惑这个男的，男的被这个女的迷惑而发生的哀怨凄婉的故事。如果不信的话，你可以去看，肯定是这样。《落山风》依据的就是六子卦，知道六子卦，你就知道它的意思是什么了。山是什么卦？是艮卦。风是什么卦？是巽卦。巽为长女，艮为少男。这两卦构成什么卦呢？构成蛊卦。蛊卦是目前文献记载中最早用卦象解释疾病的卦，出自《左传·昭公元年》。晋侯得了病，秦医用蛊卦来给他解释这个病，说"女惑男，风落山，谓之蛊"。

第十一章

乾坤取象：为什么啬是重要的养生方法？

我们已经学习了八卦的分类取象，知道了八卦的功能，以及八卦代表的方位、时间，八卦象征的自然事物、动物、人体五官四肢、家庭成员等，《说卦传》最后一章也就是第十一章将八卦所象征的事物做了一个总结。我们先来看乾卦可以象征什么事物——

> 乾为天，为圜，为君，为父，为玉，为金，为寒，为冰，为大赤，为良马，为老马，为瘠马，为驳马，为木果。

"乾为天，为圜"，乾卦纯阳刚健，天也健行，不懈地运转，所以乾为天。天动周转不息，无始无终，天是圆的，所以为圜。

乾"为君，为父"，这是因为乾为天，天是最高的。在国家，君是最高的统帅，在家庭，父是最高的统帅，君和父也有取其尊道而为万物之始之意。

乾"为玉，为金"，这是因为玉和金都是刚劲的，有刚、健的性质。"金"是指金属。"为寒，为冰"，这是因为乾是西北之卦，时间上是深秋，接近冬天。"为大赤"，这个和秋天有一定的关系，因为夏天是"赤"，秋天的时候"赤"过去了，所以是大赤，要是再过头就至极而反了。

乾"为良马，为老马，为瘠马，为驳马"，这里又取四种马为乾象。瘠，瘦的意思。瘦马骨多。驳马传说是一种健猛的马，牙齿像锯一样，能吃虎豹。所以，乾取良马行健之善，取老马行健之久，取瘠马行健之甚，取驳马行健之至，都是典型的强健者，都合"健"的意象。

乾"为木果"，为什么？因为果子是圆的，也可以说和秋天有一定的关系。木果就是树上的果子。木以果为始，树木果实心中包含阳健的"仁"，春来复生，繁衍不止，正合万物以乾为始的意象。

类推到人，男人，老人，圆头的人，偏白一些、偏瘦一些的人，那就是"乾"。

《说卦传》在讲完乾卦以后，接着讲坤卦的取象——

坤为地，为母，为布，为釜，为吝啬，为均，为子母牛，为大舆，为文，为众，为柄，其于地也为黑。

"坤为地，为母，为布"，相对乾卦为天，坤为地；乾卦为父亲，坤卦就是母亲；古代讲的"布"是钱币，也可以理解为今天讲的布，这是因为"坤"是地，它最广大，而钱币流通广大，所以坤为布。

"为釜"的"釜"，是什么样的锅？非常大的锅，因为它是煮膳给士兵吃的。为什么大锅是坤卦？大地很大，又有收藏的功能，所以大锅就是坤卦。既然大锅是坤卦，那么小锅就是乾卦。《归藏》就是从坤卦开始的。

坤"为吝啬"，为什么是吝啬？因为坤卦为大地，大地收藏万物，如果过分收藏了，太爱惜了，那就是吝啬。在西方文学作品中有四大吝啬鬼，中国文学作品中也有四大吝啬鬼，其中一个叫严监生，是《儒林外史》中的人物。"吝啬"这个词在古代也单用"啬"表示。《道德经》第五十九章："治人事天，莫若啬。"强调治理人民，事奉天道，没有比吝惜更好的了。"啬神"是一种非常重要的养生方法。"啬"还有一个意思，那就是爱。"爱"这个字就是吝啬的意思，"爱"当然还有我们今天常用的意思。《孟子·梁惠王上》中的"宜乎百姓之谓我爱也"，意思是老百姓说我吝啬，说得对。想一想母爱，它往往跟女子、女人联系在一起，女子就是坤卦，但是爱太过了就是吝啬，所以任何事情都有两面性。

坤"为子母牛"，就是小的母牛，这个牛是阴性的。既然它是小的母牛，言外之意乾卦就是一只老的公牛。

坤"为大舆"，舆，其字形像四只手抬着一乘坐轿，本义指抬、举，后指车厢，引申指车，又指轿子。大车具有能承载的属性，跟前面说的大锅是一个道理，它能载人，能载很多人！这都属于坤卦，所以属坤卦之人具有包容之心。"为文，为众"，文是纹路和花纹，不是指一个东西，而是说纵横交错，纹就相当于交错。"纹"就是坤卦，笔直的路就是乾卦。在卦的形象上，乾三连，坤六断，所以说坤最多，为文，为众，乾最少，就是孤家寡人，就是君主。"为柄"，柄就是兵器的后面部分，那前面的部分就是乾卦。"其于地也为黑"，是说就大地而言，坤卦是黑地，也就是说白地就是乾卦了。所以对同一个东西也是可以区分八卦的，可以从这个东西的八个方面、八个阶段、八种属性来区分。

震巽取象：属木的人格具有什么特征？

我们已经知道了万物的乾坤阴阳分类、乾卦和坤卦所象征的事物，接下来我们来看一看震卦和巽卦象征哪些事物。先看震卦，《说卦传》第十一章说：

> 震为雷，为龙，为玄黄，为旉，为大涂，为长子，为决躁，为苍筤竹，为萑苇。其于马也为善鸣，为馵足，为作足，为的颡。其于稼也为反生。其究为健，为蕃鲜。

"震为雷，为龙，为玄黄"，"玄黄"就是黑黄，在坤卦里，有"龙战于野，其血玄黄"，《文言》中说："夫玄黄者，天地之杂也，天玄而地黄。"这个玄黄是阴阳采战以后的结果，是乾坤卦交合之后的结果。从卦象上看，是乾坤卦的第一次交合，父母第一次交合生出来的大儿子就是震卦；一阳出于二阴之下，表示阳气始生。从季节上来说，震卦表示春分，这时阳气开始上升而扩散，阴气开始收敛而下潜，阳气与阴气开始相交。乾为天，为阳，为玄；坤为地，为阴，为黄。阳阴之气相交，所以黑黄之色相染，相染后的颜色即为玄黄，所以震为玄黄。

"为旉（fū）"，旉，就是花朵，刚开的花朵。这是就一个过程而言，开始的阶段是震卦，"帝出乎震"。还有一种说法，"旉"在古代用法与敷设的"敷"相同，表示铺展。自然之象中，震为雷。春雷震动以后，草木开始抽枝发芽，焕发出勃勃生机，远远望去，绿色铺满了大地，所以"为旉"。

"为大涂"，就是大路，"涂"通"途"。对应来说，小路就是艮卦了。

"为长子"，在第十章已经说过了，是一根阳爻、两根阴爻，所以是男孩；而且是第一根阳爻，表示第一次生出来的男孩，就是长男。"为决躁"，就是迅疾、迅速，也是动的意思。决和躁合起来，表示像流水一样速度很快。在自然之象中，震为雷，雷声的传播就像河水下泄一样，速度很快，所以"为决躁"。对一个人来说，如果是震卦性格，就是急躁，浮躁，躁进，躁狂。《说文》中说："躁，疾也。"堵塞的河道一旦疏通，河水就会快速下泄。

"为苍筤（láng）竹"，古代指青竹，也指幼竹。这种竹子有个最大的特点，就是一见到风就摇摆不定。初生的竹子，也就是春天的竹子，颜色是青色的。孔颖达在《周易正义》中说："苍筤竹，竹初生之时色苍筤，取其春生之美也。"

"为萑（huán）苇"，"萑苇"就是芦苇一类的东西，也是动的。分开来说是两种芦类植物：蒹长成后为萑，葭长成后为苇。蒹：没长穗的荻。葭：初生的芦苇。《诗经·豳风·七月》："七月流火，八月萑苇。"朱熹《诗集传》："萑苇，即蒹葭也。"到了农历七月的时候，天气就要转凉，在天刚刚开始黑的时候，就可以看见火星（太阳系的一颗大行星）从西方落下去。这个讲的是一种自然现象。而到了八月份的时候，就要把芦苇收割好，提前为过冬做好准备。这个讲的是人类的社会生活。《诗经·秦风·蒹葭》："蒹葭苍苍，白露为霜。所谓伊人，在水一方。"大片的芦苇青苍苍，清晨的露水变成霜。我所怀念的心上人啊，就站在对岸河边上。

"其于马也为善鸣"，它也可以为马，这个马是善叫的马，马在嘶鸣的时候，它的声音非常洪亮。"为馵（zhù）足"，《说文》中说："馵，马后左足白也。"这是指左脚上有白色的马，指一种善跑的马。"为作足"，作足就是两个脚举起来。《说文》中说："作，起也。""作足"表示人起身，用在这里表示马扬蹄奔跑，速度极快。"为的（dì）颡（sǎng）"，"的"是白色的，这个"颡"是什么？"颡"这个字有偏旁"页"，所有"页"字旁的字都与头有关。如果说你发现有某个字与头没有关系，那它是引申义，或者是假借义。我们要掌握汉字的规律，无论是合体字，还是独体字，都有表示形体的符号，这跟卦象一样。这个"颡"就是额头，"的颡"就是白的额头，代指额头有白色毛发的马。这些马都是善于奔跑，善于鸣叫的。因为在古代，马是和人类关系最密切的，如果是现在，那就要说车子了。

"其于稼也为反生"，在庄稼就是一种"反生"的庄稼。农作物，反复生长的庄稼，因为震为动，为春天，它具有这个属性。还有一种说法，反生就是这种植物的果实不是长在地面上，而是长在地里面，看起来好像是倒着生长的，所以叫"反生"。一般农作物的果实通常都是长在地面上的，譬如瓜果一般都是长在地面上的。可是红薯是长在地里面的，所以红薯又称为"地瓜"；马铃薯也是长在地里面的，所以马铃薯又称为"土豆"。这就是"反生"。

"其究为健，为蕃（fán）鲜"，就是归根到底，震卦有健、动的功能，因为它刚刚开始。震卦表示春天，阳气开始由衰弱转向强盛，阳气不断上升。经过整个冬天的休养之后，春天的时候草木生长力非常旺盛，所以"其究为健"。"为蕃鲜"，"蕃"可以理解为多，"鲜"就是新鲜，取春天草木生长茂盛而鲜明之象。《说文解字》中说："蕃，草茂也。"蕃，表示草木生长茂盛。"鲜"表示亮丽，有光彩。从时间上看，震卦表示春天，这时的草木生命力最旺盛，所以生长得非常茂盛，颜色鲜亮而有光彩。

下面我们再来看看巽卦所象征的事物。《说卦传》第十一章说：

> 巽为木，为风，为长女，为绳直，为工，为白，为长，为高，为进退，为不果，为臭，其于人也为寡发，为广颡，为多白眼，为近利市三倍，其究为躁卦。

"巽为木"，在五行也属于木。八卦和五行相配：乾、兑为金，坤、艮为土，震、巽为木，坎为水，离为火。

"为长女"，巽卦是一根阴爻、两根阳爻，是女孩；最下面是阴爻，所以是第一个生出来的女孩，是长女。

"为绳直"，绳直指的是木匠用墨斗拉绳弹线，和"木曰曲直"联系上，就是能把弯曲的东西弄直。《尚书·洪范》洪范九畴："一曰水，二曰火，三曰木，四曰金，五曰土。……水曰润下，火曰炎上，木曰曲直，金曰从革，土曰稼穑。"

"为工"，工就是一种匠人，是从职业来说的，比如医生也是一种工。

"为白"，取风吹掉尘土故而洁白之象。

"为长，为高"，这都是从绳而来的。另取风行之远故为长，取风性高远、木向上向高处生长故为高。

"为进退，为不果"，指巽卦之人性格特征为犹豫不决、不果断。

"为臭"，取气味虽无形但无孔不入之象，意为巽卦之人嗅觉灵敏。

"其于人也为寡发，为广颡，为多白眼"，这是讲巽卦之人的外在、内在的特征，内在和外在是统一的。头发少，额头大。颡，是额、脑门子。多白眼，眼珠白的多，黑的少。

"为近利市三倍"，就是巽卦之人会得近利而且得很多，远利就不一定了。

"其究为躁卦"，巽为木，是立夏，也属躁动。

坎离取象：属火的人是什么性格？

我们已经学习了乾卦和坤卦、震卦和巽卦所象征的事物，再来看一看坎卦和离卦所象征的事物。坎卦和离卦在自然界代表了水和火，这是我们大家都熟悉的。除此以外，它们还象征什么事物呢？我们先看坎卦，《说卦传》第十一章说：

> 坎为水，为沟渎，为隐伏，为矫輮，为弓轮。其于人也为加忧，为心病，为耳痛，为血卦，为赤。其于马也为美脊，为亟心，为下首，为薄蹄，为曳。其于舆也为多眚，为通。为月，为盗。其于木也为坚多心。

"坎为水，为沟渎"，沟渎就是灌水的。

"为隐伏"，因为水是往低处流的，所以坎卦也是潜伏的。

"为矫輮（róu）"，弯的变为直的为矫，直的变弯为輮。水没有具体的形状，所以可以变化矫輮，水几于道。

"为弓轮"，弓与轮都是使物弯曲、使形状发生变化而成形的。

《孙子兵法·虚实》："夫兵形象水，水之行避高而趋下，兵之形避实而击虚；水因地而制流，兵因敌而制胜。故兵无常势，水无常形。"

"其于人也为加忧，为心病，为耳痛，为血卦，为赤"，这是对人来说的。"加忧"就是多忧，忧愁加倍，为什么呢？两个原因：一是水为低下，隐伏，好比一个人不开朗，抑郁，忧愁，见花落泪，见月伤心；第二跟心有关，"为心病"。这个坎卦为水，应该为肾，为什么是心呢？中医里说"肾为水，心为火"，那为什么坎为水，它又表示心了呢？这还是跟肾有关，中医讲"心肾不交"，就是肾水太浅了，肾水不够，引起忧愁，所以心和肾是一种关系思维。

"为耳痛"，肾为水，肾开窍于耳。"为血卦"，因为坎为水，血也为水。"为赤"，血是红色的，所以为赤。

"其于马也为美脊，为亟心，为下首，为薄蹄，为曳"，这个马是忧心的，是耷拉着脑袋的，是拖泥带水走不快的。

"其于舆也为多眚，为通"，"多眚"就是指多灾，水是容易造成灾害的，表示是一种有毛病的车子。但是又"为通"，因为水什么东西都挡不住，所以"为通"。

"为月"，坎卦为月亮，那么离卦就为太阳。这是从这两个卦的形象上看的。另外，这个"月"和后来道家的炼养有很大关系。后世道家以坎离为药物，炼外丹就是铅与汞，炼内丹就是元精、元神。

"为盗"，盗，取象于水行动潜隐有如盗贼，另可理解为于潜隐中施险设陷。就是坎卦之人有盗窃之心，这是一种说法。

"其于木也为坚多心"，就是它也可以表示树木，那么它是一种什么样的树木呢？是一种非常坚硬、多尖刺的树木。为什么？坎卦的卦象，中间不是一根阳爻吗？表示坚硬，多心，即多尖刺，触之则险的意思，这就是坎卦。

下面我们来看一下和坎卦相反的离卦象征什么事物。《说卦传》第十一章说：

离为火，为日，为电，为中女，为甲胄，为戈兵。其于人也为大腹，为干卦。为鳖，为蟹，为蠃，为蚌，为龟。其于木也为科上槁。

"离为火，为日，为电"，取火的表阳里阴之象，观察火的形状就可知道。另外火燃烧必须附着在燃料上，所以含有附着的意象。火是明亮的，久明为日，暂明为雷电。另一种理解，日附着于天而悬挂，电附着于雷而发生，故都有离卦的附着之意。

离卦"为中女"，是因为第二根爻是阴爻。离卦"为甲胄，为戈兵"，甲胄是什么？就是铠甲。为什么离卦为铠甲？这是从卦的形象上看，两边是阳爻，把中间的阴爻包起来，像甲胄。所以它又"为戈兵"，也就是穿着铠甲的士兵，外面是坚硬的，就像这个卦的卦象。

"其于人也为大腹"，为大肚子。中间阴爻，为虚胖。

"为干卦"，因为离属于火，火有干燥的作用。

属离卦的人性格非常热情、开朗，积极向上，脾气火暴、急躁。

"为鳖，为蟹，为蠃（luǒ），为蚌，为龟"，很简单，它们外面有一个硬壳，外面硬里面软，就像卦象。鳖，又称为甲鱼、水鱼、团鱼、老鳖、王八。蠃，通螺，有螺蛳、田螺、海螺等。蚌，河蚌，生活在江、河、湖、沼里的贝类。

"其于木也为科上槁"，"科上槁"指的是一种外面枯槁、里面空心的植物。槁，树木枯萎、树冠变秃的意思。孔颖达疏："科，空也。阴在内为空。木即空中者，上必枯槁。"就是树木内部变空，树冠干枯无叶。此外，竹子也是离卦。

艮兑取象：为什么修行中静的功夫很重要？

前面我们已经学习了乾卦、坤卦、震卦、巽卦、坎卦、离卦所象征的事物，现在我们来学习最后两卦艮卦和兑卦象征什么事物。《说卦传》第十一章说：

艮为山，为径路，为小石，为门阙，为果蓏，为阍寺，为指，为狗，为鼠，为黔喙之属，其于木也为坚多节。

从卦的形状上看，艮为山。艮为径路，就是小路，大路是震卦，前面已经讲过了。"径"是小路，如"书山有路勤为径"。有小路肯定有大路，如街道的"街"，四海通衢的"衢"，都是大路。"为小石"，小石头，艮卦跟小有关系。

"为门阙"，门和阙都是外面的门，阙是古代门楼前面的门。门阙是塔楼状建筑，置于道路两旁作为城市、宫殿、坛庙、关隘、官署、陵墓等入口的标志。岳飞《满江红·怒发冲冠》："待从头收拾旧山河，朝天阙。"天阙，本指宫殿前的楼观，此处指皇帝居住的地方。"朝天阙"指朝见皇帝。为什么艮是门阙呢？高亨说："门阙高崇，似两山对峙，故艮为门阙。"艮为山，特征是高，好比"门阙"般高大；同时，"艮为万物之终始"，而门是出入的关键，入则为终，出则为始，门阙好比是万物终始出入的枢机，这就又与艮的时间意义有关了。依"艮为门阙"，艮又可泛指庙观等高大建筑物。所以艮卦之人也有一种宗教情结。

"为果蓏（luǒ）"，就是果实，是瓜类植物的果实。它不是果子，圆的果子是乾卦，果子里面小粒子果实就是果蓏。"为阍寺"，阍读作"昏"音，阍字从门，从昏，昏亦声。"昏"本义指日落于西边地平线。门指皇宫正门。"门"与"昏"合起来表示"太阳下山后皇宫正门关闭"，本义指日落时皇宫关门，引申为守宫门的人。皇宫守门人称为"司阍""阍者""阍人"。"阍寺"的"寺"指寺人，古代宫中的近侍小臣，多以阉人充任，也就是宦官、太监。

"为指"，"指"就是手指，古时也兼指脚趾。艮为什么又可以是手指和脚趾呢？艮为手指，取其执持物之象。那个"趾"没有说，因为艮本来就是"止"嘛！"止"是"趾"的本字。这是谐音，就是这样联想。这就是联想性思维，相关的东西联系在一起。

"为狗"，狗为什么是艮卦？狗是看门的，与门有关。同时，与止有关。

"为鼠"，取鼠"小"的意思，它在跑的动物里面算是比较小的。"为黔喙之属"，"黔"是黑色，"喙"是嘴，鸟兽的嘴，黑嘴就是乌鸦嘴。老鼠嘴是尖尖的，乌鸦嘴也是尖尖的，加上黑色的嘴，这些都是从艮卦的卦象来取象的。艮卦最外面一根爻就表示特征，一就是特征，一就是用，二就是体，你就要看这个用，重用轻体。"黔喙之属"即黑嘴之类，借指牲畜野兽之类。唐代经学家陆德明释文："谓虎豹之属，贪冒之类。"贪冒也指贪图财利的人。唐代经学家孔颖达疏："取其山居之兽也。"

"其于木也为坚多节",是那种坚硬的、多节的,小的一节一节的树木。

艮卦的最大特点就是静止、宁静,所以现在大家都以"艮"来修行。唐代佛学家李通玄就说过,一部《华严经》讲的就是一个"艮"字,也就是止。佛教修行倡导"止观"的方法:止为止寂、禅定,指静坐敛心,止息一切杂念,而专注一境;观,明察万物,辨清事理。在止的基础上升起正智慧,这种修行法门就叫"止观"。隋代智顗大师开创了中国第一个佛教宗派——天台宗。他将止观的修行方法组织化、体系化,提出止观是进入涅槃的主要途径,倡导止观双修,定慧等学,成为天台宗教育思想的主要内容。智顗《修习止观坐禅法要》说:"泥洹(涅槃)之法,入乃多途,论其急要,不出止观二法。所以然者,止乃伏结之初门,观是断惑之正要;止则变养心识之善资,观则策发神解之妙术;止是禅定之胜因,观是智慧之籍由。若人成就定慧二法,斯乃自利利人,法皆具足。"定慧止观,成为中国化佛教各派借以阐发自己教育思想的重要内容。

智顗《童蒙止观》一书中,专门有一部分是讲止观治病的,认为用心修习止观,可以治疗身体的各种疾病,特别是可以治疗四大不调病。四大就是地、水、风、火,这是佛教认为构成世界的四种基本元素。一旦人体中地、水、风、火四大元素不平衡、不协调,人体的五脏六腑就会生病。要治疗四大不调、五脏疾病,根本的办法就是要修习止观。

如果用阴阳动静来概括中西方文化,那么西方文化肯定是阳性文化,是偏于动态的,而我们中国文化则是阴性文化,是偏于静止的。当然不是说只有静止,也是有运动的,是动静一体,动静合一,但是更偏于静止。中国人讲时空合一,又偏于时间,体用合一又偏于用。

下面我们再来看一下和艮卦相反的兑卦象征什么事物?《说卦传》第十一章说:

兑为泽,为少女,为巫,为口舌,为毁折,为附决,其于地也为刚卤。为妾,为羊。

兑为少女，判断一个八卦是男孩还是女孩？除了乾坤是父母，其他六卦看少不看多，看一不看二，如果只有一根阳爻就是男孩，只有一根阴爻就是女孩。

"为巫"，为什么兑为巫婆？因为兑为嘴，嘴巴太会说了，巫婆的嘴就是太会说了。律师、教师也是这一类的。"为口舌"，口舌有两个意思，第一个意思是有口才，第二个意思是搬弄是非，又叫"两舌"，这是佛家说的。不要一句话两边说，搬弄是非"为毁折"，你太搬弄是非，嘴巴太会说了，不就"毁折"了吗？"毁折"即毁损、破坏。

"为附决"，"附决"就是依附别人才能够判定，才能够裁定，不像属乾卦之人自己就可以判断，兑卦之人必须依附于别人才能判断，实际上兑和乾在五行中都属于金。

"其于地也为刚卤"，大地是属于那种比较硬的盐碱地。卤，本义为制盐时剩下的黑色汁液，味苦有毒，也称为"盐卤"。"刚卤"就是盐碱地。前面说了兑像沼泽地，下面最深处、很深很深的地方是实的，但是上面是软的，所以人会陷进去。

"为妾"，妾就是小老婆，也和小有关，是少女。

"为羊"，因为羊是一种喜悦温顺的动物。最上面的阴爻像羊的两只角。

序卦传

上经三十卦

乾坤屯蒙：为什么事物开始时总是艰难的？

我们来学习《序卦传》。《序卦传》分为两个部分，第一章解释上经三十卦，第二章解释下经三十四卦。我们先来看一看上经三十卦是怎么排列的。先看开头几句："有天地，然后万物生焉。盈天地之间者唯万物，故受之以屯（zhūn）。屯者，盈也。屯者，物之始生也。物生必蒙，故受之以蒙。蒙者，蒙也，物之稚也。"

显然《序卦传》是从卦名上进行解释。《序卦传》依据卦的名称义理，发现六十四卦排列的次序实际上反映了宇宙万事万物生成、变化、发展乃至终止又复生的次序规律。所以它一开始就说了"有天地，然后万物生焉"。先有天，后有地，然后万事万物就产生了；乾为天，坤为地，所以第一卦是乾卦，第二卦是坤卦，后面的卦就是万事万物发生发展的过程。为什么要从卦名上解释呢？因为六十四卦的卦名体现了卦的义理，反映了这个卦的主题。义理是紧紧围绕卦象符号的，没有符号是得不出义理的。这是我的一个基本观点，就是卦爻符号是根本。宋代的程颐在他的代表著作《程氏易传》里说了"体用一源，显微无间"的名言，我是非常赞同他这个观点的。这个义理和符号就是一源的、无间的，只是在体和用的所指上我和他不同，我认为符号是体，义理是用。《易经》的神妙之处就在于，通过卦爻符号来展现事物的义理、事物的规律以及做人做事的规则。

乾卦、坤卦之后为什么是屯卦？《序卦传》解释："盈天地之间者唯万物，故受之以屯。屯者，盈也。屯者，物之始生也。"充满天地之间的只有万物，所以接下来就是屯卦了。屯卦就是充满的意思。"屯者，盈也。"这个解释比较牵强。但后面这个解释就很好，说"屯者，物之始生也"。屯卦还表示万事万物初生、开始时的艰难情景。《说文解字》："屯，难也。象草木之初生。屯然而难。从中贯一。一，地也。尾曲。《易》曰：屯，刚柔始交而难生。"天地交合产生万物，产生万物的第一个阶段就是屯，困顿，是艰难的。从屯的字形来看，好比一根草，要从地面下生长出来，要冲破大地的时候，是很艰难的。如果把乾坤看成是父母也可以，父母交合，生出孩子，生孩子是非常艰难的。从卦象上也可以看出来，"云雷屯，君子以经纶"，雷就是动，上面布满了乌云，云雷交加，就好比母亲生孩子的时候，云雷交加，生出孩子了。

"物生必蒙，故受之以蒙。蒙者，蒙也，物之稚也。"万物初生、开始的时候，肯定是蒙昧无知的，所以接下来就是蒙卦。蒙卦就表示蒙昧无知，既然是蒙昧无知，所以要启蒙、发蒙，要教育。蒙卦的卦象是山水蒙，教育就要像山下出泉，像山泉水一样，"随风潜入夜，润物细无声"。

需讼到谦豫：为什么谦卦的判词句句是"吉"？

前面我讲到了《易经》六十四卦排列次序的秘密，从符号上只解开了一半的秘密，从文字上孔子替我们解开了全部秘密。上一节我们学习了前四卦也就是乾坤屯蒙排列的秘密，那么蒙卦以后为什么是需卦呢？

《序卦传》说："物稚不可不养也，故受之以需。需者，饮食之道也。"事物刚形成时幼小、稚嫩，不能不养育，所以接下来就是需卦，"需"就是供养的意思。"需者，饮食之道也"，需就是供养饮食。需卦的卦象为水天需。

需接下来是讼卦："饮食必有讼，故受之以讼。"有饮食一定会有争讼，所以接下来是讼卦。有供养，给予饮食，开始时饮食又不够，所以大家一定要去抢，抢的话，就有诉讼，讼卦的卦象为天水讼。

"讼必有众起，故受之以师。师者，众也。"讼到一定的时候，口头上争到一定程度，就开始聚众闹事了，就叫师，师就是众的意思。师也可以叫军队，就开始动武了。师卦，是第七卦，从乾卦开始经过六个阶段——乾、坤、屯、蒙、需、讼，到了争讼以后必然要进入一个众人相争的阶段，所以就进入师卦。师卦的卦象为地水师。师卦的上卦是坤卦，也就是大地，下卦是坎卦，也就是水，大地下方有水叫地中有水。大地下方的水肯定量非常大，这水是慢慢积累而成的。"师"即是军队，古代2500人为师，12500人为军。"师"又表示众人。所以这个卦主要讲统领下属的问题：一个统帅如何统领众人，如何领导一支军队作战？一个领导如何提高领导力？如何管理你的属下？这一卦给我们很大的启发。比如初六，"师出以律"，带兵打仗一开始必须纪律严明。九二，"在师，中吉无咎，"这里强调做一个领导，一定要主持正义、坚守中道。

"众必有所比，故受之以比。比者，比也。"因为众人在一起共事，需要互相帮助，所以接下来是比卦。这里"比"不是比较、比高低，而是人与人互相辅助的意思。这卦告诉了我们人与人之间、领导和下属之间怎样建立亲睦互助的关系。比卦的卦象为水地比。

"比必有所畜，故受之以小畜。"亲睦互助以后一定有所积蓄，所以接下来是小畜卦。小畜，就是小小的积蓄，这只是迈出了成功的第一步。小畜卦为风天小畜，风在天上，表示还没有下雨的时候。也就是说还未达到云行雨施、阴阳和合的地步，还只是小成功，而且这小小的成功还是大家帮助你的，因此不要骄傲，还要再努力，要扩大你的成功，使你的才能更加显露出来，使你的人生更加美好。

"物畜然后有礼，故受之以履。（履者，礼也。）"物质积蓄了以后一定要遵守礼仪，饮食足就知礼仪了，所以接下来是履卦。《管子·牧民》："仓廪实则知礼节，衣食足则知荣辱。"西汉史学家司马迁在《史记·管晏列传》的引文中把"则"改成了"而"，就有了"仓廪实而知礼节，衣食足而知荣辱"这一名句。履卦本义是小心行走，比喻做事要循礼而行，要小心实践。履卦的卦象为天泽履，乾为王，为老虎，兑为口，踩到老虎的尾巴，卦辞和九四爻辞说老虎不咬人，六三爻辞说老虎咬人，为什么？因为前者小心谨慎，后者莽撞冒失。这说明做事成功与否，关键在于自己的行动。这个卦象上为天，下为泽，泽为柔顺、和悦，表示内心喜悦地适应天道，按礼仪行事。

"履而泰，然后安，故受之以泰。泰者，通也。"饮食足了就知道礼仪了，有礼仪就安泰了，所以接下来是泰卦。泰是通畅的意思。

"物不可以终通，故受之以否（pǐ）。"任何事物都不可能总是通达的，肯定要走向反面，会堵住，所以接下来是否卦，否就是堵塞。泰卦和否卦这两个卦很有意思，一般理解是地在上，天在下，应该是否卦，而天在上，地在下，应该是泰卦，怎么恰恰相反呢？泰是通，否是不通。泰卦为什么是通？你看，天是阳气，地是阴气，阳气上升，阴气下降，所以泰卦刚好是天在下，地在上，阳气上升，阴气下降，这样就沟通了，所以这叫泰卦；而否卦天在上，地在下，天气上升，地气下降，中间不能沟通，所以叫否卦。阴阳相交就是泰卦，阴阳不交就是否卦。

"物不可以终否，故受之以同人。"事物不可能永远地闭塞，所以接着就是同人卦，象征和同于人。同人卦的卦象是天火同人，上为天，下为火，天居上，火炎上，两者属性相同，为同类相聚，也表示相互亲和。同有会同、和同的意思。怎么才能会同人？这是人人都面临的问题，作为一个领导者更应该考虑怎么使你的下属或者你的同辈乃至长辈都与你会同。如果人人都会同了，我们的社会将达到一个什么样的境界呢？大同。"大同"是什么境界呀？"大同"在哪里说的？是在《礼记》中的《礼运》这一篇说的。孙中山先生经常写的这四个字"天下为公"，就是大同。"大道之行也，天下为公"，那怎么才能大同呀？要"不独亲其亲，不独子其子"。"不独亲其亲"就是不仅仅要孝顺自己的父母，"不独子其子"就是不仅仅要爱护自己的孩子,还要推广到别人的父母和孩子,这就是大同。这一卦就是讲如何才能达到大同的。

"与人同者,物必归焉,故受之以大有。"与人和同,外物必然纷纷来归附,所以接着就是象征着大有收获的大有卦。大有卦的卦象为火天大有,跟同人卦恰好相反,是太阳在上,天在下。上面的离卦也代表火,所以叫火天大有。同人卦是天下太阳,大有卦是天上太阳,是阳光普照,一片光明的、热烈的、辉煌的场景,代表大富有的局面。大有卦实际上是教我们如何保住大有——要守顺谦下,要居中守正。

"有大者不可以盈,故受之以谦。"大有收获的人、财富特别多的人是不可能长久的,是不能自满的,所以接着就是表示谦虚的谦卦。谦卦是《易经》六十四卦中唯一的六根爻全是吉的卦,在第十四卦大有卦之后。大有是大富有,大有之后要怎么做呢?要谦,也就是要谦虚、谦让。《序卦传》说:"有大者不可以盈,故受之以谦。"大有的意思是太大了、太富有了,这样满了之后就要亏,"月满则亏,水满则溢",所以说"满招损,谦受益"。"谦"是言字旁,意思是首先要从言语上谦虚,然后还要从行动上谦虚。谦卦《象传》说:"地中有山"就是"地下有山",山在地下面,这就是"谦"。君子按照这个卦来"裒多益寡",减少那些多的,资助那些少的,把财富从富人那里减一些来资助穷人,这就叫"称物平施"。"称"是衡量。衡量事物,然后公平地去施与,达到平衡,社会就和谐了。所以谦卦告诉我们要有公平的原则。

"有大而能谦必豫,故受之以豫。"有广大的胸怀,又能谦逊的人,必然能快乐,所以接下来就是象征着快乐的豫卦。豫卦是《易经》的第十六卦,在谦卦之后。谦是谦虚,谦虚之后心中非常快乐,就是豫。所以真正的谦必须是发自内心的、快乐的谦。豫卦的卦象刚好是谦卦的颠倒:谦卦是地山谦,上面是地,下面是山;豫卦是雷地豫,上面是雷,下面是地。地上已经开始有惊雷,就是惊蛰时节到了,冬眠的动物被惊醒了,代表春天来了,万物生发,这是一种喜悦的、富有生机的场景,所以豫卦讲的是快乐之道。豫有两个意思:一是快乐，二是预备。豫卦既讲了快乐之道，同时还讲了在快乐的情境下，要有忧患意识，防患于未然。

随蛊到坎离：怎样把握盛衰消长的时机？

上一节我讲到六十四卦次序中的第十五卦谦卦和第十六卦豫卦。豫卦之后是随卦，为什么是随卦呢？

《序卦传》说："豫必有随，故受之以随。"快乐、愉悦的人必然会有人来追随，所以就是随卦。随是第十七卦，在豫卦之后。"随"就是随从、追随的意思。随从什么呢？从善还是从恶呢？《国语》说："从善如登，从恶如崩。"意思是随从善事是很难的，就像登山；随从恶事是很容易的，就像山崩裂一样。要怎样从善呢？随从的前提是选择。孔子说："三人行，必有我师焉，择其善者而从之，其不善者而改之。"就是告诉我们要选择其他人的优点去学习。对于他们的缺点，如果自己也有的话，要注意改正；如果自己没有的话，就要加以防备。随卦主要讲两个方面的跟随：一是随时，跟随什么样的时机；二是随人，跟随什么样的人。

"以喜随人者必有事，故受之以蛊。蛊者，事也。"以这种喜悦的心追随于人，这样的人必然会有所用事，所以接下来就是蛊卦。蛊为蛊惑，蛊卦本来是表示迷惑之事、混乱之事，这里是象征拯救乱世、治理乱世。因为前面说"以喜随人"，所以一定是"以喜随人"的事，也就是能够使得君臣都安乐、喜悦的好事。为什么接下来却是"蛊"这个坏事呢？这是因为在喜悦、安乐的度的把握上出了问题，也就是说，如果前辈的人一味追寻、追随安乐，那当然就是坏事了，所以后辈的人不得不处理这种坏事，纠正这个坏事。所以"蛊"字还有一个意思，就是纠正，纠正前辈的坏事、蛊惑之事。蛊卦是随卦的反卦：随卦是泽雷随，沼泽在上面，雷在下面；蛊卦是山风蛊，山在上面，风在下面，也叫落山风，风落在山下了。从卦象上来看，蛊卦的上卦是艮卦，在家庭中为少男，代表年纪小的男人；下卦是巽卦，在家庭中为长女，代表年纪大的女人。整个卦象的意思是少男被长女所蛊惑，所以萎靡不振。

"有事而后可大，故受之以临。临者，大也。"有了前人的蛊惑之事，然后后人进行整治、纠正，当然就可以成就大业，所以接着就是临卦，《易经》的第十九卦。"临"含有大的意思。临卦就是以上临下，以大临小，卦象是地泽临，上面是地，下面是泽，是大地在俯瞰沼泽里的水，表示以上视下、君临天下的场景。此卦也表示大地包容沼泽。沼泽又比喻老百姓，君主能够像大地那样包容百姓，这样才能治理国家，所以临又有君临天下治理国家的意思。"临"的本意是俯视，表示居高临下，也可以引申为监视；从监视又可以引申为领导，一般是上对下，比如我们常说的欢迎光临、莅临指导，光临和莅临都表示上级或者尊贵的人来到自己这里。所以临卦讲的是领导的艺术，也就是怎么管理，包括管人、管事、管物。

"物大然后可观，故受之以观"，事业大了，然后就可以观察。"物大"既是指事业大，又是指品德大，这样就可以观于人。临卦是君临天下、当领导，而当领导之后的第一步，也是最重要的一步，就是"观"。"观"是什么意思呢？观卦是君主施行教化于老百姓，观察四方，观察民情，观察时机。观察主要有两个方面：一是观察的对象，包括观物、观人、观事，最重要的是观心；二是观察的方法，用眼睛、用心，或者最后连心都不用了。从观察的这两个方面可以体现一个领导者管理水平的高低，也可以看出一个人的境界。观卦在《易经》里有特殊的含义，因为八卦就来源于观察，"观"是古人的一种思维方式、行为方式，也是统治者的管理方式。观卦是《易经》的第二十卦。观卦的卦象和临卦的卦象是颠倒的，地泽临，风地观，大地上刮着和煦的风，其特征是无所不至。

"可观而后有所合，故受之以噬嗑。嗑者，合也。"采用观察、观照的方法来考察民情，教化百姓，然后，为使老百姓做到合情、合理、合法，必须用刑罚、制度、法律，所以接下来就是噬嗑卦。噬嗑卦是《易经》的第二十一卦，表示合；嗑就是合，就是强制那些不合法的人，使他合法。前面的"观"是一种教化，后面的"噬嗑"是一种刑罚，这是恩威并用，两种手段一起用。噬嗑卦的卦象是火雷噬嗑，上面是火，火表示雷电、电光，表示君主明察事理，下面是雷，震雷，比喻刑罚的威严，这样就使得百姓合法，遵纪守法。

"物不可以苟合而已，故受之以贲（bì）。贲者，饰也。"万事万物又不可以苟且地相合，来不得半点虚假、马虎。所以接下来就是贲卦，"贲"是修饰、文饰，贲卦表示一种文饰，这是将噬嗑卦的合加以延伸，延伸为人与人的交往。人与人交往的时候是要有文饰的，这个文饰指行为规范。与人交往、交际的时候要有礼仪，要有行为规范，来不得半点的马虎、苟且。贲卦是《易经》的第二十二卦，在噬嗑卦之后。噬嗑卦是严明刑罚，贲卦恰好相反，是用文明、文化治理天下，所以这两个卦构成了反卦，噬嗑卦颠倒过来就是贲卦。火雷噬嗑，山火贲。噬嗑卦是法治，贲卦是文治、礼治。文明就是有礼仪，有了文明就有了文化，所以"文明""文化""人文"这些词都出自贲卦的《象传》。

"致饰然后亨则尽矣，故受之以剥。剥者，剥也。"过分注重文饰，到达极点，就完全形式化，成为虚饰，就会剥落，所以接下来就是剥卦。剥卦是《易经》的第二十三卦，在贲卦之后。文饰是一种亨通之道，有了礼仪，有了文饰，但是如果太过的话，就会丧失它的实质，也就是所谓华而无实，必然会产生一些弊病，这种亨通之道就会堵塞。所以接下来就是剥卦，"剥"就是剥落的意思。这个剥卦下面是五根阴爻，上面是一根阳爻，事物的变化是从下往上变的，也就是说最上面一根阳爻，就快要剥尽了，剥落了。

"物不可以终尽，剥穷上反下，故受之以复。"事物也不可能总是穷尽，上剥尽就会返下，所以剥卦到了极点反而会阳气剥落，剥尽了之后当然要返归，又从下往上长，阳爻返上为下，就到了复卦。所以剥和复为一反一正，一乱一治，剥尽了就复，这叫阴阳的剥复。复卦是下面一根阳爻，上面五根阴爻，事物从下往上发展，表明阳气要逐渐地上升。从前面的否卦、泰卦，到这里的剥卦、复卦，经过了十二卦，这在六十四卦的变化当中，形成了一个发展、变化的循环，即阴阳的剥复。这也是事物变化的规律，也就是物极必反的规律。

剥卦是《易经》的第二十三卦，复卦是第二十四卦，这两卦构成了两幅相对的图景。剥卦是秋天万物萧瑟、万物凋零的图景，表明阳气将要剥尽；复卦刚好相反，是春天一阳来复、阳气上升的图景，所以这两个卦构成了反卦。剥卦最上面一根是阳爻，下面五根是阴爻，看一个卦要从下往上看，所以剥卦是阴气从下往上长，长到最后只剩一根阳爻，阳气快剥尽了；复卦最下面一根是阳爻，上面五根是阴爻，表示阳气开始渐渐上升。剥、复两卦代表相反的两种图景，说明了物极必反、否极泰来、剥极必复的道理。在剥、复之间有一个时机，所以有一个词语叫"剥复之机"，是指盛衰消长中间的一个时机，是一个关键点。

"复则不妄矣，故受之以无妄。"复之后，阳气来复了，那就无妄，就是不虚假、不虚妄、不虚伪了，所以接下来就是无妄卦。无妄卦是《易经》的第二十五卦，是天雷无妄。天和雷都是阳卦，表示真实的、不虚假的，这也引申为做人要质朴、要真实、要忠信。无妄卦从前面的剥卦、复卦而来，剥卦是指文饰太过，而丧失了它的质朴，复卦表示质朴的本真又开始恢复，恢复之后就无妄，又复归于那种本质，那种质朴的本性。有了无妄，复归了正道，不虚假，事物就会进一步继续聚集了。无妄卦的卦象是天雷无妄，上面是天，下面是雷，天空乌云密布，电闪雷鸣，老天通过这种景象来展现威力和惩罚的能力，给我们一种警示，使我们不敢妄为，否则会遭天打雷劈。我们中国人的信仰就是天道，天道遏恶扬善。举头三尺有神明，"修合无人见，存心有天知"，你的作为虽然没人看见，但你安的是什么心老天是知道的。

"有无妄然后可畜，故受之以大畜。"所以接下来就是大畜卦，大畜指大的积蓄，大有积蓄。前面已经讲了小畜，小畜是小有积蓄，发展到这里就是大有积蓄，这个积蓄不仅仅是指物质的积蓄，也是指人的德性、才能的积蓄和充实。它怎么来的呢？是从无妄当中来的。也就是说，要想有大的积蓄，就要不虚妄、不虚假、不虚伪。大畜卦是《易经》的第二十六卦，与无妄卦构成反卦。无妄卦颠倒就是大畜卦，无妄卦是天雷无妄，大畜卦是山天大畜。"畜"通"蓄"，第九卦风天小畜是小小的积蓄，大畜是大大的积蓄。大畜积蓄的不仅是财富，还包括美德，比如蓄养贤人。

"物畜然后可养，故受之以颐。颐者，养也。"有了大的积蓄之后，就可以去养育万物，去涵养百姓。所以接下来就是颐卦，"颐"是什么意思呢？"颐"就是"养"的意思，涵养百姓，颐养百姓，不仅仅要养口福，而且要养德性。首先自己要颐养道德，然后才能使别人颐养。颐卦的卦象非常形象，就像一张嘴：上面是一根阳爻，代表上嘴唇（牙齿），下面也是一根阳爻，代表下嘴唇（牙齿），中间是四根阴爻，代表嘴中间是空的。颐卦的卦象是嘴巴，往嘴巴里送东西就表示养人，所以是"颐养"，有个词就叫"颐养天年"。颐卦的卦象是山雷颐，上面是艮卦，代表止，下面是震卦，代表动，又止又动，非常形象。我们把嘴张开，只有下巴在动，上颌是永远不动的，不可能上下都动。所以上面是止，下面是动，上止下动，动静结合，我们的嘴巴才能发挥吃东西的功能。吃东西就是养生，所以颐卦阐发的就是"颐养"之意，上止是颐养别人，下动是颐养自己。

"不养则不可动，故受之以大过。"反过来说，如果你不涵养、不颐养，你就失去了平衡，也不可能继续去行动，所以接着就是大过卦。大过卦是一种为难的卦，表示大的过错，大的过失。大过卦的卦象就好像是一个房子，它的栋梁开始塌下来了，非常危险。这是从反面来说颐养的重要性，养自己的德性和才能的重要性。如果不涵养，事物就不能保持稳定，就会出现危险、大的危难。当然事物也不可能永远是有危险、危难的。事物在有大的危险时一定要去纠正它，有句话叫"矫枉必须过正，不过正则不能矫枉"，要改变带来危机的事，必须超越常规，要用非常规的做法。

"物不可以终过，故受之以坎。坎者，陷也。"事物又不能永远用这种矫枉过正的方法，所以接下来就是坎卦。"坎"就是"陷"的意思。坎卦也表示危险，表示危机，这是指过度矫正之后，反而又会陷入另外一个极端。前面说过正了才能矫枉，才能改变危难，这里说如果过分地矫正了，又会陷入另外一种危险，就是坎卦的危险。这就在于把握这个度，把握这个火候，把握这个时机。

"陷必有所丽，故受之以离。离者，丽也。"陷入了危险之后，必然就会依附于他人以求得帮助，所以接着就是离卦。这是什么意思呢？离卦表示光明，在艰险当中必然会有光明的来临，指物极必反。"丽"不是美丽，而是附着的意思，"陷必有所丽"，有了危险必然有附着、附带着光明的离卦。"离者，丽也"，离是附着的意思。这不是一种机械论。有人认为，危险之后又有光明，光明之后又有危险，这好像太机械了，是一种机械的循环。其实不是，它是指事物的发展变化是有限度的。

离卦是第三十卦，至此，上经结束。上经三十卦从乾坤开始，到坎离结束。

下经三十四卦

咸恒到夬姤：从恋爱到结婚是怎样的历程？

上一节我讲完了上经的三十卦，上经是从乾坤开始，到坎离结束。乾坤之后过了八个卦，到了泰和否；泰否之后又过了十个卦，到了剥和复；剥复之后又过了四个卦，到了坎和离。这些卦都是一入一出，一正一反，都表示对立转化的过程，说明了物极必反的规律。为什么上经是三十卦，下经是三十四卦？前人有各种各样的解释，一般认为上经讲天道，而下经讲人道。上经三十卦从乾坤开始到坎离结束，乾坤是天地，坎离是日月，是水火，讲天道。古人认为天圆地方，天的基数是三，所以上经天道是三十卦；地是方的，地的基数是四，所以下经是三十四卦，数字三十四落在四上，是指地道。大地上是人，所以下经讲的是人道。我认为把天和人截然分开显然是不妥的，因为天和人是不分的，天人合一，所以我的观点是上经是以讲天道为主兼讲人道，而下经是以讲人道为主以顺应天道。也就是说，上经虽然偏于讲天道，但是不离人道，实际上是从天道开始讲人道，就是推天道以明人道，而下经是从人伦开始，也讲了天道，也就是尽人事以顺天命。这样天道和人道是不分离的，只是有所侧重而已。下经从咸卦开始，讲的是人之道，也就是人类社会或者人体生命的规律和过程。

下面我们就来看《序卦传》对下经的解释，我们先看开头：

"有天地然后有万物，有万物然后有男女，有男女然后有夫妇，有夫妇然后有父子，有父子然后有君臣，有君臣然后有上下，有上下然后礼义有所错。夫妇之道不可以不久也，故受之以恒。恒者，久也。"

有了天地然后才有万物，有了万物然后才有男女，有了男女然后才有夫妇，有了夫妇然后才能生儿育女，然后才有父母和子女，才有了家，有了家然后才有国，然后才有君臣，然后才有上下尊卑，礼仪也就形成了。这一段一开始是从人伦来说的。下经的第一卦就是咸卦，上为兑、下为艮，兑卦表示少女，艮卦表示少男，咸卦是少男少女之卦，少男少女互相感应，然后婚配。以这个卦开头，表示人伦的开始。为什么不直接提到人伦，而是从天地万物开始讲起呢？说明人伦离不开天道。接下来，有了少男少女的感应，结成了夫妻，"夫妇之道不可以不久也"，夫妻之道不能不长久，所以接下来就是恒卦。如果说少男少女的咸卦表示还在谈恋爱，那么恒卦就表示是结婚了，因为恒卦上为震卦为长男，下为巽卦为长女，长男长女就是要结成恒久的夫妇的。恒的意思就是长久。

"物不可以久居其所，故受之以遁。遁者，退也。"事物又不可能久居其所，万事万物不可能永恒不变，有进必有退，所以接下来就是归隐、后退的遁卦。"遁"是退的意思。这就是从夫妻人伦推广到万事万物。遁卦是下面两根阴爻，上面四根阳爻，表示阴气开始往上升。上面是天，下面是山，天比作朝廷，山比作贤人。天下有山就比喻贤人不在朝廷之上，而在朝廷之下，表示要归隐、后退。

"物不可以终遁，故受之以大壮。"万事万物又不可能永远后退，后退之后一定要前进，所以接下来是大壮卦。大壮卦的卦象与遁卦正好相反，是下面四根阳爻，上面两根阴爻，表示阳气上升，阳壮于阴。大壮卦在这里指终止后退，转向前进。前进之后才能壮大，才能刚强。

"物不可以终壮，故受之以晋。晋者，进也。"事物又不可能始终都大壮，不可能永远坚强，要保持坚强就要继续前进、上升。所以接下来是晋卦，晋卦就是前进上升的意思。晋卦的卦象就好比太阳出现在地上，开始升起，上面的离卦就表示太阳，太阳已经升起在大地之上。

"进必有所伤，故受之以明夷。夷者，伤也。"在前进的道路中，一定会受到一些阻挠和伤害，就太阳这一事物来说，上面是太阳，太阳升到中午，肯定要下降，最后逐渐落到地下去。明夷卦的卦象就是指太阳落在了地下，光明让位给了黑暗。"明"是光明，"夷"就是伤害。从咸恒到明夷都是进退、升降。咸和恒、遁和大壮、晋和明夷这三组卦都表示一正一反，一进一退，一升一降。明夷之受伤，也是太阳受到伤害。

"伤于外者必反其家，故受之以家人。"人在外面受到伤害，一定会返回到家里来，所以接下来就是家人卦。返回家中，就是返归于根本，返归于正道、正理。家人卦告诉我们，要守正道，居正位，这样家人就和谐了。所以儒家强调，男女正则家道正，家道正则天下定。《象传》在解释这一卦时，特别强调了"女正位乎内，男正位乎外"，要男女正，家道正，天下定。反过来说，如果家道不正、乖离，必然会离散。

"家道穷必乖，故受之以睽。睽者，乖也。"如果家道穷困、不守正位，那一定会离心离德，会家破人亡，所以接下来就是睽卦。"睽"就是离散、分离的意思，是家人卦的反面。睽卦表示对立面是排斥的、分离的。这个卦象是少女和中女共处一室，各怀心事，行为不一，离心离德，所以她们是排斥的，这样家道肯定是困穷的。在这种情况下，怎么办？

"乖必有难，故受之以蹇。蹇者，难也。"分离、离散，必然会产生艰难险阻。接下来就是蹇卦，蹇卦就是艰难的意思，一事无成。

"物不可以终难，故受之以解。解者，缓也。"事物不可能永远艰难，这个时候要怎么解除艰难呢？接下来就要用解卦，以缓和矛盾、解决矛盾。解卦的卦象就是雷雨。雷雨大作之后，雨过天晴，就会云开雾散，矛盾就会缓解了。

"缓必有所失，故受之以损。"缓解了矛盾之后，往往容易懈怠，懈怠就会招来损失，接下来就是损卦。损卦的卦象是山泽损，上面是山，下面是泽，表示山下面有泽水，水泽自损，使自己卑下，以增山之崇高形象。

"损而不已必益，故受之以益。"减损不停止，减损到头了，必然向反面转化，转化到增益。损和益是一对反卦。"损"和"益"是互相制约的，在一定的条件之下是互相转化的，是从量变到质变的过程。损和益这一对关系，古人是特别看重的。《黄帝内经》里提到了七损八益，即七种损的情况和八种增益的情况。孔子提到了益者三友，损者三友，益者三乐，损者三乐。老子也提到了用益和损来区别为学和为道，提出了"为学日益，为道日损"；以益和损来区别天道和人道，"天之道，损有余而补不足"，地之道、人之道则不然，是"损不足以奉有余"。所以，损和益这两种做法的意义非常重大。

"益而不已必决，故受之以夬。夬者，决也。"不断地增加就必然会溃决，所以受之以夬，"夬"就是溃决，分离。夬卦的卦象是下面五根阳爻，最上面一根阴爻，表示沼泽里的水太满了，马上就要流出来了，就要决口了。阳爻现在已经到了第五个位置了，最上面那根阴爻很快就会被冲破，表示统一体马上就会破裂了。"益"也可以指水溢出来了，溢而不停止，就会决口。我们看，从家人卦一直到这里，经过了分合损益，最后要分开了，这个家要破败了，解体了。

"决必有遇，故受之以姤。姤者，遇也。"解体、决裂之后，必然会有所遇，有遇合。从前面家人到这里，如果分开了指离婚的话，那么离了婚之后，又要进行重新组合，所以必有所遇。接下来就是姤卦，"姤"就是遇合。因为有分必有合，所以姤卦与夬卦恰好相反，最下边是阴爻，上面五根都是阳爻，阴爻表示女子。这个卦象表示一个女子会与五个男子相遇而结合。姤卦说"勿用取女"，此女遇男过多，不宜娶。

萃升到既济未济：为什么成功还不是最终的圆满？

上一节我讲到《易经》下经三十四卦从咸恒开始，到夬姤结束。咸卦和恒卦可以看成是从谈恋爱到结婚，夬卦和姤卦是婚姻破裂到重组，那么姤卦之后又是什么卦呢？

请看《序卦传》："物相遇而后聚，故受之以萃。萃者，聚也。"前面第四十四卦姤卦讲的是"相遇"，事物相遇之后就是聚汇了。分久必合，合久必分。所以接下来就是萃卦，萃卦是汇聚，荟萃聚集。萃卦的卦象为泽地萃，坤为地，为柔顺，兑为泽，为喜悦。柔顺而又和悦，彼此相得益彰，安居乐业。大到国家，比喻君王与天下贤士及英雄豪杰聚萃于朝廷一堂；小到单位，比喻管理者荟萃了一批人才，大家和睦相处。

"聚而上者谓之升，故受之以升。"汇聚之后就要慢慢上升，所以就进入升卦。升卦的卦象为地风升。树木在地下开始往上长。

"升而不已必困，故受之以困。"但如果只是一直上升而不停止，那么物极必反，肯定就是穷困，所以接下来就是困卦，"困"就是走到头了，非常困顿。困卦的卦象为泽水困，上卦为兑，为泽，下卦为坎，为水，水渗到地下去了，沼泽没了水，水草鱼虾处于穷困之境，比喻一个人处于困难的状态。

"困乎上者必反下，故受之以井。"困于上那必定要反下，来找一口井，所以接下来就是井卦。井卦的卦象为水风井，人靠水井生活，水井由人挖掘而成。人与井相互为养，井以水养人，经久不竭，人应该奉献付出。

"井道不可不革，故受之以革。"井一定是要维修的，井水一定是要不断更新的，所以接下来就是表示革新的革卦。革卦的卦象为泽火革，离为火，兑为泽，泽内有水，水在上而下浇，火在下而上升，火旺水干，水大火熄，二者相生相克，所以一定会出现变革。

"革物者莫若鼎，故受之以鼎。""鼎"是一种祭祀的礼器，也是古代传国的重器，引申为建立王朝、开创新局面。鼎卦的卦象为火风鼎，第五爻是阴爻，像两耳，最下一个爻是阴爻，像足。有一个成语叫"革故鼎新"，就是来源于革卦和鼎卦，"革故鼎新"就是吐故纳新。

"主器者莫若长子，故受之以震。震者，动也。"主持鼎器祭祀的必须是长子，长子继承父王之位，主祭天地宗庙，传承国家社稷，所以接下来就是表示长子的震卦。按照《说卦传》的说法，震卦是长子，震又表示运动。

"物不可以终动，止之，故受之以艮。艮者，止也。"事物不可能永远都在运动，运动之后必然要停止，所以接下来就是表示停止的艮卦。

"物不可以终止，故受之以渐。渐者，进也。"事物又不可能永远是静止的，还要渐渐地前进，所以接下来是渐卦。"渐"是前进的意思。渐卦的卦象为风山渐，下卦是艮卦，是山，表示阻止，上卦是巽卦，是风，表示顺从。一开始像山一样停止向前，渐渐地顺从形势，继续前进，并寻找机会，循序渐进。卦辞说"渐，女归吉，利贞"，是说如同女子出嫁一样，要按照出嫁的程序一步一步走，循序渐进，就很吉祥。上九爻辞为"鸿渐于陆，其羽可为仪，吉"，茶圣陆羽，字鸿渐，他的名字就取自渐卦。

"进必有所归，故受之以归妹。"渐进之后必然要回归。"归妹"是什么呢？就是嫁女儿，就是出嫁少女。嫁女也是一种回归。归妹卦的卦象为雷泽归妹。震为长男，兑为少女，为喜悦。少女高高兴兴地顺从长男，两人产生爱情，然后少女出嫁，男婚女嫁，人生开始了另外一段旅途。

"得其所归者必大，故受之以丰。丰者，大也。"女儿出嫁就是回到自己应该回到的地方，就一定丰大了，所以接下来就是丰卦。丰就是大。丰卦的卦象为雷火丰，雷电并作。上卦是震卦，是打雷；下卦是离卦，是闪电。这是天上轰隆隆地打雷又有闪电的场景，表明老天威严，声势浩大。离卦还有光明的意思，表示老天在发怒，发出光明的号令，违背天道就要遭到惩罚。

"穷大者必失其居，故受之以旅。"大到极点的人必定会失去自己的住所，所以接着就是旅卦。"旅"最早是指失去了自己的住所，远离故土，到异国他乡去避难、客居，或者是为了事业而背井离乡，或者是被流放。旅卦的卦象是火山旅，下面是山，上面是火。我们可以想象一下，火在山上蔓延，就像一个游动的过程；也可以想象下面是一座山，上面是太阳，一个人在山上走，是头顶着太阳旅行。

"旅而无所容，故受之以巽。巽者，入也。"一个人旅居在外而没有人能够收容他，他就回来了，回到家乡，所以接着就是表示顺从和回归意思的巽卦。"巽"就是入、回归的意思，就是顺从而返回家中。

"入而后说之，故受之以兑。兑者，说也。"回归家乡后就喜悦了，进入适宜的住所当然心中就喜悦了，所以接着就是兑卦。兑卦就是喜悦的意思。

"说而后散之，故受之以涣。涣者，离也。"人心喜悦了，自然就舒散了，就轻松愉快了，就发散了，也能把这种喜悦的心情扩散、推广给别人，所以接着就是表示涣散的涣卦。"涣"就是涣散、离散、散发的意思。兑卦是喜悦，人生喜悦了，精神自然就舒散轻松了；但如果过度喜悦，人心就容易涣散，所以涣卦实际上是讲人心涣散的时候怎么凝聚人心的。"涣"字是三点水旁，表示水的波纹发散开来。涣卦的卦象上面是风，下面是水，表示水被风刮了以后涣散开的波纹。

"物不可以终离，故受之以节。"事物又不可能永远是涣散的、分离的，要有所节制，所以接着是象征节制的节卦。节卦的卦象是水泽节，上面是水，下面是沼泽，整个卦象就像沼泽里的水被沼泽四周的泥巴限制住了，水就溢不出来了。

"节而信之，故受之以中孚。"有了节制就能保持住一颗诚信之心，同时又要用诚信之心来守护、坚持它，所以接下来就是象征诚信和忠心的中孚卦。中孚卦的卦象特别有意思，上下各有两根阳爻，中间是两根阴爻，上下都是实的，中间是空的。中间这个空表示什么呢？表示内心是谦虚、包容、诚信的，所以中孚卦实际上讲的是诚信、信用、信任，最高的是信仰。从前面的卦爻辞中可以看出，只要有"孚"字的，一般都是吉的。

"有其信者必行之，故受之以小过。"坚守诚信的人，一定要果断地去实行，行动就难免不拘小节，有所不周。孔子讲"君子贞而不谅"，是说大的诚信要坚守，可在小细节上有所违背。所以接着就是小有过错的小过卦。小过卦的卦象，上下各有两根阴爻，中间两根阳爻，一共有两根阳爻、四根阴爻。阴爻超过了阳爻，一般是阳为大、阴为小，这就说明小的超过大的，所以它是小过。

"有过物者必济，故受之以既济。"有小过错而恪守大诚信，毕竟能获得成功，所以接着就是象征事物成功的既济卦。或者说事物有过错了、过分了之后，就一定要来救助它，所以"既济"又有救助的意思。既济卦是《易经》的第六十三卦。既济卦的卦象上面是水，下面是火，意思是水把火浇灭了，表示成功完成了灭火这件事。

"物不可穷也，故受之以未济终焉。"事物的发展是不可能穷尽的，成功之后又将面临新的挑战、新的开始，所以接着就是象征着事情还没有成功的未济卦，也是最后一卦。未济卦的卦象刚好是既济卦的颠倒，既济卦是水火既济，未济卦是火水未济。未济卦的卦象是火在上、水在下，也就是水还没把火浇灭，象征着事情还没成功，所以未济卦告诉我们，事情没有成功，新的征程任重而道远。于是，六十四卦就有了一个周期的终结，而第一个周期的结束恰恰是第二个周期的开始，于是世界万物就这样周而复始。这就是"周易"啊！

六十四卦的排列次序就讲了宇宙万物周期变化的大规律。

杂卦传

乾刚坤柔：为什么影响事物发展的因素错综复杂？

我们已经学完了《周易》独立成篇的四种《易传》中的三种，也就是《系辞传》《说卦传》《序卦传》，下面我们学习最后一种《杂卦传》。我们来看一看《杂卦传》——

> 乾刚坤柔，比乐师忧。临观之义，或与或求。屯见而不失其居，蒙杂而著。震起也，艮止也。损益，盛衰之始也。大畜时也，无妄灾也。萃聚而升不来也。谦轻而豫怠也。噬嗑食也，贲无色也。兑见而巽伏也。随无故也，蛊则饬也。剥烂也，复反也。晋昼也，明夷诛也。井通而困相遇也。咸速也，恒久也。涣离也，节止也。解缓也，蹇难也。睽外也，家人内也。否泰反其类也。大壮则止，遁则退也。大有众也，同人亲也。革去故也，鼎取新也。小过过也，中孚信也。丰多故也，亲寡旅也。离上而坎下也。小畜寡也，履不处也。需不进也。讼不亲也。大过颠也。姤遇也，柔遇刚也。渐女归待男行也。颐养正也。既济定也。归妹女之终也，未济男之穷也。夬，决也，刚决柔也，君子道长，小人道忧也。

《杂卦传》一开始说的是乾坤。乾刚坤柔，乾卦刚强，坤卦柔顺。比卦喜乐，师卦忧愁。"比"是亲近，所以乐；"师"是战争，所以忧。临观两卦的意思有的是给予，有的是索取。临卦，地泽临，坤上兑下；观卦，风地观，巽上坤下。两者互为综卦、反卦。临卦由上临下，有给予的意思；观卦，由下观上，有索求的意思。"屯见而不失其居，蒙杂而著"，屯出现困顿、困难，但显现了生机，所以不失自己的处所，不离开住所；蒙卦交错于明暗而童贞显著，也就是说蒙卦是由于见识浅、经验少而思绪杂乱，但显示了天真、童贞。

震卦兴起，艮卦禁止。

损益两卦是盛衰转换的开始。山泽损，损极而益，所以兴盛；风雷益，益极而损，所以衰败。因而，损卦与益卦，是兴盛与衰败的开始。

大畜卦适时积蓄，无妄卦谨防灾祸。

萃卦会聚，相处，而升卦上升不返。泽地萃，"萃"原义是丛生的草，有聚集的含义。下卦坤是顺，上卦兑是悦，愉悦而且顺从，象征安居乐业，于是聚集。地风升，"升"即上升，在上升的过程中顺利，不会有任何阻碍。但单纯只想到上升，就会下不来了。

谦卦是轻视自己而看重别人，而豫卦是过分喜悦一定懈怠。雷地豫，"豫"是和乐的意思，豫卦中，唯有九四是阳爻，其他的阴爻都服从，因而得志，心中喜悦。下卦坤是顺，上卦震是动，是愉快的追随行动的形象。以人事比拟，人人都乐于追随行动，必然可以建立公侯的基业，有利于出师。但除了六三以外，其他爻都不太好，都在告诫我们：和乐容易沉溺、丧失斗志，应该居安思危；不可自鸣得意，不可迟疑不决，不可在安乐中迷失；要众乐，不能独乐。

"噬嗑食也，贲无色也。"噬嗑卦，咬合，好比口中进食。火雷噬嗑。颐中有物，啮而合之。贲卦是美饰，装饰自己。贲，文饰、修饰。山火贲，离为火，为明，艮为山，为止。文明而有节制。贲卦论述文与质的关系，以质为主，以文调节。但贲卦最高境界是不修饰，所以上九爻说："白贲，无咎。""白贲"就是不修饰，所以是"无色"。

兑卦喜悦外现，而巽卦顺从内伏。

"随无故也，蛊则饬也。"随卦，毫无成见，不是有意地跟随，而是自然而然地跟随。泽雷随，震为动，兑为悦。动而悦就是"随"。"随"指相互顺从，己能随物，物能随己，彼此促进，依时顺势，随时而动。蛊卦用心治乱。山风蛊，山下起大风，象征救弊治乱、拨乱反正。艮为少男，巽为长女，长女迷惑少男，少男被长女所蛊惑，所以需要整治，"饬"为整顿、整治。

剥卦烂熟剥落，山地剥，阳气马上剥尽。复卦重返，是要返回本原，地雷复，阳气开始回复。

晋卦如同白昼，太阳渐长，火地晋，太阳从大地上升。明夷卦如同黑夜，光明受损，地火明夷，太阳落入地下。

井卦表示通畅，困卦表示遇到困难。井卦滋养通达，水风井，而困卦前途被阻，泽水困。

咸速恒久：为什么君子之道最终一定会胜出？

继续看《杂卦传》后一部分，从咸恒开始。

咸卦感应迅速，泽山咸，少男和少女感应。恒卦恒心长久，雷风恒，长男和长女长久相守。

涣卦表示离散、涣散，风水涣。节卦则节制而禁止，水泽节。

解卦是松懈舒缓，雷水解。蹇卦是坎坷艰难，水山蹇，险阻在前。蹇原义为跛，引申为困难、艰险，行动不便。

睽卦是乖远违逆于外，火泽睽，河泽上燃起了一堆火，斜视一眼，挺别扭。家人是和睦于内，风火家人，风从火出，象征着外部的风来自于本身的火，就像家庭的影响和作用都产生于自己内部一样。

否卦、泰卦是相反的事类。天地否，地天泰。否卦是堵塞，泰卦是通畅。

大壮卦强盛而知道禁止，雷天大壮。遁卦困穷的时候知道后退、退避，天山遁。

大有卦表示众多，火天大有。同人卦则与人亲近，天火同人。

革卦是除旧，泽火革。鼎卦是取新，火风鼎。所以就有了一个成语"革故鼎新"。

小过卦小有超越，雷山小过，上面一阵阵响雷，下面是山一样屹立不动。山挡住了一些雷声，雷声从山顶传出去了。中间两根阳爻，上下各两根阴爻，表示有小过错。中孚卦忠心诚信，风泽中孚。中间两根阴爻，上下各两根阳爻，表示心中虚空、诚信。

丰卦表示丰大则多事，雷火丰，光明而依附。人在丰大、富贵之后，大家就会蜂拥而至。旅卦表示亲朋寡少，火山旅，山中燃火，火烧不止，火势不停地向前蔓延，如同途中行人，急于赶路。人在穷途末路的时候，是没有什么人愿意和你亲近的。

离卦火焰炎上，坎卦水势流下。

小畜卦是积蓄不多，风天小畜。卦辞说"密云不雨，自我西郊"，来自我方西郊的密云，集结而不下雨。履卦是不停止，要按照礼仪而行，天泽履，天上泽下。我们可以想象一下，天上太阳的光照耀在下面的沼泽上，沼泽中的湿气会上升，然后上下就会呼应，这是各得其位、符合礼仪的景象，所以履卦的卦象就取了天上泽下各得其位的意思，要按照礼仪来做事情。

需卦审慎而不冒进，水天需，水在天上还没有下下来，乌云密布，所以我们要耐心地等待它降下来，要耐心等待时机。讼卦争讼而难相亲，天水讼，天在上面，天气往上升，水在下面，往下流动，上下相背而行。

大过卦颠覆常理，泽风大过，上面是泽，下面是风。大过卦中间的四根阳爻好比栋梁，上下各是一根阴爻，好比栋梁弯了，是栋梁已经弯曲的形象，形容太过度了。姤卦是相遇，阴柔遇到阳刚，天风姤，一女在下遇五男。

请注意《杂卦传》在大过卦以前的五十六卦、二十八组，每一组前后两个卦都是综卦或者错卦的关系，但从大过卦往下的八个卦，甚至于没办法分组。能分组的，每一组前后卦也不是综卦、错卦，这也说明了《杂卦》的卦序排列错综复杂，说明天下事物的运动变化是错综复杂的。

渐卦如女子出嫁等待男子备礼而来，风山渐，下面是山，上面是风，风又有树木的意思，所以渐卦的卦象就是下面一座山，山上长出了树木，树木慢慢往上生长。卦辞说："渐，女归吉，利贞。"用女子出嫁作比喻，渐卦好比女人出嫁，是吉的，守正道是有利的。

颐卦颐养守正，山雷颐，颐卦上面是艮卦，代表止，下面是震卦，代表动，又止又动，非常形象。我们把嘴张开，只有下巴在动，上颌是永远不动的，不可能上下都动。所以上面是止，下面是动，上止下动，动静结合，我们的嘴巴才能发挥吃东西的功能。吃东西就是养生，所以颐卦阐发的就是"颐养"之意，上止是颐养别人，下动是颐养自己。

既济卦表示事情成功安定，水火既济。

归妹卦是女子终得依归，未济卦是男子走到尽头。归妹卦，雷泽归妹，少女嫁给长男，找到好的归宿。未济卦，火水未济，每一根爻的位置都不对，好比走投无路，需要全面调整。

最后一卦："夬，决也，刚决柔也，君子道长，小人道忧也。"夬卦处事决断，是阳刚破除阴柔，说明君子之道盛长，小人之道困忧。泽天夬，夬卦下面是五根阳爻，最上面是一根阴爻，代表阳气要充满了，如果最上面一根也是阳爻就是乾卦，就是纯阳了。所以夬卦是还没到纯阳的时候，但阳气已经非常足了，阴气马上要被断掉了。阳爻代表君子，阴爻代表小人。夬有果断、决断的意思。所以这时君子要果断清除小人，正气要果断压倒邪气，这就是夬卦。

好，《杂卦传》讲完了，《周易》四篇独立大传《系辞传》《说卦传》《序卦传》《杂卦传》全部学习完毕。

最后，衷心祝愿大家乐天知命，崇德广业，自天佑之，吉无不利！

从古书到文字，分发人落进洞

天壹文化